本书得到以下项目支持：
国家特色蔬菜产业技术体系产业经济研究室（CARS-24-F-01）
河北省现代农业产业技术体系蔬菜产业经济岗（HBCT2018030301）
河北省教育厅人文社科重大攻关项目（ZD201917）
河北省科技厅软科学项目（19457520D）
河北省蔬菜产业协同创新中心
河北农业大学现代种植产业经济与政策研究协同创新团队
河北农业大学现代农业发展研究中心
河北省重点培育智库：乡村振兴战略研究中心

国家特色蔬菜产业技术体系产业经济系列丛书

中国特色蔬菜产业发展：品牌、市场与产业组织

ZHONGGUO TESE SHUCAI CHANYE FAZHAN:
PINPAI SHICHANG YU CHANYE ZUZHI

国家特色蔬菜产业技术体系产业经济研究室◎主编

经济管理出版社
ECONOMY & MANAGEMENT PUBLISHING HOUSE

图书在版编目（CIP）数据

中国特色蔬菜产业发展：品牌、市场与产业组织/国家特色蔬菜产业技术体系产业经济研究室主编．—北京：经济管理出版社，2021. 7
ISBN 978 - 7 - 5096 - 8121 - 3

Ⅰ. ①中…　Ⅱ. ①国…　Ⅲ. ①蔬菜—品牌战略—研究报告—中国 ②蔬菜—市场营销—研究报告—中国　Ⅳ. ①F326. 13

中国版本图书馆 CIP 数据核字（2021）第 135865 号

组稿编辑：曹　靖
责任编辑：曹　靖　郭　飞
责任印制：张馨予
责任校对：陈　颖

出版发行：经济管理出版社
（北京市海淀区北蜂窝 8 号中雅大厦 A 座 11 层　100038）
网　　址：www. E - mp. com. cn
电　　话：（010）51915602
印　　刷：唐山昊达印刷有限公司
经　　销：新华书店
开　　本：787mm × 1092mm/16
印　　张：18. 75
字　　数：422 千字
版　　次：2021 年 12 月第 1 版　　2021 年 12 月第 1 次印刷
书　　号：ISBN 978 - 7 - 5096 - 8121 - 3
定　　价：98. 00 元

编 委 会

姚秋菊　黄国东　易海荣　张会国　涂年生　杨良波　陈可可
王来亮　马雅敏　陈建明　翁丽青　郑春龙　孟秋峰　魏英辉
李建生　卢锦荣　梁英波　刘永峰　刘　红　俞飞飞　郑先报
葛治欢　董言香　丁祖明　周专政　姚继贵　朱显结　姜新菊
樊继德　杨　峰　蒋慧萍　欧阳秀　黄诗宇　江　文　董伟清
高美萍　何芳练　韦建兵　覃振普　周艳芳　韦　丹　蒋慧萍
农　吉　覃振略　邱祖杨　刘莉莉　何春红　杨干德　黄齐奎
郭凤领　吴金平　周　洁　黄　俊　覃竹山　唐　纯　叶光军
杨孔涛　吴方华　易礼美　游艳华　张　振　杨　柳　常　堃
陈丽潇　田仁广　田时良　杨建国　陈怀民　罗荣卿　罗红萍
刘　波　彭悦溪　杨玉国　彭　英　罗　明　吴　凯　李金刚
范永红　彭丽莎　沈进娟　冷　容　赵　平　李朝盛　代胜明
苏　丹　胡明文　龙洪进　张亚春　李树锋　邓　浪　马　凤
孙英焘　刘淑芹　李金在　杨瑞军　胡延萍　张会玲　周克华
吴　凯　李金刚　白立伟　陈向东　杨　柳　王兴涛　张学娟
李盛娟　孙秀丽　薛鸿雁　张凤丽　敬红波　赵　敬　王立新
姜瑞华　王福东　张春平　左秀玲　王志贵　任云祥　赵立宾
梁国增　韩志莹　李贵菊　杜光旭　牛　学　吴璐瑶　袁青云
余国庆　冯银英　徐文峰　花桂玲　储海峰　葛自兵　阮琪琪
韩洪庚　黄祺河　李　欢　詹　军　刘　瑞　陈　丽　罗金超
王跃云　黄娅娇　李慧萍　桂　敏　杜　磊　张芮豪　胡华冉
王绍礼　卯升亮　王明荣　马　茜　周琮芬　顾占红　刘文祥
陈德刚　陆　毅　施令祥　张本祥　肖支富　何　芳　李洪坤
单玉富　朱会仙　董朝祥　赵锦涛　李寿昌　袁子雄　张　润
闫　超　董新玉　李学军　李桂灵　郭津荔　金竹玲　段江华
杨银珍　高映菊　陈国发

序

2017 年，农业部、财政部组建了特色蔬菜产业技术体系团队，与大宗蔬菜产业技术体系共同为我国蔬菜产业发展提供强有力的科技支撑。围绕产业发展需求，以加工辣椒、葱姜蒜、洋葱、芥菜、韭菜、水生蔬菜等产品为单元，以全产业链建设为主线，特色蔬菜产业技术体系设置了 31 个科研岗位、26 个综合试验站，覆盖了全国 130 个产业示范县。

特色蔬菜在我国蔬菜产业中居于重要地位，2020 年特色蔬菜播种面积为 640 万公顷，约占全国蔬菜总播种面积的 30%，其中辣椒达 220 万公顷，居蔬菜种植面积之首。特色蔬菜在农产品国际贸易中竞争优势显著，保鲜大蒜、生姜、芋头、莲藕、荸荠出口长期稳居世界第一，其中大蒜全球市场占有率达 70%。特色蔬菜在助力农民致富中成效显著，贵州省辣椒产业和江西省广昌县白莲种植都是成功的经典案例。

随着消费者对健康、营养、多样、功能性食品需求量的持续上升，优质水生蔬菜与辛辣蔬菜产品仍具有较大的市场空间。为全面掌握我国特色蔬菜品牌建设与专业交易市场的基本特征、区域布局与发展趋势，国家特色蔬菜产业技术体系团队成员通力合作，调研走访了 130 个示范县及相关产区，搜集了较为全面的特色蔬菜地理标志品牌、交易市场及产业组织信息，并汇编结集出版。《中国特色蔬菜产业发展：品牌、市场与产业组织》作为特色蔬菜产业经济研究系列丛书，聚焦品牌建设、交易市场与产业组织，具有以下特色与贡献：一是信息详实全面。本书系统地展示了全国主要特色蔬菜产区的辣椒、大蒜、生姜、葱、芥菜、莲藕、茭白等 109 个特色蔬菜地理标志品牌的立地环境、品牌文化及影响力，22 家特色蔬菜专业交易市场以及 146 家省级农业产业化龙头企业（合作社）的基本情况，为分析我国特色蔬菜品牌及市场建设提供了重要的基础信息。二是信息权威准确。调研人员先通过现场勘察、深度访谈、史料查询相结合的方式获得基础信息，再由各综合试验站站长、相关岗位科学家进行甄别讨论研判，最后由产业经济研究室团队梳理编纂成书，相比一般的信息汇编更具权威性和准确性。三是开创性地以我国特色蔬菜地理标志品牌为主题，分区域进行了品牌建设的成效与经验、问题与不足的客观评价与成因分析，可为推进产学研结合、提升特色蔬菜区域创新能力和产业竞争力提供经验借鉴。

在乡村振兴战略和双循环发展格局的大背景下，迫切需要发挥地理标志品牌对特色蔬菜产业的引领作用。本书的出版，为广大消费者、经销商、加工企业等了解与关注我国特色蔬菜产业提供了一个非常好的信息库，也为各级政府制定相关政策提供了有价值的参考依据，有助于形成上下联动、多方协同的格局，推动特色蔬菜产业高质量发展。

国家大宗蔬菜产业技术体系首席科学家
张友军
2021 年 9 月

前 言

《中国特色蔬菜产业发展：品牌、市场与产业组织》是国家特色蔬菜产业技术体系系列产业发展报告的第六部著作，由产业技术体系团队全体成员通力合作，通过实地考察、史料查询、重点访谈与数次研讨修订完成。特色蔬菜种类繁多，涵盖加工辣椒、葱姜蒜、洋葱、芥菜、韭菜、水生蔬菜等产品。随着市场需求的持续增长与产业链条的完善，特色蔬菜产业竞争力不断增强，并在乡村振兴、产业扶贫、国际贸易、农产品加工与食品消费中发挥重要作用。金乡大蒜、遵义辣椒、章丘大葱、涪陵榨菜等地域特色鲜明、区域规模优势突出、产业融合紧密、营养保健价值高的特色蔬菜产品已产生巨大的品牌价值与产业集群效应。挖掘各地特色蔬菜品牌、交易市场与产业组织发展的优势与成效，客观评价存在的问题与不足，并宣传推广品牌与市场建设成功经验，是特色蔬菜产业体系团队撰写本书的初心与目标。

本书以全国26个特色蔬菜产业体系综合实验站实地调研资料为基础，辑录了109个特色蔬菜地理标志品牌、22家专业特色蔬菜交易市场以及146家龙头企业（合作社）的基础信息，从特色蔬菜地理标志品牌、区域公用品牌与企业品牌建设出发，形成了特色蔬菜品牌、市场与产业组织的基础资料库。本书是在全国特色蔬菜主产区调研基础上整理而成的报告集，旨在从特色蔬菜产业品牌、市场与产业组织发展现状、经验做法以及存在问题入手，探讨自然资源条件、专业交易市场以及产业组织对农业品牌创建与市场拓展的推动作用与引领作用，为农业品牌建设助力乡村振兴提供典型案例与路径参考。

本书是在国家特色蔬菜产业体系首席科学家、中国工程院院士、湖南农业大学校长邹学校研究员指导下，由体系综合试验站站长与岗位科学家进行数据资料搜集与撰写，产业经济研究室赵帮宏教授、乔立娟副教授、宗义湘教授等编纂完成，是特色蔬菜产业技术体系集体智慧的结晶，是所有专家、学者、基层农技推广人员、农业企业共同努力的成果！在此表示深深的感谢！

国家特色蔬菜产业技术体系产业经济研究室

2021年8月于保定

目　录

第一篇　品牌创建篇

第二篇 交易市场篇

第三篇 龙头企业（合作社）篇

第一篇　品牌创建篇

第一章　东北片区

一、吉林省特色蔬菜品牌建设

● 洮南市辣椒品牌创建

1. 自然条件

洮南市位于吉林省西北部，白城市南部，平均海拔250～350米。东部与大安市为邻，西部及西北部与内蒙古自治区的突泉县、科右前旗、乌兰浩特市交界，南部与通榆县接壤，北部及东北部与白城市洮北区、镇赉县毗邻。洮南市属北温带大陆性季风气候，特点是温差大，季节性强，雨热同季。春季干旱多风少雨，夏季炎热降雨集中，秋季冷暖适中，冬季严寒少雪。年均降水量为377.9毫米，雨量集中在7～8月。年均蒸发量2083.3毫米，年平均日照数为3005.3小时，年均有效积温3000.5℃，最高气温40.2℃，最低气温－33.3℃，无霜期为142天。

2. 洮南辣椒荣誉

辣椒产业已经成为洮南市的特色产业，“富市强乡裕民”的带头产业。连续多年被吉林省评为“吉林名牌农产品”，并获得“北京国际农业食品博览会金奖”。洮南市也先后被命名为“中国辣椒之乡”“中国辣椒第一市”。洮南辣椒为地理标志证明商标、农产品地理标志产品。从耕种到收获、销售，包括市场交易环境，洮南市建立了一条龙式的辣椒产业发展链条。

3. 产业规模

洮南辣椒常年种植面积稳定在15万亩左右，并辐射周边12个县市（区）、70多个乡（镇）种植辣椒，域内外基地总面积近30万亩。2011年，政府推动辣椒产业整改，开展标准化生产、品牌化经营、建立合作社、打造交易市场，开展辣椒合作。2011年种植面积达15万亩左右，形成了一定规模的辣椒专业种植基地，并且建立了福顺辣椒集散交易市场。2016年，洮南辣椒产量达到7万吨，年产值近7.5亿元，辣椒加工企业120多个，实现产值10亿元，推动辣椒产业的进一步发展。2019年，加工速冻鲜椒3万吨，储存干椒1.5万吨，市场年交易总额2亿元以上。

（供稿人：吉林省蔬菜科学研究院；王学国）

二、黑龙江省特色蔬菜品牌建设

（一）海伦市辣椒品牌创建

海伦市耕地是东北黑土地中最肥沃的黑土，土壤天然富含硒、锌等微量元素。中国地质调查局开展的黑龙江省农业地质调查工作中发现，海伦市土地富含硒元素，黑土层深厚，水分养分条件好，有机质含量达3%～5%。地势平坦，土壤肥沃，属于富硒、富锌土壤带。区域内没有工业污染，属于农牧生产区域，自然肥力较高，非常适宜青椒生长。特别是扎音河、通肯河、克音河、海伦河、三道乌龙沟5条主要河流两岸的土质、水质良好，光温条件有利于青椒品种安全成熟，果实饱满。

1. 自然条件

海伦市属寒温带大陆性季风气候，冬季寒冷干燥，夏季高温多雨。多年平均降雨量约500毫米；年降雨量的60%～70%集中在6～8月。多年平均蒸发量为1243毫米；5～7月蒸发量最大，约占全年蒸发量的40%～50%；12月至次年2月蒸发量最小，仅占全年蒸发量的2%～5%。土壤主要为壤土，肥力较高，有机质含量达4.6%左右，比较适合农业生产。

2. 生产规模

海伦市青椒种植主要以海兴镇海兴村为中心，辐射到周边其他乡镇，自2015年开始，由于种植优势突出和效益明显，全市23个乡镇均有种植，面积迅速扩大到1.8万亩；2016年，随着产业化水平的提高，辣椒面积发展迅速，种植面积达5万亩；2017年，种植规模扩大到7万亩；2018年，由于辣椒行情的推动以及种植模式的成熟，种植规模发展到10万亩；2019～2020年，种植面积稳定在15万亩左右。

3. 地理标志

为提高海伦辣椒品牌知名度，2019年海伦市人民政府申请了“海伦辣椒”地理标志，证明商标商品的特定品质，海伦青椒由于特殊的地理位置和气候条件，主要选取种植品种为大青椒、麻椒、牛角椒等，含有丰富的维生素C、维生素K，可以防治坏血病，对牙龈出血、贫血、血管脆弱有辅助治疗作用，且硒含量达0.0545毫克/千克，可有效提高人体免疫力。“海伦青椒”地理标志保护产品保护范围为海伦市行政辖区（包括辖区内国有农场和林场），地理坐标为北纬46.58°～47.52°，东经126.14°～127.45°，南距省城哈尔滨市210千米，地处东北黑土腹地，是肥沃黑土的典型代表。

（供稿人：黑龙江省广播电视学校海伦市分校，黑龙江省农业科学院园艺分院；李志洪、张慧、王琳、王雪、刘力勇）

（二）齐齐哈尔市二道湾镇长远辣椒品牌创建

1. 自然条件

二道湾镇地处松嫩平原，位于齐齐哈尔市富裕县北部，地处中高纬度，中温带大陆性季风气候，光照充足，种植地与马格尔河湿地毗邻，林茂草丰，土壤肥沃、水质清澈，优越的自然条件非常适合辣椒的生长。二道湾镇长远村有几十年的辣椒种植历史，2010 年，二道湾镇荣获“辣椒小镇”荣誉称号，种植的辣椒品种主要包括金塔、北京红等，辣椒形状为羊角形、个头均匀、皮厚、色素与维生素的含量显著，深受国际市场的欢迎，据统计，二道湾镇有 260 吨辣椒出口到美国、日本、德国、马来西亚、韩国、新西兰 6 个国家。

2. 生产规模

2010 年，政府推动辣椒产业整改，开展标准化生产、品牌化经营、建立合作社、打造交易市场，开展辣椒合作。2010 年种植面积 200 亩左右，形成了一定规模的辣椒专业种植基地。2015 年，二道湾镇党委政府因势利导，决定以长兴合作社为龙头，建一个红辣椒生产基地，一来供应红辣椒原料，打造“长远辣子鸡”品牌，二来把“长远牌红辣椒”种植与销售打造成一个扶贫产业，让全村的贫困户都来种辣椒，带领贫困户共同脱贫致富。2016 年，为了让全国的消费者认可长远辣椒，二道湾镇里牵头出资设计包装，并在工商部门注册了“富裕长远”红辣椒品牌，帮助合作社在互联网上注册了“长远村”“鑫江湾”“江湾裕丰”等五家旗舰店，主要销售鲜辣椒、红辣椒、玉米、杂粮等绿色农产品。2019 年，黑龙江省省委常委、宣传部部长贾玉梅来二道湾镇调研辣椒电商工作，更是对辣椒电商赞不绝口。2020 年，利用县委组织部下放的 50 万元扶贫资金完善产业链，建造冷库。截至目前，长兴合作社拥有辣椒种植基地 1620 亩，预计每亩可产辣椒 2996 斤，每亩辣椒可盈利 1300 元。

为打造区域品牌，实现全方位打造“辣椒小镇”的目标，当地政府出台多项政策促进辣椒产业作为特色种植业发展，辣椒加工企业带动了区域经济的发展，助力脱贫攻坚战的胜利。二道湾镇已形成合作社带动基地，基地带动农户，形成了订单式、加工、销售为一体的产业链条，依托长远辣椒加工出来的长远辣子鸡家喻户晓。

（供稿人：富裕县二道湾镇政府，黑龙江省农业科学院园艺分院；龚建波、张慧、王琳、董延龙、王雪）

（三）齐齐哈尔市梅里斯洋葱品牌创建

1. 自然条件

梅里斯达斡尔族区地处黑龙江省西部，嫩江中游右岸，东部与齐齐哈尔市中心城区隔江相望，碾北公路东西贯穿。属中温带大陆性季风气候，春季多风少雨，夏季湿润多雨，秋季晴朗多霜冻，冬季寒冷而干燥；年平均气温 3.2℃，气温较低的 1 月平均为 -19.4℃，气温较高的 8 月平均为 22.8℃；降水集中，年降水量 415 毫米，年平均相对湿度63%；日照时间较长，年平均日照为64%，日照时数为2861.9小时；无霜期为136天。土质属于黑盖土、黑沙土，适宜洋葱生长。

2. 生产规模

齐齐哈尔市梅里斯达斡尔族区梅里斯镇大八旗村种植洋葱已有20多年历史，形成了以洋葱为主体的“一村一品”特色产业。坚持线上、线下两条腿走路的营销模式，与国内60余个经销商建立了长期稳定的合作关系，产品远销到了吉林、内蒙古、江苏等23个省份。通过绥芬河、满洲里、黑河等口岸与俄罗斯后贝加尔等地的20余个客商建立了商业伙伴关系。因此，大八旗村被誉为“东北洋葱第一村”。

2020年，大八旗村种植洋葱3万亩，辐射全区近8万亩，逐渐发展为梅里斯区主导产业，种植品种主要有优越、优美、007、美红、红途等。

3. 地理标志

2006年，“大八旗”牌洋葱被国家质量监督检验检疫总局认定为中华人民共和国地理标志保护产品。2014年，梅里斯洋葱栽培标准被国家标准化委员会认定为国家标准，“大八旗”牌洋葱为证明商标商品，其特定品质：麟茎圆球形、紧实，色泽铜黄光亮、外观无开裂及病虫疤痕、干燥无鳞芽、无软腐、无异味，二层、三层不脱皮，横径≥4.5厘米。使用梅里斯洋葱地理标志保护产品的保护范围：梅里斯区的莽格吐乡、卧牛吐镇、达呼店镇、共和镇、梅里斯镇，地理坐标为北纬47°30′17″~47°30′94″，东经123°68′57″~123°75′27″。

（供稿人：齐齐哈尔市梅里斯达斡尔族区农业综合服务中心，黑龙江省农业科学院园艺分院；王彦华、张慧、王琳、王雪、刘力勇）

（四）鸡西市辣椒品牌创建

鸡西市是黑龙江省地级市，国务院批复确定的中国黑龙江省东南部区域中心城市之一、国家重要的能源基地。全市下辖6个区、1个县、代管2个县级市，总面积22531平方千米。

鸡西市境内地势起伏，地形以山地、丘陵、平原为主，地貌特征为“四山一水一草四分田”。土壤类型多，以暗棕土壤为主。鸡西市地处中纬度亚洲大陆东岸，属于中温带大陆性季风气候。四季气候变化明显，春季易干旱多大风，夏热短促雨水集中，秋季寒潮降温，常有冻害发生，冬季寒冷漫长且干燥。全市年平均气温在3.5℃~4.2℃，由南向北递减。全市≥10℃的积温为2450℃~2720℃。全市无霜期在140天左右，大部分地区初霜冻在9月下旬出现，终霜冻在次年5月上旬结束。全市平均年降水量多介于520~550毫米，夏季降水占全年降水量60%以上，年平均相对湿度为65%左右。

四季分明的气候，肥沃的土壤条件，优良的生态环境，适合辣椒的种植。鸡西市从2018年开始规模化种植辣椒，辣椒品质优良，口感独特，深受市场喜爱。主要种植品种为千斤红、北京红、线椒（二荆条）等，市区、鸡东县、密山市、农垦牡丹江管局所属农场都进行了种植。2019年，种植规模突破1万亩，辣椒产量达2万吨。2020年，辣椒种植规模稳步增长，保持在万亩以上。目前有辣椒种植和加工企业2户，带动辣椒产业的进一步发展。辣椒产业已成为种植业的代表性产业之一。

（供稿人：黑龙江省鸡西市发展和改革委员会，黑龙江省农业科学院园艺分院；秦会峰、张慧、王琳、王雪、刘力勇）

（五）哈尔滨市阿城大蒜品牌创建

阿城大蒜生产始于1115年，女真族首领完颜阿骨打建立大金帝国，定都今阿什河畔白城村，史称“金上京会宁府”，历经4帝38年，种植的作物品种中就以大蒜为主，至今有900年的历史。民国3年（1914年），阿城大蒜种植面积已达1300亩。阿城大蒜浸满了厚重的金代文化。尤其是金上京遗址中种植的大蒜，更是充满了历史的传奇。且不说人们流传的阿城大蒜可以当杀菌药用，也不说当年金太祖每天都要吃几头紫皮大蒜，更不说当年一百姓进贡一麻袋大蒜换回来一麻袋金子。只是在皇城遗址里种植大蒜，就足以加重阿城蒜的历史文化氛围。1996年阿城被中国特产协会命名为“中国北方大蒜之乡”。

1. 自然条件

阿城区境内属寒温带湿润季风气候，四季分明，冬季漫长、寒冷干燥，常受西伯利亚、贝加尔湖和蒙古高原的寒流影响，夏季短促、温热湿润。受海洋暖湿气流影响，春季多大风而少雨，秋夏多暴雨，亦有阴雨连绵之时，春秋气温变化剧烈。年平均气温3.3℃，1月平均气温－18.8℃，7月平均气温23℃，日平均温度大于10℃的活动积温为2800℃。平均年降水量542毫米。无霜期短，初霜在9月下旬，终霜在次年5月上旬，约156天。全年日照总时数2700小时。大蒜喜冷凉，阿城区春季温度低，适宜大蒜生长对温度的需求。阿城区种植大蒜的区域以黑土为主，土壤pH值为5.5～7.0、有机质4%～6%、全氮0.2%～0.3%、全磷0.044%～0.065%。土壤肥沃，土质疏松，耕性良好，保水保肥力强，即能有效地促进大蒜的正常生长发育，促进蒜头膨大发育，有利于大蒜素的积累，提升整体质量。

2. 生产规模

阿城大蒜种植历史较长，发展也较快，早在900年前金代在阿城建都始即开始种植大蒜。民国3年（1914年）阿城大蒜种植面积1300亩，伪满康德3年（1936年）为1410亩。中华人民共和国成立后，农村实行家庭联产承包经济体制改革后，1985年，种植面积达7800亩，比1983年增长7.5%；比民国和伪满时期增长4.7倍。为提高大蒜产量和质量，国家和阿城区政府不断投入资金扶持阿城大蒜主产区，帮助农民打机电井100余眼，1998年又为白城村安装了喷灌设备，使产蒜区的耕地100%变为水浇地，再加上农民不断增施粪肥，改进栽培技术，改原来的65厘米宽的大垄为33厘米宽的小垄，增加了单位面积的保苗数，加强田间管理，大蒜产量和质量有了显著提高，从而增加了单位面积的产出，使大蒜面积不断扩大，到2006年，阿城大蒜栽培面积1000公顷，年产蒜薹2250吨，产蒜头7500吨。2010年之后，由于受后茬作物大白菜面积减小的影响，大蒜面积相应减少，仍长年稳定在5000亩。

3. 地理标志

为提高阿城大蒜品牌知名度，2008 年，哈尔滨市阿城区金源绿色农畜产品协会申请了“阿城大蒜”地理标志，证明商标商品的特定品质：阿城大蒜有紫皮和白皮两种，以紫蒜著称。紫皮蒜蒜汁粘稠，蒜味辛辣，品质好，宜久存。紫皮蒜所产蒜薹也是蔬菜中的佳品。阿城大蒜富含蛋白质和碳水化合物，产生的热量很高。大蒜中含有抗坏血酸、尼克酸、硫胺素等营养物质及人体所需要的钠、磷、钙、铁等矿物质元素，阿城大蒜含的大蒜素具有抗癌、抗菌和解毒杀菌、健脾开胃、消食去积和预防疾病的作用。阿城大蒜对预防心脏病及血液循环系统疾病亦有良好效果。使用“阿城大蒜”地理标志证明商标商品的生产地域范围：阿城大蒜产地选择在阿什河街南城村、白城村、东环村，双丰镇双兰村，地理坐标为北纬 45°10′～46°，东经 126°40′～127°40′。

（供稿人：哈尔滨市阿城区绿色食品发展中心，黑龙江省农业科学院园艺分院；唐秀华、张慧、王琳、刘力勇、刘思宇、王建新、尹百翠）

（六）双鸭山市宝清县挠力河毛葱品牌创建

宝清县地处黑龙江省东部，三江平原土壤富硒带核心区，属第三积温带，是世界一流的粮食生产带，经欧盟认证为有机食品种植基地，被列为国家级现代农业示范区。宝清县优越的生态环境、独特的地理地貌、适宜的气候条件，形成了毛葱的优良品质和明显的地域特色，栽培出的毛葱质地细嫩，辣味纯正，具有平肝、润肺、健胃、软化血管、降低胆固醇促进食欲等作用，还可以防止痢疾、肠炎、流脑和百日咳等多种疾病。

宝清县毛葱种植已有近百年历史，直到 1999 年成立了宝石河毛葱协会，逐渐形成规模种植。“挠力河”毛葱因为生长在挠力河一带，水源充足，且土地通透性好、富硒沙壤沃土中而得名。2006 年，被国家定为中华人民共和国地理标志保护产品。根据农民的需求和市场的需要，宝清县根据毛葱生长因素，会同毛葱协会组织制定了《毛葱》《毛葱生产技术规程》等黑龙江省地方标准，强调采取轮作、串换种栽、多菌灵浸种、清理病残植株、掌握水肥施用要领等措施，提高了产量和效益。

“挠力河”毛葱产业已成为宝清县产业结构调整和发展特色农业中的重点产业。2016 年宝清县毛葱种植面积达 1. 5 万亩，商品葱 2 万吨，占全国总量的 1/10，其中出口 4/5，占全国储量的 1/5，商品葱产值 3000 万元，远销云南省、广东省以及南亚的越南、老挝、缅甸、泰国等国，宝清已成为名副其实的毛葱生产基地和种植技术输出地。

为打造区域品牌，当地政府出台多项政策促进毛葱产业发展。利用地域优势，通过农产品地理标志的统一推广与营销，扩大“挠力河”毛葱的市场影响力，制定生产规程，保持“挠力河”毛葱的优良品质，形成龙头带动基地，基地带动农户的生产模式。

（供稿人：黑龙江省农业科学院园艺分院，宝清县盛实马铃薯种植专业合作社；张慧、王琳、王禹、隋宝柱）

（七）哈尔滨市呼兰韭菜品牌创建

2009年，呼兰韭菜被国家核准登记为“地理标志”农产品。呼兰韭菜生产至今已有50多年历史，自2010年以来，根据“‘十二五’蔬菜产业发展规划”，各地相应制定了蔬菜产业扶持政策。哈尔滨市大力发展绿色蔬菜和有机蔬菜，积极注册蔬菜商标，改进蔬菜包装，加强宣传推介，培育哈尔滨蔬菜品牌。双井韭菜借此“政策东风”打造地方知名品牌，更好地促进了农业增效，农民增收。

呼兰双井新兴村、振兴村、双井村等村是韭菜专业村，多数农户从事韭菜生产，每年扣大棚150多万平方米。呼兰韭菜不仅菜质柔嫩味香辛，而且还含有丰富的营养物质，同时还有一定的药用效果。

1. 地域范围

呼兰区位于黑龙江省南部，松花江北岸，呼兰河下游，地理坐标为北纬45°49′~46°25′，东经126°11′~127°19′，辖境南濒松花江，东临肇东、兰西，北接绥化市。呼兰韭菜划定的地域保护范围是呼兰区内康金镇、许堡乡、孟家乡、长岭街道、双井街道、腰堡街道、沈家街道、方台镇、二八镇所属各村，地域保护范围面积45460公顷。

2. 产地环境

（1）土壤地貌情况：呼兰区地处松嫩平原中部，地势平坦，东北略高，西南略低。“一江四河”形成呼兰肥沃的堆积和冲积平原。各类地貌相对比差在20~30米，为波状平原。无山地、丘陵等复杂地形，整个地貌类型较为单一，海拔最低点113米，最高点团山子为189.5米，一般在115~150米，东部为170米。松花江、呼兰河流经呼兰区西部、中部和南部。呼兰区地域辽阔、土壤肥沃、资源丰富，有黑土、黑钙土、草甸土等8种土壤。土壤肥力较高，有机质量达3%，速效氮、磷、钾含量分别为100~140毫克/千克、10~20毫克/千克、140~200毫克/千克。适合旱田、水田作物生长。

（2）水文情况：呼兰区境内江河纵横，湖泡沟渠密布。境内有“一江四河”同属松花江水系，绕境或穿境巡回流过，流经境内总长226千米。河流水域面积35.1万亩，水质分别达到地表水环境GB 3838的一级标准和生活饮用水GB 5749的标准。呼兰区现有泥河、腰堡、少陵、团山4座水库灌区，提水工程7座，有效灌溉面积21万亩，喷灌面积1.3万亩，蓄水容量4.5亿立方米。全区现有防洪堤防92千米，松花江堤防达到20年一遇防洪标准，呼兰河堤防达到30年一遇防洪标准。

（3）气候情况：呼兰处在中纬度地带，属于北温带大陆性季风气候。气候特征明显，春季多风多雨，温暖舒适；夏季气候炎热、雨量充沛；秋季温凉，天高气爽；冬季漫长、寒冷干燥。全年平均气温3.6℃。年最高平均气温23℃，最低平均气温为-19.1℃；平均年降水量为500~550毫米，但四季降水量分布差异较大，6~8月为集中降雨期，降水量占全年平均降水量的69%；全年平均日照2732.2小时，5~9月日照集中，强度大，时间长，有利于农作物的生长；无霜期短，初霜在9月下旬，终霜在次年5月上旬，约143天。年平均风速3.5米/秒，主导风向夏季为西南风，冬季为西北风。虽然处在全国纬度高、气候寒冷的地带，但夏季气温高，雨热同季，光照充足，昼夜温差大，土地较为湿润，为种植生产提供了特有的自然条件。

3. 生产要求

呼兰韭菜产地选择远离污染源，自然环境未受到破坏，产地要具有可持续生产的能力，即空气、水（水源、水质）、土壤肥沃、耕性良好的土壤，多选用黑土、黑钙土地块种植。在品种选择上，选用抗病虫、抗寒、耐热、分株力强、外观和内在品质好的品种。

生产过程中，首先选择前茬为非葱非韭类蔬菜种植地块。整地：苗床应选择旱能浇、涝能排的高燥地块，宜选用 pH 值在 7.5 以下地块，播前需耕翻土地、结合施肥、耕后细耙、整平做畦。以优质有机肥、常用化肥，复混肥为主；在中等肥力条件下，结合整地每亩撒施有机肥 6000 千克，氮肥 2 千克。追肥 2 次，结合浇水每亩追施氮肥 3 千克。棚室韭菜分三刀收获，分别为 3 月末、4 月中旬和 4 月末。收获质量：割茬高度以贴地皮为准。

4. 品质特征

呼兰区韭菜品质分一等品、二等品、三等品 3 个等级，每等级按株长分为长（30 厘米以上）、中（20～30 厘米）、短（小于 20 厘米）3 个规格。一等品整齐度在 80% 以上，二等品整齐度 70% 以上，三等品整齐度 60% 以上。外观鲜嫩、无异味、无冻害、无病虫害、无机械伤、无腐烂。

呼兰韭菜不仅菜质柔嫩味香辛，而且还含有丰富的营养物质，每百克鲜韭菜中含胡萝卜素 3.12 毫克，维生素 B 20.09 毫克，维生素 C 39 毫克，钙 84 毫克，磷 43 毫克，铁 8.9 毫克，膳食纤维 1.2 克，此外还含有较多的脂肪、蛋白质、辛香挥发物——硫化丙烯。呼兰韭菜不仅有丰富的营养价值，同时还有一定的药用效果，韭菜中的硫化物具有降血脂的作用，适用于治疗心脑血管疾病和高血压。

5. 包装标识

韭菜的包装（箱、筐）要求大小一致、牢固、内壁及外表均平整。包装容器保持干燥、清洁、无污染，塑料应符合 GB/T 8868 的要求。应按同品种、同等级、同规格的产品分别包装。每批报验的韭菜其包装规格、单位净含量应一致。包装检验规则，逐件称量抽取的样品，每件的净含量应一致，不应低于包装外标志的净含量。根据整齐度计算的结果，确定所抽取的样品规格，并检查与包装外所标志的规格是否一致。包装上应标明产品名称、产品的标准编号、商标、生产单位名称、详细地址、等级、规格、净含量和包装日期等，标志上的字迹应清晰、完整、准确。

（供稿人：哈尔滨市呼兰区农业技术推广中心，黑龙江省农业科学院园艺分院；曲振全、张慧、王琳、刘力勇、刘思宇）

三、河北省特色蔬菜品牌建设

（一）邯郸市鸡泽县辣椒品牌创建

鸡泽县位于河北省南部，是中国首批特色农产品优势区、中国辣椒之乡、中国辣椒产业龙头县、中国调味品原辅料（辣椒）种植基地、河北省首批“农产品质量安全示范县”“省级农业可持续发展试验示范区”。“鸡泽辣椒”因形似羊角，又名“羊角椒”，种植历史悠久，明清时期即为宫廷贡品，品质独特，具有皮薄、肉厚、油多、籽香、辛辣适中、营养丰富、维生素 C 含量高等特点。辣椒产业作为该县的传统产业和特色优势主导产业，已成为群众增收致富的主要经济来源。

1. 自然条件

鸡泽县地处河北省南部黑龙港流域，属暖温带半湿润大陆性季风气候。

光照充足。辣椒生长期间日照时数多年平均为 1648 小时，能够完全满足“鸡泽辣椒”对光照的需求。

温度适宜。年平均气温 13.3℃，≥0℃年积温平均 5042.8℃，≥10℃年积温平均 4654.1℃。从播种到拉秧全生长期为 190 天左右，无霜期历年平均 192 天。

水资源丰富。农业灌溉以地下水为主，且水资源丰富、水质好、无污染。

土壤条件好。土壤类型以潮土为主，地表层为壤土，利于辣椒根系生长；土壤有机质平均含量 14.3 毫克/千克，全氮 0.093%，碱解氮 83 毫克/千克，速效磷 22 毫克/千克，速效钾 144 毫克/千克，钾素较为丰富。

2. 生产规模

全县常年种植辣椒 8 万亩，年产鲜椒 16 万余吨。辣椒加工企业 130 余家，年加工鲜椒 60 万吨，年产值达 46 亿元以上。拥有国家级高新技术企业 3 家、国家级农业产业化龙头企业 1 家，省级重点龙头企业 6 家、市级重点龙头企业 35 家。产品涉及精品酱、盐渍椒、剁辣椒、辣椒酱、调味粉五大系列 200 多个品种，畅销国内并远销韩国、日本等 10 多个国家和地区，是中国北方最大的辣椒生产、加工集散中心。鸡泽辣椒被农业农村部作为全国农产品加工业“一县一业”发展典型案例宣传推介。

3. 品牌创建

2011 年，“鸡泽辣椒”被国家工商总局批准为“地理标志证明商标”，为国家种植资源保护品种。2019 年，“鸡泽辣椒”获得了农业农村部地理标识认证产品，被认定为国家地理标志产品，生产地域范围为邯郸市鸡泽县，涉及鸡泽镇、吴官营乡、店上乡、曹庄乡、双塔镇、小寨镇、风正乡等 7 个乡镇 169 个村。地理坐标为北纬 36°44′40″～36°57′45″，东经 114°42′20″～114°58′00″，保护地总面积为 26000 公顷，常年种植面积 5333 公顷，年产量 20 万吨。

为加快推进农业转型升级，实现“品牌兴农强县”的目标，县委、县政府相继出台了加快推进品牌战略发展意见、品牌兴企战略实施意见等一系列文件和扶持政策，每年拿出专项资金支持县内龙头企业开展品牌创建，先后培育了“天下红”“湘君府”“三湘妹”“老菜坊”等企业商标，其中，中国驰名商标2个（天下红、湘君府），省著名商标6个（天下红、湘君府、三湘妹、湘厨、天下一品、老菜坊），知名产品品牌20余个。

鸡泽县大力推进鸡泽辣椒区域公用品牌创建。引导县内辣椒加工企业联合成立了“鸡泽县辣椒行业协会”，注册“鸡泽辣椒”证明商标，获得了国家地理标志认证产品和农业农村部“农产品地理标志登记”。获得了“河北省十佳农产品区域公共品牌”“河北省十大地方特色蔬菜”“中国国际养生食品博览会金奖”等荣誉。

2019年，县政府投资300余万元聘请全国著名农业咨询专家，为鸡泽辣椒区域公用品牌进行顶层设计。科学定位“鸡泽辣椒—大厨的秘密武器”，编制了《鸡泽辣椒区域公用品牌发展战略规划》，并在2019年中国廊坊农产品交易会上进行发布，现场颁发了品牌授权使用证书。

（供稿人：河北省鸡泽县农业农村局；陈世雷、孙立娟、宋聪光、田平增）

（二）邯郸市永年大蒜品牌创建

“永年大蒜”是河北省著名土特产之一，旧称“广府蒜”，其栽培历史悠久，可追溯到明朝嘉靖年间，距今已有五百多年历史，传说曾给嘉靖皇帝食用，受到皇封。“永年大蒜”品质优良，蒜头大、瓣少、皮薄、肉嫩、汁多、辛香味浓郁，蒜泥粘稠，具有久放再食不变味的特点。蒜薹脆嫩、木质化程度低，蜡质层厚、耐贮存，历来为食用者所欢迎。

1. 自然条件

永年区隶属于河北省邯郸市，位于河北省南部，邯郸市区北部，属于暖温带半湿润大陆性季风气候，四季分明，气候温和。光照充足，年平均气温14℃，全年无霜期为200天，年平均日照时数为2463.8小时，日照百分率为56%。年平均降水量为503.6毫米，年平均相对湿度67%。大蒜耐寒、怕旱、喜潮湿，“永年大蒜”集中在滏阳河两岸，处在两个平原之间的交接洼地，当地群众称“下坡地”。其土壤偏粘，褐色团粒结构，结构松弛，土壤湿度大，群众叫“鸡粪土”。此地土壤肥沃，有机质含量高。20世纪80年代测定，土壤的有机质含量为2%以上，碱解氮含量120毫克/千克以上，速效磷含量80毫克/千克，速效钾含量300毫克/千克，形成了永年大蒜独特的风味。

2. 生产规模

自改革开放以来，大蒜产区由原来的广府、南沿村2个镇10个村发展到南沿村、广府、姚寨、小西堡、西河庄、张西堡、小龙马7个乡镇100多个村。种植面积由1983年的1.75万亩，发展到1998年的10万亩，年产干蒜头7万吨，蒜薹6.5万吨，成为河北省最大的大蒜生产基地。2005年大蒜种植面积达到峰值15万亩，覆盖的农户32000户，加工企业达230多个，成规模的运输组织达25个，运输从业人员1200多人。由于行政区划调整（2016年10月），南沿村镇、姚寨乡、小西堡乡划归了邯郸市经济技术开发区，使永年区的大蒜面积有所减少（本数据不考虑行政区划调整，所有数据都是原永年县20个乡镇的数据）。2018年永年大蒜播种面积8万亩。

3. 地理标志

2009年11月19日，“永年大蒜”荣获国家地理标志保护，证明商标商品的特定品质：一般4～6瓣、蒜头大、皮薄、瓣大、肉细、味辛辣、辣中带甜、蒜泥汁多、且粘稠不干、隔夜不变味等特点；蒜薹颜色深绿、脆嫩、木质化程度低、蜡质层厚、耐贮运、辛辣。大蒜每100克含大蒜素≥0.0794%，蛋白质≥7.0克，脂肪≥0.14克，粗纤维≤0.88克，维生素C≥13.3毫克，氨基酸总量≥5.1克。使用“永年大蒜”地理标志商标商品的生产区域范围：广府镇、小龙马乡、东杨庄镇，地理坐标为北纬36°35′～36°56′，东经114°20′～114°52′。

4. 品牌创建

1984年，“永年大蒜”被外贸部授予信得过产品，1985年在农业部举办的优质农产品展览会上受到好评，1991年在全国菜篮子博览会上被评为铜奖，1997年被河北省首届农业博览会评为“农业名优产品”，1999年永年大蒜基地被国家技术监督局定为国家级标准化农业生产示范区，2002年被命名为“河北大蒜之乡”，2009年国家质量监督检验检疫总局批准对“永年大蒜”实施地理标志产品保护。

（供稿人：河北省邯郸市永年区人大常委会，河北省邯郸市永年区农业农村局；庞明德、乔丽霞、郭雪燕、韩素霞）

（三）保定市望都辣椒品牌建设

1. 自然条件

河北省望都县位于河北省中西部，太行山前冲积扇平原，地理坐标为北纬38°30′46″～38°48′30″，东经115°01′16″～115°18′13″，地处京津石三角地带。北距首都北京不足200千米，南到省会100千米，京广铁路、京港澳高速公路、107国道纵贯全县。望都县属大陆性半干旱气候，四季分明，光照充足，热量资源丰富，平均气温11.8℃，无霜期为189天。土壤耕层深，地势平坦，属通体轻壤质潮褐土，母质为河流冲积、洪积物。有机质含量高，耕层有机质含量15.56克/千克，全氮0.88克/千克，碱解氮103毫克/千克，速效钾21.78毫克/千克，速效钾99.44毫克/千克，土壤pH值为7.5左右。地下水贮存于第四系含水层中，总厚度20～80米，单位涌水量55～120立方米/小时，地下水资源丰富，淡水水质良好。

2. 望都辣椒的主要特点

望都辣椒形似羊角、粗如手指、长3～4寸、色泽鲜红而光亮、肉质肥厚有油性、籽粒饱满而充实、辣味浓郁而芳香，维生素C、辣素、色素含量高，去柄不落籽。农业农村部热带植物研究院加工所最新化验显示：望都辣椒固形物3%，粗蛋白14.93%（相比新疆辣椒，较高），粗纤维8%（较低），总灰分5.26%，色度：a42.89，b34.60，偏红，色价（远大于100）高于新疆辣椒（65左右），碱含量1.2。色素高，适合提炼辣椒红色素；总灰分少适合食用；辣味浓郁而芳香适合提炼香精；碱含量高适合提炼香精。

3. 望都辣椒产业发展现状

（1）望都是全国辣椒传统种植基地。2020 年全县辣椒种植面积 3.432 万亩，主要集中在高岭乡、中韩庄镇、赵庄镇、寺庄镇 4 个乡镇。近几年，大户种植面积发展较快，已经超过零散户种植；其中 500 亩以上 2 家，100～500 亩 12 家，50～100 亩 26 家，20～50 亩 49 家，其余均是散户种植，种植面积不等。种植品种主要有“望都辣椒”“泡椒（辣都红 9 号）”“天鹰椒”“子弹头”“新一代”和一些高辣度品种，以“望都辣椒”和“天鹰椒”为主，占全部种植面积 65% 以上。近 3 年来，高辣度品种发展较快，种植面积占全部种植面积 60% 以上，最高辣度达到 30 万，市场前景广泛，深受市场青睐。

（2）望都是全国知名辣椒加工中心。全县辣椒企业 128 家，相关从业人员达 1.2 万人，总产值 16 亿元以上。其中资产 1 亿元以上 1 家（御香坊），5000 万～1 亿元 3 家（河北香辛、河北辣都、河北华源），1000 万～5000 万元 9 家（河北乾亿、保定常春藤、望都旭升、口福食品、龙强食品、日新高、华腾食品、华和食品、精益食品）。加工方式以粗加工为主，主要有辣椒干、丝、碎、圈、面、酱、酥、油、粉九大系列 80 多个品种。产品品牌有“羊角”“悦客”“贺老汉”等 40 多个省市知名品牌，其中省级名牌 4 家（羊角、贺老汉、康辣美、望都辣椒）。原料采购地除本地收购外，内蒙古、新疆、陕西、山西、宁夏、河南、山东等省份是主要采购地。形成了以北京、天津、上海、广州等一线城市为主并覆盖全国的销售市场。全县辣椒出口企业 7 家，其中日本独资企业 1 家。产品出口欧美、日韩、东南亚及澳大利亚共计 20 多个国家和地区。2019 年出口额达 1484 万美元。

（3）望都是全国北方传统的辣椒集散地。由于望都具有悠久的种植和加工辣椒传统，带动了周边县市辣椒的种植和交易。辐射区域有唐县、定州、安国、献县、清苑、河间、蠡县、高阳等 10 余个县市，辐射面积 3 万余亩。望都人把辣椒种子投放到内蒙古、山西、东三省等省份，投放面积达 5 万余亩，这些辣椒都回到望都交易，年交易额 1.5 亿元以上。望都专业辣椒经销人和经纪人队伍 300 多人，分散在河南、山东、内蒙古、新疆、山西、陕西、黑龙江、吉林等省份，交易均在望都进行。

4. 望都辣椒品牌创建

望都是辣椒之乡、传统农业县。土壤肥沃，光照充足，水源丰沛，自古有“珠泉万斛之乡”的美誉。望都辣椒 1997 年获首届河北省农业博览会“优质农产品”证书；1999 年被认定为“河北省农业名优产品”，望都县被命名为“辣椒之乡”“河北特产之乡”；2010 年被国家质检总局评为中国国家地理标志保护产品；2013 年 10 月顺利通过国家级辣椒生产加工标准化示范区的验收；2014 年 11 月顺利通过河北省进出口检验检疫局“省级辣椒出口质量安全示范区”的验收；2015 年 11 月顺利通过国家进出口检验检疫总局“国家级辣椒出口质量安全示范区”的验收；2017 年被河北省农业厅评为“省级区域公用品牌”。

（供稿人：河北省望都县农业农村局；刘胜海、安志猛、刘萌松、许会芹）

（四）保定市望都雪莲藕品牌建设

1. 产业规模

浅水莲藕是近年来望都县新兴发展起来的特色农产品。通过种植技术改良，莲藕单产由1000千克增加到3000千克以上，比小麦、玉米等粮食作物节约用水1/3左右，浅水藕产业成为望都县农业增效、农民增收的一条重要途径。为了寻找致富项目，望都县2013年开始引进浅水莲藕项目，通过“试验—示范—推广”种植面积达千余亩，鲜藕产量0.2万吨，年产值1000多万元，促进农民增收300万元。

2. 科技引领，打造高品质产品

在莲藕种植过程中，广大藕农积累了丰富的莲藕种植经验，具有较高的莲藕种植水平。望都县有一批莲藕种植方面的技术人员，有中高级以上职称15人，专业技术推广人员50余人，且有河北农业大学、河北省农林科学院、望都县农业农村局作为技术后盾。目前浅水种植模式已推广至省内承德、邯郸、石家庄、沧州、邢台、衡水、安新、阜平、满城等市县及湖北、湖南、江苏、河南、山东、陕西、湖南、江西、四川、内蒙古、新疆11个省份。望都浅水莲藕与其他莲藕相比，有以下四个方面优势：

第一，口感好，可生食，号称“水果莲藕”。

第二，切片后不宜变黑，抗褐变能力强，是很好的保健食品。

第三，全部用无污染的地下水灌溉种植，食用安全、放心。

第四，统一组织化管理，产品质量有保障。

表1-1-1 浅水莲藕与其他莲藕成分对比

营养物质	深水藕	旱地浅水藕	野生藕	南方藕
蛋白质	2.062	2.089	2.732	0.088
脂肪	0.456	0.284	0.440	0.135
灰分	1.166	1.472	1.170	0.910
总糖	4.870	4.670	2.290	1.230
还原糖	2.800	4.310	1.750	0.540
淀粉	5.600	4.600	7.300	7.610
维生素C	13.000	20.000	27.000	16.000
粗纤维	0.800	2.090	1.120	1.350

注：每100克鲜样中各种营养物质的百分比（河北农业大学食品加工学院提供）。

3. 创新引领，提升产品附加值

2019年，河北万穗农业科技有限公司与河北农业大学食品加工学院共同创建河北省望都莲藕太行山农业创新驿站，进行产品初加工，提高产品附加值。莲藕深加工生产基地包括莲藕深加工厂房和配套办公用房，其中厂房中根据加工莲藕的工艺流程，分为原料库、清洗车间、制作间、检查室、成品库和冷鲜库。创新团队专家组（首席专家1名，岗位专家6名：包括莲藕采后处理及初加工技术岗位专家1人、莲藕深加工技术岗位专家2人、莲藕功能活性成分研究及副产物综合利用岗位专家2人、莲藕品牌文化建设岗位专家1人，培养当地高素质生产技术人员5人）通过现场实地考察、磋商和对市场的调研，现驿站专家组正在组织人员利用学校现有资源对藕汁配方进行研发，并进行产品试验。

4. 品牌创建

中央电视台农业军事频道《每日农经》《农产天地》栏目组、河北电视台《谈天说地》等栏目组对望都县浅水莲藕种植进行了专题报道，大大提高了品牌知名度；中央气象频道、人民日报、新华网媒体分别进行多次报道；《新闻联播》《新闻直播间》栏目组对该节水种植模式进行了宣传报道。中国商务部组织东南亚、南非等10个国家农业部领导亲临望都县对该产品及种植模式进行调研。现已制定保定市《绿色食品莲藕浅水栽培技术规程》和《莲藕质量企业标准》。

莲藕作为近年来望都县新兴发展的特色农产品，其营养丰富、香甜可口，易于消化吸收，已成为广大城乡人民喜爱的保健绿色蔬菜。莲藕种植基地及综合深加工工厂，属农业综合开发项目，是见效快、风险小、利润高的项目，同时莲藕种植对改良土壤、净化空气、改善生态环境均有一定的益处。目前该项目已成为调整农业产业结构，引导农民由传统种植业向新型农业转变有效途径。

（供稿人：河北省望都县农业农村局；刘胜海、安志猛、刘萌松、许会芹）

（五）保定市安新县荷茶品牌创建

白洋淀属于淡水湖泊，素有华北明珠之称，湖泊面积最大达366平方千米，野生莲藕10万亩。每年夏季是安新县荷叶采收并制作荷叶茶的最佳时机。近年来，安新县野生莲荷叶茶发展迅速，荷叶茶产业已成为安新县一道靓丽名牌。

1. 自然条件

安新县地处暖温带半湿润大陆性季风气候，四季分明。春季干旱多风，夏季高温多雨，秋季天高气爽，冬季寒冷少雪。年平均气温12.2℃，最高气温40.7℃，最低气温-26.7℃，无霜期为203天。年平均日照2578.3小时，太阳辐射量128千卡/平方厘米。年平均降水529.7毫米，但年际变化较大，年最大降水量941.6毫米（1988年），年最小降水量263.3毫米（1962年）。淀区多年平均水面蒸发量1761.7毫米，最大值2132.6毫米（1972年），最小值1535毫米（1979年）。白洋淀初冰期在11月末，冰期至翌年3月中旬，冰厚0.19~0.42米，为野生莲藕生长提供了优越条件。

2. 荷茶历史

白洋淀野生红莲可追溯至新石器时代，位于古黄河流域的留村遗址和梁庄遗址即仰韶文化遗址，这一时期的仰韶文化遗址中就发现有古莲子。白洋淀野生红莲的大规模种植始于北宋初年。白洋淀是康熙、乾隆2位皇帝喜爱的水围避暑之地，康熙皇帝来白洋淀水围次数达40多次。相传每次皇帝来水围，本地官员和名士都会上贡精致的荷叶茶，给皇帝、妃子及大臣们消暑。

3. 加工规模

全县有注册登记的荷叶茶加工企业6家，龙头企业有：河北明珠农副产品加工有限公司、绿之梦农业科技有限公司、河北品悦农业科技有限公司等。全县年加工荷叶茶200余吨，产值6000余万元。

4. 地理标志

白洋淀荷叶茶在传承传统荷叶茶制作工艺基础上，引进现代化设备，融合绿茶+乌龙茶传统茶制作工艺，历经“晾青—清洗—裁切—杀青—揉捻—烘焙—整形—发酵—提香”等20余道工艺，打造高端、品质荷茶。荷叶颗粒饱满，开水晾至85℃冲泡，无需洗茶，茶汤颜色纯正清澈；有明显荷香味，入口清醇，无荷叶苦涩味；泡开的荷叶颜色依旧为绿色，茶料可食用。2016年7月由安新县白洋淀特产协会申请，“白洋淀荷叶茶”被中华人民共和国国家工商行政管理总局注册为中国地理标志产品，其分布区域在安新县白洋淀浅水区域内，主要包括安州镇、三台镇、圈头乡、赵北口镇、安新镇、端村镇、同口镇、寨里乡所辖淀区，常年采收面积2.5万亩左右。

5. 打造品牌

自雄安新区成立以来，政府鼓励支持荷叶茶公司以“雄安质量”为产品标准，制定精品荷茶的标准。联合白洋淀特产行业协会全力塑造“雄安荷茶”地域品牌，积极组织成立“雄安荷茶”品牌促进会，安新知名荷茶企业都积极参与。目前已成功打造“绿之梦”“采荷世家”“华北明珠”等多个品牌，河北白洋淀农副产品有限公司将荷叶茶品牌细分为“华北明珠”“西淀风荷”“因荷相遇”3个知名品牌。政府在监督企业做好品质的同时，积极做好“雄安荷茶”宣传推介活动，先后组织企业参加廊坊农产品交易会、高碑店新发地农产品交易会、中国·石家庄（正定）国际小商品博览会、河北文创精品展等展会和各种大赛评比活动，取得了良好的效果。例如：“华北明珠”品牌荷茶，2014年获得“第二届河北省茶文化交易博览会金奖”，2015年获得“第一届国际亚太茶茗大赛银奖”，2016年获得“第二届国际亚太茶茗大赛金奖”。

（供稿人：河北省安新县农业农村局；张俊民、王燕、邓凤梅、田泽申）

（六）邢台市南宫市黄韭品牌创建

南宫黄韭始于明代永乐年间，原名丰本，又名韭黄，俗称黄连韭。馨香扑鼻，鲜嫩色美，自古就被誉为“菜中珍品”。神农《草本》记载：“韭根名韭黄，韭之美在黄，豪贵皆珍之。”黄韭富含维生素A、维生素B、维生素C、糖类、蛋白质等，并含有抗菌物质。具有调味、杀菌之功效，常食有益健康。

2012年盆景韭菜面积逐步扩大，2020年黄韭产业已成规模化发展，全年用于盆景的面积达上千亩，畅销全国各地。

1. 产地环境

南宫黄韭保护区域属大陆性季风气候，年平均气温13℃，0℃以上积温4936.3℃，年日照2955小时。平均年降水量584毫米，多集中在7~8月。早霜始于10月中旬，晚霜终于次年4月上旬，无霜期约200天。地势平坦开阔，海拔27.2~30.1米。气候条件属暖温带大陆性半干旱季风气候，四季分明，温差较大，春季干旱多风，夏季炎热多雨，秋季晴朗凉爽，冬季寒冷少雪。保护区毗邻南宫湖，空气较湿润。灌溉水为浅层地下水，水质矿化度为1~1.5克/升；土壤肥沃偏碱性，pH值为8。特殊的地理位置造就了南宫黄韭独特的生长环境。

2. 地理标志认证

“南宫黄韭”是河北省南宫市特产、全国农产品地理标志。南宫黄韭鞘白，叶黄微绿，口感鲜嫩，味道浓郁。2017年9月1日，中华人民共和国农业农村部批准对“南宫黄韭”实施国家农产品地理标志登记保护，认证号：“国家农业农村部2017年第2578号公告”。

3. 品牌发展

近年来，南宫市政府非常重视黄韭产业的发展，南宫黄韭区域品牌知名度进一步提升，产品品质和价格大幅度提高。黄韭价格由20元/千克提高到40元/千克，单位面积的经济效益增加了1倍多。

近几年，南宫推出的盆景韭菜受到大中城市市民欢迎，产品远销省内外，也形成了独特的品牌。2017年南宫黄韭获得国家地理标志认证后，助推了商品品牌的创建和推广。南宫市先后注册了南宫市瑞然农业科技有限公司、注册商标“爱鲜乐”；华盈蔬菜种植合作社、注册商标“华盈”；南宫市丹绿丰韭菜农民专业合作社、注册商标“丹绿丰”；南宫市西孟原野蔬菜种植合作社、注册商标“原野”；南宫市润浩家庭农场有限公司、注册商标“尊舍乐田”；南宫市铭信农业科技开发有限公司、注册商标“铭信”。

（供稿人：河北省农林科学院经济作物研究所，河北省农林科学院；姜二花、田玉、赵付江）

（七）唐山市丰润生姜品牌建设

河北省唐山市丰润区新军屯镇素有“冀东生姜之乡”“华北万亩生姜种植基地”的美誉，培育了“美丽三野”“道桥和”等注册生姜品牌，年创造经济效益达3亿元。“丰润生姜”地理标志证明商标成功注册，对提升丰润生姜市场竞争力、产品知名度具有重要意义。

1. 自然条件

唐山丰润区地处冀东平原，属典型的暖温带大陆性半湿润气候，四季分明，光照充足，年平均气温为11.1℃，日照时数平均2694小时。平均年降水量1007毫米。夏季湿度达80%，冬季湿度小，平均为45%~55%。年平均蒸发量1600~1800毫米。年无霜期为185天。北部近山地带和南部平原多为沙壤土，pH值7.5左右。由于生姜喜湿耐阴，当地在种植生姜中适时加盖拱棚附加遮阴网以降低光照强度，增设喷灌系统，保证生姜长势。

2. 生产规模

20世纪90年代，丰润区尝试引进生姜种植，并在新军屯镇获得成功，实现了南姜北移，填补了河北生姜产业的一项空白。2002 年，生姜快速发展到 1 万余亩。2019 年丰润区生姜种植面积 3.37 万亩，总产量 16.77 万吨，总产值 10.73 亿元。主要种植基地有新军屯等 7 个乡镇。2020 年，丰润区生姜种植面积达 3.5 万亩。全区拥有一批具有二十多年种植经验的姜农，他们已成为了丰润区生姜生产的主力军。为更好地服务于广大姜农，促进生姜产业发展，全区成立了生姜行业协会 2 个，协会下辖 11 个专业合作社，33 个洗姜场，170 多个科技示范户，80 多个生姜经纪人。

3. 地理标志

2017 年，唐山市丰润区生姜行业协会申请注册“丰润生姜”地址标志证明商标，成为丰润区首个地理标志证明商标。证明商标商品的特定品质：姜片大、纤维少、姜味浓、营养丰富、块大皮薄、汁多渣少、颜色鲜亮、肉质脆、香味浓。生产地域范围包括：丰润区新军屯、小张各庄等乡镇，种植品种包括莱芜大姜、昌邑大姜、绵姜、山东一号、胖妞、红芽小姜等品种。地理坐标为北纬 39°36′29.6″～39°37′48.7″，东经 117°54′38.1″～117°54′58.7″。

（供稿人：河北省唐山市农业科学院；孙逊）

（八）秦皇岛市抚宁生姜品牌建设

抚宁生姜是河北省秦皇岛市抚宁区的特色产品之一，有近 40 年的种植历史。抚宁区被誉为“中国调味品原辅料（生姜）种植基地”。优越的土壤环境，宜人的沿海气候为生姜的生长提供了得天独厚的条件，所产生姜具有纤维少、姜味浓等特点。目前抚宁生姜除初级产品外，姜片、姜丝、姜糖等加工产品也得到了市场广泛认可。

1. 自然条件

秦皇岛市抚宁区位于河北省东北部，是秦皇岛市的近郊区，属暖温带半湿润大陆性季风气候。冬季寒冷干燥，夏季炎热多雨，冬长夏短，春秋适中，年均气温 10.4℃，年均日照 2745 小时，无霜期为 173 天。年降水量适中，气候相对寒冷阴湿，无霜期短，昼夜温差大，林木茂盛，溪水清澈，生姜产区水源无工业污染。独特的气候条件和充足的降水使抚宁生姜姜汁丰富，干燥后失重低于 35%。土壤类型以黄棕壤土为主，土层深厚（约 70～140 厘米），排水良好。土壤中速效磷含量在 280～290 毫克/千克，速效钾含量 90～98 毫克/千克，有机质含量 2.33%～2.8%，pH 值为 6.5～7.5，土壤肥力高，可有效促进抚宁生姜的膨大发育及蛋白质、铁、钙等营养物质的积累。境内年降水量在 744 毫米以上，水资源丰富，每 100 毫升水中含钙≥370 微克，镁≥42 微克，既能促进抚宁生姜的生长，又能大大提升抚宁生姜中维生素 C 含量，使抚宁生姜色泽鲜黄，皮薄丝少，肉质脆。

2. 生产规模

全区共有涉及生姜产业的合作社 50 余个，从事生姜销售的经纪人 70 余人，洗姜厂 50 余家。可完成本地鲜姜的清洗和包装工作，吸引了大量省外客商。截至 2017 年，全县年产生姜 4.5 万吨，产品主要销往周边省市以及韩国、日本、马来西亚、俄罗斯等国家。

3. 地理标志

使用“抚宁生姜”地理标志证明商标商品生产地域范围涉及北纬39°41′~40°19′，东经119°04′~119°46′，产品在抚宁区的抚宁镇、留守营镇、榆关镇、台营镇、大新寨镇、茶棚乡、深河乡、坟坨管理区、下庄管理区、田各庄管理区境内。特殊的地理人文环境使“抚宁生姜”具有不同于其他地区生姜的特定品质：色泽鲜黄，辣味浓厚，姜块肥大，皮薄丝少，肉质脆，铁元素含量高，每百克含量≥73毫克；刚收获的鲜姜黄皮、黄肉，经贮藏后呈灰土黄色，自然温度存放2个月不变质，主茎长60~80厘米，宽4厘米左右，平均单株鲜重1千克以上。每百克抚宁生姜含蛋白质≥2.3克，钙≥37毫克，维生素C≥6.5毫克。

4. 提升组织化程度，带动品牌发展

抚宁区农业部门从多方面着手，不断提高生姜产业的组织化程度。整合辖区内的有效资源，引导小江蔬菜专业合作社组织牵头筹建“抚宁区生姜产业协会”。始终把蔬菜质量安全放在首位，加强农资市场监管，共同研究破解制约生姜产业发展的难题。强化模范引领，通过培育典型的模式推进生姜产业发展，已经有种植大户100余名，在带动、帮助周边群众从事生姜种植业方面起到了很好的模范引领作用。

（供稿人：河北省唐山市农业科学院；孙逊）

四、辽宁省特色蔬菜品牌建设

（一）盖州生姜品牌建设

盖州生姜是辽宁省盖州市特产，全国农产品地理标志。盖州生姜栽培历史悠久，品种主要以莱芜大姜、莱州大姜为主。地理标志地域保护范围包括盖州市的徐屯镇、归州镇等15个乡镇、场、办事处。盖州生姜在长期的栽培和自然选择下，形成了自己独特的产品特征，生产出来的生姜姜块肥硕，肉质较厚，辛辣味特浓，且富含多种营养元素。盖州作为东北最大的生姜生产基地，被评为国家级生姜生产农业标准化示范区，并获得了国家农业部无公害食品认证。

1. 自然条件

盖州位于辽宁省营口市，地貌类型有丘陵、平地等。土壤为沙质土壤，土层深厚，富含有机质，有机质含量高达3%，土质肥沃，耕层达50厘米以上。境内有大清河、碧流河、熊岳河三大河流，大型水库有石门水库和玉石水库2座，蓄水量达1.7亿立方米，中小型水库20座，总蓄水量近3亿立方米，平均年降水量在670~700毫米，水资源充足，能够保证全市农田的灌溉。日照时数2600~2900小时，有效积温3500~3700℃，无霜期为180天，最高温度32.4℃，最低温度13.5℃。该地区拥有优越的生态地理条件，适宜的气候和土壤，为生姜产业发展提供了理想的生长环境。

2. 产业规模

有“生姜第一镇”之称的徐屯镇，生姜生产已有60年的历史，以生姜块大、肉厚、口感好而受省内外客商的青睐。2008年，盖州市推动徐屯镇成为国家级生姜生产农业标准化示范区，成为东北最大的生姜种植基地。2009年，盖州徐屯镇龙湾村组建了名扬生姜专业合作社，由各生姜生产专业大户，经纪人及农户组成；现有社员1500多人，年收购生姜2500万斤，年经营额2500万元。合作社成员共建400多个大大小小的贮藏窖。他们将这里生产的生姜统一注册为“龙丰牌”，并获得了国家农业部无公害食品认证。

盖州生姜保护范围覆盖市内榜式堡镇、暖泉镇、东城办事处、西城办事处、青石岭镇、太阳升办事处、西海办事处、徐屯镇、团山办事处、沙岗镇、九寨镇、陈屯镇、梁屯镇、万福镇、归州镇15个乡镇办事处。2009年，盖州生姜生产面积3万亩，年产量10.5万吨。2011年，盖州生姜生产规模为3万亩，产量12万吨，2015年增产20%～30%，2018年产量达到20万吨，是辽宁省最大的生姜生产县。由于盖州生姜含水分较低、姜皮较厚，因而耐储，适宜长距离运输，不仅销往国内大中城市，还出口日本、韩国、美国等国家。盖州成为辽宁省最大的生姜生产县，在国内市场具有一定知名度。

3. 地理标志

盖州独特的地理环境、适宜的气候，形成了盖州生姜独特的品质，生产的生姜特点是块大肥硕，表皮光滑。由于含有辛辣素、姜油酮等成分，使之具有较浓的辛香味。盖州生姜富含糖分、蛋白质、脂肪、纤维素、矿物质等，营养成分均高于同类产品。盖州生姜用途很广，是集调味品、食品加工原料和药用为一体的多用途蔬菜，除用做调味佐料外，还可以加工成姜粉、姜干、姜汁、姜片、姜油等产品。

盖州地理坐标为北纬39°55′12″～40°33′55″，东经121°56′44″～122°53′26″。2011年9月13日，中华人民共和国农业部批准对“盖州生姜”实施农产品地理标志登记保护。

（供稿人：河北农业大学；赵帮宏、宗义湘、乔立娟、王妍）

（二）北票红干椒品牌创建

1. 自然条件

北票市属于典型的辽西低山丘陵地区，海拔较高。北票市土壤质地以土、沙壤为主，质地疏松。土壤pH值为7～8，有机质含量在1%左右，褐土占全市土壤面积的85%。气候特点为四季分明，雨热同季，日照充足，昼夜温差较大，降雨偏少。年日照时数2800～3000小时，为辽宁省光照高值中心，日照充足，有利于北票红干椒的生长发育。由于气候干燥寒冷，昼夜温差大的特点，加上合理的玉米辣椒套种方式，少有病虫害。红干椒生产区域绝大部分远离城市和工业区，许多农产品在生产过程中不用或较少使用化肥和农药。空气、水质、土壤基本上保持良好的洁净水平，适宜种植栽培北票红干椒。北票市地表水文径流量14.71亿立方米，地下水资源量6.77亿立方米，平均径流深度106毫米，大凌河流域和牤牛河流域多年平均年径流量为4.82亿立方米，折合径流深度77.2毫米，境内河水质达标率42.1%，适合北票红干椒灌溉。

2. 品牌创建

北票红干椒因为红色素、辣椒素和二氢辣椒素含量高，多用于提取红色素和辣椒色素，广泛用于医药、饮食保健、化妆品、生物农药等领域。20 世纪 90 年代，北票市已成为全国最大的县域红干椒生产基地，被誉为“中国红干椒之都”。2004 年 11 月，北票市在第二届中国果菜产业发展论坛上，荣获“全国辣椒产业十强（市）特别奖”殊荣。2008 年，第三届全国辣椒产业大会在北票召开。2012 年，北票红干椒产业在市政府的大力支持和推动下，生产规模逐年扩大，生产面积 28.5 万亩，产量 5.5 万吨，位居全省首位；产值达到了 6 亿元，占全市农业收入的 16%，成为了北票市农业主导产业之一。2015 年，北票已发展为东北最大的红辣椒生产基地，成功举办了 12 届“辣椒节”。1996～2010 年，北票市每年种植红干椒的面积都在 10 万亩以上。2012 年，北票红干椒生产面积 28.5 万亩，产量 5.5 万吨。2015 年，北票红干椒年栽培面积 30 余万亩，年产红干椒 6 万余吨。

3. 地理标志

2004 年 11 月 20 日，北票市生产的红干椒符合国家质量监督检验检疫总局公布的《无公害农产品标志管理规定》，允许使用“无公害农产品”标志。2012 年 12 月 7 日，中华人民共和国农业部批准对“北票红干椒”实施国家农产品地理标志登记保护。证明商标商品的特定品质：北票红干椒形正、色红、皮厚，尖为鹰嘴形，口味辛辣、营养丰富，北票红干椒辣椒的红色素及辣椒素含量高，其红干椒的色价含量为 15～17，高出其他辣椒产区 3～5 个色价以上，其他营养成分也均较其他省市红干椒产区高。北票红干椒农产品地理标志地域保护范围为辽宁省朝阳市北票市所辖长皋乡、常河营乡、小塔子乡、马友营乡等 29 个镇 252 个村。地理位置为北纬 41°20′～42°30′，东经 120°16′～121°20′。

（供稿人：河北农业大学；赵帮宏、宗义湘、乔立娟、王妍）

（三）海城市耿庄大蒜品牌创建

耿庄镇大蒜是鞍山地区独有的特色产业，具有广泛的群众基础和丰富的栽培经验。耿庄大蒜具有蒜头肥大、蒜瓣均匀、蒜味辛辣浓烈、蒜汁黏稠的特点，捣成蒜泥后一夜不泻汤、不跑味。含有 18 种氨基酸，锌、钙、镁 3 种微量元素含量高，具有极强的抗氧化功能。耿庄镇已成为东北地区优质大蒜种植、加工基地之一，发展前景广阔。

1. 自然条件

耿庄镇属暖温带半湿润大陆性季风气候，四季分明。年平均气温 10.3℃，最高为 7 月 35℃，最低为 1 月 –27.5℃，冬夏温差大。≥0℃的有效积温为 3900℃，≥10℃的有效积温为 3462℃；无霜期平均为 160 天，最长为 175 天，最短为 140 天，以上积温完全可以满足当地作物生长要求。从光资源来看，属北方长日照区，年日照数为 2663 小时，太阳辐射总量为 126729 千卡/平方厘米。平均降水量为 691.3 毫米，8 月最多为 190.9 毫米，1 月最少为 6.1 毫米。年平均蒸发量为 1767.7 毫米；平均湿度为 66.0%，8 月份最大为 81.0%，5 月最小为 53.0%。

耿庄镇位于辽河平原的下辽河断陷过渡带上，地势平坦，生态环境良好。土地资源丰富，土壤类型为草甸土，土壤 pH 平均值为 7.5、有机质 1.0 ~ 2.0、全氮 0.07% ~ 0.15%、有效磷 3 ~ 8 毫克/千克。耕层、犁底层质地黏土，耕层容量 10.3 克/立方厘米左右，总孔隙度为 47% ~ 58%，土壤肥沃，土质疏松，耕性良好，保水保肥能力强，土温回升慢。耿庄镇属河谷平原孔隙水，水资源丰富，境内通过五道河和三通河，地表水总贮量为 1290 万立方米；地下水资源埋藏深度 30 ~ 100 米，以砂石为主，兼有细砂和中细砂，含水层厚度为 15 ~ 30 米，地下水总贮量为 1258 万立方米。水源为地下水，灌溉多井灌，水质优良，符合各种农作物和蔬菜的栽培要求。适宜的地理气候和土壤、水分条件，为大蒜产业发展提供了理想的环境。

2. 产业规模

耿庄大蒜种植是鞍山地区独有的特色产业，其生产历史可追溯到清代，曾为朝廷贡品，有“关东蒜乡”“贡蒜之乡”等称。19 世纪中叶，大蒜从外地引进，在耿庄镇薛家堡子一带栽培，到 20 世纪开始大量栽培。为了提高种植效益，2008 年耿庄镇政府打造“一镇一品”大蒜特色精品农业，正式注册了商标。按照产业集聚、土地集约的原则，规划出以丁桥村为主、包括北耿、东耿等村面积总计 2 万亩的土地作为大蒜种植示范基地。投资 2000 多万元进行水电路等基础设施的配套，为大蒜的规模化种植创造了优越的便利条件。2009 年，耿庄大蒜生产面积为 2000 公顷，年总产量 3 万吨，大蒜亩产效益可达 6 千元，总产值 1.8 亿元；2016 年，耿庄大蒜栽植面积已发展到 3670 公顷，产量 7.16 万吨；2019 年大蒜面积达到 4530 公顷，总产量 9 万吨，创造总产值 2.7 亿元。

3. 地理标志

辽宁省海城市耿庄镇地理坐标为北纬 40°48′ ~ 40°59′，东经 122°37′ ~ 122°42′。耿庄大蒜的地理标志保护区域范围是耿庄镇南北长 16 千米，东西宽 11 千米，面积为 1.1 万公顷，包括辽宁省海城市耿庄镇丁家村、北耿村、薛家村、东耿村、西耿村、张先村等 20 个村。

耿庄大蒜产于辽河断陷过渡带草甸土，耕层厚度≥30 厘米，土壤肥沃，土质疏松，保水保肥能力强。耿庄大蒜与非葱蒜类作物轮作（玉米、大豆等）。耿庄大蒜特点是大蒜紫色，蒜头肥大且瓣大而均，每头 4 ~ 6 瓣，蒜头重量 50 克左右，皮较厚，耐贮性能强，富含蛋白质及人体所需要的各种氨基酸和矿物质。2010 年 3 月 25 日，中华人民共和国农业部批准对“耿庄大蒜”实施农产品地理标志登记保护。

（供稿人：河北农业大学；赵帮宏、宗义湘、乔立娟、王妍）

（四）铁岭市八宝韭菜品牌创建

八宝韭菜是开原市八宝镇的特产，主要分布在大湾屯、马圈子、和顺及古城堡村，并已辐射周边 15 个村。“八宝韭菜”已经成为富民强镇的主导产业，相继获农业部无公害农产品认证，建成万亩无公害韭菜生产基地，被评为“辽宁韭菜”特产之乡。

1. 自然条件

八宝镇位于开原市西部平原，清河右畔，八宝镇属大陆性季风气候。地势平坦，土质肥沃，水质优良。年平均降雨量为720～800毫米，多年平均蒸发量为1400毫米，无霜期为140～146天，最大冻结深度1.4米；年平均气温6.5℃，最高气温35℃，年平均地温8.1℃；年平均日照为2601.9小时，作物生长季节平均日照为1427.7小时，日照百分率为58.6%，太阳总辐射130.5千卡/平方厘米。该地区光照、温度条件适宜，是韭菜栽培生产的理想区域。

2. 产业规模

八宝镇是第三批全国小城镇综合发展改革试点镇，耕地面积11.4万亩，全镇现辖20个行政村，劳动力1.2万余人。从1992年开始搞韭菜生产开发，到现在已发展成具有一定规模的韭菜生产专业镇，形成了以马圈子村、和顺村、大湾村3个千亩种植基地，并辐射古城堡、清丰、花楼、四家、李家等周边15个村。到2019年末，全镇韭菜种植面积达到了2万亩，其中冷棚韭菜面积12500亩，暖棚韭菜6500亩，裸地1000亩，成为了名副其实的万亩韭菜生产基地和辽宁省韭菜生产专业镇。韭菜的生产从露地栽培，发展到现在的冷棚、暖棚、露地栽培三种模式并举。如马圈子村上千亩韭菜主要以冷棚为主，和顺村主要以暖棚为主，大湾村冷暖棚结合种植模式。

为提高经济效益和产品品质，积极向无公害生产方向发展，并获得国家无公害农产品认证。2009年12月，八宝镇荣获辽宁省六大部门联合评定的“辽宁特产韭菜之乡”称号。2015年建成八宝镇大湾屯村韭菜交易服务中心，该交易中心依托基地韭菜生产的有利地理条件和环境优势，扩大无公害韭菜交易规模，除满足本地消费需求外，还与昌图、沈阳、吉林等外地市场建立稳定供应销售渠道。2019年全镇韭菜总交易量达4000万千克，总产值4800万元。韭菜产业已成为八宝镇富民强镇的特色主导产业。

3. 地理标志

八宝镇位于辽宁省开原市西郊，地理坐标为北纬42°6′～42°53′，东经123°43′～124°48′。2017年荣获国家地理标志保护产品，“八宝韭菜”为地理标志证明商标。八宝镇得天独厚的水土环境条件，使该地区生产的韭菜味道鲜美的同时，生长发育健壮，叶片宽厚、色泽黑绿，抵抗病虫害能力强、外观和内在品质俱好。经检验，八宝镇的韭菜达到了无公害标准，成为辽宁省集中面积最大的无公害韭菜生产基地。获得了农业部质量安全中心颁发的《无公害农产品认证》证书和辽宁省农业厅颁发的《无公害农产品产地认证》证书。2009年12月荣获省六大部门联合评定的“辽宁韭菜特产之乡”称号。

（供稿人：河北农业大学；赵帮宏、宗义湘、乔立娟、王妍）

第二章　西北片区

一、内蒙古自治区特色蔬菜品牌建设

（一）鄂尔多斯市达拉特旗沙葱品牌创建

内蒙古鄂尔多斯市是内蒙古沙葱的主要产区之一，其中达拉特旗自2005年引进人工种植沙葱技术，发展势头迅猛，向产业化、规模化发展。

1. 自然条件

鄂尔多斯达拉特旗位于内蒙古自治区西南部、库布齐沙漠腹地，属典型的温带大陆性气候，干燥少雨，冬寒夏热，昼夜温差大。年均日照时数3000小时以上，无霜期为135～150天，光照充足。年均降水量240～360毫米，其中中部地区是土层深厚的沙性土壤，非常适合沙葱的生长。人工沙葱种植具有得天独厚的自然条件。

2. 生产规模

2019年，达拉特旗露地沙葱种植面积达500亩，年产2500吨鲜沙葱，产值达200万元。温室反季节种植沙葱200亩，年产1400吨鲜沙葱，产值达1400万元。主要分布在王爱召镇、白泥井镇、昭君镇、恩格贝镇。沙葱除满足本地市场外，主要销往鄂尔多斯周边、包头、呼和浩特、满洲里等地区。目前的产量远不能满足需求，市场处于供不应求的局面。据调查，露地种植1亩沙葱平均每年收5茬，每茬产量1000千克，平均每千克售价4元，亩产值20000元；除去成本（种子、肥料、农药）5100元，亩纯收入14900元。温室种植1亩沙葱平均每年可收7茬，每茬产量1000千克，平均每千克售价8元，亩产值56000元；除去成本（种子、肥料、农药、温室折旧）14300元，亩纯收入41700元。

3. 品牌创建

沙葱，又名野葱、山葱、蒙古韭等，蒙语叫胡穆利。广泛分布在我国西北荒漠草原、半荒漠地区，是我国沙区常见的一种野生植物。我国陕西榆林、内蒙古的毛乌素、库布齐、乌兰布和、腾格里、巴丹吉林沙漠、宁夏、甘肃、青海柴达木盆地、新疆东部伊吾地区均有分布。沙葱是一种具有极高营养价值和药用价值的绿色蔬菜，被誉为“大漠野菜”“沙原佳蔬”“菜中灵芝”。随着市场经济的发展和人们膳食结构的改善，沙葱越来越受到内蒙古等北方地区城乡居民的青睐。达拉特旗沙葱以野生为主，人工种植年限较短，种植品种以实心杆为主。2014 年鄂尔多斯市沙之绿有机食品有限公司注册“沙之绿”品牌，目前，该公司露地种植沙葱 200 亩，温室种植沙葱 50 亩，以“合作社 + 农户”的方式，带动周边农户种植沙葱 500 多亩。公司开发出了沙葱罐头、沙葱面、沙葱酱等加工产品，产品销往鄂尔多斯周边、包头、呼和浩特等地区。在当地政府的大力支持下，2014 年 8 月沙葱产品取得有机认证。公司已注册“沙之绿”“漠之青”“沙之美”“沙之梦”“蒙韭沙庄”“妈乡伴”“沙漠男人”“大法令”“者别”“建为”“道什及”“又见一面”12 个名称及标志，共计 40 多个商标，相关包装设计外观专利保护 9 个，3 个专利正在申请中。

（供稿人：种子与经济作物工作站，包头农科院；李金在、杨瑞军、高振江、潘子旺、高娃、姚慧静、张冬梅）

（二）通辽市开鲁县红辣椒品牌建设

开鲁县享有“中国红干椒之都”美誉，是中国北方最大的县域红干椒生产集散地，先后举办了四届“开鲁红干椒节”和全国第十届辣椒产业大会，建有 500 多平方米红干椒博物馆。

1. 自然条件

开鲁县位于内蒙古通辽市西部，总区域面积 4488 平方千米，地处松辽平原，属西辽河冲积平原的一部分，平均海拔 241 米。新开河、西辽河等五条河流经开鲁县，内陆自然水面 10 万多亩。属温带半干旱大陆性季风气候，有效积温 3200℃以上，地下水充足，水质好，年平均气温 5.9℃，无霜期为 148 天。光照资源充足，年平均日照时数 3100 小时。年降水在 340 毫米左右，虽然降水量不高，但 88.6% 都集中在作物生长的 5 ~ 9 月，属雨热同季。县内地势平坦土壤肥沃，有机质含量 1.4% 左右，土壤 pH 值为 8 ~ 8.5，土壤多数为沙壤土，有利于红干椒的生长。

2. 产业规模

开鲁红干椒种植历史长达 60 余年，近年来面积稳定在 60 万亩，年产辣椒 35 亿斤。其中，红干椒种植 40 万亩，亩产达 1200 斤；红鲜椒种植 20 万亩，亩产达 6000 斤。自主研发出嘉禾 1 号、蒙古椒系列、元大系列和北星 5 号等适合本地的新品种。开鲁县辣椒亩效益 4500 元以上，已经形成了“种植、收购、销售、贮藏、加工”完整产业链条。

3. 产品特点

开鲁红干椒是非常有特色的产品，其皮红肉厚、色质纯正、品质优良、辣味香浓，含有丰富的维生素、氨基酸，同时含有大量的辣椒碱等，色价 E14 – 17，为红干椒的上品。具有干鲜两用、日常食用和工业加工等品质优势。产品来源于 10 万亩标准化溯源示范基地，实现红干椒全程生产的可追溯；基本实现高效节水、滴灌水肥一体化、绿色生态防治等绿色生产体系全覆盖；农业投入品实现持续减量，控肥、控药、控水、控膜；标准化生产技术的推广，使红干椒产品达到了农产品质量安全标准，改善了产品质量，提高了市场占有率。

4. 地理标志与生产区域

2010年“开鲁红干椒”由开鲁县质监局申请国家质检总局批准地理标志保护产品；2019年由开鲁县绿色食品发展中心申请，农业农村部批准为地理标志保护产品；保护范围为开鲁县境内，地理坐标为北纬43°09′～44°10′，东经120°25′～121°52′。具体保护地域：开鲁镇、大榆树镇、黑龙坝镇、吉日嘎郎吐镇、义和塔拉镇、建华镇、小街基镇、东风镇、麦新镇、东来镇、保安农场、辽河农场12个镇场，241个行政村（嘎查、场）。保护规模为：开鲁红干椒面积50万亩、产量100万吨。其内在蛋白质、碳水化合物、辣椒素等营养指标都明显高于普通红干椒；其外在品质具有皮红肉厚、色质纯正、果实细长、品质优良等特质。每百克开鲁红干椒含蛋白质3.96克/百克、碳水化合物45.1克/百克、辣椒素0.101克/千克、维生素C 137毫克/百克。开鲁红干椒以其独有的特点受到了国内外客商的一致赞誉和青睐，产品一直供不应求，已成为全县的拳头产品。

5. 区域品牌与商标

“开鲁红干椒”为开鲁县区域公用品牌，入选2019年第四批全国名特优新农产品名录；2014年开鲁县被确定为红干椒标准化生产示范县；2016年获得国家级红干椒标准化生产出口基地认证，同时获得生态原产地产品保护证书，2016年“开鲁红干椒”商标在国家注册；2017年由中国绿色食品发展中心批准开鲁县20万亩红干椒基地为全国绿色食品原料标准化生产基地；2018年开鲁县通过国家级农产品质量安全县创建验收；2019年经中国农产品开发服务协会审定，“开鲁红干椒”区域公用品牌价值评价为19.64亿元。为加快产品研发和品牌打造进程，政府出台优惠政策，打造出“媛晶”“巧厨娘”等品牌，促进红辣椒产业向高精端方向发展。

（供稿人：开鲁县农业技术推广中心，开鲁县绿色食品发展中心，包头农科院；鲍岩峰、庞凤琴、高振江、高娃）

（三）巴彦淖尔市临河区新华韭菜品牌建设

1. 自然条件

临河区位于内蒙古自治区西部，河套平原腹地，黄河“几”字湾顶部，是内蒙古巴彦淖尔市府所在地。全区总面积2333平方千米，境内地势平坦，土壤肥沃，水资源丰富，年引黄河水量11.02亿立方米，引黄河水灌溉面积217万亩，适宜多种农作物和动植物生长。盛产小麦、玉米、向日葵、果蔬，是国家重要的优质农畜产品生产基地。先后获得“全国粮食生产先进县”“国家现代农业示范区”“国家农村产业融合发展示范园”等多项国家级荣誉。

“新华韭菜”因产于临河区新华镇而得名。新华镇位于临河区北部，海拔1029～1034米，总面积53374.6公顷，其中耕地29933.4公顷。属中温带半干旱大陆性气候，全年降雨少，蒸发大，日照时间长，昼夜温差大。平均年降水量为156.2毫米，太阳辐射总量为152.38千卡/平方厘米，年平均气温6.9℃，无霜期为127天，积温为4255℃。全境为黄河冲积平原，引黄自流灌溉，水源充足，土地肥沃，享有“蔬菜之乡”的美誉。

2. 生产规模

新华韭菜种植起源于20世纪80年代，距今已有40多年的种植历史。由于当地得天独厚的土壤条件和气候环境，生产出的韭菜具有茎粗、叶宽、色浓、肉嫩、口感好等特点，深受广大消费者的喜爱。新华韭菜经历了从大田种植到温室大棚种植，由零散种植到万亩示范基地种植，从传统种植到无公害标准化生产。全镇无公害韭菜种植基地面积7000多亩，每亩效益超万元，年韭菜产值破亿元。产品远销北京、天津、大同等地，近销周边旗县及包头市、呼和浩特市、鄂尔多斯市，是闻名全国的三大韭菜生产基地之一。

3. 地理标志

新华韭菜于1998年经国家绿色食品发展中心测定被确认为绿色食品。2003年被确认为进京“放心菜”免检产品。2018年获得国家农产品地理标志登记保护，保护范围是临河区所辖的新华镇，共涉及29个行政村、2个农场，总生产面积666.7公顷，年总产量3万吨。2019年，巴彦淖尔市华丰韭菜产业专业合作社种植生产的“新华韭菜”获得了由农业农村部农产品质量安全中心颁发的全国名特优新农产品证书。“马莲牌”新华韭菜被国家绿色食品监测中心确定为A级绿色食品，纳入了国家叶类甲级蔬菜品种的行列。

（供稿人：巴彦淖尔市农业科技园区服务中心，包头农科院；张瑞琴、翟永胜、高振江、张冬梅、高娃、潘子旺、姚慧静）

（四）包头市东河区海岱蒜品牌建设

1. 自然条件

海岱村位于包头市东河区沙尔沁镇中部，距东河区政府18千米，北临110国道，耕地总面积2100亩。地理坐标为北纬40°32′39″～40°33′49″，东经110°13′34″～110°15′6″。海岱村北依大青山，距大青山1千米，地形主体地势平坦；是黄河一级支流五当沟（冲）洪积扇平原的一部分，地表为冲积物，其下为湖积物，由砂质黏土组成，有机质含量高，土壤肥沃。海岱村受大青山天然屏障的影响，形成气候温和、热量充足的独特小气候。全年光照充足，降水少而集中，昼夜温差变化明显。全年日照时数3177小时，是全国日照较长的地区之一，年总辐射量147.5千卡/平方厘米，5～9月辐射量80.8千卡/平方厘米，占年总辐射量的54.8%，满足农作物在生长期对光能的需求。无霜期为125～158天，年均145天。降水量变化大，年平均降水310毫米左右，7～8月雨水集中，降水量约占全年降水量的50%。村内主要地层是第四系松散的冲积湖积层与冲积洪积层，赋存潜水，地下水主要来源于山麓冲洪积湖积层承压水，地下水埋深30～50米，单井稳定涌水量达500立方米/天，水化学类型主要为HCO_3—CaMg型，水质矿化度小于0.5克/升的超淡水，地下水资源丰富，适宜饮用和灌溉。

2. 生产规模

清朝乾隆年间沙尔沁地区的海岱村已经开始种植紫皮蒜，距今有近300年种植历史。海岱村紫皮蒜中蛋白质含量≥7克/百克，大蒜素≥1200毫克/100千克，镁含量≥220毫克/千克，钾含量≥500毫克/百克，蛋白质含量丰富。包头市利丰种植养殖农业专业合作社带领本村村民扩大紫皮蒜种植规模，引导蒜农走品质化、品牌化发展，实现统一管理、统一销售的经营模式。目前无公害紫皮蒜种植基地面积2000多亩。现产品除满足本地部分高档餐饮企业生产外，已销往呼和浩特市、北京市等高端消费市场。销售价格从以前的6~8元/斤上升到现在18~20元/斤。2016年，利丰农民专业合作社引入“黑蒜”深加工生产工艺，海岱黑蒜具有极高的保健功效，价格直升至30元/斤，具有很高的市场挖掘潜力。

3. 地理标志

2016年，经自治区农牧业厅认定海岱蒜为无公害产品。2019年1月通过农业农村部农产品地理标志登记。“海岱蒜”地理标志保护的具体地域为东河区沙尔沁镇海岱村，地理坐标为北纬40°32′39″~40°33′49″，东经110°13′34″~110°15′6″。目前保护规模为种植面积2100亩，年产量1155吨。由于当地得天独厚的土壤条件和气候环境，生产出的海岱紫皮蒜蒜头护皮为紫红色、蒜瓣护皮为紫色，蒜瓣洁白晶莹，蒜肉坚实，口感脆且香辣绵长，食后口腔内残存的异味极小，具有长存不减味，久放不变色的特点。

（供稿人：包头农科院；姚慧静、潘子旺）

二、陕西省特色蔬菜品牌建设

（一）咸阳市兴平辣椒品牌创建

兴平市素有“辣蒜之乡”的美称，辣椒和大蒜属于传统农产品，栽培历史悠久，有“唐蒜明椒”之称。辣椒，兴平人称“辣子”，古时叫“番椒”“秦椒”，据民国二十二年《校订兴平县志》记载：辣椒是明代中叶，由外国引进到兴平，至今已500多年。

1. 自然条件

兴平辣椒生产区位于渭河北岸，属温暖带半湿润半干旱大陆性季风气候。四季分明，光照充足，雨热同季，地势平坦，土壤肥沃，灌溉便利，地下水资源丰富，是辣椒最佳种植生长的地区。

兴平辣椒生产集中区域地貌为渭河阶地区，海拔390~460米。种植区域的垆土土体结构为“蒙金型”，质地为砂轻壤至中壤；有机质含量高于2.4%，pH值6.5~7.2，结构良好、通透性好、上松下实、保水保肥，非常适宜兴平辣椒对土壤有机质和透气性的高要求；其不耐旱不耐涝的特性，可有效刺激根系发育，促进植株健壮和果实肉质肥厚。兴平全年平均降水量为584.7毫米，地下水资源总量为11797.8万立方米，保证了辣椒生长期和成熟期对水分的需求；而且含水量适中的土壤促进辣椒根系发达、侧枝增多，使辣椒结果多，身条细长、籽粒饱满。兴平光照充足，全年日照时数为2065小时，较长的日照使兴平辣椒果实辣香度得到积累和均衡，生产出的辣椒辣味浓厚、香味突出。该地区辣椒生育期季风较多，风力缓续，成熟期白天光照强，易于辣椒膨大和转红，使兴平辣椒色泽鲜红、光亮。6~8月是兴平辣椒发育、成熟期，需要较高的气温，要求平均气温稳定在

22℃～30℃，该区域这个时期气温平均为26.4℃，促使兴平辣椒株型紧凑、结果集中、果实大小均匀、品质提升。受秦岭山系影响，该地区辣椒成熟期昼夜温差极大（13.6℃），十分有利于辣椒素、维生素等营养物质的积累。

2. 产业发展

兴平辣椒种植从明代开始，已有500多年历史。据县志记载，20世纪80年代，辣椒已成为本县外贸出口的主要产品和优势商品。

近年来，兴平市着力振兴辣椒产业，通过“兴基地、强服务、促流通”取得了显著成效。一是规模化趋势明显，兴平市辣椒种植集中连片，近几年栽培面积稳定在2万亩，初步形成了规模化种植。二是科技作用突出，兴平市与西北农林科技大学等科研院所建立长期的技术合作关系，对兴平辣椒的生产、加工、销售等方面进行全程技术指导。三是组织化程度高，辣椒产业加工带动能力增强。

发展加工型龙头企业是推动辣椒产业化经营的重要举措，兴平市通过招商引资、制定优惠政策等措施，先后修建冷库22个，容量13600吨，采用低温冷藏的方法，保证了辣椒产品的常年上市。聚集了辣椒面、辣椒油、辣椒丝段、油泼辣椒等系列产品辣椒加工企业20多家，年加工干椒10000吨，建立生产基地近2万亩；初步形成了“西桥红”“秦一”等具有一定市场知名度的品牌。兴平辣椒远销东亚、东南亚等10多个国家和地区，兴平辣椒还成为康师傅、锦丰方便面和阿香婆辣椒酱等著名食品企业的重要原料。积极打造兴平市王堡辣椒市场，形成了西北最大的辣椒交易市场，商务部门积极推进建立辣椒期货市场，进一步拓展兴平市辣椒产业。

3. 地理标志

在品牌培育方面，市政府成立专门小组，申请地理标志保护产品。2010年“兴平辣椒”成功申请为质监局地理标志保护产品。2019年在市政府的大力支持下，由兴平市辣椒产业协会成功注册了“兴平辣椒”地理标志证明商标。市政府积极参加全国各种优质农产品推介会，打造网红“辣蒜哥”，推行电子商务进行销售和网络宣传。

“兴平辣椒”地理标志证明商标的商品的品质特征：椒身细长、皱纹均匀、色泽鲜红光亮、肉质肥厚多籽、干湿适度、辣香浓郁。每百克干辣椒中含不挥发乙醚提取物（干态）>14%，辣椒素>0.8%，脂肪含量≥3%，每百克含维生素C≥160毫克，粗纤维含量≤28%。使用“兴平辣椒”地理标志证明商标的商品的生产地域范围为兴平市桑镇、汤坊镇、丰仪镇、赵村镇、庄头镇、阜寨镇、马嵬街道办事处区域内，地理坐标为北纬34°12′40″～34°21′53″，东经108°18′11.57″～108°37′7″。

（供稿人：兴平市农业农村局文联社；辛鑫）

（二）宝鸡市陇县辣椒品牌创建

陇县地处渭北旱塬西端，土质肥沃、光照充足、气候适宜，是辣椒的适生区和优生区。所产辣椒条长、色红、味美，素有“秦椒之王”的美誉，产品供不应求。陇县辣椒产业历经多年发展，已成为增加农民收入、助力脱贫攻坚、推动农业农村经济高质量发展的支柱产业之一。

1. 自然条件

陇县属暖温带大陆性季风气候，海拔863.1～2466米，常年平均气温10.2℃，≥10℃的平均积温3300℃，平均年降水量596.1毫米，无霜期为196天。温度、光照、降雨等条件完全满足辣椒栽培需要，较高的海拔和较大的温差有利于辣椒着色和干物质积累。土壤有机质含量为12.68～14克/千克，碱解氮69.38毫克/千克，有效磷11.16毫克/千克，速效钾含量为125～158毫克/千克，土壤pH值为7.39～8.23，有利于辣椒健壮生长，增加产量、改善品质。

2. 产业发展

为了充分发掘传统优势产业的增产增收潜力，陇县大力实施了辣椒产业提质增效工程。一是优化区域布局，将产业发展重点布局在地势平坦、交通便利、水肥条件较好的千河沿岸，推进规模化生产。二是狠抓技术落实。围绕辣椒产前、产中、产后，制定了完整的辣椒生产周年管理历，科技特派员、产业帮扶指导员、专业技术人员三支力量，驻村蹲点狠抓技术落实，推进科学化管理。三是创新营销模式，积极开展注册商标，增强产品市场知晓率和竞争力；推广订单农业，发展“企业+合作社+农户”“党支部+合作社+农户”模式，提升组织化水平。

全县辣椒种植面积由2015年的3400亩，增加到2020年的8600亩，年产鲜椒1.3万吨，产值达3870多万元。全县共有辣椒种植新型农业经营主体16家，种植面积2400亩；拥有现代化辣椒烘烤房46座；有辣椒丝、辣椒面、辣椒油、辣椒干、辣椒酱四大类产品，16套加工生产线；从业人员6.2万人，示范带动贫困户2100多户，户均增收3200元。

3. 地理标志

依托环境优势，借助扶贫政策，在“绿色发展”思路的引领下，辣椒推行绿色综合防控技术，农药化肥残留量符合国家行业安全标准，确保消费者舌尖上的安全。建立农产品质量追溯系统，保证辣椒产品质量，做到了有据可查。在东风、杜阳、牙科、东南乡镇建立4个无公害线辣椒生产基地。积极申请商标注册认证，注册了“陇州红”“万友”“陇富民”等辣椒品牌5个，增强了产品竞争力。延长产业链条，丰富产品种类，满足市场的多元化需求；借助电子商务平台，京东、天猫等营销网络平台，辣椒产品远销全国20多个省市及东南亚地区，年销售辣椒产品3000多吨，价值500多万元。

（供稿人：陇县农业技术推广服务中心；余陇辉）

（三）渭南市华州区特色蔬菜品牌创建

1. 自然条件

渭南市华州区位于陕西关中平原东部，地理坐标为北纬34°12′27″～34°36′27″，东经109°36′00″～110°2′48″，总面积1139.5平方千米。南依秦岭，北临渭河，东与华阴市毗邻，西与临渭区接壤，西南一隅与蓝田县相连。华州区地势南高北低，海拔334～2646米，属暖温大陆性季风型半湿润气候。辖区四季分明，光照充足，降雨适量，光、热、水、土条件优越，生态环境优良，具有发展蔬菜种植得天独厚的环境优势。

2. 产业规模

蔬菜是华州区农业的主要产业和传统产业，是农业增效、农民增收的重要途径。经过多年发展，蔬菜产品结构日趋合理，特色蔬菜产业发展规模扩大，精品名牌独具特色，形成了集大众菜和特色蔬菜于一体的品种多元化格局。东赵芦笋、华州山药、赤水大葱等特色蔬菜质量上乘，享誉省内外。目前，该区蔬菜产品除满足本地市场外，85%以上远销省内外，已成为农民增收致富的支柱产业。

近年来，华州区特色蔬菜种植面积规模持续增长。其中辣椒面积约533.3公顷，主要为日光温室、大拱棚栽培，以二炮、螺丝、粑齿类型为主生产青椒。大葱种植面积约400公顷，品种有赤水大葱、章丘大葱、日韩葱等。洋葱面积约400公顷；韭菜面积约1万亩，品种有99－1等，主要采取露地、中拱棚栽培，春节前后上市。大蒜面积约100公顷，主要为小拱棚露地栽培。

3. 地理标志

华州区大葱，又叫赤水大葱、赤水孤葱，因形似鞭杆，故亦有“鞭杆葱”之称。华州区大葱葱身高大，葱白粗长，肉质脆嫩，甜而辣少，味浓而香，品质佳，耐贮藏。赤水孤葱，甜辣芳香，营养丰富。2010年12月，经国家质检总局审核，决定对“华县大葱”实施国家地理标志产品保护。为进一步发展“华县大葱”产业，提升“华县大葱”的知名度，发展特色蔬菜产业提供了强有力的支撑。华县大葱地理标志产品保护产地范围为华县赤水镇、华州镇、杏林镇、瓜坡镇、莲花寺镇、柳枝镇、下庙镇、辛庄乡、毕家乡、高塘镇、大明镇、东阳乡、金惠乡、金堆镇14个乡镇所辖行政区域。

（供稿人：陕西宝鸡市农业科学院；辛鑫）

三、新疆维吾尔自治区特色蔬菜品牌建设

（一）沙湾县安集海辣椒品牌创建

安集海镇地处新疆天山北坡经济发展带中西部，该地区土地肥沃、光热资源丰富，非常适宜辣椒的种植，曾被命名为“辣椒无公害农产品生产基地”和“中国辣椒之乡”，并申请注册了“安集海”牌蔬菜商标，辣椒已成为该镇重要的特色农业产业。

1. 自然条件

沙湾县安集海镇属中温带干旱大陆性气候，平均气温为6.3～6.9℃，昼夜温差大，夏季酷热，极端最高气温可达40.1℃，冬季严寒，极端最低可达－44.3℃，四季冬夏季长、春秋季短。全年太阳实照时数为2800～2870小时，≥10℃积温3400℃～3600℃，无霜期为170～190天，平均日较差11℃～14℃，年日照时数2800～2870小时，太阳辐射强，年降水量140～350毫米，年蒸发量为1500～2000毫米。夏季多东北西南风，冬季多西南风，由于靠近沙漠，有风就有沙，常年风沙，独特的自然气候条件非常适宜辣椒的

种植。

2. 生产规模

随着辣椒种植收益的连年增加，近几年沙湾县辣椒种植面积不断扩大，平均年种植面积在5万亩左右；2018年，沙湾县全县辣椒种植面积达4.8万亩；2019年，辣椒种植面积4.6万亩；2020年全县辣椒种植面积接近5万亩。沙湾县辣椒种植主要集中在安集海镇，目前在安集海镇的带动下，周围兵团连队也开始了辣椒的种植，年种植面积接近4万亩。

3. 地理标志

为了进一步提高安集海辣椒的知名度，通过各方努力，在2016年3月31日，中华人民共和国农业部正式批准了“安集海辣椒”地理标志登记保护。安集海地区产的辣椒，外观色泽鲜红、皮薄肉厚、光滑细长，具有明显的线椒特征，单果质量5~6克，纵径达7厘米。安集海辣椒的干椒外观折皱多，颜色红亮，品性优良。安集海辣椒适合鲜食又适合制干、制酱、加工，口感纯正、辛辣适中。安集海辣椒含硒1.00~3.00毫克/千克，钾40~445毫克/千克，胡萝卜素3.8~4.5毫克/千克，还原型抗坏血酸5~8毫克/百克。安集海辣椒的国家农产品地理标志地域保护范围为沙湾县安集海镇的肃州户村、葡萄园子村、安集海村、古道村等13个行政村。地理坐标为北纬44°18′~44°30′，东经85°15′~85°28′。

（供稿人：新疆农科院园艺作物研究所；杨生保）

（二）博湖辣椒品牌创建

博湖县位于新疆维吾尔自治区中部，天山南麓，焉耆盆地东南部，开都河下游，博斯腾湖西岸，因境内有全国最大的内陆淡水湖——博斯腾湖而得名。博湖县水草丰美，资源丰富，气候温和湿润，土地平坦肥沃，宜农宜牧，被誉为鱼肥、草茂、粮多的“塞外江南”。该地所产的“博湖辣椒”分别获得中国农产品地理标志、中欧地理标志，并入选了“全国十大名椒”。

1. 自然条件

博湖县年均无霜期为175天，年降水量64.7毫米，蒸发量1853毫米，年平均气温7.9℃，≥10℃的有效积温为3400℃，年平均日照小时数3074~3143小时。博斯腾湖在巴州占有举足轻重的地位，是巴州的母亲湖，是开都河的尾闾和孔雀河的源头。博斯腾湖水域面积1000多平方千米，年均径流量33亿立方米，水质好。博湖县土壤熟化程度高、结构疏松、通气性好，易排易灌、肥力较高，有机质丰富，氮、磷、钾齐全，土壤物理性状良好，pH值为6.5~8.5，适合种植辣椒。

2. 生产规模

博湖县是新疆辣椒之乡。20世纪80年代开始种植辣椒，辣椒干的辣椒红素和辣椒碱含量高，深受新疆内外客商青睐。辣椒已成为当地农民的首选作物品种，种植收益连年增加。2018年，博湖县全县辣椒种植面积达10.6万亩；2019年，辣椒种植面积11.2万亩；

2020年全县辣椒种植面积接近12万亩。博湖县辣椒的种植面积常年维持在10万亩左右。

3. 地理标志

2013年9月10日，中华人民共和国农业部正式批准对“博湖辣椒”实施农产品地理标志登记保护。2020年7月27日，博湖辣椒入选中欧地理标志第二批保护名单。2020年8月，入选全国十大名椒。博湖辣椒营养价值高，富含β-胡萝卜素、镁、钾、钙、铁等多种营养物质。辣椒碱2.9~4.2毫克/百克，胡萝卜素0.3~0.5毫克/百克；尤其突出的是还原型维生素C和含钙量高，维生素C可达110~140毫克/百克，钙高达70~80毫克/千克。博湖辣椒的地理标志保护的区域范围为博湖县塔温觉肯乡、本布图镇、乌兰乡、查干诺尔乡、才坎诺尔乡和博斯腾湖乡的6个乡镇共27个行政村，地理坐标为北纬41°33′00″~42°14′00″，东经86°19′00″~87°26′00″。

（供稿人：新疆农科院园艺作物研究所；杨生保）

（三）吉木萨尔白皮蒜品牌创建

吉木萨尔县位于新疆维吾尔自治区天山北麓东端，准噶尔盆地东南缘。吉木萨尔县地势南高北低，地貌南部为高山雪岭，北部为卡拉麦里山岭的低山残丘，两山之间是山前倾斜平原和低缓起伏的沙丘。吉木萨尔县素有“中国大蒜之乡”的美誉，所产的大蒜大瓣均匀、紧抱不散、味醇正而香辣、大蒜素含量高、氨基酸种类全等特点，被誉为“中国四大名蒜”之一。2016年“吉木萨尔白皮大蒜”正式获得农产品地理标志登记保护。

1. 自然条件

吉木萨尔县属中温带大陆干旱气候，冬季寒冷、夏季炎热，降雨量少，昼夜温差大，平均年日照时数为2861.1小时，年平均气温7.0℃。平原无霜期为170天，山区无霜期为145天左右。吉木萨尔白皮大蒜生产区域位于天山北坡逆温带山间盆地，是农业气候热量分区的冷凉区，气候特点为冬暖夏凉。全年无霜期为0~40天，≥0℃的有效积温800℃左右，光照条件优越，空气潮湿，7月平均气温7.8℃，最高气温9℃，年降水量0~40毫米。该县土壤结构层次优良，腐殖层较厚，有机质含量高，土质较为疏松，排水、保水、保肥性能良好，非常适宜块根、鳞茎类作物生长，为白皮大蒜鳞茎膨大提供了有利的环境。

2. 生产规模

吉木萨尔白皮大蒜蒜头肥大，近圆形，一般大蒜横径可达6~7厘米，单头蒜质量50~60克。鲜蒜具有白皮绿嘴、皮色洁白的典型外观特征，剥皮后蒜瓣紧密、均匀饱满、皮薄鲜嫩，生食较为辛辣、蒜味浓郁。经过晾晒后，耐贮藏易运输。2018年，吉木萨尔县大蒜种植面积达0.6万亩；2019年，大蒜种植面积0.2万亩；2020年全县大蒜种植面积接近0.4万亩。

3. 地理标志

2001年，吉木萨尔县大蒜通过新疆维吾尔自治区无公害农产品认证。2004年，吉木萨尔县被国家农业部命名为“中国白皮大蒜之乡”。2010年，“吉木萨尔大蒜”原产地证明商标获得国家工商总局商标局核准审批。2016 年 3 月 31 日，中华人民共和国农业部正式批准对“吉木萨尔白皮大蒜”实施农产品地理标志登记保护。吉木萨尔白皮大蒜蛋白质含量 4 ~ 6.8 克/百克，含磷 45 ~ 58 毫克/百克，含硒 0.0 ~ 0.05 毫克/千克，尼克酸含量 0.0 ~ 0.4 毫克/百克。吉木萨尔白皮大蒜农产品地理标志地域保护范围为吉木萨尔县所辖泉子街镇、老台乡、大有镇、新地乡、三台镇共 5 个乡镇 12 个行政村，地理坐标为北纬 43°66′ ~ 43°92′，东经 88°76′ ~ 89°21′。

（供稿人：新疆农科院园艺作物研究所；杨生保）

四、甘肃省特色蔬菜品牌建设

（一）嘉峪关洋葱品牌创建

嘉峪关洋葱是甘肃省嘉峪关市特产。嘉峪关市地处河西走廊中西部，距离天下雄关——嘉峪关关城 30 千米。嘉峪关土地肥沃，日照时间长，昼夜温差大，气候干燥，属典型的戈壁沙漠气候，有利于洋葱等鳞茎类蔬菜作物干物质的积累，是甘肃省优质洋葱的主要产地。

1. 自然条件

嘉峪关地域内土壤类型主要为灌淤土，自然坡降为 12.5‰，地势平整，质地疏松、透气保水力强。土壤中富含钾、磷、镁、钙、锌等多种微量元素，有机质含量大约在 1.1% 以上，pH 值 7 ~ 8.5，有利于洋葱生长。嘉峪关市属干旱的大陆性气候，自然降水很少，主要依靠祁连山冰雪融化形成地面河流和地下水，是嘉峪关市工业和农业用水的主要来源。地表水主要有讨赖河水、双泉水。其中讨赖河水是农业主要灌溉用水，平均年径流量为 6.58 亿立方米。双泉水库泉水流出量 0.42 立方米/秒，年溢出量 1324.512 立方米（5 月至 10 月底）。地下水源地有大草滩水库、黑山湖、北大河 3 处，全市地下水储存量为 7.318 亿立方米/年，补给量 1.636 亿立方米/年。区域内农业生产水资源充足，属河水、井水混合灌溉区，保灌率 100%。市区年降水量仅为 78.1 ~ 149.7 毫米，气候干燥，作物病虫害少。洋葱种植区域远离工业污染，产地环境和地域特征得到了保护。嘉峪关海拔 1430 ~ 1474 米，全年太阳总辐射量在 145.1 ~ 145.6 千卡/平方厘米，日照总时数 2854.7 ~ 3053.4 小时左右。在洋葱生长期（4 月至 9 月），洋葱产区平均气温为 8.3℃，大于 10℃的积温为 2695.9℃ ~ 2956.7℃，6 月至 8 月中旬平均温度在 20℃以上，洋葱鳞茎形成期最适宜温度在 20℃ ~ 28℃，因此非常适合洋葱的生长。在洋葱鳞茎膨大期，日较差为 10.2℃ ~ 13.9℃，白天养分积累的较多，夜晚消耗的较少，洋葱中碳水化合物、维生素含量增加，辛辣味和甜味浓。

2. 生产规模

嘉峪关洋葱的种植历史可以追溯到新中国成立初期，那时人们在沙土地上随意撒种零星种植，管理粗放，产量较低。20 世纪 80 年代，嘉峪关洋葱种植面积略有增加，自实行家庭联产承包责任制以来，洋葱种植面积增加到800余亩；由于种植的洋葱种子都由农户自己繁育，葱形为扁圆形、棒棒形，当地老百姓称为“棒棒葱”“线钴钭”。20世纪90年代初，嘉峪关市农业技术推广站在新城镇观蒲村试种洋葱400亩（砂田直播），当年由于冰雹的袭击，平均亩产4吨左右。2003年，嘉峪关市创建了无公害蔬菜基地，建成洋葱标准化示范区1.5万亩。2004年，嘉峪关市把洋葱产业确定为主导产业之一，成立了“嘉峪关市洋葱运销协调办公室”，在洋葱主产区建成了洋葱交易批发市场和4800平方米半地下室洋葱贮藏库，贮藏能力为5000吨，同时成立了新城鸿运洋葱合作社和新城镇中沟洋葱协会，实现了洋葱的产供销一条龙服务，提高了农民的种植积极性，促进了无公害特色洋葱产业的快速发展。目前，嘉峪关洋葱种植面积稳定在3万亩左右，占全市总耕地面积的51.2%，总产量21万吨，产值8.4亿元。

3. 地理标志

2004年，嘉峪关洋葱产地通过了甘肃省农牧厅无公害认定委员会的产地认定。2005年，嘉峪关洋葱通过了国家农业部无公害农产品认证。2010年4月2日，中华人民共和国农业部批准对“嘉峪关洋葱”实施农产品地理标志登记保护。2020年7月27日，“嘉峪关洋葱”入选中欧地理标志第二批保护名单。证明商标商品的特定品质：单果为7~12厘米（指最大横径面直径），果形扁圆或圆形，果型圆整。鳞片紧密、肉质厚，辛辣和甜味浓，色泽鲜艳、具有洋葱特有的色泽和气味。产量高、品质优良，商品果多，无药害、碰伤、病虫等缺陷。每100克鲜洋葱头含水量85克左右，脂肪1.2~2.0克，着色指数大于95%，层数11~13层（肉质层数）。嘉峪关洋葱地域范围：嘉峪关市位于河西走廊中段，酒泉盆地西缘，西北黑山与西南文殊山系的鳖盖山相对峙形成峪口。地理坐标为北纬39°38′~40°38′，东经98°4′~98°36′。

（供稿人：甘肃省农业科学院蔬菜研究所；张玉鑫）

（二）甘谷辣椒品牌创建

甘谷辣椒是甘肃省甘谷县特产。甘谷县是我国辣椒栽培的最早县份之一，素有“辣椒之乡”之称。甘谷辣椒被美国专家列入全世界130多个辣椒品种的前十位，受到国际市场的青睐。以辣椒面、丝、片、丁、油、酱等八大类20多个系列产品畅销全国及韩国、日本、美国等20多个国家和地区，成为了全国辣椒生产基地之一。

1. 自然条件

甘谷县属温带气候，气候类型为大陆性季风气候，四季分明，光照充足，雨量偏少，夏无酷暑，冬无严寒。年平均气温11.6℃~12.1℃，其中极端高温36.9℃，极端低温-14.9℃，有效积温为1829.10℃~1872.60℃，全年降水量417.1~621.6毫米，年平均日照1797.4~2009.3小时，年平均相对湿度为63%~66%，无霜期为215天左右，平均海拔1972米。甘谷辣椒产区多为山坡，以绵土为主，土层深厚，含有丰富的有机质、氮、磷、钾等微量元素和矿物质。甘谷辣椒主产区土壤有机质和全氮含量达到了Ⅲ级土壤标准，有效磷和有效钾含量达到了Ⅰ级土壤标准。甘谷县境内水系主要有藉河、清溪河、渭河及其支沟马务寺沟、金家湾沟和海子沟，水资源供给主要由引水、提水和地下水三部分构成。甘谷辣椒生产区域水样测定，平均 pH 值 7.4、铅含量 0.03 毫克/升、砷含量 0.0019 毫克/升、汞含量 0.00423 毫克/升、六价铬含量 0.008 毫克/升、氟化物含量 0.53 毫克/升，镉和粪大肠菌群均未检出。通过对甘谷县空气质量检测，PM2.5 0.035 毫克/立方米，二氧化硫 0.0098 毫克/立方米，二氧化氮 0.0138 毫克/立方米。灌水资源和空气质量指标均符合《绿色食品产地环境质量》（NY/T 391－2013）标准要求。

2. 生产规模

甘谷县是我国最早栽培辣椒的县份之一，距今已有 400 多年的种植历史，明朝叶应甲所编《伏羌县志》（1627 年）中就有甘谷辣椒的记载，曾作为明末清初的宫廷贡品而享誉陇上。20 世纪 80 年代末，设施蔬菜效益的凸显，辣椒病虫害加重，辣椒生产基地被迫离川进山，生产面积维持在 3 万亩左右。2020 年全县种植面积 3 万亩，年产干辣椒 7000 多吨，生产各类辣椒制品 10000 多吨，产值高达 8400 多万元。

全县依托辣椒产业，培育新兴镇康家滩村、金山镇吕家湾村等种椒专业村 220 多个。聚集了全录王辣椒产业发展有限公司、甘肃陇上椒农业科技（集团）有限公司等 4 家产业化龙头企业，辣椒红了种植养殖农民合作社等 20 余家专业合作社，甘谷县鼎盛辣椒制品厂等 50 多家辣椒加工企业。辣椒产业质量和效益不断提升，成为助农增收的主导产业。

3. 地理标志

2011 年 7 月 6 日，国家质检总局批准对“甘谷辣椒”实施地理标志产品保护。2014 年，被国家工商总局认定为甘谷辣椒地理标志证明商标。证明商标商品的特定品质：甘谷出产的线辣椒形似牛角，长约 18～20 厘米，直径 1 厘米左右。甘谷县出产的辣椒以“色红，角长，质肥肉厚，油多，芳香浓郁，辣度适中，美味可口”而雄踞同类产品之首。反式辣椒红素平均含量为 17.02 克/千克，维生素 C 平均含量为 45.76 毫克/百克，铁平均含量为 67.48 毫克/千克，不挥发性乙醚提取物平均含量为 7.93%。甘谷辣椒地理标志产地范围为甘肃省甘谷县大像山镇、新兴镇、磐安镇、六峰镇、安远镇、武家河乡、八里湾乡、大石乡、礼辛乡、金山乡、大庄乡、白家湾乡、谢家湾乡 13 个乡镇现辖行政区域。甘谷县位于甘肃省东南部，天水市西北部，渭河上游。地理坐标为北纬 34°31′～35°03′，东经 104°59′～105°31′。

（供稿人：甘肃省农业科学院蔬菜研究所；张玉鑫）

（三）金塔辣椒品牌创建

金塔县具有良好的水土光热等自然资源条件，生态环境优良，是全国得天独厚生产优质农产品的戈壁绿洲农业生产区域，具有发展绿色食品和有机食品优越的资源条件。金塔辣椒因生长在讨赖河及黑河冲积扇特有的沙壤土质中，独特的光、热、水、肥条件，产出的辣椒色泽红亮，肉厚油多，味道浓郁鲜香。辣椒产业已成为金塔农民增收致富的优势特色产业。

1. 自然条件

金塔县地处甘肃省河西走廊中段北部巴丹吉林沙漠边缘，地势低平，南高北低，平均海拔在1270米。境内西南部为讨赖河（北大河）下游冲积扇，东北部为黑河（弱水）中游下段冲积平原，形成金塔和鼎新两个绿洲。金塔县深居内陆，年均气温9.1℃，全年日照时数3321小时，平均无霜期为166天，年均降水64.8毫米，年蒸量2538毫米。降水稀少，蒸发量大，日照时数长，光照充足，有效积温高，昼夜温差大，属典型温带干旱大陆性气候。境内有发源于祁连山的讨赖河和黑河两条河流，是金塔县工农业生产生活的主要水源，地下水年补给量5.39亿立方米。全县有水库14座，总库容1.88亿立方米，年储供量3.1亿立方米，渠、路、林、电等农业基础条件和生产技术条件良好，适宜种植辣椒等多种农作物。

2. 生产规模

金塔县加工辣椒种植面积维持在4万亩左右，2019年种植面积3.5万亩，总产量约10.5万吨，产值约2亿元。全县2215户贫困户中参与辣椒种植的农户达到80%以上，户均种植辣椒1.2亩，亩均纯收益2500元，户均增收3000元，有效助力了脱贫攻坚工作。

金塔县充分发挥龙头企业、农民专业合作社、家庭农场等新型经营主体的示范带动作用，建立“公司+合作社+基地”的产供销一体化发展模式。全县建成辣椒精深加工龙头企业2家，合作社20余家，带动农户8000多户，其中贫困户1772户。扶持建成的甘肃兴农辣椒产业开发有限公司年完成优质辣椒订单种植面积20000亩，年收购辣椒1万多吨，制酱700多吨，加工销售辣椒制品1500多吨，销售收入超过2000万元。

3. 地理标志

2019年“金塔辣椒”荣获国家地理标志产品，辣椒系列产品已取得中国绿色食品发展中心的“绿色食品A级产品”认证，已通过ISO 9001质量体系认证、绿色食品认证、食品安全管理体系认证。完成“三品一标”辣椒认证面积2.5万亩；实施品牌带动战略，整合品牌资源，加大宣传推介力度，完成辣椒产品注册商标“好食邦”，提高了金塔辣椒在辣椒市场的知名度和竞争力。证明商标商品的特定品质：金塔辣椒形美、色鲜、肉厚、辣浓、味香。其株型紧凑，分枝性强，叶片较小或中等，果实下垂，先端尖，微弯曲，似牛角、羊角，以其椒身长、皮质厚、色泽好、易干燥、耐贮运、辣味浓，油分多、富含硒、钙、铁、锌等多种元素和维生素而享有盛誉。金塔辣椒是取色素、腌渍和制酱、制干、制粉之佳品。经检测金塔辣椒含油量≥8.5%、灰分含量<12.0克/百克、膳食纤维含量≥23.0克/百克、维生素B_1含量≥0.4毫克/百克、维生素B_2含量≥1.2毫克/百克、β-胡萝卜素含量≥12.5毫克/百克、微量元素：钾≥2.8×10^3毫克/百克、锌≥0.9毫克/百克，钙≥65.0毫克/百克、铁≥6.0毫克/百克，硒≥1.5微克/百克，辣椒素≥0.25克/千克、二氢辣椒素≥0.10克/千克、辣椒素类物质总量≥0.36克/百克、辣度≥38度。金塔辣椒是硒富集产品，维生素B_1、维生素B_2和锌、钙、铁等微量元素含量较高，内在品质优，肉厚油多，辣浓味香。使用“金塔辣椒”地理标志证明商标商品的生产地域范围为酒泉市金塔县所辖金塔镇、三合乡、东坝镇、大庄子乡、古城乡、中东镇、西坝乡、羊

井子湾乡、鼎新镇、航天镇、生地湾农场共计 11 个乡镇（农场）。地理坐标为北纬 39°50′～40°28′，东经 98°50′～99°44′。

（供稿人：甘肃省农业科学院蔬菜研究所；张玉鑫）

（四）金川红辣椒品牌创建

金川红辣椒是甘肃省金昌市金川区特产。金川红辣椒具有色泽红亮、椒身宽、长，适应食品深加工，工业色素加工等特点，名声享誉全国内外。

1. 自然条件

金川区气候属典型的温带大陆性气候，冬无严寒，夏无酷暑，春季回暖迟，秋季降温急，昼夜温差大。年平均气温 7.4℃，年日照 2981.6 小时，年积温 3127℃，平均降水量 173 毫米，主要集中在 7～9 月，全年无霜期为 147～153 天，适宜种植辣椒。地貌为湖积风积平原，土质主要为灰棕漠土、风沙土。有机质含量较高。金川区属石羊河流域，调蓄能力较强。金川红辣椒的种植区属井灌区，农业用水主要靠地下水灌溉。金川区充足的光热资源和自然条件非常适合辣椒的生长，区域内常年少雨干旱，采用节水浇灌，既利于生长期的水肥调控，又利于采摘期红椒的晾晒，因而造就了金川红辣椒独特的优良品质。与内地干椒相比具有产量高、品质好、色价高、供期长的特点，成为内地辣椒食品生产厂家和色素加工企业的首选原料。金川区创建了全省规模最大、集中度最高的辣椒无公害生产基地。

2. 生产规模

金川区民间广为流传“东湾的萝卜，西湾的葱，宁远的辣椒驴驮乏”之说。美国红辣椒自 2000 年在金川区双湾镇试种成功以后，种植面积逐年扩大，2010 年达到 2 万亩，2020 年达到 3 万亩，年产量达 1 万多吨。生产的制干红辣椒销往山东、河北等地，又转销出口韩国、日本，是当地农民增收的支柱产业之一。为使辣椒产业得到更好的发展，金川区在辣椒深加工上力求突破，延伸产业链，依托“公司＋农户”的经营模式，扶持新建了双丰辣业和泽林辣业等龙头企业，从根本上解决了农户的后顾之忧，极大地推动了全区农业经济和社会事业的发展。

3. 地理标志

2012 年 8 月 3 日，中华人民共和国农业部正式批准对“金川红辣椒”实施农产品地理标志登记保护。证明商标商品的特定品质：金川红辣椒外观形状整齐均匀，果面油亮光洁，果实呈深红色，颜色均匀，果皮厚，韧性强。金川红辣椒干椒水分≤17.9%，平均单果重≥7.0 克，果长≥12 厘米，最大部位直径≥2 厘米，平均果皮厚度≥0.4 毫米。杂质总量不超过 0.5%，花斑椒不超过总量的 1%，维生素 C≥126.7 毫克/克，灰分≤82.0 克/千克，粗纤维（干态）≤203.4 克/千克。使用“金川红辣椒”地理标志证明商标商品的生产地域范围：金昌市金川区行政区内的双湾镇的龙口村、古城村、营盘村、金河村、康盛村、许家沟村、陈家沟村、天生炕村和宁远堡镇的新华村、下四分村、西湾村、东湾村。地理坐标为北纬 38°00′00″～39°00′00″，东经 101°29′00″～102°34′00″。

（供稿人：甘肃省农业科学院蔬菜研究所；张玉鑫）

（五）高台辣椒干品牌创建

高台辣椒干是甘肃省张掖市高台县特产。高台县地处河西走廊中部，具有种植辣椒特有的区位优势和土壤质地、气候条件，是甘肃红辣椒主产区之一。所产辣椒干肉厚油丰，色泽红润鲜亮，条形秀长均匀，辣味纯正鲜香，辣度适中，余味悠长，是烹饪调味之佳品。

1. 自然条件

高台自然条件优越，属典型的大陆性干旱气候，气候干燥，降水稀少，日照充足，热量丰富，昼夜温差大，夏季炎热短促，冬季寒冷深长。年平均气温 8.9℃，月平均最高气温在 7 月，月平均气温 22℃，平均最低气温在 1 月，平均气温在 -9.7℃，冬夏温差大；全年无霜期为 150 天，平均年降水量 103 毫米，蒸发量 2000 毫米；四季云量少、太阳辐射强，年平均日照时数 3088 小时，日照率 70% 以上，年平均日较差为 14℃。日照时间长、昼夜温差大、大气透明度好的特点，造就高台辣椒干红色素含量高、干物质积累多、品质优良的特点。

高台县位于甘肃省河西走廊中部，绿洲、沙漠、戈壁相间分布，总体地势是南北高，中间低，形如马鞍。盆地地势平坦，西有巴丹吉林沙漠，北边有腾格里沙漠，形成杜绝病虫害发生的天然屏障。全县土壤平均 pH 值为 8.5，有机质、氮素较低，磷素属中等水平，钾含量丰富。耕地土壤土层深厚，土质疏松，土壤肥力中等。辣椒干基地以黑河沿岸沙壤土为主，沙壤土适合辣椒干栽培生长，春季升温快，夜间降温迅速，是高台辣椒干生长良好场所。高台县属于内陆黑河流域，水资源比较丰富。高台县境内有黑河及其支流摆浪河、西大河、石灰关河、水关、红沙河 6 条主要河流。地表水年径流量 13.1 亿立方米，有中小型水库和塘坝 19 座，总库容 4988 万立方米。辣椒干集中栽培地远离工矿企业污染，环境质量优良，灌溉方便，发展种植、养殖业条件优越。

2. 生产规模

2014 年，高台县种植露地辣椒面积达 8440 亩，产量达 2.36 万吨，年产值 5900 万元。2018 年，高台县辣椒种植面积约 1.32 万亩，年总产辣椒 26300 多吨，年产值近 4000 万元。2019 年，高台县辣椒种植面积达 1.65 万亩，年总产辣椒 30000 多吨，年产值近 4000 万元。

3. 地理标志

高台辣椒干是产自戈壁、沙漠、湿地、绿洲相间的独特自然环境中的传统特色农产品，具有三百年的栽培历史。20 世纪 80 年代，高台县巷道乡是有名的辣椒产区，家家户户都种。由于水域受污染、土壤带菌严重，缺乏新技术和适宜的品种，到 20 世纪 90 年代初，辣椒在巷道乡已经绝迹。2001 年，巷道乡组织菜农赴外地参观学习蔬菜种植，总结出高垄种植、控制灌水、严格育苗移栽的种植经验，率先在高台县开展温室辣椒种植，取得了良好的经济效益。巷道乡及时总结成功经验，引进陇椒 2 号、甘椒 2 号、金椒 8 号等 5 个新品种，巡回开展科技培训，让更多菜农掌握这一致富新技术。自 2000 年以来，高台县立足资源优势，科学调整农业种植结构，引导农民发展投资少、见效快、收益高的辣椒种植业，引进推广甘谷辣子、线三辣椒、七寸红、美国红辣椒等新品种，通过科技培训、技术指导，建立专业合作社等方式，实行辣椒标准化生产。

2019 年 1 月 17 日，中华人民共和国农业农村部正式批准对“高台辣椒干”实施农产品地理标志登记保护。证明商标商品的特定品质：干果实为羊角形，条形秀长均匀。果面有皱褶，果长 18 ~25 厘米，果肩宽 1.5 ~2.0 厘米，单果重 3 ~5 克。高台辣椒干具有肉厚油丰，色泽红润鲜亮，条形秀长均匀，辣味纯正鲜香，辣度适中，余味悠长等品质特色，是烹饪调味之佳品。高台辣椒干含有人体所需的多种营养成分和微量元素，其中：蛋白质含量≥12.5 克/百克，氨基酸总量≥10.7 克/百克，总辣椒素 1180 毫克/千克，铁含量≥1850 毫克/千克，营养丰富，品质优良。高台辣椒干农产品地理标志地域保护范围包括高台县合黎镇、巷道镇、宣化镇、黑泉镇、罗城镇、骆驼城镇、新坝镇、南华镇 8 个镇所辖 135 个行政村。地理坐标为北纬 39°03′ ~39°59′，东经 98°57′ ~100°6′。

（供稿人：甘肃省农业科学院蔬菜研究所；张玉鑫）

（六）徽县紫皮大蒜品牌创建

徽县紫皮大蒜是甘肃省陇南市徽县特产。徽县紫皮大蒜产区位于嘉陵江上游西秦岭南麓的徽成盆地腹心，光、热、水、气、土资源充足而协调，是中国秋播越冬大蒜最适宜的产区之一，尤其是冲积—洪积型土壤母质中特有的硒、锗等矿物质元素，形成了徽县紫皮大蒜独特的风味，造就了其汁液粘重、芳香浓烈、辛辣适口、营养丰富的特点。

1. 自然条件

徽县地处南北秦岭之间的下陷盆地，徽县紫皮大蒜产地土壤主要以褐土类黄土为主，土质疏松、结构好。pH 值 6.5 ~8.5，有机质含量高，平均有机质含量 1.18%，含氮量 0.088%，速效磷 5.38 毫克/千克，速效钾 139.13 毫克/千克，碳氮比 8.22。土层深厚、易耕作、易排水、土壤中重金属含量低、无农药残留、适宜于徽县紫皮大蒜的种植和生长。徽县虽属大陆性季风气候，但因处于南北秦岭之间的下陷盆地，夏秋季西太平洋温湿气流从东南峡谷输入，在高山环抱的徽成盆地中受到地形阻拦成为降水之源泉，年均降水量 745.8 毫米，作物生长期降水充足稳定。徽县系嘉陵江上游，全县有大小河流 645 条，全长 2261 千米，河流密度 0.83。地表径流总量 19.86 亿平方米，地表水质 pH 值 8 ~8.5，重金属含量低，酚、氰、汞、铬等有毒元素均小于 0.05，砷元素未发现，大部分水质为 1 ~2 级。徽县紫皮大蒜产区生产所需用水即为天然降水。徽县夏无酷暑，冬无严寒，自古被称誉为“陇上小江南”。全县年均气温 12℃，年际变差小，气温最高的 7 月月均为 23.4℃，最低的 1 月月均为 −0.5℃，≥10℃的有效积温 3791.7℃，无霜期为 210 天，年均日照时数 1726 小时。徽县紫皮大蒜产区因处于盆地中部，气候更好，适宜秋播越冬紫皮大蒜生长。

2. 生产规模

徽县紫皮大蒜的栽培历史悠久。1979 年，泥阳镇供销社为完成逐年加大的供给任务，投资扶持泥阳大蒜基地建设，鼓励柳巷、李磨、苟庄等村连片种植 1900 亩，年底以蒜苗、蒜薹、蒜头为主的“三蒜”收入达到25万元，壮大了集体经济，从此拉开了规模化种植“三蒜”的帷幕。从包产到户至1992年，受效益驱动和政府引导，种植面积逐年扩大。20世纪末，全县种植采苔采头蒜田4万亩，采苗蒜地3万亩。2006年，徽县共种植大蒜2.6万亩，2007年种植2.9万亩，2009年种植2.81万亩，2013年种植大蒜4.5万亩，产出蒜薹1350万千克、大蒜3150万千克，总产值达到1.89亿元。2017年种植面积4.5万亩。近几年，大蒜种植面积维持在4.5万亩左右。

3. 地理标志

自21世纪以来，徽县县委、县政府高度重视大蒜产业发展，先后出台了《徽县川平地退出小麦创建高效田实施方案》《关于加快全县特色农业产业化发展的实施意见》和《徽县百名科技特派员科技服务到村实施方案》等一系列文件，把大蒜产业列为重点发展的主导产业。2003年，以甘肃省列无公害蔬菜生产示范基地县建设为契机，徽县加快了无公害大蒜产地认定、产品认证和品牌商标注册步伐，制定了无公害大蒜地方试行标准并大面积推广。

2003年徽县紫皮大蒜取得无公害农产品认证。2005年徽县紫皮大蒜获得A级绿色食品认证。2007年徽县绿色大蒜获得第十四届杨陵农高会农业科技项目“后稷奖”。2014年7月28日，中华人民共和国农业部正式批准对“徽县紫皮大蒜”实施农产品地理标志登记保护。证明商标商品的特定品质：“徽县紫皮大蒜”单果重50～75克、瓣皮乌紫、形状玲珑、鳞瓣饱满、肉质脆嫩、汁液粘重、芳香浓烈、辛辣适口、营养丰富，是食用和调味的佳品，亦可入药。是“兰州牛肉拉面”的首选调味品。“徽县紫皮大蒜”中营养成分含量为：挥发油≥0.15毫升/百克，大蒜素≥187毫克/百克，维生素C≥11毫克/百克，微量元素磷≥88毫克/百克。富含对人体有益的多种营养成分，对提高人体免疫力、杀菌、抗病毒、抗衰老、调节内分泌具有独特作用。使用“徽县紫皮大蒜”地理标志证明商标商品的生产地域范围为徽县偏中西部的洛河流域和千河流域以及西河流域的川坝河谷区和浅山丘陵台田地带。海拔1000～1100米，产地包括泥阳镇、江洛镇、伏家镇、栗川乡、银杏树乡、城关镇、水阳乡7乡镇的103个行政村。

（供稿人：甘肃省农业科学院蔬菜研究所；张玉鑫）

（七）民乐大蒜品牌创建

民乐紫皮大蒜是甘肃省民乐县特产。民乐县地处祁连山北麓、河西走廊中段，是连接甘青两省的“要冲”，自古就是丝绸之路东段南线之“咽喉”。民乐紫皮大蒜是民乐县的地方品种，个大、瓣肥、汁多、味浓、风味醇厚，素有“大蒜之王”的美称，深受消费者青睐，主要销往北京、云南、内蒙古、东北地区及日本、韩国等国。

1. 自然条件

民乐紫皮大蒜产地处于河西走廊中部的祁连山麓，海拔在1800～3000米，气候凉爽，病虫害少，属红淤黄土的土壤，加之祁连山冰雪相融的水资源滋养，造就了民乐紫皮大蒜的独特品质。民乐县境内气候温凉，光照充足，属典型的大陆性荒漠气候，具有太阳辐射强，日照时数长，昼夜温差大，降雨稀少，蒸发量大的气候特点。全年平均气温7.2℃，极端高温39.5℃，极端低温-27.5℃；平均年降水量351毫米，无霜期为140天，年太阳总辐射2997小时，≥0℃有效积温3549.7℃，≥10℃积温3052.6℃。全县耕地面积120万亩，适宜种植大蒜的面积达70万亩，该区土壤肥沃，土层深厚，特别富含钙、钾、硒等多种矿物质元素。无大型染污型工矿企业，环境污染轻，病虫害发生轻，是生产优质大蒜的理想场所。

2. 生产规模

民乐紫皮大蒜在民乐县已有2000多年的栽培历史，由于品质优，效益好，种植面积保持在5万亩左右。前几年大蒜价格较高，大部分蒜农因抢高价而大量出售大蒜，留种量减少，近几年种植面积有所减少，全县种植面积减少到3万亩，产量45600吨。

3. 地理标志

1992年10月在北京“首届中国农业博览会”上荣获金质奖。1995年又被国内贸易部认定为“中华老字号”产品。2007年2月，由省农牧厅审定通过了55000吨大蒜、17500吨蒜薹的无公害产品认证。2015年7月，由中国绿色食品发展中心审核通过了39625吨紫皮大蒜、3375吨蒜薹的绿色食品认证。2008年12月，被国家标准化管理委员会批准为国家级大蒜种植农业标准化示范区。2009年7月，由国家质量监督检验检疫总局审定，获得了国家地理标志产品保护，保护范围为民乐县洪水、民联、顺化、三堡、永固5个镇。2014年民乐紫皮大蒜在国家工商总局申请注册了“民乐宝”商标，2018年3月申请注册了“民乐紫皮大蒜地理标志证明商标”。商标使用人为民乐县大蒜行业协会。2019年由甘肃省质检局审定发布了甘肃省地方标准《地理标志产品民乐紫皮大蒜》。证明商标商品的特定品质：民乐紫皮大蒜以其皮色呈紫色而得名，具有个大、瓣肥、质嫩、汁多、味浓、辛辣、易剥皮、耐贮藏等优良品质。含有17种人体必需的氨基酸，总量达4.26%，其中天门冬氨酸0.49%，苏氨酸0.12%，丝氨酸0.16%，谷氨酸0.75%，维生素C含量达1.24毫克/百克。民乐紫皮大蒜地理标志产品保护范围为甘肃省民乐县南丰乡、永固镇、洪水镇、民联乡、三堡镇、六坝镇、顺化乡、丰乐乡、新天镇、南古镇10个乡镇现辖行政区域。

（供稿人：甘肃省农业科学院蔬菜研究所；张玉鑫）

（八）甘肃省赤金韭菜品牌创建

赤金韭菜是甘肃省酒泉市玉门市特产。玉门市气候冷凉、日照长、昼夜温差大，土壤耕性和肥力较好，境内水源水质优良，适宜韭菜的生长。赤金韭菜以当地的“冬韭王”品种为主，叶宽茎粗，颜色碧绿纯正，韭味清新浓郁，叶片肥厚无丝，菜质柔嫩香辛。

1. 自然条件

赤金韭菜产区土壤为厚层灌淤土，土质多为沙壤土，平均有机质总含量为15.5克/千克。其耕性和肥力较好，通气透水，供肥保肥能力适中，耐旱耐涝，抗逆性强，适种性广。赤金韭菜产区属温带大陆性气候，年日照时数3200小时左右，年均气温7.5℃，有效积温在2400℃～3298℃，昼夜温差达16℃，年均降水量66.5毫米，蒸发量达2653.2毫米，平均无霜期为135天。气候冷凉、日照长、昼夜温差大，尤为适宜韭菜的生长，造就了叶片宽厚、叶色鲜绿、质地柔嫩、香味浓郁的赤金韭菜。赤金韭菜产区水量充沛，主要有疏勒河、白杨河和小昌马河等，且境内水源水质优良，均发源于祁连山冰山积雪区，含有锶、钾、钠、钙、镁、锌等多种矿物质元素和微量元素，完全可以满足赤金韭菜不同生长阶段水分和营养物质需求，形成了赤金韭菜质优营养价值高的特点。赤金韭菜产地远离工业区，没有大气污染源，空气清洁。空气环境质量二级以上天数达到300天以上，地表水质均达到Ⅱ类标准，饮用水水质达标率100%，具备生产无公害韭菜得天独厚的条件。

2. 生产规模

2018年1月，累计建成韭菜日光温室7512座1.1万亩，全镇70%的农户从事韭菜生产，农户棚均收入达1.3万元。2020年全镇有2581户9687人致力于发展日光温室韭菜产业，日光温室面积累计达到7742座1.6万亩，年销售韭菜1.65万吨，总产值达5810万元，带动全镇农业增加值达到1.18亿元，韭菜种植收入占人均纯收入的38%。

3. 地理标志

20世纪90年代初，赤金镇掀起大规模温室搭建热潮，开始发展韭菜种植。从一代简陋的日光温室到二代钢架大棚，一直发展到高科技日光温室。金镇先后被农村农业部及行业协会授予“全国一镇一品示范镇”称号、被国标委列为“国家韭菜种植标准化示范区”，被农业农村部评为“地理标志产品”，2019年被中国蔬菜流通协会、（国家）食品行业生产力促进中心正式誉名为“中国韭菜之乡”。

2019年6月24日，中华人民共和国农业农村部正式批准对“赤金韭菜”实施农产品地理标志登记保护。证明商标商品的特定品质：赤金韭菜叶宽茎粗，叶长28～35厘米，叶宽0.8～1.2厘米，叶柄长5～10厘米、直径0.5～0.8厘米；叶色碧绿，叶片肥厚，韭味浓郁，质地柔嫩无丝。赤金韭菜含有丰富的营养物质，其中水分≥82克/百克，可食用部分蛋白质≥1.5克/百克，粗脂肪≥0.3%，维生素C≥11毫克/百克，可溶性糖≥1.0克/百克，粗纤维≤0.8%。同时，含有丰富的铁、锌、钙、硒等微量元素。赤金韭菜农产品地理标志地域保护范围：玉门市所辖行政区域内的赤金镇、柳河镇2镇13个行政村。地理坐标为北纬39°56′～40°48′，东经96°58′～97°36′。

（供稿人：甘肃省农业科学院蔬菜研究所；张玉鑫）

五、宁夏回族自治区特色蔬菜品牌建设

（一）青铜峡辣椒品牌建设

1. 自然条件

青铜峡市地处宁夏平原引黄灌区中部，地势平坦，土壤以黄河泥沙淤积土质、盐碱土质及红沙质土壤为主，其中，淤积土质29.6万亩、盐碱土质4.6万亩、红沙土质8.4万亩。土壤平均pH值8.54，土壤有机质平均为14.9。土壤肥沃，土层深厚，养分含量高。辣椒种植区气候属大陆性季风气候，干旱少雨，昼夜温差大，日照充足，灾害性天气少，无霜期长。年均气温9.5℃，无霜期为140～160天。全年日照时数为3102.5小时，平均每天为8.5小时。平均降水量为146.8毫米，主要降水集中在6～9月。辣椒喜暖，生长期需要充足水分，青铜峡气候温暖，阳光充足，降水量多，适合辣椒的生长要求。

2. 生产规模

青铜峡辣椒从20世纪开始种植，已有近十年的历史，辣椒品种以长剑为主。青铜峡市是国家重要的商品粮生产基地，同时也是西北地区重要的蔬菜生产基地。自2008年以来，青铜峡辣椒以设施农业为突破口，大力发展现代农业，建成千亩以上设施农业园区13个，日光温室2万亩。引进山东寿光种苗公司、中卫绿色田园蔬菜合作社等4家大型公司和设施蔬菜种植大户90户，投资4000多万元，参与全市日光温室、三座工厂化育苗中心的建设。2019年，通过自治区财政补贴的200万元，搭建了52栋大棚，鼓励老百姓种植蔬果。2020年，39座大棚全部种植辣椒。青铜峡辣椒总生产面积2000公顷，年总产量9万吨，90%向外销售，主销区域在西北地区。

3. 地理标志

2008年，中华人民共和国农业部正式批准对青铜峡辣椒实施农产品地理标志登记保护。证明商标的特质品质：果色黄绿，厚皮，辛辣。划定区域范围内辣椒的品种主要选择抗病性强、抗逆性好、品质优、产量高、耐贮运的长剑等优良品种。其生育期12个月，平均株高2.5米，单果重100～150克，每株结果25个左右。青铜峡辣椒主要分布在青铜峡市叶盛镇、小坝镇区域，总生产面积2000公顷。青铜峡市地处宁夏平原引黄灌区中部，地理坐标为北纬37°36′～38°15′，东经105°21′～106°21′，平均海拔1121米，南北长29.6千米，东西平均宽3.2千米。

（供稿人：河北农业大学；赵帮宏、宗义湘、乔立娟、马毓敏）

（二）彭阳辣椒品牌建设

彭阳自19世纪末开始种植辣椒，已有100多年的种植历史。彭阳县确立辣椒种植为脱贫富民特色主导产业，专门制定《彭阳县辣椒产业发展建设规划》。近年来，彭阳县辣椒市场开拓逐步成熟，技术措施逐步到位，“彭阳辣椒”品牌逐步打响。

1. 自然条件

彭阳处于黄土高原中部丘陵沟壑区，土壤有机质养分含量较高，有机质含量在0.74%，pH值8.02～8.05。彭阳县属典型的温带半干旱大陆性季风气候，年均气温7.4℃～8.5℃，年均降水量350～550毫米，7～9月降雨量占全年的60%以上。生产区域内有红河、茹河、小川河三大水系，年流量1280万立方米，彭阳县水源丰富，满足辣椒生长对水的需求。日照时数2518小时，年辐射量127.6千卡/平方厘米，无霜期为140～170天，≥10℃有效积温2200℃～2750℃。彭阳县气候温暖，辣椒喜暖，适合辣椒的生长要求。

2. 生产规模

当地政府十分注重辣椒产业，利用当地的地理优势和自然资源，大力发展辣椒产业，调整种植业结构，把辣椒产业作为区域优势特色产业积极培育，使辣椒产业呈现出强劲地发展势头。2017 年辣椒种植面积约 9.5 万亩，总产 38 万多吨，产值近 8 亿元。如今彭阳县由单一化辣椒生产向多元化生产转变，已建成辣椒育苗中心 180 万亩、14 处冷藏库。

3. 地理标志

彭阳辣椒深受客商青睐，销往西安、兰州、成都、广州、西宁等大型蔬菜销售市场。先后被农业部、自治区人民政府评为“彭阳县国家级辣椒标准化生产示范基地”“白河国家级拱棚蔬菜标准园”“宁夏彭阳拱棚辣椒标准化生产示范基地”，被中国特产之乡推荐暨宣传活动组委会命名为“中国辣椒之乡”。

“彭阳辣椒”于 2008 年获得首批国家农产品地理标志登记保护，证明商标的特质品质：产品青果深绿色，成熟果鲜红色，果实坚硬，极耐贮运；皮薄肉厚，果型规则，辣味适中，保鲜期长，含有丰富的维生素 C、胡萝卜素等营养元素。彭阳县辣椒生产地域分布于红河乡、城阳乡、白阳镇、古城镇、新集乡、草庙乡、孟塬乡、王洼镇、小岔乡、罗洼乡、冯庄乡、交岔乡 12 个乡镇。地理坐标为北纬 35°41′~36°17′，东经 106°32′~106°58′，海拔 1248~2418 米。

（供稿人：河北农业大学；赵帮宏、宗义湘、乔立娟、马毓敏）

（三）同心红葱品牌建设

宁夏红葱是同心县主栽多年的品种，因葱头外形酷似鸡大腿，俗称“鸡大腿红葱”。

1. 自然条件

同心县境内沟壑纵横，按照地质地貌和开发程度的不同，可分为“西部扬黄灌区、中部干旱山区、东部旱作塬区”三个区域。中部丘陵、沟壑、山地、沙漠等地貌类型占总面积的 65.4%。同心县属典型的温带大陆性气候，四季分明，日照充足，昼夜温差大，年均降水量 259 毫米左右，蒸发量却高达 2325 毫米以上，干旱缺水是最大的自然特征。同心县虽然降雨稀少，但是昼夜温差大，夜潮明显，冬季的拂晓常有雾凇锁枝，夏季的早晨多见浓雾绵亘，这样的气候条件恰好适宜红葱种植，不但亩产高，而且品质上乘。

2. 生产规模

同心县套塘村是同县红葱主要产区。2018 年，全村总种植面积 7255 亩，其中红葱 6065 亩，占总种植面积的 83%。全村种植红葱有一定规模的有 180 户，占全村 40%。通过对红葱种植人员进行技术培训，平均每亩地收入达 1000 元左右，全村红葱产值达到 600 万元。2020 年同心红葱生产规模为 3000 公顷，年产量为 3.375 万吨。红葱的经济附加值高于传统作物，每亩净增收超 1000 元，加之同心红葱的品质有口皆碑，吸引了大量周边地区的采购商。

3. 地理标志

为提高同心红葱品牌知名度，2020 年同心县农业技术推广服务中心申请了农产品地理标志。证明商标商品的特定品质：管状叶深绿色，中等粗细，叶面有蜡粉，外皮半革质、赤褐色，具有分蘖力强、抗寒、耐旱和耐瘠薄等特性。保护地域范围为宁夏吴忠市同心县田老庄乡、预旺镇、韦州镇、王团镇、下马关镇、马高庄乡、张家塬乡，共 7 个乡镇。地理坐标为北纬 36°36′04″～37°24′18″，东经 105°55′50″～106°39′34″。

（供稿人：河北农业大学；赵帮宏、宗义湘、乔立娟、马毓敏）

第三章　黄淮海片区

一、山东省特色蔬菜品牌建设

（一）济南市莱芜区生姜品牌创建

1. 自然条件

济南市莱芜区位于齐鲁腹地的“泰莱平原”，素有“山头三千河西流，盆地尽沃土”之称。属温带季风气候，山地、丘陵、平原分布其中，境内大小沟河400余条。大汶河自东向西“倒流”，独特的走向，使莱芜生姜生产地处于灌溉用水的上游源头，河水清流澈、甘甜无污染且富含矿物质。丰富多样的特殊地质、地貌，充沛洁净的水源，四季分明的气候，对莱芜生姜产品的优良品质起到了极大的影响作用。

莱芜生姜主产区为平原地区和长埠岭及丘陵地带，地处汇河和汶河两岸，光照充足，成土母质多为石灰岩风化的坡积、洪积物，土层深厚，剖面发育完全，熟化度高。这种土壤表层沙粘适中，土质疏松，耕性、透气性良好，富含钾、钙，有利于作物幼苗生长及根系发育，使生姜生长后期根茎膨大快而充实，因而产量高，品质好。生姜贮存需要特殊环境条件，一般生姜最好12℃恒温、90%的空气湿度恒温高湿适宜长期保存，超过15℃就会发芽。而莱芜海拔高，地下水位较低，为贮存生姜提供了天然贮存条件。地窖可以到6～7米深而没有水，生姜在这样的地窖里贮存3～5年不会变坏。从而为莱芜生姜从生长到贮藏提供了完美的全程优质环境。

2. 加工引领、出口导向促品牌发展

莱芜地区常年种植生姜面积近20万亩，是我国最大的商品姜生产、加工、出口基地，是当地重要的支柱产业之一。截至2019年，以生姜为主的出口、加工、流通企业发展到244家，年加工能力80万吨；其中，市重点龙头企业20家，国家级龙头企业2家。已开发十大系列80多种产品，姜制品率达到了30%，年出口生姜及制成品30万吨。“莱芜生姜”已成为真正的“小作物大产业”，成为莱芜的一张名片。

莱芜生姜积极实施“走出去”战略，深入挖掘“莱芜姜，保健康”内涵，加大开拓市场力度，区内企业积极参加日本东京千业食品展、德国柏林食品展等知名国际展会，提高了莱芜生姜在国际市场上的知名度，并取得了良好的合作成果；通过政府引导和扶持，培育了“姜老大”“孔之道”姜酒等知名品牌，万兴公司的“姜老大”牌生姜获山东省名牌产品称号。国家级龙头企业山东省万兴食品有限公司年出口额在2亿美元以上，其主打产品脱水蒜片、蒜粉、蒜粒、姜粉等成功打入全球最大调味品企业美国味好美公司，年出口额在3000万美元以上。

3. 地理标志

2017年12月，莱芜生姜加工协会申报的“莱芜生姜”经国家农业部审定，准予登记并允许在农产品或农产品包装物上使用农产品地理标志公共标识，并颁发证书，证书编号：AGIO2200。地理坐标为北纬36°02′～36°33′，东经117°19′～117°58′，总面积2246.21平方千米。

2019年1月9日，国务院批复同意山东省调整济南市莱芜市行政区划，撤销莱芜市，将其所辖区域划归济南市管辖；设立济南市莱芜区，以原莱芜市莱城区的行政区域为莱芜区的行政区域。为响应区划调整政策，“莱芜生姜”农产品地理标志登记证书原持有人“莱芜生姜加工协会”变更为“济南市莱芜区生姜加工协会”。

（供稿人：莱芜区农业农村局；李承永、徐冠新）

（二）济南市章丘区大葱品牌创建

章丘有着2700年的大葱种植历史。公元前680年左右，大葱种植传入章丘，到明代已经名扬全国，并成为朝廷贡品，公元1552年被明世宗御封为“葱中之王”。1996年，章丘被国家农业部命名为“大葱之乡”。先后获得“中国名牌农产品”“中国驰名商标”等多项荣誉。2017年山东章丘大葱栽培系统被农业农村部列为《中国重要农业文化遗产》，章丘大葱特优区被列为第一批中国特色农产品优势区，“章丘大葱”入选2017中国百强农产品区域公用品牌。章丘大葱成为章丘区农业文明的重要标志和珍贵的历史文化名片。

1. 产品特点

章丘大葱具有特色鲜明、独树一帜的优良品质，概括起来就是“高大、脆白、甜辣”。高大，指章丘大葱外形高大，一般长度在1.5米以上，2017年葱王最高可达2.51米；脆白，指葱白部分晶莹剔透，洁白细致，又长又直，一般在1米左右，并且葱脆而多汁；甜辣，指章丘大葱味道香甜，甜中带辣，既可炒制，更适合生吃，炒制葱香四溢，生吃满口生津。同时，章丘大葱富含锌、磷、铁、硒等矿物质元素及多种维生素，具有较高的保健和药用价值。

2. 自然条件

章丘区地处中纬度内陆地带，属暖温带大陆性季风气候，四季分明。以绣惠街道办事处女郎山为中心的大葱生产区域年日照时数2638小时，光能资源与作物需光要求配合较好。无霜期为197天左右，年降雨量600～700毫米，形成夏热冬冷，春秋气温适中，夏季多雨湿润，冬春季干旱的气候，最适于大葱生长发育周期的节律性需要。土层深厚肥沃，无障碍层次，耕层土壤有机质含量15.7克/千克，土壤pH值为7.98，呈微碱性，尤其是女郎山特殊的土层结构，俗称“鲤鱼腰”“油饼地”，质地松散，通透性好，非常适合章丘大葱生长。章丘大葱产区地势平坦，有绣江河、漯河、巴漏河纵横其间，水源深厚，排灌方便，发源于百脉泉群的绣江河，水质清纯，富含锶、偏硅酸等微量元素，是章丘大葱的主要灌溉水源。丰饶的水土条件和良好的生态环境造就了章丘大葱的独特品质。

3. 产业规模

章丘区依托章丘大葱这一独有的农业特色资源，不断加强区域化布局、标准化种植、科技化管理、品牌化运作和产业化经营，章丘大葱品质和信誉不断提升，在全国瓜菜类农产品中独占鳌头。章丘大葱主产区位于章丘区中部，2008年章丘大葱获农业部农产品地理标志登记保护，地理标志面积为东北、西南走向共15万亩，主要涉及绣惠、宁家埠、枣园、龙山、刁镇等街道。2019年章丘大葱种植面积15万亩，年产量达到6亿千克，实现年产值7亿多元，从业人员10万以上，章丘大葱品牌价值达46.72亿元，成为拉动区域经济发展、带动农民增收致富的支柱产业。

4. 品牌提升

为实现章丘大葱品牌提升，近年来章丘区突出品牌化运作，多措并举，拓展章丘大葱市场空间。

（1）抓认证，提升竞争力。1999年，章丘区成功申请了“章丘大葱”地理标志证明商标，成为全国蔬菜类第一件证明商标。自2001年以来，先后注册“万新”富硒大葱商标，“绣惠”“绿蕾”商标，并顺利通过了无公害、绿色、有机农产品认证。2009年，“章丘大葱”被认定为中国驰名商标，是山东省第一个获此殊荣的地理标志产品。2019年成功申请包括葱小白、葱小玉等在内的商标20项，并获三项外观设计专利，为章丘大葱的品牌建设提供了有力的保障。

（2）抓推介，提升知名度。连年举办大葱节，进行大葱质量、种植规模、市场销售等评选和宣传推介活动，在提高大葱品牌价值的同时，调动葱农种植的积极性，提升葱农的品牌意识和质量意识，引领大葱行业健康发展。积极邀请中央电视台、人民日报、新华社、人民网等新闻媒体，广泛宣传和推介“章丘大葱”品牌。每到收获季节，章丘区还在产销地设立“大葱宴”，邀请国内外客商现场参观，品尝洽谈。2005年委内瑞拉总统查韦斯、2008年密克罗尼西亚总统伊曼纽尔在游览百脉泉、品尝章丘大葱后，赞不绝口，给予高度评价。同时，积极“走出去”，参加全国农产品博览会及各地的招商会、展销会，集中开展宣传推介。2010年，章丘大葱作为齐鲁“四宝”之一，成功进军上海世博会。2014年，章丘大葱成功上了APEC晚宴的餐桌，让来自世界各地的客人尝到了地道的“章丘味道”。

（3）抓“联姻”，提升影响力。2012年10月，与北京全聚德集团签订农餐对接战略合作协议，为全聚德在京直营店一年四季专供章丘大葱，实现了北京烤鸭与章丘大葱的强强联合。2017年与中国农业机械流通协会共同举办全国葱姜蒜生产全程机械化系列专题研讨会，来自全国各地的专家、企业等近千人参会，领略章丘大葱的独特魅力，共谋大葱产业新发展。2019 年与中国网库合作，建设“中国大葱产业互联网总部基地”，进行章丘大葱系列产品推介，开展大葱产业招商，为章丘大葱销售打开销路，助力遗产保护区广大葱农增收致富，加强章丘大葱品牌推介。2020 年与五洲传播中心物媒国际传播平台合力打造了“乡村产业物媒”系统，为章丘大葱搭载物媒码，消费者扫码后可看到章丘大葱及其衍生品的产品故事、产地故事及产业发展故事等，向广大消费者展示真实、立体、全面的章丘大葱产业和章丘的人文地理物产等，让章丘和章丘大葱走向世界。

（供稿人：济南市章丘区农业农村局；胡延萍、张会玲、周克华）

（三）济宁市青州市大姜品牌创建

青州市地处鲁中山区和鲁北平原结合部，山区、平原各占一半，属北温带季风气候，面积 1569 平方千米，人口 94 万。青州市是山东省大姜主产区之一，青州大姜成为当地农业支柱产业。

1. 自然条件

青州市地处暖温带半湿润季风气候区，气候温和，四季分明，光热水资源充足。年平均气温 13. 1℃，平均最高气温 19. 2℃，≥0℃的有效积温为 4813. 70℃，≥10℃的积温为 4331. 7℃，无霜期为 191. 7 天。平均降雨量 682. 0 毫米，平均空气湿度 67. 5%；平均日照时数为 2608 小时。青州市土壤肥沃，生态环境较好，适合多种蔬菜生产。土壤类型为褐土类潮褐土亚类，表层质地较好，利于耕作，中下部分多数偏粘，利于保水保肥，较抗旱，土壤酸碱度中性，土壤有机质含量 1. 1%，速效氮含量 67 毫克/千克，速效磷含量 20 毫克/千克，速效钾含量 108 毫克/千克。特别是青州市东夏、黄楼等区域水浇条件良好，土壤质地肥沃，非常适宜大姜生产。

2. 产业规模

青州大姜 20 世纪 80 年代就有种植，在 1991 年，开始大面积推广种植。自 2010 年以来，大姜的种植面积常年稳定在 3 万亩左右。2018 年、2019 年因受台风涝灾影响，大姜种植面积一度减少到 2. 3 万亩，种植区域主要集中在东夏镇和黄楼街道办事处，逐渐向何官、高柳等周边乡镇发展。2020 年受价格提高的影响，种植面积恢复到 2. 5 万亩，其中，东夏镇种植面积 14000 亩、黄楼街道办事处 7500 亩、何官镇 2500 亩、高柳镇 1000 亩。形成了麻湾村、王岗村、沙店、大尹村、史铺村、马埠村等生姜专业村。农户种姜田间管理经验较多，生姜亩产量一般在 5000 千克左右，多为连片承包地，规模较大，水肥一体化等节肥节水设备应用较多。主要栽培模式以大拱棚、小拱棚及露天覆地膜种植及挖沟、起垄栽培方式为主。种植品种主要有山东大面姜、莱芜大姜、山农一号、安丘大姜。大拱棚播种时间一般在 3 月下旬，11 月上旬收获。小拱棚一般在 4 月中旬播种，10 月中下旬收获。

3. 品牌创建

自 2008 年以来，青州市结合当地气候、土壤以及生产实际，制定发布了《大姜无公害标准化栽培技术规程》，在东夏镇建立了首个大姜标准化示范区，大姜示范种植面积 2

万亩，专业村21个，示范户2000余户。为有效提高大姜品质，从抓好大姜示范户技术培训入手，指导基地农民严格按标准化栽培，提高示范区生产能力和效益。2009年通过“国家级大姜栽培标准化示范区”验收。近年来，青州市不断加大青州大姜品牌推介力度，积极打造大姜产品品牌和企业品牌。注册了“东夏”牌大姜商标，青州金山大姜专业合作社注册了“苁旺”商标，并通过了国家无公害农产品产地认定和无公害大姜产品认证。2019年新建何牧佳桦大姜产业园，以打造“青州大姜”品牌为核心，实施大姜品牌引领工程，聚焦聚力高质量发展，推动大姜产业提质增效，扩大青州大姜地域品牌影响，叫响“青州大姜”品牌。目前，青州大姜以“外皮金黄、皮薄肉大、肉皮鲜嫩、粗纤维少、口感脆、辛辣适中、姜味浓郁”的“金牌”质量赢得消费者的喜爱。青州大姜知名度和市场竞争力进一步提高。

（供稿人：青州市农业农村局；郭军庭）

（四）济宁市苍山大蒜①品牌建设

兰陵县自然条件优越，农产品资源丰富，是全国蔬菜生产大县，是上海市蔬菜直供基地、北京市蔬菜外埠基地，被誉为“中国蔬菜之乡”“中国大蒜之乡”“中国牛蒡之乡”“中国食用菌之乡”和“山东南菜园”，被授予“全国蔬菜产业十强县”“中国果菜无公害十强县”“全国无公害蔬菜出口生产示范基地县”“国家级出口食品农产品质量安全示范区”“全国休闲农业和乡村旅游示范县”和“山东省现代农业示范区”。全县常年蔬菜种植面积110万亩以上，总产量450万吨，总产值86亿元，蔬菜产业已成为全县经济社会事业发展的支柱产业。

1. 自然条件

（1）气候情况。苍山大蒜产区气候属暖温带季风区半湿润大陆性气候，四季分明，光照充足，极利大蒜生长。苍山大蒜每年9月底至10月上旬播种，次年6月收获，生育期240多天，经历秋、冬、春3个季节。苍山大蒜生长期平均气温为9.1℃，比全年平均气温13.2℃低4.1℃。降水量266毫米，占全年降水量29.6%。光照时数为1696.8小时，为年日照时数2487.8小时的68.2%，日照率58.3%（全年日照率56%）。相对湿度平均65.8%，低于全年70%的4.2%。无霜期为200多天，冻土日数69.7天。由于温度、雨量、光照、湿度等气候条件适宜，十分有利于大蒜的生长发育。

（2）土壤地貌情况。兰陵县南部是平原，土壤肥沃，适种面广，土壤类型为砂质土壤或砂姜黑土，地势较平坦，地下水位较低，土壤的pH值7.0~8.0，属偏碱性土壤，有机质含量1.2%，含钾量高，含氮亦相对高，碱解氮1135.79毫克/千克，速效磷31.18毫克/千克，速效钾223.8毫克/千克。微量元素中代换量钙、镁、钠、速效锰、铁、锌、铜等含量都较高。产区土壤有效养分的含量和微量元素的含量不仅高，而且养分全面，能够有效地供给大蒜的正常生长发育，直接影响到单位面积产量的提高，同时也影响到产品品

① 2014年1月，原苍山县更名为兰陵县，作为国家地理标志产品“苍山大蒜”沿用至今。

质的改进。

（3）水文及水质情况。境内有大中型水库5座，小型水库35座，河流12条，淡水面积5.2万亩，人均淡水量为全国平均数的2倍，是全省水资源最丰富的县之一。

经测试化验，重点蒜区地下水位高，打开土层1.5～2米就有水。蒜区的井水多为偏碱水井，部分井水近似一级肥水。如神山镇和庄井水中，含盐量高达1264.23毫克/升，水中还含较多的钙、镁等碳酸离子，特别含硝态氮较多，为36.55毫克/升。使用这些井水灌溉大蒜苗，有利于大蒜高产、优质。

2. 生产规模

苍山大蒜，亦称葫或葫蒜。据考证，苍山大蒜栽培始于东汉初年，距今已有1900多年的栽培历史。在蒜区的特定生态环境条件下，经过长期的自然选择和人工定向培育而形成了“苍山大蒜”。

据调查考证，1949年前全县大蒜种植面积接近万亩，1974年达2.11万亩，1980年达4万亩，1993年达18.89万亩，2005年突破25万亩，2016年达36万亩。年产蒜头29万吨，蒜薹21万吨，全县形成了芦柞、卞庄、王庄、吴坦、石良等八处大蒜交易市场，年交易量达到了25万吨，真正做到有场有市，使兰陵县成为鲁南、苏北重要的大蒜集散地。

2018年全县大蒜播种面积已达31万亩左右，年产蒜头3.6亿斤、蒜薹3.4亿斤。制定了创建“一区三县”实施方案，按照产地环境质量、生产技术操作规程、产品质量“三达标”的要求，划定了标准化生产的区域。目前全县大蒜标准化生产基地达到25万亩，高标准示范田20余处。

3. 地理标志

2014年1月，原苍山县更名为兰陵县，作为国家地理标志产品“苍山大蒜”沿用至今。苍山大蒜品质优，为白皮，头大瓣齐，皮薄如纸，清白似玉，粘辣清香，营养丰富，具有适于市场运输和贮藏要求的成熟度。产品具有无公害大蒜、绿色食品大蒜的自然品质特征，苍山大蒜必须达到农业部“绿色食品标准大蒜”的卫生指标。在品质上除了具有香、辣、粘、浓、美味等特点外，氨基酸含量高，具有强烈的杀菌解毒、消湿祛瘟功效，并能降低人体胃内亚硝酸盐的含量，有抗肿瘤作用。

苍山大蒜基地现有面积24000公顷，年产量32万吨。东至临沂市兰陵县神山镇东杨庄村；西至向城镇杨庄村；南至长城镇前芦洼子村；北至大仲村镇泉汪村；辖10个乡镇560个行政村，地理坐标为北纬34°39′～34°59′，东经117°56′～118°17′。

苍山大蒜入选1999年昆明世博会获银奖，1999年5月，被中国特委会正式命名为“中国大蒜之乡”。苍山大蒜于2006年通过国家质检总局的审批，正式成为地理标志产品。2016年11月5日，云南昆明举办的第十四届中国国际农产品交易会及国家农产品地理标志登记保护产品展上，“苍山大蒜”荣获农产品地理标志金奖，成为山东省唯一一个获得此奖项的产品。

（供稿人：山东省济宁市农科院；任艳云）

（五）济宁市金乡大蒜品牌建设

金乡因蒜而名，因农而兴，是驰名中外的“大蒜之乡”“圆葱之乡”“辣椒之乡”“金谷之乡”，是首批中国特色农产品（大蒜）优势区、全国首批国家现代农业产业园，是世界大蒜的种植培育、贮藏加工、贸易流通和价格形成中心，素有“世界大蒜看中国，中国大蒜看金乡”的美誉。

1. 自然条件

（1）土壤地貌情况。金乡县属黄泛平原，海拔 34 ~ 40 米，成土母质以冲积物为主，潮土是面积最大的土壤类型，占可利用面积的 89.6%。金乡耕地土层深厚，全县农田 0 ~ 20 厘米耕层土壤 pH 值为 7.0 ~ 8.0，属弱碱性，有机质含量为 1.1% ~ 1.8%，碱解氮 60 ~ 90 毫克/千克，速效磷 15 ~ 35 毫克/千克，速效钾 120 ~ 200 毫克/千克。微量元素如钙、镁、钠、锰、铁、锌、铜的含量都较高，而且较为全面，非常有利于大蒜的生长发育。

（2）水文情况。金乡县属于淮河流域，南四湖水系，境内大小河流 24 条，纵横贯穿全县。县内总长度 306.47 千米，总流域面积 790 平方千米，全年蓄积量 1421 万立方米，现控制灌溉面积 48.54 万亩。全县地膜覆盖面积常年达 76 万亩，地面蒸发量小，地下水丰富，常年地下水位不到 5 米。地下水资源丰沛，也是农业灌溉的主要水源。

（3）气候情况。金乡县属温暖带半湿润、半干旱季风型大陆性气候，具有冬夏季风气候特点，四季分明，雨与热同期，风与寒双至，典型的中国北方气候。光照充足，太阳辐射总量常年平均 126.3 千卡/平方厘米，日照总时数常年平均 2377.7 小时，气温常年平均 13.8℃，春冬季干旱多风，夏秋季湿热多雨，全年温差大，对农作物生长十分有利。

2. 生产规模

金乡县总面积 887.67 平方千米，金乡大蒜种植历史已达 2000 多年，常年种植大蒜 60 万亩，其中无公害、绿色认证大蒜 52 万亩，有机大蒜 2 万亩，带动周边种植大蒜 200 万亩。金乡大蒜年均产量 70 余万吨，产品出口到 160 多个国家和地区。2019 年金乡大蒜种植面积 47.5 万亩，达到了每亩 2800 斤的好收成，但由于 2020 年初新冠肺炎疫情的影响，2020 年大蒜价格一直处于低迷状态，出现“丰产不丰收”的现象。2020 年金乡大蒜种植面积 56.42 万亩，较 2019 年略增加，说明金乡种植户适应市场和抗风险能力较强，全县种植面积不会有太大波动。

3. 地理标志

2017 年金乡县无公害蔬菜种植协会申请了“金乡大蒜”地理标志。“金乡大蒜”地理标志产品品质特性：个大，周正，皮厚，光泽，不散瓣；汁鲜味浓，辣味纯正、适中，口感嫩脆。金乡大蒜的蛋白质含量 4.0% 以上，维生素 C 3.0 毫克/百克以上，硒 0.01 毫克/千克以上，铁 2.0 毫克/千克以上，钙 5.0 毫克/千克以上，磷 60 毫克/百克以上。使用“金乡大蒜”地理标志商标商品的生产地域范围为金乡县所辖行政区域化雨镇、肖云镇、司马镇、兴隆镇、王丕镇、鸡黍镇、马庙镇、鱼山镇、羊山镇、胡集镇、卜集镇、高河街道、金乡街道 13 个镇街，653 个行政村，地理坐标为北纬 34°52′～35°40′，东经 116°7′～116°30′。目前，全县共有全国绿色食品原料（大蒜）标准化生产基地 30 万亩，大蒜地理标志登记保护面积 60 万亩。

“金乡大蒜”被国家工商总局认定为“中国驰名商标”，山东省首批知名农产品区域公用品牌，“山东省十大地理标志商标”，产品先后获得“国家农产品地理标志认证”“欧盟地理标志认证”，多次在全国农产品交易会、有机食品博览会、绿色食品博览会上获得金奖。金乡先后荣获“全国绿色食品原料（大蒜）标准化生产基地”“全国有机农业（大蒜）示范基地”“国家级农副产品加工示范基地”“国家级外贸转型升级（大蒜）专业示范基地”等多项国家级殊荣，2020 年在全国首批农产品区域公用品牌价值评估和影响力指数评价中“金乡大蒜”品牌价值 218.19 亿元，位列全国农产品第八，蔬菜类农产品第一位。

（供稿人：山东省济宁市农科院；任艳云）

（六）济宁市金乡辣椒品牌建设

金乡位于山东省西南部，隶属于孔孟之乡山东省济宁市，是典型的农业大县，是我国著名的“大蒜之乡”。在做强大蒜主导产业的同时，注重培育辣椒作为后续产业。近年来，金乡县蒜套辣椒发展迅速，全县常年种植大蒜 70 万亩，辣椒 40 万亩，辣椒产业已成为又一项主导产业。金乡是驰名中外的“中国大蒜之乡”“中国辣椒之乡”“中国十大蔬菜之乡”、全国食用菌产业化建设示范县，也是国家现代农业示范区、首批国家现代农业产业园、首批中国特色农产品优势区。

1. 自然条件

（1）土壤地貌情况。金乡县属黄泛平原，海拔 34～40 米，成土母质以冲积物为主，潮土是面积最大的土壤类型，占可利用面积的 89.6%。金乡耕地土层深厚，质地疏松，沙粘适中，土壤 pH 值为 7.0～8.0，属弱碱性，有机质含量为 6%～7%，既能有效地促进辣椒的正常生长发育，促进果实膨大发育，还有利于辣椒碱的积累，提升整体质量。

（2）水文情况。金乡县属于淮河流域，南四湖水系，境内大小河流 24 条，纵横贯穿全县。县内总长度 306.47 千米，总流域面积 790 平方千米，全年蓄积量 1421 万立方米，现控制灌溉面积 48.54 万亩。全县地膜覆盖面积常年达 76 万亩，地面蒸发量小，地下水丰富，常年地下水位不到 5 米。平均年降水量为 780 毫米，降水较为充沛，能满足辣椒生长期对水分需求。

（3）气候情况。金乡县属温暖带半湿润、半干旱季风型大陆性气候，具有冬夏季风气候特点，四季分明，雨热同期，风与寒双至，典型的中国北方气候。年平均地温 16.3℃，≥10℃积温 4359.4℃，相对湿度年平均为 68%，太阳辐射总量常年平均 126.3 千卡/平方厘米，光照时间年平均为 2384.4 小时，年日照百分率 54.4%。辣椒喜温暖，金乡夏季温度 33℃～35℃，适宜辣椒生长对温度的需求。

2. 产业规模

金乡朝天椒已有500多年种植历史。1992年以金乡县卜集镇周集村为中心开始规模化种植。自2012年开始，由于种植优势突出和效益明显，全县13个乡镇均有种植，面积迅速扩大到6.8万亩；2013年，随着产业化水平的提高，辣椒面积发展迅速，种植规模达12.3万亩；2014年，种植规模扩大到27.8万亩；2015年，由于行情的推动以及种植模式的成熟，种植规模发展到42.0万亩；2016～2020年种植面积基本稳定在45万亩左右，带动周边地区种植面积100余万亩。金乡种植三樱椒38万亩，年产干椒16万吨左右；色素辣椒2万亩，年产6万吨左右；菜椒等其他类型辣椒1万亩，年产鲜椒近3万吨左右。行情好时，亩效益6000～7000元，极大地激发了老百姓种植辣椒的积极性，种植面积飞速发展，金乡辣椒已进入规模化种植、产业化发展、品牌化经营良性发展阶段。

3. 地理标志

为提高金乡辣椒品牌知名度，2017年金乡县辣椒协会申请了“金乡辣椒”地理标志，证明商标商品的特定品质：果实长指状，顶端渐尖且常弯曲，未成熟时绿色，成熟后成红色或紫红色，果皮薄，内质脆，味辣。含维生素C>6毫克/百克，含碳水化合物>3克/百克。使用“金乡辣椒”地理标志证明商标商品的生产地域范围为金乡县的兴隆镇、司马镇、云镇、鸡黍镇、马庙镇、胡集镇、卜集镇、羊山镇、化雨镇、金乡街道、高河街道、王丕街道、鱼山街道金乡经济开发区、济宁食品工业开发区、济宁化学工业开发区，地理坐标为北纬34°52′～35°40′，东经116°7′～116°30′。

2013年11月，金乡县荣获“中国辣椒之乡”称号；2017年，“金乡辣椒”入选“全国名特优新农产品目录”，获得国家工商局地理品牌标志商标；2017年，金乡县获“中国辣椒产业发展功勋县”荣誉称号；2020年“金乡辣椒”获评中国蔬菜流通协会发布的“全国十大名椒”荣誉称号。

（供稿人：山东省济宁市农科院；任艳云）

（七）济宁市微山水生蔬菜品牌建设

微山县积极发展水生蔬菜规模化种植、产业化经营，积极实施农业品牌战略，强化品牌意识，开展品牌宣传，重视扶持培育，把农业品牌建设作为增强农产品市场竞争力、推动农业“新六产”发展的重要手段来抓，积极创建了一批以“中国驰名商标”“地理标志证明商标”“山东省著名商标”“地理标志保护产品”为重点的农渔湖产品品牌，依靠品牌战略赢得了市场。

1. 自然条件

（1）气候情况。微山县属暖温带季风型半湿润大陆性气候。四季分明，雨量适中，光照充足，积温较多，无霜期较长，光能生产潜力大。光能年辐射量115千卡/平方厘米左右，年日照时数2530小时，高于同类大型湖泊洪泽湖、太湖。年平均气温－14.2℃～13.7℃，≥10℃的年积温4740℃，年降雨量750毫米左右，无霜期为215天左右，湖水水温高于14℃的时间较长，达209天。特别是光、热、降水的时间分布与动植物的繁殖生长同步，这在我国北方地区实属难得的气候资源优势。

（2）水文与地貌情况。在滨海区，土层深厚，土壤有机质含量1%～2.3%，潜在养分较高，土壤类型较多，分布相对集中，且水利条件较好。微山县总面积1780平方千米，其中微山湖面积1266平方千米，占全省淡水面积的45%。微山湖是我国北方最大的淡水湖，我国第六大淡水湖，贯穿微山县南北，承接东西北三面苏、鲁、豫、皖4省32县、市、区的客水，流域面积31700平方千米，入湖河流53条。湖水内外源营养物质补给充足，营养盐含量较高，加之平坦的湖盆，较大的透明度和丰富的光热资源，十分有利于水生生物的繁殖和生长。目前，除了经济鱼类资源外，其他生物资源在全国同类型湖泊中相比处于首位。这对增殖湖泊渔业资源和维持湖泊生态系统的良性循环有着重要作用。其中沉水植物现存量达20万吨，可作为草食性鱼类饵料的资源量达206万吨；全湖底栖动物资源量为98876吨，年净值量为45232吨。

2. 产业规模

全县耕地面积46万亩，南四湖水域面积180万亩，其中适宜水生经济植物生长的水域、低洼地面积50万亩。南四湖资源量居全国大型湖泊之首，水生植物约有74种，水生蔬菜莲藕（白莲藕）、芡实、菱角（特别是南四湖小野菱）等远近闻名。微山县浅水藕种植面积5万亩、籽莲0.3万亩、芋头（含水芋和旱芋）0.3万亩、荸荠（含人工管理采集的自然生长面积）300亩、菱角（含人工管理采集的自然生长面积）0.1万亩、芡实0.7万亩、其他300亩。浅水藕种植50%面积为莲藕龙虾共生模式。

3. 地理标志

湖区主要坐落在山东省微山县境内，位于北纬34°27′～35°20′，东经116°34′～117°21′；全湖南北长230千米，北至山东济宁市任城区，南接江苏徐州市铜山区；东西宽6.8～27.6千米，西临江苏省沛县与山东省鱼台县，东接山东省滕州市与微山县。微山湖水域水生蔬菜主要是浅水藕、芡实、菱角（包括苏菱和野菱）、野生荸荠、黑藻类等品种，主要分布于微山岛、鲁桥、昭阳、留庄、南阳、高楼等乡镇（街道）。

全县规模以上农业产业化龙头企业发展到102家，其中，省级重点龙头企业5家、市级重点龙头企业36家，年销售收入达48.88亿元，出口创汇2340万美元，销售收入过亿元的企业达8家，过2000万元的企业达56家。全县“一村一品”专业乡镇发展到5个、专业村发展到152个，其中，国家级“一村一品”示范村镇3个（两城镇、高楼乡、南阳镇）、省级“一村一品”示范村镇3个（留庄镇、南阳镇王苏白村、欢城镇东村）。

微山县微山湖经济开发促进会成功注册国家地理标志证明商标“微山湖莲藕”“微山湖菱角”“微山湖芡实”和“微山湖莲子”。“微山湖”商标入选“中国驰名商标”保护名录。20家企业46个产品入选“济宁礼飨”优质农产品名录。

（供稿人：山东省济宁市农科院；任艳云）

（八）德州禹城市韭菜品牌建设

韭菜原产于我国，以嫩叶和柔嫩的花茎、花、嫩籽等供人们食用。禹城市种植韭菜习俗可追溯到20世纪八九十年代，主要分布在十里望、市中办、辛寨等乡镇；其中十里望镇更是远近有名的“韭菜种植专业镇”，“清香园”韭菜市场认可度高，韭菜已成为该市重要特色蔬菜之一。

1. 自然条件

禹城市属暖温带大陆性季风气候，四季分明，干湿季节明显，光照充足。春季干旱多风；夏季盛行偏南风，炎热多雨；秋季天气晴爽，冷暖适中；冬季多偏北风，寒冷干燥。年平均气温13.3℃，平均年降水量555.5毫米。无霜期长，年平均无霜期为202天，全年日照2546.2小时，年平均风速2.5米/秒，最多风向为西南偏南风。年平均蒸发量1884.8毫米，年雷暴日数23天。禹城市自然条件优越，适合韭菜种植。

2. 生产规模

禹城市高度重视特色蔬菜产业发展，十里望镇把韭菜产业确定为重点发展农业特色产业，从组织领导、技术培训、项目扶持等各个方面给予大力支持，韭菜产业得到了稳定发展。

20世纪90年代，禹城市逐渐发展起韭菜产业。21世纪初，在禹城市委市政府的推动下，韭菜产业得到了长足发展。面积由1000亩增加至3500亩，产量也由3000吨增加至1万吨。虽然韭菜生产总体上呈现增长趋势，但其过程也具有波动性，这与韭菜价格波动紧密联系。由于露地韭菜价格经常在低位徘徊，种植面积增加有限。

由于韭菜春节期间价格很高。2003年，禹城市的露地韭菜逐渐向小拱棚种植发展，这也激发了菜农种植的积极性。自2015年以来，面积逐年增加。目前，韭菜主要分布在十里望、市中办、辛寨等乡镇，种植面积常年稳定在8000亩左右，其中盖韭面积5000亩，分布在十里望回族镇郭庄周围。年收获韭菜3.5万吨，其中春节前后收获盖韭2万吨，占全市韭菜总产量的近60%。韭菜价格（特别是盖韭）较为稳定，年成交额稳定在1.5亿元上下，从业人员0.8万人。韭菜产业基本实现了规模化种植，产业化经营。

3. 品牌培育

（1）强化政府引导。在产业发展过程中，禹城市通过宣传引导、政策扶持、典型带动、考察学习等措施，提高群众发展产业、增收致富的主动性和积极性。蔬菜部门成立技术服务队，常年活跃在韭菜基地，为种植户答疑解惑，同时积极争取上级扶持资金，提升基地基础设施条件，推广新技术新模式，推动产业健康持续发展。目前，十里望镇形成以郭庄村为中心，以宗庄村、张韩杨、程庄村、朱屯村等村庄为辐射区的韭菜产业种植基地。

（2）保障质量安全。按照高产、优质、高效、生态、安全的要求，树立“农产品质量安全无小事”观念，强化监管措施，提升韭菜质量安全水平。一是强化投入品监管。对韭菜基地的投入品进行不定期抽样检验，对违规经营和使用国家禁用的农药、肥料等违法行为严肃查除，印发《蔬菜常用农药安全使用标准》《无公害蔬菜生产禁用农药》《韭菜种植管理技术》等宣传资料，指导种植户科学合理用药、用肥，全面保障韭菜产品生产源头安全。二是强化规范管理。大力推行标准化种植规程，实行统防统治，严把种苗、用药、用肥、用水和销售五个关口，杜绝不合格产品上市，全过程监管控制；在清香园等重点基地印发生产档案记录簿，规范记录内容，不定期开展生产档案记录情况检查；对蔬菜基地、园区菜农进行集中培训，强化组织管理，保证标准化蔬菜生产技术的应用。三是强化宣传引导。通过电视、广播、报纸、网络等媒体，加大宣传培训力度，营造安全科学生产的良好氛围。

（3）突出科技引导。始终注重发挥科技引领作用，强化科技对接，助推韭菜产业新旧动能转换。为加快韭菜新品种的推广速度，促进韭菜品种的更新换代，禹城市积极开展新品种引进试验。结合国家特色蔬菜产业技术体系项目，2019 年引进了 7 号、8 号、四季翠绿、绿宝等平丰系列韭菜新品种 4 个，并以本地常规种植品种久神薹韭为对照品种，于当年 4 月下旬组织技术人员在十里望镇清香园无公害韭菜园区开展了韭菜新品种试验，按照品种对比试验要求，开展好各个环节的试验指导和指标记录工作，扎实做好韭菜新品种引进工作。同年 12 月 20 日，国家特色蔬菜产业技术体系德州综合试验站 2019 年工作总结暨韭菜新品种展示观摩会议在禹城市召开。来自德州农科院、项目示范县的 20 余名参会人员参观了禹城市韭菜新品种试验基地，现场交流韭菜种植管理经验，取长补短，共同提高。

4. 重视品牌培育

为推动盖韭产业规模化、标准化、品牌化发展，禹城市大力培育产业经营主体，2012 年注册成立的禹城市清香园蔬菜种植专业合作社，在提升盖韭品质、推动“一家一户”小生产与大市场接轨、带动盖韭产业发展方面发挥了重要作用。该合作社以郭庄村为中心辐射周边几个盖韭专业村成立了清香园蔬菜种植专业合作社，社员 600 多户，建立占地 1500 亩的盖韭基地，注册“清香园”商标，实行“六统一”管理模式：统一品种、统一购药、统一标准、统一检测、统一标识、统一销售，种植局面焕然一新，亩收益可达 8000 多元，社员人均增收 1500 元。2015 年 11 月，合作社注册商标为“邻里乐”。2016 年 4 月，合作社经山东省农业厅认定为“山东省无公害农产品产地”。2016 年 10 月，经农业部农产品质量安全中心认定该园区种植的韭菜为无公害蔬菜，扩大了市场影响力。在中秋、春节等节日期间，清香园合作社通过出售少数净菜礼盒等方式，提高了蔬菜附加值。

（供稿人：德州市农业科学研究院，禹城市蔬菜办公室，平原县蔬菜产业发展中心；贺洪军、臧彦、陈红、王爱杰、李华、李腾飞）

（九）德州武城县辣椒品牌建设

武城有着悠久的辣椒种植历史，“武城辣椒”在清道光末修编的《武城县志》蔬之属十一中有“番椒，色红、鲜、味辣”的记载，已有 170 余年历史，是武城县传统经济作物，群众认知度高。武城县辣椒文化馆是全省唯一的辣椒展馆，展示了辣椒在武城的文化传承及武城辣椒发展取得的成就，先后举办了六届“辣椒文化节”，促进了辣椒文化的发展。

1. 自然条件

武城属于暖温带半湿润季风气候，特点是冷热干湿区别显著，四季分明，雨热同期，光照资源丰富，日照时数长，年均日照 2617 小时，无霜期平均 200 天以上。武城辣椒种植时间为 4 月下旬，气温、低温均开始提升，播种后覆盖地膜，温度适合种子萌发，发芽率高，出苗齐全。辣椒性喜高温多湿的条件，日照越长着花越多，果实肥大得也越快。武城辣椒生长期雨量适中，光照充足，十分利于辣椒的生长。武城由于黄河以及大运河的冲积，形成了大面积的壤土，粒细层深，质地松散，透气性好，易于排水，且是土壤母质富含钾元素，各种营养元素含量丰富，特别适合辣椒种植。

2. 产业化经营

武城县委、县政府十分重视辣椒产业发展，把辣椒产业确定为重点发展农业特色产业，从组织领导、机构建立、人员落实、资金安排等各个方面给予大力支持。武城县先后荣获“中国辣椒第一城”“中国辣椒之乡”“全国辣椒产业示范基地”等荣誉称号，“武城辣椒”被农业部认定农产品地理标志产品，并且通过国家商标总局地理标志证明商标注册。

武城辣椒已实现了良种自繁，成功选育出英潮红 1 号至英潮红 8 号系列品种，具有羊角形、椒形美、杂质少、皮薄、肉厚、色艳、味鲜、辣度适中、红色素吸光比高等特点。辣椒常年种植面积 10 万亩左右，10.5 万亩辣椒基地通过无公害认证和农业部地理标志认证，并被认定为省级农业标准化生产基地和省级生态循环农业示范基地。

武城辣椒产业以国家级农业产业化重点企业中椒英潮公司为龙头，拥有山东辣贝尔天然食品有限公司、德州多元食品有限公司等辣椒加工企业 60 余家，产品从粗加工到精深加工一应俱全，有辣椒粉、碎、丝、圈、片，冻辣椒、腌渍辣椒、辣椒酱、辣椒红色素、辣椒油树脂、辣椒碱、辣椒籽、辣椒粕等 100 多个产品，成功打造了“英潮”“辣贝尔”“多元户户”“东顺斋”多个品牌，6 个产品获得绿色食品认证、6 个产品获得有机食品认证，通过了 6 项生产工艺专利、4 项外观专利，中椒英潮辣业发展有限公司获得山东省名牌称号，“辣贝尔”“英潮”先后进行了知名商标、著名商标认定，英潮牌辣椒及制品荣获山东省首批知名农产品企业产品品牌。吸引了河北、浙江、内蒙古、四川等 20 多个省份的客商前来交易，形成了中国武城辣椒城和玄帝庙辣椒市场两大交易中心，产品远销韩国、日本、美国、澳大利亚、东南亚等国家和地区，年干鲜椒成交量近 30 万吨，成交额达 25 亿元。形成“品种研发、种植、收购、加工、贮藏、物流、销售”等为一体的辣椒生产全产业链，实现了辣椒产业的一二三产融合发展。

3. 地理标志

为提高武城辣椒品牌知名度，2013 年武城县润农辣椒种植专业合作社申请了“武城辣椒”地理标志，外在感官特征：武城辣椒品种植株直立，株高 80 厘米左右，开展度 80 厘米左右。生长势强，抗病性好，抗旱。果实羊角形，果长约 8 ~ 10 厘米，横径 3.5 ~ 4 厘米，干椒单果重 3.5 克以上，单株结果 20 ~ 30 个。果实生理成熟后，内外果皮都呈紫红色，果皮厚，平整光滑。武城辣椒具有羊角形皮薄、肉厚、色泽紫红、辣度适中、口感清香无异味。内在品质指标：武城辣椒含有多种营养成分和微量元素，如蛋白质、粗纤维、维生素C、钙、磷、铁等，其中蛋白质≤17%，粗纤维≤35%，维生素C≥10毫克/百克，钙≥80毫克/百克，磷≥300毫克/百克，铁≥70毫克/百克。武城辣椒的国家农产品地理标志保护范围为武城县境内7个镇157个行政村，东至郝王庄镇聂官屯村，西至甲马营乡谭庄村，南至老城镇大十八户村，北至四女寺镇头屯村，地理坐标为北纬37°03′00″~37°23′00″，东经115°45′00″~116°17′00″。

（供稿人：德州市农业科学研究院，武城县农业农村局；贺洪军、郭朝杰、邱秀翠、张自坤、李锐、邵广菊、李海燕、李腾飞）

二、河南省特色蔬菜品牌建设

（一）郑州市中牟大蒜品牌创建

中牟县种植大蒜有2000多年的历史，可追溯到公元113年。1980年，河南省科学院生物研究所与中牟县外贸公司联合培育出了如今闻名遐迩的中牟白蒜，该大蒜不仅具有品质优良、营养丰富、辣味适中的特点，而且还以其表皮紧裹、弹性好、耐贮运等特点，广受国内外客商的青睐。

1. 自然条件

中牟县地处河南省中部偏东，隶属中原腹地郑州市，位于豫东平原西端，地势西高东低，南北高，中间低的槽状地带，属典型温带大陆性季风气候，四季分明，气候温和，雨热同期。年平均日照2366小时，日照时数多，总辐射量大，年平均气温14.6℃，全年农耕期为309天，作物活跃生长期为217天，无霜期为213天，有利于多种植物生长和农作物复种。因土壤中富含大蒜生长所必需的钙、磷、铁等矿物质，极适宜大蒜生长，是全国闻名的大蒜生产基地县。

2. 生产规模

中牟大白蒜常年种植面积2万公顷以上，涉及该县17个乡镇，产量40万吨，中牟大白蒜以其皮白、皮薄、头大、质佳、味浓、高产、保健而享誉海内外。1983年底，国家外贸部给中牟大蒜颁发了“优质产品证书”，并为鼓励中牟多出口大蒜，把中牟县定为“大蒜出口基地县”，被国家列为中国优质大蒜出口创汇基地。出口国家主要为印度尼西亚、马来西亚、乌克兰、约旦等。

3. 地理标志

中牟大蒜作为河南特产，1993年，获马来西亚农业博览会金虎奖；1999年，获昆明世界园艺博览会银奖；2000年11月20日，经国家科委星火计划审查批准，获准使用“中牟大白蒜”商标；2005年被评为国家“三绿”工程蔬菜类十大畅销品牌、河南省名牌农产品。

2004年初，中牟县组织有关专家成立专门的国家标准编制小组，历经20多次修改稿，编制了《地理标志产品·中牟大白蒜》国家标准审定稿。2007 年 3 月 20 日，经国家质检总局组织专家评审，中牟大白蒜获得地理标志产品保护。农产品地理标志地域保护范围中牟县行政区域，地理坐标为北纬 34°26′~34°56′，东经 113°46′~114°12′。

自 2000 年以来，中牟县把实施名牌战略作为突破口，以做强特色产业为目标，积极推进大蒜标准化生产、品牌化经营、建立合作社、打造大蒜交易市场。2019 年全县大蒜播种面积 30.15 万亩，总产量 38.99 万吨；2020 年大蒜播种面积 31.4 万亩。目前，中牟县大蒜冷藏保鲜库有 150 余家，大蒜为主的农民专业合作社 35 家，大蒜经济人 5000 余人，大蒜加工企业 10 多个，建立了中牟东关、韩寺等大蒜集散交易市场，实现年产值 12 亿元以上，推动大蒜产业的进一步发展。

为打造区域品牌，实现“买全国，卖全球”的目标，当地政府出台多项政策促进大蒜产业作为特色种植业发展。例如，设置农业技术推广中心、建立农技站为蒜农提供专业的技术服务及市场信息。中牟大蒜经过 30 年的发展，日益走向了规范化和标准化，大蒜成为中牟县的地理标志，得到了国家地理标志产品的保护认证，并且注册了“中牟大白蒜商标”。中牟编制的《中牟大白蒜国家标准》得到认可，弥补了我国有关大蒜生产标准的空白。由于中牟县大蒜具有个大味鲜的特点，所以注册了“中国星火计划名优产品”商标。2003 年，中牟县韩寺镇郭庄村得到了欧盟 GAP 认证，拿到了认证证书，其出口的产品可以直接进入欧盟超市。2014 年中国农产品区域公用品牌价值评估中，“中牟大白蒜”的品牌价值为 12.74 亿元；2015 年 6 月，中牟大白蒜入选《中国地理标志产品大典》（河南卷一）。

目前，中牟县大蒜产业的产业链较为完善，在产业链第一环节的基础上发展了第二环节，形成了具有本地区特色的加工企业，主要生产蒜粉、蒜油、保健品等。产业链的第二环节也衍生出了很多行业，带动了周边贸易的发展，例如包装行业、物流运输行业、贮存和冷藏行业等也加大了科研的投入力量。经过不断地发展，形成了集生产、加工、销售于一体的产业链，是全国重要的大蒜生产基地、出口基地、物流集散地。随着国家“一带一路”倡议的提出，中牟县在地域保护范围内，统一质量与生产技术要求，统一包装、标识与分级贮藏技术规范，通过农产品地理标志及“互联网+”模式的统一推广与营销，中牟的大蒜产业一定会走在全国的前列，成为中国的大蒜品牌。

（供稿人：郑州综合试验站；姚秋菊）

（二）周口市扶沟辣椒品牌创建

扶沟辣椒，河南省周口市扶沟县特产，全国农产品地理标志。扶沟县土壤有机质含量高，通透性好，水质优良，昼夜温差较大，光照充足，出产的扶沟辣椒个体均匀，色泽红润，皮厚籽多，籽粒饱满，辣味适宜，香味浓郁，富含辣椒素、二氢辣椒素和维生素 C。

1. 自然条件

扶沟县地处河南省中部，豫东平原，昔日黄泛区腹地，位于省会郑州东南方，周口市西北隅，与郑州、许昌、开封、漯河等中原城市群相距较近，位于中原城市群经济区划圈内，地理坐标为北纬34°4′～36°2′，东经114°23′～115°48′，县城位于县境中部偏西，总面积1163平方千米。耕地113万亩，扶沟县属暖温带大陆性季风气候，年平均气温14.4°C，年降水量611.4毫米，无霜期为215天。

2. 生产规模

“扶沟辣椒”是扶沟重要经济作物之一，常年种植面积13000公顷，年产量70000吨，扶沟辣椒具有“色泽红润，皮厚籽多，籽粒饱满；香辣并存，香气浓郁，辣味可口”等明显的区域特色，2018年2月，通过中华人民共和国农业部地理标志产品认证。

3. 地理标志

“扶沟辣椒”2018年被纳入中华人民共和国农业部的农产品地理标志登记保护，被评为河南知名品牌，2019年被评为国家区域品牌。“扶沟辣椒”品牌的创建的引来了福建、广东、广西、湖北、湖南、江西、四川、北京、上海的大批客商，“扶沟辣椒”现已发展成为育种、育苗、生产、收购加工销售于一体化产业链，是扶沟县人民脱贫致富的精品产业。

目前“扶沟辣椒”品牌标识已授权扶沟县多家企业使用，其中扶沟县遍地红辣椒专业合作社位于扶沟县汴岗镇于营经济开发区888号，注册资金3000万元，现有员工56人，2015年公司通过无公害产地和产品认证，是周口市农业产业化重点龙头企业、周口市精准扶贫基地、扶沟县优质产业扶贫基地。

（供稿人：郑州综合试验站；姚秋菊）

（三）安阳市内黄辣椒品牌创建

内黄尖椒种植有30多年的历史，目前全县种植面积30余万亩，种植环境远离工业区，内黄县特殊的地质和气候条件，使内黄尖椒以其优质、高产、耐抗、耐煮、色泽鲜、辣度高、椒形美、商品性好以及区域集中等独特优势，在国内外有较高知名度。先后被授予“全国十大名椒”“全国名特优新农产品”“农产品地理标志产品”“无公害农产品认证”“河南省知名农业品牌”等荣誉称号，受到辣椒制品企业和火锅餐饮企业的青睐。产品销售到全国各地，并出口到美国、西班牙、德国、俄罗斯等10多个国家和地区，出口创汇336.14万美元。

1. 自然条件

内黄县是农业大县，地处豫北革命红色沙区，黄河北岸，属黄河冲积平原，地势平坦，土壤肥沃，光照充足，适宜朝天椒生长，深井水灌溉生产的朝天椒色泽鲜艳，营养丰富，椒香味浓，耐水煮等特点，在全国干椒市场上深受消费者欢迎。

内黄县境内属暖温带大陆性季风气候，四季分明，光照充足，年平均气温为13.7℃，年平均地温15.9℃，≥10℃积温4359.4℃，相对湿度年平均为68%，光照时间年平均为2188.8小时，年日照百分率54.4%。平均年降水量为596.7毫米，降水较为充沛，能满足辣椒生长期对水分需求。辣椒喜温暖，内黄县夏季温度27℃～35℃，适宜辣椒生长对温度的需求，平均温度为24℃～27℃，有利于维生素C的合成和积累。内黄县为黄河冲积平原，土壤 pH 值为7.0～8.0，属弱碱性，有机质含量为6%～7%，即能有效地促进辣椒的正常生长发育，促进果实膨大发育，有利于辣椒碱的积累，提升整体质量。

2. 生产规模

内黄县尖椒产业始于 1992 年，由六村乡进行示范性种植，1993 年面积扩大到 2000 亩，后逐步扩大到邻近的井店镇、亳城乡、后河镇等地，1996 年全县发展到 2.2 万亩，单产达 241 千克，总产达到 530.2 万千克。1996 年在六村乡政府东边马白路两侧建立了内黄县尖椒批发市场，占地面积 6.5 万平方米，投资 1200 万元，房屋 900 间。1998 年县委、县政府把尖椒纳入农业发展规划，作为一项重要产业来抓。2000 年面积迅速扩大，由 1999 年的 4.5 万亩扩大到 14.32 万亩，总产达到 2.5 万吨，面积、总产分别比 1996 年增加 12.12 万亩和 1.97 万吨。2006 年面积扩大到 30 万亩，全县各乡镇均有种植，但以六村、后河、马上、井店等乡镇最为集中。安阳市农业科学院、内黄县农业部门积极搞好新品种引进、试验、示范与推广工作，通过建立高产攻关展示田、新品种示范田，大力推广尖椒栽培新技术，单产和总产逐步增加，经济效益逐年提高，成为全县农民收入的重要来源。2009 年全县尖椒面积 30 万亩，总产 8.1 万吨。先后引进推广新一代、和美神草、沙区红、丰抗系列等优良品种，种植模式多采用“3—2 式小麦辣椒”或“3—2—1 式小麦辣椒玉米”间作套种模式，2016 年引进“3—2 式大蒜辣椒”间作套种模式，示范推广面积 180 亩，2017 年迅速发展到 2000 亩以上。

3. 地理标志

为提高内黄辣椒品牌知名度，2019 年“内黄尖椒”入选国家农产品地理标志，证明商标商品的特定品质：株型紧凑，果实簇生，果长 4～5 厘米，未成熟时绿色，干椒不皱皮果实成熟深红色，发亮，籽多皮薄易干，香辣味特浓，椒形美，富含辣椒素。含维生素 C >6 毫克/百克，含碳水化合物 >3 克/百克。使用“内黄尖椒”地理标志证明商标商品的生产地域范围为内黄县的城关镇、东庄镇、井店镇、梁庄镇、后河镇、楚旺镇、田氏镇、张龙乡、马上乡、高堤乡、亳城乡、二安乡、六村乡、中召乡、宋村乡、石盘屯乡、豆公乡，地理坐标为北纬 35°39′～36°09′，东经 114°35′～114°59′。2020 年 8 月根据中国蔬菜流通协会《关于开展第 5 届贵州·遵义国际辣椒博览会全国十大名椒评选活动的通知》（中菜协字〔2020〕10 号）和《补充通知》（中菜协字〔2020〕12 号），经专家组评委在公平、公正的原则下，严格按照评选标准对各地申报资料和样品进行现场评审，最终按照得分高低排名，评选出 10 个辣椒品牌，内黄尖椒被授予“全国十大名椒”称号，位居第五。

（供稿人：郑州综合试验站；姚秋菊）

（四）商丘市柘城辣椒品牌创建

河南柘城是我国著名的“三樱椒之乡”，近年来，辣椒产业是柘城兴县富民的支柱产业。

1. 自然条件

柘城地处豫东平原，属暖温带大陆性季风气候，春秋日照时间长，昼夜温差适中。年平均日照时数4426.9小时，6月最多，日照时数为191.1小时，日照率为49%，在三樱椒生殖生长最快的6~9月，日照时数最多，足够的光照既保障了三樱椒的茁壮成长，又提高了三樱椒的品质。柘城平均年降水量为801.3毫米，沙壤土占80%以上，有机质含量丰富，通透性好、保水、保肥力强，良好的土壤气候条件孕育出独特的辣椒优良品质。且该区域没有大型矿山、工厂、垃圾场等污染源，空气质量好，非常适宜作为直根系、浅根系作物三樱椒的生长。柘城有废黄河、惠济河、太平沟3条河流流经境内，有效灌溉面积90万亩，灌溉排水条件先进。柘城优越的气候、水文等自然环境，为柘城辣椒提供了天然的生长温室，独特的地理环境造就了柘城辣椒的独特品质，属于辣椒中的极品。

2. 生产规模

柘城辣椒始于1976年，主要种植以慈圣镇为中心，由于种植优势突出和效益明显，全县20个乡镇均有种植，面积迅速扩大。近年来，柘城大力实施辣椒种植“百千万”工程，打造辣椒种植百亩基地100个、千亩基地50个、万亩基地10个。采取土地托管入股，小块并大块、联产联营等模式，积极稳妥推进土地流转，全县共流转500亩以上的基地超过30个。至今已常年稳定在40万亩，年产干椒12万吨，其中国家级出口食品农产品质量安全示范区25万亩。

3. 地理标志

为提高柘城辣椒品牌知名度，大力实施质量兴椒战略，强化科技创新，严格质量标准，推进“三品一标”建设。柘城辣椒先后通过“国家无公害农产品”“国家地理标志证明”商标、“国家地理标志保护产品”“中国气候生态优品”“全国名优特新农产品”认证，荣获“2018中国质量之光十大年度魅力品牌”，荣登国家地理标志产品区域品牌百强榜，品牌价值为44.17亿元。柘城三樱椒果长4~5厘米，肩宽0.8~1厘米，椒果质细肉厚，色泽深红油亮、辣味浓郁芳香、营养价值丰富。辣椒素含量≥0.8%，粗纤维含量<28%，维生素含量居蔬菜之冠。可干鲜食用，属调味佳品，可加工提取辣味素、红色素、辣椒碱等，低温冷藏可长期存放。其生产区域范围为起台镇、老王集乡、胡襄镇、大仵乡、洪恩乡、陈青集镇、牛城乡、马集乡、慈圣镇、远襄镇、岗王镇、伯岗镇、李原乡、张桥镇、皇集乡、安平镇，地理坐标为北纬34°05′~34°16′，东经115°18′~115°32′。

4. 产品荣誉

“柘城辣椒”先后通过了“国家无公害农产品”“国家地理标志证明商标”“国家地理标志保护产品”“中国气候优品认证”“最受市场欢迎农产品”“农产品区域公用品牌”。1999年9月，柘城县被农业部命名为“中国三樱椒之乡”。2003年，柘城三樱椒跻身“河南省名牌农产品”之一。2006年，柘城县被省农业厅认定为“河南省无公害农产品生产基地”。2007年9月，柘城承担的国家级无公害三樱椒标准化示范项目正式通过国家考核验收，获农业部“无公害三樱椒生产基地”和“无公害农产品”认证。2009年，柘城县在中国（长沙）辣椒产业博览会上获“中国小辣椒之乡”称号。2016年12月，柘城县荣获2016年全国最具影响力的中国辣椒之乡网络评选第一名。2017年12月29日，国家质检总局批准对“柘城辣椒”实施地理标志产品保护。荣获“中国2018质量之光十大年度魅力品牌”，2019年荣登中国地理标志区域品牌百强榜、品牌价值44.17亿元，2020年获得国家农产品地理标志登记保护、“全国十大名椒”称号。

（供稿人：郑州综合试验站；姚秋菊）

（五）漯河市临颍辣椒品牌创建

临颍县立足当地资源比较优势，抓住强力推进现代农业发展的机遇，从市场需求出发，积极探索农民增收的新路子，大力发展辣椒产业。在育种端组建了漯河市辣椒产业技术创新联盟和河南省小辣椒工程技术研究中心；在种植端通过智慧农业系统全程管控辣椒品质；在流通端建成了26座千吨以上冷库、100多座500吨以上冷库的辣椒冷库群，并引进了海底捞、老干妈等知名辣椒深加工企业，构建了全链条辣椒产业体系。经过几年的努力，辣椒种植总量增加，质量不断提高，经济效益快速增长，已成为县域农村经济的重要支柱。2009年王岗镇被授予“中国辣椒第一镇”的荣誉称号，被农业部确立为全国“一村一品示范村镇”。

1. 自然条件

临颍县位于河南省中部，居黄淮平原，处中原腹地，南北长30千米，东西宽38千米。县域境内土质有黑黏土、两合土、黄棕壤土、黄黏土、黄沙土、淤土等，耕作性能好，肥力较高，宜于多种农作物生长。地貌自西北向东南略微倾斜，最高海拔为74.2米，最低为53米，平均海拔63.6米，平均地面坡降为0.58%。温带季风气候，四季分明；降水受季风影响较明显，夏季炎热多雨，冬季寒冷干燥。四季分配是春、秋较短，冬、夏较长，夏季115天左右，冬季130天左右，春、秋两季共120天左右。年平均气温14.5℃，1月平均气温0.5℃，7月平均气温28℃，全年无霜期为226天左右。年降水量平均在720毫米，由于受季风的影响，全年降水量极不均匀，雨量大部集中在6~8月，经常出现暴雨、沥涝、干旱和干热风。临颍县共有大小河道18条，全长318千米，水域面积30922亩，较大河流有颍河、清溵河、新沟河、蜈蚣渠等。

2. 生产规模

临颍以王岗镇为核心，覆盖王岗、三家店、窝城、瓦店、巨陵、王孟等乡镇，依托省级龙头企业中大生物、南街村集团及粮源公司、临颍县绿隆小辣椒专业合作社等10余家企业，发展临颍县小辣椒产业集群。临颍县辣椒种植面积常年稳定在40万亩左右，以三樱椒、红太阳、子弹头等品种为主，平均亩产250千克左右，年总产10万吨以上，辐射带动郾陵、西华、襄县等周边县区辣椒种植面积达60多万亩，产量占全国的18%，每年吸引全国各地入驻客商1500多家，年交易量近15万吨，交易金额突破15亿元，从事辣椒种植、采摘、交易等相关人员8万余人，种植农户1.2万余户，椒农扣除投入成本，亩均纯收入在2000元左右。2017~2019年，辣椒种植面积稳定在40万亩左右，2020年，辣椒种植面积达到44.3万亩。

3. 地理标志

为提高临颍辣椒品牌知名度，2020年临颍县辣椒协会申请了“临颍辣椒”地理标志，证明商标商品的特定品质：果实指状，顶端渐尖，未成熟时绿色，成熟后成红色或紫红色，味辣。含维生素C>6毫克/百克，含碳水化合物>3克/百克。使用“临颍”地理标志证明商标商品的生产地域范围为王岗、三家店、窝城、瓦店、巨陵、王孟等乡镇，地理坐标为北纬33°43′~33°59′，东经113°43′~114°09′。

（供稿人：郑州综合试验站；姚秋菊）

（六）漯河市临颍大蒜品牌创建

临颍大蒜在20世纪90年代初就被评为全国名优农产品，以其“蒜味浓郁、辛辣芳香，捣汁不澥，久放不馊”独特的品质享誉国内外。随着对大蒜的食用、药用和保健作用的深入认识和大蒜新用途、新产品的开发，市场需求旺盛，再加上大蒜产业属劳动密集型产业，发展大蒜产业具有一定的潜力和较好的市场前景。

1. 自然条件

临颍县位于河南省中部，居黄淮平原，处中原腹地，地理坐标为北纬33°43′~33°59′，东经113°43′~114°09′，南北长30千米，东西宽38千米。南望漯河市区，东接鄢陵县、西华县，西连襄城县，西南与舞阳为邻。临颍境内土质有黑黏土、两合土、黄棕壤土、黄黏土、黄沙土、淤土等，耕作性能好，肥力较高，宜于多种农作物生长。临颍属于温带季风气候，四季分明；降水受季风影响较明显，夏季炎热多雨，冬季寒冷干燥。年降水量平均在720毫米，其特点为气候温和，四季分明，冬季寒冷少雨雪，春季干旱多风，夏季炎热多雨，秋季天高气爽温差大，有利于作物的生长发育。辖区内无污染源，空气较为清洁，符合大蒜生产基地大气质量标准。临颍县共有大小河道18条，全长318千米，水域面积30922亩，较大河流有颍河、清潩河、新沟河、蜈蚣渠，其中除颍河、清潩河、新沟河常年有少量的水以外，其余河道经常干涸，靠河道引水灌溉的面积甚少，绝大部分土地靠井水灌溉。年平均气温14.5℃，1月平均气温0.5℃，7月平均气温28℃，全年无霜期为226天左右，温热条件适宜临颍大蒜的生长。

2. 生产规模

近5年来，每年的大蒜种植面积平均在7万亩左右，大蒜含有多种微量元素，特别是硒、锗含量较高，具有防癌、抗癌与保健作用，是人们生活中必不可少的调味品。2020年，优势区域大蒜种植面积达到7.6万亩，为打造区域品牌，当地政府出台多项政策，促进大蒜产业作为特色种植业发展，实现大蒜规模化、标准化生产、商标化销售、品牌化经营，进一步加快“临颍大蒜”品种的提纯复壮和新品种的推广，研究推广优质无公害配套栽培技术。培育大蒜精深加工企业，增加产品的附加值，努力提高产品的竞争能力和市场占有份额，扩大临颍的市场影响力。

3. 地理标志

临颍大蒜品质独特、皮色洁白、瓣匀紧密、头大瓣多、10~14瓣、肉质细嫩、色味俱佳，尤以蒜香浓郁，辣味辛烈、捣汁不懈、隔夜不馊等特点著称。内在品质指标，大蒜蛋白质≥6.2克/百克，抗坏血酸含量≥6.54毫克/百克，氨基酸总量≥3.9克/百克，蒜素含量≥6.94克/百克。为提升临颍大蒜品牌知名度，2018年临颍县申请了“临颍大蒜”地理标志，所辖瓦店镇、陈庄乡、皇帝庙乡、台陈镇、巨陵镇共计5个乡（镇）87个行政村，地理坐标为北纬33°43′~33°59′，东经113°43′~114°09′。

（供稿人：郑州综合试验站；姚秋菊）

（七）平顶山市鲁山县张良姜品牌建设

张良姜是河南省平顶山市鲁山县特产、全国农产品地理标志。张良姜有2000多年的种植历史，汉代曾把张良姜列为贡品。《鲁山县志》记载：“汉高帝三年（公元前204年）刘邦、张良等在张良镇安营扎寨，期间刘邦及官兵染病，久治不愈。民奉姜汤，服而即愈，刘邦甚爱之，即位后钦定张良姜为贡品。”张良姜特点是色泽金黄、辛辣芳香、久煮不烂、药食两用。

1. 自然环境

鲁山县南部为浅山丘陵，北部为平原，总体地势为西南高，东北低。张良姜生产区域内土壤为褐黏土，土层深厚，土质疏松，透气性和透水性较好，有机质含量2.15%，全氮含量0.1%，有效磷含27.43毫克/千克，速效钾含量95.72毫克/千克，pH值在7.00左右，适合张良姜的生长。张良镇一带属暖温带大陆性季风气候，春季干旱多风，夏季炎热多雨，秋季凉爽时令短，日照充足，太阳辐射量大，小气候明显。无霜期时间长，年平均达214天。雨水充足，年均降雨量950毫米。适宜的地理气候条件，有利于生姜产业的种植发展。

2. 生产规模

2010年，张良姜产地面积3000公顷，年产量约13.5万吨。张良姜根茎皮肉深黄、有分枝12~20个，姜球多，节间短，排列紧密，扇状分布，姜球上部鳞片呈鲜红色。小黄姜品种单球重700~900克，大黄姜品种单球重1500克以上，适合烹调，加工，以及用作医药制品。

3. 地理标志

张良姜入选“首批中原贡品保护名录”。在第八届中国国际农产品交易会上，张良姜获得金奖。2010年9月13日，中华人民共和国农业部批准对“张良姜”实施农产品地理标志登记保护。保护范围为魏鲁山县张良镇、磙子营乡西部、马楼乡东部的88个行政村。地理坐标为北纬33°37′~33°43′，东经112°59′~113°06′。2017年6月，张良姜获国家生态原产地保护评定。

（供稿人：郑州综合试验站；姚秋菊）

（八）焦作市博爱县清化姜品牌建设

1. 自然条件

怀川地区土壤肥沃，地下水丰富，四季分明，日照充足，无霜期长，雨量适中，适于农作物生长。这里很早就有种植“三辣”的传统习惯，清化姜就是“三辣”之一。清化姜个头小，但块大，丝细，色黄，而且味道鲜，香辣宜口、久煮不烂、抗逆力强、含水量少、易于加工贮藏，是同类中的佼佼者。

清化姜形成的特殊品质与其地域分布、土壤、气候条件是密不可分的。清化姜主产地清化、许良、月山、柏山4个乡镇共20余个村，属于暖温型大陆性季风气候，四季分明，春季多风少雨，夏季多雨较热，秋季气候凉爽，冬季较冷少雪，年平均气温14.7℃，无霜期为216天；平均年降水量597.1毫米；年平均日照时数2432.6小时，平均日照时间长，辐射能量充足，水热同步，蒸发量较大；土壤土层深厚，为太行山山前冲积平原，中壤土，养分含量高，保水保肥能力强；水质良好，地表水充沛，地下水充足，非常适宜清化姜的种植，优越的自然因素也造就了“清化姜”的优良品质。

2. 生产规模

清化姜也称上庄姜，是“怀三辣”之一，已有1600多年的栽培历史，主要分布于博爱县北部的清化、许良、月山、柏山等乡镇共20余个村，上庄村种植面积较大，所以也叫上庄姜，古时统称为“清化姜”。抗日战争前，清化姜种植面积曾达1950多亩，产品销往西北、华北诸省，并有少量出口。20世纪50年代以后，清化姜种植面积只有1050亩，销路也较狭窄。1978年后，清化姜面积逐渐扩大。随着市场经济的发展，博爱清化（上庄）姜生产也得到发展，成为河南省商品生姜基地。2011年，博爱县适宜的清化姜种植面积为13045.6公顷，年产量3万吨。作为地方品种，清化姜的特征典型，株高70~85厘米，生长势和分枝力强，一般可达15个分枝，根茎块大、姜球数多而排列紧密，根茎淡黄色，肉质细嫩、含水量少、辛香味浓，可生食、熟食，也可加工成多种风味食品。此外，清化姜还具有适应性强、抗逆性强、病虫害少、产量高、易加工耐贮运，一般亩产2500千克左右，高产者可达4000千克。清化姜色泽较深，皮色光亮，姜块肥大，香辣宜口，久煮不烂，抗逆力强，含水量少，易贮藏加工。

3. 地理标志

2011年8月17日，中华人民共和国农业部批准对“清化姜”实施农产品地理标志登记保护。清化姜的地域保护范围在博爱县中部。保护范围包括博爱县清化镇、月山镇、柏山镇、许良镇、金城乡、孝敬镇、磨头镇、苏家作乡8个乡镇，地理坐标为北纬35°05′089″~35°12′129″，东经112°59′115″~113°10′319″，区域总面积196.88平方千米。

（供稿人：郑州综合试验站；姚秋菊）

第四章　华东片区

一、江西省特色蔬菜品牌建设

（一）宜春市高安市辣椒品牌建设

1. 基本情况

高安市地处江西省中北部，属亚热带季风气候，四季分明，光照充足，雨量充沛，无霜期长。主要种植区域为系锦河冲积平原，土地平整，田园率达80%以上，易于机械化规模化操作。土壤富含大量微量元素和矿物质元素，疏松透气，不积水不板结不开裂，辣椒种植自然生态条件优越。

高安辣椒种植历史悠久，菜农们积累了丰富的栽培经验，汇聚了一大批从事辣椒种植、批发、销售、技术指导的相关工作人员，形成了完整的产业链条。辣椒种植产业目前已成为高安农业的主力产业、特色产业和富民产业，成为农民创收致富的主渠道之一。

2. 自然条件

高安辣椒种植区域主要围绕境内锦河流域扩展开来，系锦河冲积平原，整体生态环境优良，园田化率达到80%。沙壤土疏松透气、不积水、不开裂、不板结，土壤肥沃，适宜辣椒生长。水源洁净，地表水源均达到国家地表水环境质量Ⅲ类标准，水质符合农业生成要求。大气环境质量均达到国家规定的二级标准，质量冬季高，夏季低，春秋相当。

高安辣椒种植地选择沙性土壤，pH值5.5～6.5，冲积平原土壤富含有机质和透气性良好的沙性土或两性土，土壤中有充足的氮、磷、钾，满足辣椒对土壤肥力的要求。境内河网密布，河流以贯穿高安市中心的锦河和锦惠渠为主，呈羽状覆盖，自西向东横贯境内，辣椒生产用水主要来自自然降雨和山塘水库，水源洁净。高安市属中亚热带湿润季风区，四季分明，春秋季短而夏冬季长，冬季冷而夏季热，春季湿而秋季干，热量丰富。年平均气温16.2℃～17.7℃，冬季最冷月1月平均气温4.6℃～5.3℃，南部高于北部；夏季最热月7月平均气温27.3℃～29.6℃，东部高于西部；春秋季气温差异较夏季小。日照充足，霜期短，无霜期年平均为260天左右，年日照时数达1803小时。雨量充沛，全年平均降雨量为1612毫米，最多年份达2264毫米，最少年份只有1237毫米，降雨量集中在4～6月，占全年的54%，7～9月雨量减少，不到全年的28%，年相对湿度平均为79%。

高安市独特的水、土、光、肥等自然条件为辣椒生长营造了得天独厚的生态环境，是发展绿色生态农业的理想之地。

3. 示范基地建设情况

高安市是江西省特色蔬菜种植示范县之一，2019年12月制定了辣椒江西省地方标准“辣椒春提早栽培技术规程”，并于2020年6月发布。以高安辣椒核心示范种植区上湖乡为例，高安市上湖乡是江西省最大的无公害蔬菜生产基地，也是全国唯一的单一品种上万亩的辣椒避雨栽培基地。其中辣椒、大头菜、萝卜、大蒜被评为国家级无公害蔬菜产品，2009年注册了“上湖”牌辣椒商标，2012年被评为江西省著名商标。高安市已申报“高安辣椒”地理标志保护及“高安辣椒”公用品牌商标，待上级审批。

上湖乡可供种植的蔬菜田地3万亩以上，蔬菜播种面积近2.5万亩，其中辣椒设施避雨栽培规模上万亩。蔬菜品种达20多个，以辣椒、大头菜为主。2015年至今，全乡每年辣椒种植面积已超过2万亩，春秋两季鲜辣椒总产量达10万吨，产值超亿元。辣椒产业是农民创收致富的主渠道之一，一直带动全乡农民人均收入增长。

上湖种植辣椒的历史要追溯到20世纪90年代初，从当初小规模发展到现在常年种植面积达4万亩以上，品种主要有辛香二号、满分107、赣椒系列等，在省市农业部门技术指导下亩产达2000千克、两季辣椒年产量达4000千克以上。

高安市双惠蔬菜专业合作社是目前上湖蔬菜基地播种面积最大、蔬菜年产量及年产值最高的专业合作社。它于2008年注册成立，现有社员126户，2012年该社承担了农业农村部设施蔬菜5000亩高标准园创建项目，2018～2020年，该社承担了“江西省蔬菜（春提早辣椒）”重大技术协同推广计划试点项目、江西省蔬菜产业体系的特色蔬菜新品种引进和选育示范。该社辐射菜农1580户，菜地6550亩。涵盖三湖、赤星、南坪3个行政村，29个村小组，基地实行“五统一”的管理模式：统一品种（规模化种植）、统一标准（标准化生产）、统一标识（品牌化销售）、统一检测（商品化处理）、统一销售（产业化经营），实现了平均亩产值近万元。高安市双惠蔬菜专业合作社作为农业农村部、江西省优秀示范合作社，带动了“高安辣椒”标准化栽培，取得良好的社会效益和经济效益，为推动农村经济发展，带动农民致富走出了一条创新之路。

（投稿人：高安市农业农村局；黄国东、易海荣、张会国）

（二）吉安市永丰县永丰辣椒品牌创建

江西省历史文化名城、唐宋八大家之一的欧阳修故里——永丰县，是全国首批无公害蔬菜生产示范基地县、全国绿色食品原料（辣椒、扁萝卜、芹菜）标准化生产基地县、中国生态蔬菜之乡，是全国有名、江西最大的反季节商品辣椒生产基地，素有“辣椒之乡”之称，有30余年的商品栽培历史，年种植面积最高达7万亩以上，产量14万吨以上。2019年商品辣椒生产面积3.5万亩，产量9万吨。

1. 自然条件

永丰县位于江西省中部、吉泰盆地东沿，地理坐标为北纬 26°38′～27°32′，东经 115°17′～115°56′，属中亚热带季风湿润性气候、温和湿润、四季分明、日照充足、雨量充沛。年平均气温为 18℃，≥10℃的活动积温多年平均为 5723℃，无霜期长达 279 天，年均降雨量 1577.4 毫米，太阳辐射总量为 106.18 千瓦/平方厘米，年日照时数为 1762.8 小时，灾害性天气极少。境内山清水秀，空气清新，全县森林覆盖率达到 72.1%，是全国林业先进县，国家森林公园县。全县地势东南高，西北低，有高山、丘陵和平地，境内周边多山区（以南部山区为多）是相对封闭的一个生态系统。水资源丰富，河网密布，纵横交错，属赣水水系，同时还有大量的水库。全县水、土、空气质量好，大气环境质量、土壤质量、灌溉水质量达到国家一级清洁水平，完全符合发展绿色蔬菜的需要，是南北方蔬菜种植的过渡带，是发展绿色蔬菜、生态蔬菜的最佳区域。

2. 品牌创建

为推动永丰辣椒发展，1995 年永丰县成立了副科级蔬菜生产办公室，1999 年更名为蔬菜管理办公室并升格为正科级，2004 年更名为蔬菜管理局，并设立副科级的蔬菜研究所，建立蔬菜科研园。为保证辣椒产品质量，由县蔬菜管理局主持制定了《早辣椒产品质量标准》《早辣椒生产技术规程》《早春大棚辣椒套种果蔗栽培模式生产技术规程》《早春蕹菜——秋延后辣椒轮作栽培技术规程》等标准和规范性文件，编制印发了《辣椒生产者手册》，并通过技术培训和下乡指导，提升辣椒生产者标准化生产水平。2001 年，永丰县被农业部定为“全国创建无公害蔬菜生产示范基地县”、永丰蔬菜批发中心市场被确定为“农业部定点批发市场”；2002 年，永丰辣椒获江西省质量技术监督局颁发的“无公害农产品标志证书”；2002 年制定的《永丰县早辣椒生产技术规程》获得江西省标准化科技成果一等奖；2003 年永丰牌辣椒成为“江西名牌产品”。2010 年，永丰县创建以辣椒为主的全国绿色食品原料（蔬菜）标准化示范县。同时永丰辣椒经过 30 余年的积累沉淀，摸索了一系列成熟的生产技术，如大棚辣椒春提早、秋延后栽培技术，培育了一大批科技人才和一大批种植能手（科技示范大户），造就了一个党的“十九大代表”——钟光平。

自 2018 年以来，永丰县委、县政府提出“打响永丰蔬菜品牌，更造蔬菜大县辉煌”发展目标，先后出台了《关于加快有机蔬菜产业发展升级的实施意见》《永丰县 2020—2022 年蔬菜高质量发展的实施意见》《永丰县 2020 年设施蔬菜发展工作方案》等一系列政策文件，将蔬菜产业作为永丰县农业首位产业，把辣椒作为一个蔬菜大品牌来抓，2019 年新建一个千亩蔬菜（辣椒）高标准示范园，2020 年规划把永丰辣椒推向一个新的高度。

3. 地理标志

为提高永丰辣椒品牌知名度，2003 年永丰县蔬菜专业协会向国家商标总局申请了“永丰牌”地理商标，于 2007 年成功注册，并成为江西省著名商标，永丰牌辣椒成为江西省名牌产品。证明商标商品的特定品质：果实牛角形，略扁稍弯，先端锐尖，长 12～15 厘米，横径 1.5～2 厘米，果肉厚 0.1～0.15 厘米，每斤有果 40 个左右，嫩果浓绿色，成熟果为大红色，具光泽，辣味浓、有清香，品质极佳，供炒食及晒制辣椒干用。“永丰辣椒”地理标志集体商标生产地域范围为恩江镇、坑田镇、佐龙乡、潭城乡、沿陂镇、鹿冈乡、八江乡、七都乡、古县镇、藤田镇、瑶田镇、陶唐乡、石马镇、中村乡、上溪乡、沙溪镇、上固乡、君埠乡、龙冈畲族乡、潭头乡、三坊乡 21 个乡镇及罗铺垦殖场，地理坐标为北纬 26°38′~27°32′，东经 115°17′~115°56′。永丰辣椒区域品牌价值 7.49 亿元。

（供稿人：江西省永丰县蔬菜管理局；涂年生）

（三）广昌白莲品牌创建

广昌县是我国著名的中国通芯白莲之乡、中国莲文化之乡，是我国莲作文化的发源地，也是广昌白莲的原产地和全国通芯白莲的主产区。广昌白莲莲子圆润饱满，粒粒去皮通心，煮之汤清肉绵，食之口齿留香，营养丰富，为历代贡莲，被誉为“莲中珍品”，产品畅销我国沿海、东南亚及欧美市场。2004 年广昌白莲被列入国家地理标志产品保护名录，2006 年颁布实施了《广昌白莲》国家标准，2007 年列入全国绿色食品（白莲）标准化原料基地，2008 年获中国名牌农产品称号，2017 年广昌白莲莲作文化被列入全国第四批重要农业文化遗产，广昌白莲被授予最受消费者喜爱的区域公用农产品品牌，2019 年广昌白莲被列入国家特色农产品优势区。近几年来，广昌县白莲发展迅速，成为当地农业主导产业和农民收入的主要来源。

1. 自然条件

广昌县属中亚热带季风气候，四季分明，光照充足，年平均气温 18.1℃，无霜期为 273 天，年平均降雨量 1734 毫米。白莲喜光、喜温，广昌夏季日均气温高于 22℃，日照时数长达 1325 小时，适宜白莲生长。广昌产地土壤成土母质多为紫色砂岩和河流冲积物，土层深厚，pH 值为 6.5~7.5，土质肥沃，保水保肥性能好，有机质含量 4.5% 左右，适宜白莲生长，所产白莲产量高、品质好，风味极佳。

2. 生产规模

广昌白莲种植历史可上溯至唐仪凤年间（公元 676~679 年），距今已有 1300 多年。“广昌白莲始于隋唐，兴于明清，盛于当代”。清同治年间种植规模已保持在 2 万亩左右，改革开放后广昌白莲得到很大发展，20 世纪 80 年代初期保持在 6 万~8 万亩规模。2019 年全县白莲种植面积 11 万亩，总产 9000 吨，总产值 7 亿元以上，全县农民人均纯收入的 1/3以上来自白莲产业。

3. 地理标志

2004 年入选国家地理标志产品保护名录。广昌白莲特定品质：外形为圆形或卵圆形，均匀饱满，淡黄白色，有光泽，单粒重 0.98~1.05 克，蛋白质含量为 18.5%~22.5%。使用“广昌白莲”地理标志证明商标商品的生产地域范围为广昌县所辖行政区域范围，总面积 1612 平方千米，地理坐标为北纬 26°30′~26°59′，东经 116°6′~116°34′。

（供稿人：江西省广昌县白莲科学研究所；杨良波）

二、浙江省特色蔬菜品牌建设

（一）台州市黄岩茭白品牌创建

浙江省黄岩区是全国最大的设施茭白生产基地，也是国内著名的“中国茭白之乡”。近年来，黄岩茭白产业迅速发展，围绕“保供给、保安全、提质量、促增收”的目标，加强生产能力、育苗基地、绿色高效技术模式和产业融合发展等方面建设。黄岩茭白已成为当地农业农村增产增收的一大支柱产业。

1. 自然条件

黄岩区属亚热带海洋性季风气候，气候温和湿润，雨量充沛，光照适宜，四季分明。年平均气温17℃；≥10℃的活动积温为5336～5393℃；年平均无霜期为260多天，平均年降水量为1676毫米，年平均降水日数为167天，年平均日照时数为2000小时左右。温暖湿润、日照适宜、雨水充足、无霜期长的气候条件，为茭白生长提供了独特的气候环境。尤其是充足的雨水、湿润的气候更有利于茭白肉质松软细腻及肉质茎的膨大，提高茭白的内在品质和商品性。黄岩系“温黄平原”的一部分，黄岩史有“稼穑之利甲于一州”“黄岩熟、台州足”之誉。黄岩茭白主产区在黄岩区长潭水库下游的平原地带和部分山地水田。平原地带土壤主要有潮土和水稻土二类，耕作层深厚，土壤有机质含量普遍在3%以上，为黄岩茭白的生长提供天然适宜土壤。山地水田土壤土层深厚，通透性好，有机质含量普遍在3%左右，同样适宜茭白生长。富含有机质的深厚土壤为茭白肉质茎的伸长及饱满提供了生长基础。

2. 生产规模

从1978年开始，黄岩就大力发展茭白商品化规模生产，20世纪90年代初开始茭白大棚、培土栽培，并总结出了茭白“三改二优化”技术，推动黄岩棚栽茭白迅速发展，2005年黄岩茭白种植面积达2000公顷，成为黄岩农业的一大支柱产业。经过多年的发展，双季茭的分布由原来西城街道办事处的3个村扩展到了长潭水库以下以头陀、新前、澄江、北洋为中心的9个乡镇、街道办事处。双季茭的栽培方式也由原来的露地栽培逐渐向小棚、中棚、大棚覆膜保温栽培发展，其中大中棚栽培达75%以上。黄岩茭白生产规模为1467公顷，年产量7.7万吨，总产值超过4亿元，已成为当地农业农村增产增收的一大支柱产业。

3. 地理标志

为提高黄岩茭白品牌知名度，2020年黄岩区蔬菜办公室申请了“黄岩茭白”农产品地理标志，证明商标商品的特定品质：第一，感官品质特征：夏茭个体大，肉质茎长而饱满，秋茭肉质茎略细长；皮色乳白光亮，肉质脆嫩致密，口感鲜甜清香。第二，理化品质特征：蛋白质≥1.2%，粗纤维≤1%，总糖≥2%。黄岩茭白地理标志地域保护范围为浙江省台州市黄岩区所辖头陀、新前、澄江、北洋、高桥、院桥、江口、宁溪、富山9个乡镇、街道共134个行政村，地理坐标为北纬28°29′50″～28°42′08″，东经120°50′52″～121°21′25″。现有种植面积1467公顷，年产量77000吨。保护区域面积3350公顷。

（供稿人：黄岩区农业技术推广中心；陈可可）

（二）丽水市缙云茭白品牌创建

浙江省缙云县是“中国茭白之乡”，缙云县在政策、资金、市场、科技、人才等方面加强对茭白产业进行全方位投入，打造全国最大的茭白生产基地，使茭白产业成为极具影响力的乡愁富民产业，带动当地农民增收致富。

1. 自然条件

缙云县属亚热带季风气候，四季分明，温暖湿润，日照充足，是典型的“八山一水一分田”的山区县，由于地势起伏升降大，气温差异明显，具有“一山四季，山前山后不同天”的垂直立体气候特征。年平均气温17℃，平均年降水量1437毫米，无霜期为245天。缙云茭白主要分布在海拔150～1000米的山地、丘陵地带，水资源丰富，人均占有水资源3321立方米。土壤类型为红壤、黄壤和水稻土等，有机质含量丰富，pH值4.5～6.5。植被属于亚热带常绿、落叶阔叶林，植被繁茂，森林覆盖率78.5%。丰富多样的山地小气候资源和充沛的雨水条件极适合茭白种植，让缙云茭白享有得天独厚的自然禀赋，为生产优质茭白产品奠定了基础。

2. 生产规模

缙云茭白种植历史最早可追溯到元朝（公元1348年），《仙都志》中明确记载“菰根”，入草药类。清道光丁未之冬（1847年）《缙云县志》记载“茭笱”，入蔬。缙云农民也一直都有在沟渠、田头沟角零星种植茭白的传统。1986年缙云县东渡镇吴岭村首先开始商品茭白的种植，21世纪初，高山茭白、单季茭一年两收种植模式大面积推广应用，缙云茭白生产面积快速发展，至2009年已达到3.5万亩，此后引入双季茭品种，形成了多种种植模式共存、产品周年供应的产业发展方式，产业规模稳定发展，2019年，面积达到6.5万亩，全县18个乡镇均有种植。近几年，缙云茭白师傅走出县门，到全国各地发展茭白基地面积达到5万余亩，茭白还作为浙—川产业扶贫协作的重点产业落户四川省南江县，带动当地种植户脱贫致富。

3. 地理标志

2017年缙云县蔬菜协会申请了“缙云茭白”地理标志，产品特定品质：肉质茎直挺呈美人腿形，茭体3～4节，茭肉长16.5～19.6厘米，横径3.5～4.0厘米，茭肉净重105.6～128.6克，净茭率70%～76%，肉质茎白嫩、光滑、具光泽，质地紧致细腻、组织鲜嫩，食之无渣，切面无黑点，口感鲜美。使用“缙云茭白”地理标志的地域范围为缙云县壶镇镇、新建镇、东方镇，东渡镇、舒洪镇、大洋镇、大源镇、七里乡、前路乡、三溪乡、双溪口乡、溶江乡、胡源乡、方溪乡、石笕乡、五云街道、新碧街道、仙都街道七镇八乡三街道，地理坐标为北纬28°25′～28°57′，东经119°52′～120°25′。保护区范围总面积约20万亩。

（供稿人：浙江省丽水市农林科学研究院，浙江省农业科学院，浙江省缙云县农业农村局；王来亮、马雅敏、陈建明）

（三）嘉兴市桐乡市茭白品牌创建

桐乡是浙江省著名的茭白产区，近年来桐乡市利用自身优势，通过技术攻关、产业引导、模式创新、品牌营销等措施，已基本形成了种植规模化、生产标准化、模式优良化、经营品牌化的茭白产业链，在当地农业增效、农民增收、农业环境保护以及农业文化建设等方面发挥了重要作用。

1. 自然条件

桐乡市地处浙江北部杭嘉湖平原腹地、西临湖州市，北界江苏省苏州市，为两省三市交界之处，辖区面积772平方千米，属典型的亚热带季风气候，温暖湿润，雨水丰沛，日照充足，无霜期长，具有冬冷夏热、春暖秋凉、四季分明的特点。境内河流属太湖流域水系，河道密布，纵横交错，呈网状分布，京杭大运河横贯全境。境内雨量充沛。常年平均气温16.5℃，1月平均气温4.0℃，7月平均气温28.5℃，平均年降水量1246.7毫米，无霜期为243.4天，年日照时数1842.3小时。境内土壤以江、海、湖相沉积物形成的水稻土为主，土质以中壤为主，土层深厚，土壤肥沃，熟化程度高，保肥性能好，有机质含量2%以上，pH值中性偏微酸。肥沃的土壤质地非常适合董家茭白种植。

2. 生产规模

民国22年（1933年），桐乡产茭白240担（《中国实业志》）。20世纪70年代，茭白种植面积逐渐增加，以塘北（现乌镇镇区域）为最，炉头（现属乌镇）等公社有成亩茭白栽培，以“一点红”单季茭为主。到20世纪90年代中期，全镇茭白种植面积已发展到1050亩，2001年复种面积扩大到4560亩，产业初具规模，董家村成了远近闻名的专业茭白生产基地。到2007年茭白复种面积达到1.7万余亩，总产值占当地农业总产值的38.45%，成为桐乡市特色农业产业。董家茭白种植面积稳定在1.3万余亩，年产量5万余吨，年产值1.1亿元，亩均收益0.87万元，带动3000多小农户共同致富。

3. 地理标志

为提高桐乡茭白品牌知名度，2019年桐乡市乌镇镇农业经济服务中心申请了“董家茭白”地理标志，证明商标商品的特定品质：外形粗壮匀称，表皮光滑洁白，肉质鲜嫩无渣，微甜爽口清香。总糖含量≥1.5%，蛋白质含量≥1.2%，粗纤维≤0.9%，总氨基酸含量≥1.1%。产品质量符合国家相关标准规定要求。使用“董家茭白”地理标志证明商标商品的生产地域范围为桐乡市乌镇所辖行政区域，即分水墩村、虹桥村、浮澜桥村、横港村、陈庄村、白马墩村、西浜村、南庄桥村、碓坊桥村、陈家村、彭家村、双塔村、颜家村、民合村、五星村、浙月村、新翁村、皂林村、南王村、董家村、金牛村、正福村、元丰村、杨园村、翔厚村、单桥村，共计26个行政村。地理坐标为北纬30°38′14″～30°47′48″，东经120°26′09″～120°33′43″。

（供稿人：浙江省农业科学院；陈建明）

（四）宁波市余姚茭白品牌创建及市场营销

余姚茭白是宁波余姚名优特产。余姚是中国茭白之乡，种植茭白历史悠久，据河姆渡遗址考证早在7000年前已有野生茭白生长。

1. 自然条件

余姚地处北亚热带季风气候。阳光充沛，雨量丰富，温暖湿润，四季分明。其四季特征：春季暖气流增强，气温曲折回升，时冷时热，降水明显增多，有春寒、倒春寒天气。夏季初夏天气闷热，阴雨连绵，时有大雨、暴雨，为梅雨季节；盛夏天气炎热干燥，形成伏旱，有时受台风或热带风暴影响，炎热、干旱有所缓解。秋季冷空气逐渐南下，有时秋雨连绵，暖气流偏强时，出现秋老虎天气，间有台风或热带风暴。冬季天气晴冷干燥，有时降雪，遇到春寒暴发，带来严寒。

余姚平均水资源总量为11.3亿立方米，平均径流量11亿立方米，人均占有量1290立方米，平均蓄水量4.6亿立方米，其中库塘蓄水2.2亿立方米，其余为地下水。

2. 生产规模

自20世纪80年代起，农民开始大面积种植茭白。40年间，在政府的指导、推动下，茭白已成为当地的特色产业。到目前全市复种面积达到2000余公顷，壳茭产量4万吨，产值逾亿元。主要分布在河姆渡镇、三七市镇和陆埠镇的姚江两岸生产区域。产品远销至34个农批市场，辐射至长三角、京津唐与渤海湾等地区，并少量试出口过日本、意大利。茭白产业为余姚市发展现代都市型农业，促进农业增效和农民增收等方面发挥着重要作用。

3. 品牌创建及市场营销

第一，抓品质，提升产业。余姚茭白十分重视茭白品质提升，保持茭白产业优势。在河姆渡茭白种植国家农业标准化示范区内建立6亩茭白种质资源圃，保存全国各地茭白品种48个，50亩茭白新品种试验区，800亩茭白新品种示范区。并培育出河姆渡双季茭白和余茭4号两个新品种，将茭白的采收时间延长至8个月，再加上茭白冷藏保鲜技术，使市民一年四季皆可吃到新鲜茭白。同时经过农技人员的不断探索和努力，狠抓茭白病虫害的无害化治理技术，以农业防治和生物防治为基础的病虫害综合治理技术已被农民广泛接受。根据茭白的生长特性和有害生物的发展规律，茭白病虫害的无害化治理技术必须坚持"预防为主、综合治理"的植保方针，即通过选用抗、耐病虫害优质良种，加强栽培管理措施，提高茭白对病虫害的抵御能力，改善和优化茭白田生态系统，优先采用农业防治（不同品种间作、健身栽培）、物理防治（包括防虫网、频振式杀虫灯、黄色诱虫卡、性引诱剂等）、生物防治（包括茭鸭共育、茭白田套养甲鱼除草和除虫的生产模式、种植香根草等），推广使用生物农药或高效低毒低残留无公害农药（包括田间应用技术，茭白叶鞘部位施药防治螟虫等新技术和新方法的推广应用），将茭白有害生物的危害损失控制在经济阈值以下，使茭白产品中有害物质、农药残留不超标，真正实现茭白的无害化生产。

第二，抓品牌创建。20 世纪 90 年代中期，浙江省率先实行了粮食购销制度改革，由于种茭白的经济收入要比种粮食高出好几倍。河姆渡镇党委、政府便引导农民对农业产业结构进行战略性调整。与此同时，当地党委、政府还充分利用各种农展会、推介会、新闻媒体以及网络等形式，积极鼓励当地农民开拓市场。在上海、江苏、杭州、宁波等大中型城市召开茭白推介会、茭白产业发展研讨会等，将河姆渡茭白推销到了江苏、浙江、上海等长三角地区的农批市场，并辐射到北京、天津等北方地区，还试出口日本和意大利。河姆渡茭白个大、肉嫩、口味糯中带甜，1998 年注册为“古址”牌商标。2001 年 7 月，河姆渡镇被中华人民共和国农业部命名为“中国茭白之乡”。河姆渡镇“古址”牌茭白誉享海内外，“古址”牌茭白获得 2001 年浙江省农业博览会银奖，2002 ~ 2007 年连续获得浙江省农业博览会金奖，2006 年、2008 年两年获中国绿色食品上海绿色食品博览会畅销产品奖，2012 年获浙江省精品瓜菜金奖。先后被评为宁波市知名商标与名牌农产品、浙江省名牌产品与名牌农产品、国家级绿色食品与名特优农产品。2010 年经国家工商总局商标局认定，“余姚茭白”荣获中国国家地理标志证明商标。

为推动产业升级实现生态套养，推广茭白田套养甲鱼，申请了“七千年”商标，并通过户外广告、镇微信公众号等进行宣传、推广。上市甲鱼实现包装、品牌、价格三统一。对养殖方式、喂养饲料、上市时间等进行明确规定，还加入了省水产品质量安全监管追溯平台。整个养殖过程中，镇农办开展定期检查、定期抽检，在甲鱼上市销售前，还要接受农残检测。消费者只要一扫二维码种苗源自哪里、谁养的、怎么养的，一目了然。

第三，抓市场营销。在政府推动下，“古址”牌茭白誉享海内外。茭白销售主要靠茭白市场、合作社和市场经纪人。

政府和茭白龙头企业联合投资建立了集收购、保鲜、加工于一体的茭白市场，建造了库容有 10000 立方米的保鲜库，可保鲜茭白 10000 吨，有效地缓解了茭白产销旺季的压力，同时开发了腌制茭白、茭白干等茭白深加工产品，提高了茭白的附加值。

成立茭白（蔬菜）专业合作社 3 家，合作社坚持以市场为导向研究市场需求特点，对内则加强技术辅导和技术服务，通过深入了解其他省市的茭白产销状况，引导茭农种植品种和模式；对外积极开拓市场，由合作社统一收购，指导茭农严格采摘标准，实现优质优价，达到产品统一使用“古址”牌商标，以提高市场竞争力。同时加强基地管理，健全田间档案制度，建立了农产品质量安全全程追溯系统，每个茭农生产的产品对应一个二维码，可获知产品的生产记录、检测结果，把“古址”牌的质量优势、品牌优势转化为市场竞争优势。3 家合作社年吞吐量达 1.2 万吨。河姆渡镇从事茭白生产的农民达 1600 户，活跃在田间的农民营销队伍（经纪人）有 600 余人，并与当地蔬菜农产品批发市场建立了密切的协作关系，大大提高了茭白知名度和销售量。每当茭白上市季节，大量的营销员活跃在田间地头，把茭白销售到全国各地。在茭白生产旺季，他们还充分利用周边保鲜库，采用租赁保鲜库方式收购茭白，在不低于市场价格的前提下，对茭农当天未及时销售的茭白进行收购保鲜，全市通过保鲜库收购贮藏的茭白达 2000 万吨，大大缓解了茭白生产旺季的销售压力，同时随着城乡公交的开通，大量城区居民直接到茭白基地采购新鲜茭白，日销售量达1.5吨。

4. 地理标志

为提高余姚茭白品牌知名度，2010年余姚市河姆渡茭白研究中心申请了“余姚茭白”地理标志证明商标，商品的特定品质：果实长形状三节，顶端渐尖弯曲，肉体白不皱不绿，肉质脆，有点甜。蛋白372.16毫克/克、总氨酸8.51微摩尔/克、总糖16.83毫克/克、维生素C 0.08毫克/克、粗纤维23.51毫克/克。使用“余姚茭白”地理标志证明商标商品的生产地域范围为余姚市的河姆渡镇、三七市镇、陆埠镇，地理坐标为北纬29°~30°，东经120°~121°。

（供稿人：浙江省余姚市农业技术推广服务总站，浙江省余姚市河姆渡镇人民政府，浙江省农业科学院；翁丽青、郑春龙、陈建明）

（五）宁波市余姚榨菜品牌创建

余姚是我国著名的“榨菜之乡”，“余姚榨菜”是余姚市农业十大主导产业中产业化程度最高、品牌影响力最大、带动农户增收贡献最大，也是产业链最全的支柱产业，具有种植集中连片、产业布局集聚的特点。

1. 自然条件

该地域属于亚热带季风气候，四季分明，雨量充沛，日照丰富。平均气温为16.5℃，最冷月（1月）平均气温3.9℃~4.4℃，最热月（7月）平均气温28.2℃~28.7℃，年无霜期约230天，降水量1361毫米。该区域地貌为滨海冲积平原，海拔3~5米。农田土层深厚，土壤以潮土、滨海盐碱土为主，质地为壤土、粉壤土，富含钾和有机质。该区域水系发达，人工河流纵横交错，自北而南横贯东西走向分布有七塘江、五塘江、四塘江等，自东而西分布有陶家路江、相公潭江、临海大浦江等河流。

2. 生产规模

余姚市榨菜特色农产品优势区是我国最大浙式榨菜生产加工基地。自改革开放以来，余姚积极制定产业发展政策，确定产业发展目标，大力开展“质量兴菜”工程，利用丰富的民间资本，大力因势利导，发展榨菜加工业、流通业，引导榨菜产业一步一步地走上了工业化的发展轨道，成功地实现了生产经营从分散型向集约型转变，成就了全国榨菜产业的“霸主”。目前已形成浙式榨菜独特的种植生产、加工工艺和规模化生产，榨菜产业年产值20.5亿元，占全国市场40%左右，形成了相对集中的榨菜种植基地10万亩，种植地主要集中于姚北濒杭州湾的小曹娥、泗门、临山、黄家埠等乡镇，现有市级以上农业龙头企业19家，全国农产品加工示范企业3家，全国主食加工示范企业2家，省级骨干龙头企业2家，生产加工水平国内领先，区域公用品牌价值达71.87亿元。

3. 地理标志

为提高余姚榨菜品牌知名度，2018年余姚市榨菜协会申请了“余姚榨菜”地理标志，证明商标商品的特定品质：新鲜菜头瘤状茎表皮浅绿色、肉乳白，呈扁圆球形至高圆球形，具3层瘤状凸起，瘤状凸起圆浑，瘤沟较浅；质地脆嫩，略带苦涩味。腌制榨菜：色暗黄，皮微皱，质爽脆，味香浓、微甘鲜。农产品地理标志保护范围主要包括黄家埠、临山、泗门、小曹娥、朗霞、低塘6个镇（街道）区域（含泗门镇固北路向北延伸段以西的部分海涂围垦地），东至低塘街道历山村，西至黄家埠镇上塘村与上虞市相邻，南至黄家埠镇五车堰村，北至滨海围垦地与濒临杭州湾，地理坐标为北纬30°07′～30°15′，东经120°54′～121°10′，现有保护区域面积12万亩。

（供稿人：宁波市农业科学研究院，浙江省农业科学院；孟秋峰、陈建明）

三、福建省特色蔬菜品牌建设

（一）三明市建宁县通心白莲品牌创建

福建省建宁县是著名的“中国建莲之乡”。“建莲”（建宁通心白莲）在建宁县有一千多年种植历史，为传统名优特农产品。建莲产业是建宁县“五子”特色产业之一，是农民增收致富的主导产业。

1. 自然条件

建宁县位于福建省西北部，武夷山脉中段，境内丘陵起伏，植被茂密，四周高山环抱，为明显的层状地貌特征，土壤肥沃、有机质含量高。建宁县地处中亚热带，属海洋性季风区，又有大陆性山地气候特点。一年四季光照充足，年均气温16.8℃，年积温4900℃～5069.7℃，四季分明，昼夜温差大。建宁为闽江正源头，年降水量1822毫米，境内水网密布，小河纵横交错，水资源充足，水质优，无污染。建宁适宜莲子生长，独特的自然气候条件造就了建莲的优良品质。

2. 生产规模

建宁种莲历史悠久。1949年以前，全县莲田面积仅200多亩，年产量只有5000多斤，但质量极佳。20世纪五六十年代，建宁莲子仍以西门种植为主，河东、水南虽有种植，但面积不大。党的十一届三中全会后，建莲发展迅速，1980年全县莲子面积增至2311亩，1985年扩大到53077亩，创历史最高纪录，总产1962.8吨。1993年后十几年，面积在3万～5万亩，总产在2000吨上下。2011年以来面积稳定在4万～5万亩，总产约3500吨。

3. 地理标志

建宁县积极致力于打响建莲品牌，提高市场竞争力。2001年7月建宁县获得国家工商局“建宁通心白莲”证明商标（集体商标）注册证书；2006年9月“建莲”被国家质检总局批准实施“地理标志产品保护”；2018年2月，建宁通心白莲通过农业部地理标志农产品登记，并于2019年首批获得农业农村部批准实施全国地理标志农产品保护工程。建宁通心白莲（简称“建莲”）的特定品质：具有洁白、圆整、饱满的外观；易煮熟、久煮不散；汤色清、味香浓、清甜细腻可口，被誉为“莲中极品”。

“建宁通心白莲”地理标志保护范围包括三明市建宁县所辖濉溪镇、溪口镇、里心镇、均口镇、客坊乡、黄坊乡、溪源乡、黄埠乡、伊家乡共计9个乡镇，地理坐标为北纬26°32′~27°06′，东经116°30′~117°03′。建宁通心白莲总保护面积1718平方千米，生产规模3333.33公顷，年产量3750吨。

（供稿人：建宁县建莲科研技术推广中心；魏英辉）

（二）龙岩市永定区六月红早熟芋品牌创建

"六月红"早熟芋是龙岩市永定区特色农产品，在龙岩市乃至全省种植面积最大，"六月红"早熟芋是全国上市最早的多子芋类型白牙芋品种，头年11月上旬至12月中旬种植，第二年5月中旬商品芋即可上市销售；"六月红"早熟芋品质优良，具有早熟、个大、粒圆、肉质细嫩松软等特点，鲜芋含抗衰老功能因子高于国内其他芋品种，龙岩市永定区仙师镇是"六月红"早熟芋主产区，素有"仙芋"之乡，"六月红"早熟芋产业不断做强做大，成为永定区特色产业，是农民脱贫致富的主导产业。

1. 自然条件

龙岩市永定区地貌属典型的中低山丘陵，中亚热带向南亚热带过渡地段，属亚热带海洋性季风气候，湿润温和，年平均气温20.1℃，年平均相对湿度81%。年平均霜期13天，年降水量大多在1400~1800毫米，年平均日照时数2024.6小时，土壤多沙壤土和中黏土，有利于早熟芋的生长；永定地处两省（福建、广东）四县（南靖、平和、上杭、广东大埔）交界处，交通便利，有利早熟芋产品的运输。

2. 生产规模

1996年当地农户开始选育种植，以仙师镇务田村为中心，因其有早熟、优质、粒圆、子芋多等特点，深受市场好评，同时效益明显，到2000年扩大到3000多亩，产品经厦门出口日本等国，同时国内市场急剧扩大，产品销往浙江、江西、江苏等省份，面积不断增加，同时周边乡镇也扩大种植，至2010年全区10个乡镇种植，面积达3万亩以上。2016~2020年仙师镇种植面积稳定在6500亩，全区种植3.2万亩左右。仙师镇年种植6500亩，亩产1500千克，平均市场价6元/千克，年产9750吨，产值5850万元，带动全区种植3.2万亩，总产值达2.4亿元。

3. 品牌建设

为提高"六月红"早熟芋知名度，"六月红"早熟芋于1997年注册了"六月红"商标，2008年续展；2000年制定县级《永定早熟芋"六月红"栽培技术规范》标准，2007年制定省级《"六月红"芋栽培技术规范》《"六月红"产品标准》和《"六月红"芋品种标准》（DB35/T 738—2007）；2001年取得"绿标"；2005年取得了福建省新品种认定；2012年7月获得无公害产品认证；2013年通过龙岩市永定区"六月红"早熟芋专业合作社申请获得了农产品地理标志、被评为福建省名牌农产品；2014年通过ISO 900质量体系认证，同年6月邀请央视7套农广天地栏目组拍摄《从农田到餐桌——走进永定》专题节目，让"六月红"早熟芋从种植到加工，到餐桌美食走进全国百姓心中，同时利用各种媒体、广播、电视、网络、展览等不断宣传，让"六月红"早熟芋走向全国，走出国门；2015 年“六月红”早熟芋获得全国名特优新农产品，2017 年仙师镇务田村获得全国“一村一品”示范村称号，2018 年仙师镇获得全国“一村一品”示范镇称号，2020 年获得福建省特色农产品优势区称号。

2008 年成立了龙岩市永定区“六月红”早熟芋专业合作社，现有社员 113 户，合作社于 2015 年被省农业厅列入“千人带千社”活动项目，通过社员带动广大芋农实现种植、销售、品牌、管理、培训“五统一”，提供产前、产中、产后“一条龙”服务，合作社在进行技术培训、农资调配、统防统治、农膜科学使用和回收综合利用、产品销售上，深入一线，完成“最后一公里”的服务，让芋农得到最大利益。合作社 2015 年评为省级示范社，2018 年获龙岩市知名商标。2013 年通过合作社申请了“六月红”早熟芋地理标志，使用“六月红”早熟芋地理标志范围为龙岩市永定区全境。同时在地域保护范围内，统一质量和生产技术要求，统一标识，统一赋码，通过农产品地理标志统一推广和营销，扩大市场。

为了“六月红”产业发展，永定区农业技术部门与福建省农业厅专家、市、区农技专家合作，在仙师镇大岭车前坝、务田沙丘坝建立了 500 亩的无公害标准化栽培示范基地，基地带动农户，邀请农业专家进行实地培训和指导，通过标准化栽培技术应用，施用石灰、增施生物有机肥、“六月红”早熟芋专用配方肥等措施，提高产品产量和质量，降低化肥施用量，实行生态环保可持续生产，带动全镇“六月红”早熟芋产业健康发展。

（供稿人：龙岩市农技站，龙岩市永定区农技站；李建生、卢锦荣）

四、安徽省特色蔬菜品牌建设

（一）合肥市肥东县牌坊杭椒品牌创建

1. 自然条件

肥东位于安徽省中部，地处长江、淮河之间的华东丘陵江淮分水岭地区，人口 106 万，总面积 2222 平方千米，辖 12 镇 6 乡，县政府驻店埠镇。肥东属亚热带季风气候，年平均气温 15.5℃，降雨量 878 毫米，气候温和，雨量适中，能满足辣椒生长期对水分需求。夏季 118 天左右，日照强，气温高，适合辣椒生长对光照、温度的需求。

2. 生产规模及布局

肥东辣椒种植的绝大部分都是杭椒，栽培方式主要是利用钢架大棚、温室大棚等进行反季节栽培。主要布局在店白路、合蚌路、店忠路沿线，涉及牌坊、白龙、元疃、八斗等乡镇。牌坊乡面积最为集中，牌坊乡大小种植户有 200 多户，光是杭椒生产这一块就有 20 多家公司和合作社。2019 年，种植面积 9000 多亩，年产杭椒 3.6 万吨，产值 15000 万元；2020 年，种植面积超过 10000 亩，年产杭椒 4 万吨；高峰上市期，牌坊乡的杭椒上市量每天高达 10 万 ~20 万斤。

3. 政策扶持

根据县委、县政府提出整合资源，突出打造杭椒品牌县的指导思想以及《肥东县人民政府关于印发肥东县蔬菜产业发展规划（2015—2020 年）和肥东县设施蔬菜以奖代补实施意见的通知》文件精神，为推进肥东县杭椒产业快速发展，将肥东县建设成全国闻名的杭椒产业化示范县，把“肥东杭椒”打造成为国内著名杭椒品牌之一，对各种蔬菜设施大棚和蔬菜瓜果保鲜冷库建设进行奖补。

普通钢架大棚奖补标准：对新建集中连片棚内净面积在 50～150 亩范围的基地，按每亩 3000 元标准给予奖补（已获得市级设施蔬菜标准园奖补的不再重复奖补）。县二代复式日光温棚奖补标准：对新建集中连片棚内净面积在 20～75 亩范围的基地，按每亩 7000 元标准给予奖补（已获得市级设施蔬菜标准园奖补的不再重复奖补）。新建连栋玻璃温控大棚奖补标准：对新建集中连片棚内净面积在 2000～5000 平方米范围的基地，按每平方 200 元标准给予奖补（已获得市级连栋温控大棚奖补的不再重复奖补）。蔬菜瓜果保鲜冷库建设奖补标准：对新建冷库室内净面积达 50 平方米、100 平方米、150 平方米三个档次，一次性分别奖补 4 万元、8 万元、12 万元。

对规模达 150 亩以上生产企业均有 QS（食品“质量安全”）认证，示范基地均有有机食品、绿色食品、无公害食品认证的实行奖补；对获得有机、无公害、绿色农产品品牌的企业、新型农业经营主体都给予资金奖励。明确了各项品牌建设奖补制度，还成立由县委常委、常务副县长负责的涉农资金整合领导小组，按照“渠道不乱、统筹安排、各负其责”的原则，每年整合各部门资金 2000 万元以上用于杭椒品牌建设。设立有关项目专项资金账户，实施项目跟踪管理，保持财政金融支持政策的连续性和到位率，加强“肥东杭椒”品牌发展投入资金的规范管理，不定期地抽查资金运行状况，保证资金的投入效率。

4. 强化技术培训

为建设设施蔬菜标准园，生产优质杭椒，在肥东县全面推广优质杭椒种植技术、配方施肥技术、病虫害综合防治技术，通过举办培训班、编发杭椒生产技术手册、组织送科技下乡、发送手机短信等多种形式，提升广大杭椒种植户的生产技术水平。其中主要以专家培训为主，邀请省农科院国家大宗蔬菜体系合肥试验站技术人员以及南京农大、安徽农大等院校专家教授、种植能手、大型杭椒企业家等为种植户进行授课，肥东县农广校、蔬菜办每年定期开设杭椒生产技术长、短期培训班，短期培训时间 2～3 天，职业农民培训时间达 15 天以上。每年培训蔬菜、杭椒种植大户 150 人次以上，全面系统地学习杭椒生产经营中的各项技术。

5. 开拓销售渠道

县委、县政府制定相关政策，对企业、农民专业经济合作组织、营销大户推销肥东杭椒提供相关支持，对肥东杭椒营销做出贡献的经营主体实行奖励，鼓励各经营主体做好产销对接工作，积极开拓营销渠道，探索新型营销模式，开拓肥东杭椒品牌市场。一是搞好批发市场的供销对接，即重点推进产地经销商与销地市场经销商搞好对接，择址建设

“肥东县牌坊杭椒交易市场”。二是搞好超市对接，积极探索“超市＋基地＋农户”的新型蔬菜产品流通方式，引进沃尔玛、家乐福、乐购、大润发、世纪联华等国内外大型超市在肥东设立肥东杭椒直采基地。三是抓好基地与社区直销点对接，在各县（市、区）的主要社区建立直销点。四是与当地大专院校、大型企业对接，搞好团购业务的开展。五是开展网上销售，在淘宝网、京东商城、苏宁易购、1号店等大型电商平台参与并开展线上销售、物流配送等，实现“线上＋线下”一体化营销。

6. 加强品牌创建

强化对外宣传推介，通过主流媒体、杭椒节、自媒体、农博会、品牌推介会、展销会等渠道，开展形式多样、丰富多彩的品牌宣传活动。

肥东县牌坊杭椒被评选为第三批安徽优势特色农产品之一。杭椒已是合肥市和安徽省特色农产品的一张“名片”，2013年还被农业部评为地方特色农产品。因“千柳杭椒”，肥东县牌坊乡牌坊社区被评为第三批全国“一村一品”全国示范村，牌坊乡也一跃成为全国第三大杭椒生产基地。

“2019中国·肥东首届杭椒节”在肥东县牌坊乡成功举办。首届杭椒节以“包公故里，肥东杭椒”为主题，吸引了社会各界群众近千人参加。2020年9月8日，农业农村部农产品质量安全中心进行了第二批全国名特优新农产品名录技术评审确认和公示，“肥东牌坊杭椒”榜上有名，这是肥东县首次入选“全国名特优新农产品”名录的农产品。此次入选全国名特优新农产品名录，对推进肥东县农产品质量提升，培育地方特色农产品品牌，促进农业产业化发展等方面具有积极重要意义。

（供稿人：肥东县农广校；梁英波、刘永峰、刘红）

（二）合肥市庐江县金坝芹芽品牌创建

金坝芹芽盛产于被誉为芹芽之乡的安徽省庐江县白湖镇。白湖镇境内有个“金坝”行政村。该镇境内有一条全长15千米名叫“金坝”的小河沟，北高南低，常年流水必经金坝行政村境内。该村在金坝河沟中段筑有一道50米长的拦水灌溉农田的大坝叫“金坝”，附近坐落居住百户农家的叫“金坝”的自然村庄（村民组），该村有传承种植水芹习惯。

1. 自然条件

庐江县白湖镇，全镇拥有耕地7400公顷，位于黄陂湖与白湖之间，气候温和，四季分明，热量丰富，光照适宜，雨量充沛，无霜期长等特点，年平均气温16℃，年平均积温5722℃，年平均降雨量1157.6毫米，日照总时数2270.2小时，年无霜期为238天。主导风向：偏东、偏北风，夏秋两季偏南风，为金坝芹芽生长发育提供了条件。白湖镇地处两湖之间，土壤为潴育型水稻土，均由下蜀系黄土发育而成，西北高、东南低，由圩、冲、畈、岗、湖地组成，地表水丰富，地下水位适中，土壤熟化程度高，耕层较厚，质地适中，土壤有机质含量大于或接近2%，有效含氮量中等以上大于90毫克/千克；速效磷中等含量在10毫克/千克，速效钾含量中等在50～100毫克/千克；土壤中性或微酸性，

pH 值 5.5～6.5，有效养分丰富，保水保肥性能好，适宜种植芹芽等农作物。

2. 生产规模

20 世纪 90 年代，白湖镇人民政府针对芹芽种植规模不大、销售市场不广和发展步伐不快的现状，果断采取“立协会、创品牌、用能人、靠科技、建基地、拓市场”等一系列举措，1998 年 8 月成立了“庐江县金坝芹芽协会”，金坝芹芽产供销一体化开发模式初步形成，并向国家工商总局注册了“金坝”商标，开创了庐江县初级农产品注册商标的先河；2000 年，“金坝芹芽”获国家农业部绿色食品认证；2013 年，获“金坝芹芽”地理标志产品。“地名 + 商标 + 绿色食品”的特色蔬菜——金坝芹芽，从此开始向市场展示诱人的魅力，走向千家万户的餐桌。全县芹芽种植的总面积已经发展到 6000 多亩，产值 7000 多万元，亩产值 10000 多元，亩纯收入 5000 元左右，这项产业的发展同时还带动了农户就业增收 1200 多万元。

3. 地理标志

2013 年 9 月 10 日，中华人民共和国农业部正式批准对“金坝芹芽”实施农产品地理标志登记保护。金坝芹芽植株长度 5～30 厘米，洁白有光泽，有芹芽自然清香，质地脆、嫩，无杂质无异味。金坝芹芽是一种低脂肪、低热量，含有人体必需的维生素 C 和磷、钙等营养元素，脆嫩、清香、爽口，风味独特的特色蔬菜。

“金坝芹芽”地理标志保护的区域范围为庐江县白湖镇的裴岗社区、金湾社区、塘串河村、孙咀村、毛咀村、陶冲村、泉水村、邓湖村、六岗村、胡榜村、顺港村、白湖村、梅山村、吴渡村、青帘村、杭头村、杨柳村、国安村、西城村，地理坐标为北纬 31°09′38″～31°8′18″，东经 117°20′13″～117°33′23″，海拔 6～10 米，地域保护总面积 164 平方千米，其中总耕地 7400 公顷，生产面积 533 公顷。

（供稿人：安徽省农业科学院园艺研究所，安徽省庐江县白湖镇农业技术推广站；俞飞飞、郑先报、葛治欢、董言香）

（三）阜阳市马寨乡生姜品牌创建

阜阳市颍州区马寨乡地处淮北平原，气候温和，环境优美，是一个资源丰富、交通便利、经济文化发展、充满活力的明星乡镇，素有“全国生姜第一寨、小麦高产攻关乡、农产品系列加工乡、省级篮球示范乡”的美誉。

1. 自然条件

阜阳市颍州区马寨乡属暖温带半湿润季风气候，四季分明，气候温和，雨量适中，光照充足，无霜期较长。常年平均气温 14.9℃，降雨量 85～900 毫米，无霜期为 220～230 天，土壤肥沃，属黄黑土质，适合种植多种农作物，地下水资源较为丰富，水质良好，易于开发利用。阜阳市地势西高东低，海拔 32.8～34.0 米。

2. 生产规模

马寨生姜历史悠久，始于北宋，马寨生姜中的小黄姜，又被称为“佛手姜”，小而辣，口味足，驱寒除湿效果十分显著，马寨村民一代又一代承袭着这小而精悍的种植品种——佛手姜（小黄姜），经过多年来的种植经验和适宜的生长环境，造就出今日马寨生姜的独特品质，其生产的鲜姜、脱水姜片、姜精、姜油系列产品畅销国内外。目前种植面积稳定在2万亩左右，年产量6万吨。

3. 地理标志

2020年，中华人民共和国农业农村部批准对“马寨生姜”实施农产品地理标志登记保护。地理标志产品的外感官特征：切面纯黄色，味辛辣浓，肉细嫩，味香，纤维较细。“马寨生姜”地理标志保护的区域范围为安徽省阜阳市颍州区的程集镇、三合镇、西湖镇、九龙镇、马寨乡、颍西办事处，共计6个乡镇。地理坐标为北纬32°45′23″~33°00′58″，东经115°26′33″~115°58′45″。生产规模6万亩，年产量18万吨。

（供稿人：安徽省农业科学院园艺研究所；俞飞飞、郑先报、葛治欢、董言香）

（四）铜陵市白姜品牌创建

铜陵白姜又叫白皮生姜，是铜陵地方品种，种植历史上千年之久，其品质优特，驰名中外，是铜陵“八宝”之一，也是安徽省著名特产。

1. 自然条件

铜陵白姜主产区位于安徽省中南部，长江下游南岸，四季分明，全年气候温和，雨量充沛，水质优良，日照充足，年平均气温16.2℃，无霜期长，平均258天；4~10月降雨量占全年75%，湿度较大，且气温较高。铜陵白姜生长期是4~10月，因而获得适宜生长的光、热、水分资源，利于形成肉质脆嫩，水分足等优良品质。

域内低山丘陵纵横，土壤属于黑色石灰（岩）土壤，土层深厚，以黑色石泥田，沙砾田居多，碳酸盐含量丰富，有机质含量高，pH值6~7.5。铜陵白姜生长在这样适宜的土壤环境下，获得丰富的养分资源，利于铜陵白姜优良品质的形成。

2. 产业规模

2000年白姜面积达3011多亩，总产3622吨，面积、总产分别是1990年的一倍多。进入21世纪，铜陵白姜生产又步入了一个新阶段，即实行生姜生产、加工、销售一条龙，农、工、贸一体化的产业化经营的市场经济格局。近几年，白姜面积都稳定在6000亩左右，总产8000多吨，白姜加工企业20多家，并逐步向工厂化、标准化发展，加工能力已达2000多吨，生姜制品有十几个系列、60多个品种。产品销往上海、北京、南京、广州、深圳等几十个大中城市2000多家超市。同时，生姜制品还走出国门，出口东南亚及欧美国家。

3. 地理标志

（1）产品知名度。为提高铜陵白姜品牌知名度，铜陵市委、市政府的高度重视，2008年，铜陵白姜被列为安徽省第二批非物质文化遗产名录；2009年，铜陵白姜被批准为国家地理标志产品保护产品；2012年，“铜陵白姜”获得地理标准证明商标专用权；2017年，铜陵白姜种植系统获第四批中国重要农业文化遗产；2020年，“铜陵白姜”获得农业农村部农产品地理标志保护产品。

（2）产品特点。姜块肥厚，姜指饱满，呈佛手状；皮薄色白，汁多渣少，肉质脆嫩，香味浓郁。铜陵白姜营养丰富，可溶性糖≤0.05%、粗蛋白0.50～1.0克/百克、粗脂肪0.3～1.0克/百克、粗纤维≤1.0%、水分≥92.0克/百克。同时，铜陵白姜药用价值特别高，不仅含有姜烯、水芹烯、莰烯、姜醇等各种成分，桉叶油素和叶酸含量相对较高，尤其是姜酚的含量引人注目。据复旦大学生命科学院化验资料，铜陵白姜的姜酚（姜辣素）含量约45%～55%。几乎占了油状物质总量的一半，这是国内目前文献记载中没有的。

（3）生产地域范围。铜陵白姜主产区为铜陵市郊区大通镇、义安区天门镇、顺安镇、东联镇、西联镇、钟鸣镇6个镇现辖行政区域。地理坐标为北纬30°45′12″～31°06′2″，东经117°42′3″～118°10′6″；西边临长江并与主产区及郊区其他行政区域相邻，北面紧邻长江，东面由北向南依次与繁昌县、南陵县接壤，南面与青阳县交界。

（供稿人：铜陵市农业科学研究所；丁祖明、周专政、姚继贵）

（五）安庆市岳西县茭白品牌创建

安徽省岳西县从2001年开始充分利用高山区夏季温凉的气候资源，积极引导农民大力发展高山反季节茭白生产，经过近三十年的不懈努力，岳西茭白产业已成为该县农村经济发展的特色主导产业之一，农民增收的主要渠道。2017年岳西茭白成为全国产业扶贫十大案例，岳西县荣获“中国高山茭白之乡”称号。2019年，央视“壮丽70年·奋斗新时代——共和国发展成就巡礼”专门报道了岳西茭白助力脱贫攻坚的故事。

1. 自然条件

岳西县地处大别山腹部，皖西南边境，地理坐标为北纬30°29′～31°11′，东经115°50′～116°33′，境内山清水秀，群峰逶迤、林壑幽深、雨水丰沛、气候宜人，且远离工业城市，无污染，是安徽省唯一的纯山区县和国家级生态保护示范县。全县平均海拔600米以上，海拔600～1200米的耕地面积达60%以上。

岳西县属北亚热带季风气候，气候温凉湿润，光照充足，雨量充沛，四季分明，年平均气温14.5℃，无霜期为212天，夏季温凉，在海拔600以上的茭白种植集中区，茭白产品集中上市期的7～9月日平均气温≤26℃，昼夜温差≥8℃。岳西茭白正是利用茭白高温（气温超过30℃）条件下不孕茭这一生理特性，发挥高山区夏季温凉的气候资源优势，促使其夏季孕茭，填补市场伏缺与秋淡的一种栽培模式。

2. 生产规模

岳西茭白自2001年开始种植，生产规模逐年扩大，2019年全县茭白种植面积达5.83万亩，产茭白6.65万吨，产值2.51亿元。产业涉主簿、石关、姚河、头陀、黄尾、青天、巍岭等17个乡镇。全县建有国家级茭白标准园2个、省级茭白标准园3个。主簿镇成为全国首批“一村一品”（茭白）示范镇。岳西茭白以“大别山”牌为商标，产品畅销合肥、武汉、南京、南昌、杭州、苏州、无锡、九江等大中蔬菜市场，多年来一直销售顺畅，供不应求。

3. 地理标志

为提高岳西茭白品牌知名度，2011 年岳西茭白申请了国家地理标志保护产品，其保护范围为安徽省岳西县现行行政区划的温泉、石关、巍岭、主簿、姚河、头陀、黄尾、来榜、和平、青天、包家、河图、古坊、中关、菖蒲、田头、毛尖山共 17 个乡镇，总面积 1727.4 平方千米。其感观特点：壳茭茭形完整，粗细均匀，商品茭组织鲜嫩，叶鞘3～4片，青绿色，包紧，不带根，无病虫斑，无伤痕，中间膨大部分匀称，露白部分不超过 1 厘米，露白处茭白肉色白而不青，新鲜。肉茭具有个大、色白、光滑、肉质脆嫩、入口有香甜味等特点，富含维生素、蛋白质和多种矿物质，营养价值高，优质安全。

（供稿人：岳西县特色农业服务中心；朱显结）

五、江苏省特色蔬菜品牌建设

（一）徐州市邳州市白蒜品牌创建

邳州是著名的大蒜生产基地，有 2000 多年的种植历史。凭借着“好山、好水、好生态”，邳州白蒜誉满全球、香飘天下。邳州常年种植大蒜 60 万亩，拥有绿色标准化、农业产业化、经济外向化等 5 个“国字号”示范基地称号，获批创建国家级现代农业产业园区，是国际大蒜产业峰会的永久会址。

1. 自然条件

大蒜主产区土壤环境质量监测达到二级标准及以上的合格率达 100%。水源质量监测合格率达 100%。邳州市位于江苏北部徐州和连云港之间，地理坐标为北纬 34°07′～34°40′48″，东经 117°35′50″～118°10′40″。邳州属半湿润暖温带季风气候，四季分明，日照充足，冬干冷，夏温热，年平均气温 13.9℃，平均年降水量 903.6 毫米，无霜期为 211 天，年平均日照 2350 小时。境内雨量充沛，年内降水量大多集中在夏秋两季，汛期（6～9月）平均降水量为 618.4 毫米，占平均年降水量的 68.4%；冬春平均降水量为 285.2 毫米，占 31.6%，形成气候温和、光照充足、降水适中的气候特征，土壤多为两合土、淤土和黑土，经过长期耕作和改良培肥，形成了养分齐全、理化性状好、有机质含量高的肥沃土质，环境条件适合大蒜生长的自然需求。主产区沟渠路、桥涵闸、水电讯网等基础设施配套齐全。

2. 生产规模

特殊的区位优势和历届政府的持续推动，已成为全省最大、全国有地位、国际上有影响的大蒜产业基地。全市大蒜常年栽培面积 60 万亩以上，主要分布在宿羊山、碾庄、赵墩、车辐山、邳城等镇，严格标准化栽培，大蒜标准化种植基地面积 50 万亩，占全市总面积的 80% 以上。从事大蒜产业的专业技术人员 300 人以上，在大蒜配套新品种、新技术和新模式上不断研究和示范推广，与全国 20 多个省、市大专院校、科研单位建立了长期科研合作关系，依托江苏徐淮地区徐州农业科学研究所大蒜研究力量，于 2018 年成立邳州市大蒜产业研究院，建立了良种繁育基地2000亩以上，引进示范推广“徐蒜815”“徐蒜917”“徐蒜918”“徐白蒜1号”等10多个新品种。全市大蒜商贸和加工企业约260家，其中国家级1家、省级7家。全市拥有黎明食品、绿之野生物食品大蒜深加工生产企业38家、年生产能力20万吨，产品主要有黑大蒜、大蒜素、大蒜油、大蒜胶囊等40多个品种，产品畅销国内国际市场，出口到世界100多个国家和地区。

3. 品牌创建

“邳州白蒜”获批国家地理标志产品、国家生态原产地保护产品，品牌价值142亿元，与盱眙龙虾、镇江香醋成为江苏省仅有的3个区域公共品牌。大蒜常年交易量100万吨，年出口额4亿美元，连续10年位列全省农产品出口县（市）第一。获批创建国家现代农业产业园，建成国家级研发中心2个、院士工作站1个，拥有大蒜中国驰名商标1个、中国名牌农产品1个、省名牌产品5个、省著名商标6个，制定国家、省级地方标准、企业标准20个。“邳州白蒜”相继荣获2017年全国十佳蔬菜地标品牌、2017年供给侧改革领军品牌、2018年全国绿色农业十佳蔬菜地标品牌、邳州大蒜入选中国农业出版社《中国绿色农业发展报告（2018）》品牌篇、2019年全国绿色农业十大领军地标品牌。

（供稿人：江苏徐淮地区徐州农业科学研究所，邳州市农业农村局；姜新菊、樊继德、杨峰等）

（二）扬州市宝应县莲藕品牌创建

宝应县地处江苏省里下河水荡地区，是我国著名的“荷藕之乡”，莲藕是宝应县栽培面积最大的特色园艺作物，县内以莲藕为原料加工企业112家，年消费莲藕原料超过30万吨，开发速冻、保鲜、糯米藕、休闲藕制食品、藕汁饮料等七大系列100多个品种，已建成完整的产加销、休闲观光产业链。

1. 自然条件

宝应县属亚热带季风性湿润气候，四季分明，雨水丰沛，平均年降水量966毫米；年日照2181小时，日照充足；气候温和，年平均气温14.4℃，全年无霜期为260天。宝应属江苏里下河低洼平原区。洼地经由江、河、海合力堆积，经历“海湾—潟湖—湖沼—水网平原”的演化过程，形成多湖荡、沼泽的地貌特征。全县地势低平，受地质构造运动和黄泛影响，地形呈西高东低。以京杭大运河为界分为运西、运东两部分，地面高程分别为4.8~8.8米和0.5~5.6米。宝应境内河湖密布，水资源总量共约为1.6亿立方米，水质达到和超过国家Ⅲ类标准。水面滩地面积约489.33平方千米，面积较大的湖荡有宝应湖、白马湖、范光湖、广洋湖等，俗称“五湖四荡”，约257.69平方千米。宝应县的土壤以水稻土、沼泽土和潮土为主。水稻土是宝应县分布最广的土类，占土壤总面积约77.1%；沼泽土占土地总面积约17.9%，为湖质母土，表土为腐殖质层。就各类土壤耕作层而言，沼泽土有机质含量最高，土壤肥沃，泥土松软，非常适合莲藕的生长发育。

2. 生产规模

宝应县地处江苏省里下河水荡地区，历史记载人工栽培莲藕始于隋末唐初。2019 年成功创建成为中国特色农产品（荷藕）优势区。宝应人常年种植荷藕面积达 25 万亩之多，拥有万亩莲藕种植专业村 2 个，5000 亩以上的种植村 6 个，500 亩以上的种植大户 65 个。拥有射阳湖风车头、望直港獐狮荡等 4 个规模较大的荷藕批发市场及上百家荷藕产销专业合作社，有 300 多个流通服务组织，经纪人队伍有 2500 多人。拥有以国家级农业龙头企业——江苏荷仙食品集团为首的莲藕加工企业 60 多家，其中，县级以上龙头企业 22 家，具备自营出口权的荷藕加工企业 19 家。目前有 26 家莲藕加工制品企业利用自建平台（自建网站、App）或第三方平台（淘宝、京东、苏宁等互联网营销平台）开展电商销售。形成了“生产＋加工＋科技＋营销”发展格局，深入推动了一二三产业融合发展。

3. 地理标志

2006 年 3 月，“宝应荷（莲）藕”（GB/T 19906—2005）成功申报国家质量监督检验检疫总局地理标志产品，证明商标特定品质为：莲藕根状茎具有特定的紫红色芽鞘，藕皮米白色，藕肉亮白色，具有特定气味，清甜爽脆；水分 75% 以下，干物质 27%，可溶性糖 3.15%，淀粉含量 <16%，蛋白质含量 2.0% ~2.5%，鲜重含维生素 C 20 毫克/百克左右。“宝应荷藕”地理标志产品生产地域保护范围：射阳湖镇、广洋湖镇、望直港镇、鲁垛镇、西安丰镇、柳堡镇、山阳镇、夏集镇 8 个镇区，地理坐标为北纬 33°02′46′ ~33°24′55′，东经 119°07′43′ ~119°42′51′。

（供稿人：江苏徐淮地区徐州农业科学研究所，邳州市农业农村局；姜新菊、樊继德、杨峰等）

（三）常州市溧阳市白芹品牌创建

溧阳白芹是伞形花科 2 年生浅水草本植物，是溧阳市优势特色地方农产品。溧阳白芹由水芹经旱育培土软化栽培而成，其风味脆嫩爽口，微甜不腻，富含氨基酸等营养成分，还具有清热、利尿、降低血压和血脂等多种食疗功效，深受广大消费者青睐。溧阳白芹 2005 年进入钓鱼台国宾馆，成为国宴菜肴。

1. 自然条件

江苏溧阳市位于长江三角洲西南部的江苏、浙江、安徽三省交界处，总面积 1535.87 平方千米，年平均气温 15.4℃，年平均降雨量 1152 毫米，年日照时间 1992 小时，全年无霜期为 250 天，属中亚热带北缘过渡季风型气候，土壤平均 pH 值为 6.19，河流纵横交错、库塘星罗棋布，水源充足，土层深厚，土壤有机质平均含量为 1.78%。溧阳白芹种植区域土壤多为青泥土、灰潮土，保水、保肥、透气性好，含有丰富的有机质，能满足溧阳白芹生产的基本条件要求，最适于溧阳白芹的优质高产。

2. 生产规模

据史册记载，溧阳农民早在 800 年前的南宋时期即有溧阳白芹栽培，并逐步选育出最适宜培土软化栽培的溧阳白芹品种和形成较为成熟的一套优质高产栽培管理技术，可以说这是凝聚了几十代溧阳农民的智慧结晶。溧阳白芹是溧阳市重点开发的优势特色农产品之一，先后制定了江苏省地方标准《溧阳白芹生产技术规程》《溧阳白芹产品质量》《溧阳白芹贮藏保险技术规程》等进行推广应用。为克服溧阳白芹传统种植，用工多，劳动强度大，生产成本高等矛盾，近几年溧阳市与相关科研院校合作共同研发了适合机械化作业的大间距、高密度绿色白芹种植技术，自主研制了白芹有机肥条施机、白芹排种机、白芹壅土机、白芹清洗流水线等白芹主要生产环节作业机械及溧阳白芹保鲜技术，大大减小了劳动强度和用工量，人工成本下降 70%，生产效率大幅提高，为溧阳白芹产业做大做强打下了很好的基础，平均亩效益由原来的万元左右提高到 1.5 万元以上，加快了农民种植溧阳白芹致富的进程。溧阳白芹种植面积也逐步发展到现在的近万亩规模，产品质量和产量均有大幅度提高，年产值达 2 亿元以上。

3. 地理标志

溧阳白芹 2006 年在国家工商总局注册了“溧阳白芹”证明商标，成为常州市第一家注册的证明商标；2008 年获江苏省名优农产品称号；2010 年成功申报农业部地理标志产品；2012 年获最具影响力中国农产品区域公用品牌；2014 年获“江苏农产品和地理标志商标产品 20 强”。使用“溧阳白芹”地理标志证明商标商品的生产地域范围为江苏溧阳市全部 9 个镇和 3 个街道，地理坐标为北纬 37°09′～31°41′，东经 119°08′～119°63′。

（供稿人：江苏徐淮地区徐州农业科学研究所，邳州市农业农村局；姜新菊、樊继德、杨峰等）

第五章　中南片区

一、广西壮族自治区特色蔬菜品牌建设

（一）贵港市覃塘区莲藕品牌创建

广西贵港市覃塘区种植莲藕历史悠久，是广西莲藕主产区之一，素有“莲藕之乡”美誉。近年来，覃塘区政府非常重视覃塘莲藕产业的持续、快速、健康发展。特别是荷美覃塘现代特色农业（核心）示范区创建以来，以覃塘莲藕为主导产业，建成了集生态农业观光、现代农业展示、科普教育、文化传承、休闲养生、生产加工、销售等多功能于一体的旅游景区，在促进地区藕农增收、转移和吸纳农村富余劳动力、优化农业经济结构、助推全域旅游、乡村振兴等方面起到了很大作用。

1. 自然条件

覃塘区地处南亚热带季风性湿润气候，年平均日照时数为1613小时，年太阳总辐射量为10.7万焦/平方厘米，年平均气温在23.9℃以上，≥10℃的年积温为7313℃，年均无霜期长达306天以上，年平均相对湿度79.5%，年降水量1500～2100毫米。冬无严寒、夏无酷暑，土地肥沃，水源充足、水质清洁，非常适宜莲藕的生产种植。区内河流湖泊众多，均属珠江流域西江水系，其中郁江为最大河流，其他主要河流5条，水库53座，水利资源丰富。据调查，覃塘区有12个土种形成的水田适宜种植莲藕，其pH值为6.1～7.2，保水性能好，有机质含量较高，全区该类田块面积在1666.66公顷以上。

2. 生产规模

覃塘莲藕已有1000年以上的种植历史。覃塘区种植莲藕主要分布在覃塘镇、三里镇、五里镇、黄练镇、石卡镇及大岭乡等乡镇，其中覃塘镇的龙岭、龙凤、覃塘、大郭、谷罗、六务、周村等行政村种植历史悠久。20世纪70年代后，因城市建设发展，城区塘藕面积锐减。但随着水利设施建设的日益完善，农民在承包地自发种植田藕，田藕发展较快，全区莲藕常年种植面积670公顷左右，年产商品藕3万吨左右。近年种植面积有所增加，特别是政府出台了一些鼓励种植奖补政策以后，吸引了一些种植企业、种植专业户，使莲藕种植面积有较大的增加，最高时达1500公顷以上。

3. 地理标志

覃塘莲藕于2014年获得农业部农产品地理标志登记保护，是覃塘区首个获批国家地理标志产品保护的农产品。覃塘莲藕植株高大，白花，藕身微黄，炒食甜脆，煨汤汤色红亮，清香扑鼻，入口酥化。使用“覃塘莲藕”地理标志证明商标商品的生产地域范围为覃塘镇、东龙镇、三里镇、黄练镇、石卡镇、五里镇、山北乡、樟木乡、蒙公镇、大岭乡10个乡镇，138个行政村、7个街道居委会。全县耕地面积31378公顷（其中水田15984.2公顷、旱地15393.8公顷），覃塘莲藕保护面积13522.73公顷。地理坐标为北纬22°48′~23°25′，东经108°58′~109°18′，东与港北区接壤，西与宾阳县、横县毗邻，南与港南区隔郁江相望，北与来宾市的武宣县、兴宾区交界。

（供稿人：广西壮族自治区农业科学院生物技术研究所，贵港市覃塘区农业农村局；蒋慧萍、欧阳秀、黄诗宇、江文、董伟清、高美萍、何芳练、韦建兵）

（二）柳州市柳江区莲藕品牌建设

柳江区是全国种植规模最大的双季莲藕产区，全区莲藕种植面积6.4万亩，年产量12万吨以上。双季莲藕套种慈姑一年三熟是全国首创种植模式，全区莲藕柳江区莲藕套种慈姑面积2万亩，柳江莲藕产业是我区特色农产品之一。每年有1万吨以上柳江莲藕产品出口销往新加坡、马来西亚、泰国等东南亚国家，占广西莲藕出口量的90%以上。

1. 自然条件

柳江区属于湿润的亚热带季风气候，年平均降雨量1424.7毫米，年平均气温20.4℃，年均无霜期为331天，年均日照总时数1600多个小时，春秋季温暖，夏季湿热，冬不甚寒，气候条件十分适合发展莲藕种植业。柳江莲藕种植区地处桂中盆地中心，地势平坦，覆土厚且肥沃，地下水丰富水资源充足，属亚热带季风气候。其日照充足，雨量充沛，夏长炎热，冬短不寒，雨量充沛，无霜期长，高温高湿多雨；水田面积多且以潴育型水稻土和碳酸盐渍性水稻土为主，土壤有机质含量丰富；水利设施及藕田基础设施完善，排灌方便，水利条件和灌溉水质可以满足全县莲藕种植基地的灌溉用水需求。产地环境优越，有利于莲藕生长。

2. 生产规模

柳江莲藕始种于1983年，主要种植于柳江区百朋镇和进德镇，自2002年开始，由于种植优势突出和效益明显，全区12个乡镇均有种植，面积迅速扩大到2.5万亩；2010年，随着产业化水平的提高，莲藕面积发展迅速，种植规模达4万亩；2015年，由于莲藕行情的推动以及种植模式的成熟，种植规模发展到5万亩；2016~2020年，种植面积基本稳定在6.4万亩左右。

3. 地理标志

为提高品牌知名度，2016年由柳江区人民政府申请并获得了“柳江莲藕”地理标志，证明商标商品的特定品质：表皮光滑、色白、藕体个大、肉质肥厚及耐贮藏运输等优良的外在商品特征，以及味甜、汗多、脆、香、入口无渣等口感特征。柳红莲藕炒食口感鲜嫩、脆甜清新、煨汤易粉，含淀粉 4.9 克/百克，膳食纤维 1.3 克/百克，总糖含量 0.18 克/百克。使用“柳江莲藕”地理标志证明商标商品的生产地域范围为柳江区的百朋镇、进德镇、成团镇、拉堡镇、三都镇，地理坐标为北纬 23°55′～24°33′，东经 108°53′～109°45′。

（供稿人：柳州市柳江区蔬菜技术站，广西壮族自治区农业科学院生物技术研究所；覃振普、周艳芳、韦丹、江文、高美萍、蒋慧萍、农吉、覃振略）

（三）桂林市荔浦芋头品牌建设

广西荔浦市位于广西东北部，有荔浦芋、荔浦马蹄、荔浦砂糖橘 3 个地理标志农产品。荔浦芋、荔浦马蹄和荔浦砂糖橘是荔浦市农业的战略品牌，分别于 2010 年、2015 年、2017 年获得农业部农产品地理标志。荔浦芋、荔浦砂糖橘分别于 2000 年及 2017 年获得地理标志证明商标，本部分主要阐述荔浦芋的品牌建设情况。

1. 基本情况

荔浦芋是芋头中最优秀的槟榔芋品种，因盛产于荔浦而得名，在荔浦的种植历史可追溯到汉元鼎六年（公元前 111 年）。独特的自然条件和土壤优势以及荔浦农人数百年的智慧结晶形成的整套独特栽培管理方法，使荔浦产出的荔浦芋具有香、酥、粉、糯、甜、软、鲜的特殊风味而久负盛名。荔浦芋为广西的首选历代皇室贡品，作为荔浦芋原产地，荔浦市被冠以“荔浦芋之乡”美称。2000 年 4 月 21 日荔浦芋成功注册广西首个产地证明商标，2001 年获中国农业博览会名牌产品，2002 年荔浦芋生产基地被评为标准化无公害示范基地，2004 年获广西农业厅“无公害农产品产地认定证书”，同年获农业部无公害农产品认证证书，2005 年，获得了国家质监总局地理标志产品的保护，2006 年，荔浦芋被评为“广西名牌产品”，2008 年，被评为“中国名牌产品”。2015 年获准农业部地理标志产品登记（证书编号：AGI01698）。2017 年，荔浦芋又入选中国名特优新农产品目录及 2017 年中国百强农产品区域公用品牌，2018 年 8 月 20 日根据《自治区农业厅关于公布首批广西农业品牌目录的通知》（桂农业发〔2018〕167 号）文件，荔浦芋列入首批广西农业品牌目录。2018 年、2019 年荔浦芋再次入选中国农产品区域公用品牌。2017 年国家质量监督检验检疫总局、中国质量认证中心评估荔浦芋区域品牌价值为 10.68 亿元，2018 年再次评价为 13.02 亿元。

2. 自然条件

荔浦芋的品质来源于荔浦市独特的自然条件和土壤优势。根据长期跟踪调查研究，科技人员发现，荔浦芋喜欢高温多湿的生活环境，荔浦市属中亚热带湿润气候区，四季分明，冬短夏长，温、光、雨量充足。荔浦境内四面环山，地势四周高中间低，自东向西沿荔浦河、马岭河不断抬升，西北为架桥岭中段的弧形山脉，使湘桂走廊的寒冷气流被阻隔分散，一部分气流被高山抬升，越过高山后进入境内下沉，因焚风效应形成干暖气流，而境内中间又有石山峰林将全境分为数块小盆地，峰林交错分割，进一步减缓了气流速度，难以形成大风降温天气，故境内冬天极少发生冰雪等寒冷灾害天气，气温低于 0℃ 的日数年均仅为 2.8 天，≥10℃年积温达 5805℃，使荔浦芋可以在 1～2 月开始种植，获得长达 270 天的健康生长时间，有充足的时间在适宜的环境积累更多的营养成分，成熟的荔浦芋蛋白质含量达 1.96%，总糖达到 1.19%，直链淀粉达到 1.7%，支链淀粉达到 7.9%，氨基酸总量达到 1.28%。所以产出的荔浦芋肉质细腻、粉糯香甜、鲜酥可口。

而夏季的暖湿气流沿河谷自东向西不断抬升，给境内带来了充足的降水，年均降雨量 1600 毫米，降雨集中在 4～6 月，平均降水量分别是 170.6 毫米、239.0 毫米、257.6 毫米，占全年降水量的 46%。满足了荔浦芋茂盛生长期的水分供应，同时降低了夏季土壤温度，有利于荔浦芋植株地上部的生长和地下部球茎的膨大。

荔浦芋种植区的土壤有机质含量范围在 25.2～44.6 克/千克，土壤 pH 值为 4.87～6.35，微酸性至酸性。荔浦芋吸收氮形态主要是无机态氮（即铵态氮、硝态氮）及分子量小的酰胺态氮。荔浦芋吸收磷形态主要是无机磷。荔浦芋主要是吸收土壤溶液中的钾离子。生产出的荔浦芋形状较佳、肉质细腻、花纹明显、气香味浓、产量高、质量好、商品率高。

当天气炎热时厢沟需要适当加深水层，并于早、晚灌入凉水，降低田间温度。成熟期气温下降，昼夜温差大，有利于营养物质的积累和球茎的膨大。球茎形成要求气温保持在 25℃左右为宜，最低不能低于 15℃。厢沟水逐渐放浅，最后保持土壤湿润或较干，以利于球茎老熟，适于贮藏，霜降后霜雪来临之前收获。

荔浦芋对光照强度要求不是很严格，性喜阳光，也耐一定弱光，在较强的光照条件下有利于植株的生长，同化作用强，有利于养分积累使球茎迅速膨大，产量高、品质好。荔浦市年平均日照时数 1499.2 小时，占可照时数的 33%，极端日照时数最多是 1952.7 小时，极端日照时数最少是 1157.6 小时。一年之中，最多日照时数出现在 7 月，最少出现在 2 月为 51.9 小时。

荔浦市年平均太阳辐射总量 96.27 千卡/平方厘米。极端最多是 114.62 千卡/平方厘米，最少是 86.73 千卡/平方厘米。2 月 4.66 千卡/平方厘米，7 月最高达 12.63 千卡/平方厘米。光照时间、太阳辐射能直接影响荔浦芋的生长发育，光照时间长有利于地上部的生长，光照时间短促进球茎的形成，也就是说在荔浦芋的生长前期，要求有较长的光照及较高的温度，以促进叶面积的增加。然后再转入较短的日照环境，促进球茎的膨大。

荔浦芋对水分条件要求非常严格，整个生长期都要求湿润的环境，它不耐涝，也不耐干旱。降水日数多，全年平均每 2 天有 1 天小雨。但分布不均，集中在 4～8 月，尤以 5 月、6 月居多，平均 3 天有 2 天小雨，4～5 天有 1 次中雨，10 天有 1 场大雨，1 月 1 场暴雨。秋季雨日最少。

荔浦芋对土壤条件有一定的要求，在一定的土壤肥力下才能生产出量高质优的母芋。种植在耕层深厚、层次结构较明显，保水保肥、供水供肥能力较强的壤质水稻土，土壤养分状况影响荔浦芋的生长发育，也是影响荔浦芋产量、品质的基本要素。荔浦芋生长发育所需的必需营养与其他农作物一样，即碳、氢、氧、氮、磷、钾、钙、镁、硫、铁、锰、锌、铜、硼、钼、氯、镍 17 种。在这些必需营养元素中除碳、氢、氧外，需要最多的是氮、钾、磷，其次是钙、镁、硫、铁、锰、锌、铜、硼、钼、氯、镍微量元素。荔浦芋对氯离子（Cl^-）比较敏感，过多吸收氯离子（Cl^-）对产品品质影响较大。荔浦芋选择的化肥品种是生物有机无机肥、复合肥、钙镁磷肥、硫酸钾以及硼砂、硫酸锌等微量元素肥料。根据荔浦市农业农村局科技人员对荔浦芋进行的“3414”肥效田间小区试验结果及以往经验，得出结论：在中等肥力土壤中，每生产1000千克的母芋需提供纯氮22千克，五氧化二磷11千克，氧化钾18千克，一般情况荔浦芋的肥料配比是1:0.5:0.8。

3. 品牌建设

作为业务部门，荔浦市农业局长期以来，认真做好自己的职能工作，为荔浦芋、荔浦芋砂糖橘地理标志产品保护管理及品牌建设方面打下坚实基础，简单归纳如下：

第一，充分发挥优势，积极争创品牌。

荔浦独特的自然条件和土壤优势，以及荔浦农人数百年的智慧结晶形成的整套独特栽培管理方法，使荔浦产出的荔浦芋具有香、酥、粉、糯、甜、软、鲜的特殊风味而久负盛名，让荔浦芋成为最具荔浦特色的地方特产，为荔浦农业的第一张名片。

为打造地域品牌，荔浦市农业农村局在生产上推行“五化”标准，即规模化种植、标准化生产、商品化处理、品牌化销售、产业化经营。实行“六统一管理”（统一品种、统一购药、统一标准、统一检测、统一标识、统一销售），确保产品质量安全。从1996年开始，荔浦市农业局就积极开始了荔浦芋品牌打造，先是把荔浦芋拉到北京摆地摊，被山东等外地芋头淹没之后，从农业局抽调人马组建了荔浦市名特优农产品协会，2000年4月21日荔浦芋成功注册了广西首个产地证明商标，同时打造标准生产示范基地；2002年荔浦芋生产基地被评为标准化无公害示范基地；2004年向广西农业厅申请无公害农产品产地认定获得“无公害农产品产地认定证书”，同年获得农业部无公害农产品认证证书；2005年获得了国家质监总局地理标志产品证书；2015年向农业部申请地理标志产品获准登记；2017年入选中国名特优新农产品目录，同年入选中国百强农产品区域公用品牌，并由中国质量认证中心评估荔浦芋品牌价值为10.68亿元；2018年再次评估为13.03亿元。2018年8月20日成功入列首批广西农业品牌目录。荔浦芋现已成为荔浦市经济发展的支柱产业，种植范围遍及全市各个乡、镇、村，年种植面积已发展到5万亩。总产量达10万吨，总产值达到4亿元，实现农民单项人均收入1290元，是农民增收主要经济来源之一。

积极配合助企业进行商标品牌注册，目前全市有“爽欣”牌、“荔洲农产”牌、“亮靓”牌、“周记”牌、“桂南荔农”牌、“桂鲜”牌、“百康富丰”牌、“银子园”牌等农产品商标，提高了农产品知名度，打造农产品名牌产品。

积极组织参加各种农产品推介活动，如2018年中国国际薯业博览会、第十四届广西名特优农产品（广州）交易会、荔浦撤市设市暨第二届荔浦芋文化节等强势推介荔浦芋和砂糖橘，2018年协助中央电视台拍摄大型纪录片《中国影像方志——荔浦篇》，已在央视纪实频道播出，对荔浦芋展开了深入地挖掘报道，荔浦芋品牌知名度和影响力不断提高。

第二，做好技术服务，促进产业发展。

先从品种入手，荔浦市农业局从2002年起先后和广西师范大学生物系、广西壮族自治区农业科学院生物技术研究所联合，利用茎尖组织培养对荔浦芋进行提纯复壮，取得了重大突破，从根本上解决荔浦芋品种混乱、品种退化问题。自2014年起，广西农业厅、广西农科院和荔浦市农业局联合组建广西荔浦芋试验站，并由广西农科院生物所组建试验站专家组对荔浦芋进行技术攻关，目前已取得多项成果，如通过组培筛选培育并审定了荔浦芋优良品种“桂芋2号”“桂子芋1号”以及组培种的两段快繁专利技术，荔浦芋的系列品种培育及命名登记也在按计划实施。

在生产上，推广多项技术措施来提高荔浦芋的品质和产量。如从2002年起先后进行了荔浦芋地膜覆盖技术、测土配方施肥技术、避雨栽培技术、病虫生物防治技术等一系列的试验、示范、推广，通过提早种植时间、减少病虫害、施用多效唑等多项技术提高荔浦芋的品质和产量，收到良好的效果，并通过总结，编写了10万字的《荔浦芋优质高产栽培技术》《荔浦芋栽培技术规程》《荔浦芋管理月历》等系列技术资料。为荔浦芋良种筛选、繁育、种植、管理、采收、采后商品化处理、加工等环节提供技术保障。同时，持续开展荔浦芋试验示范工作，2018年开展的三个荔浦芋方面的试验示范项目均已按期完成，2019年计划开展的9个荔浦芋方面的试验示范项目已经按计划完成。

第三，制定生产标准，助推产业规模发展。

从2002年开始，一直重视荔浦芋标准化生产，编制并获批颁布了广西地方标准DB45/T 72—2003《荔浦芋生产技术规程》。80%以上荔浦芋生产按照《荔浦芋生产技术规程》标准化生产。2017年，又编制并获批颁布了DB45/T 1655—2017《芋头组培苗生产技术规程》，广西地方标准《地理标志产品荔浦芋》也于2019年4月已向自治区市场监管总局提交了立项申请。

第四，把关生产源头，确保产品安全。

组建专门的农产品质量安全监管站，负责农产品“三品一标”申报、三年复查换证、产品抽样检测、基地生产投入品的使用等监管工作，配备必要的工作人员，保障工作正常开展：一是加强宣传，强化无公害知识培训，提高农民对农产品质量安全的意识；二是加强生产投入品监管和管理，从源头上把好农产品质量安全关，强制农户做好生产记录册建立追溯体系；三是推广柑橘无公害、绿色植保防控病虫害技术；四是农药试验筛选“三避”技术前选用最佳农药的品种；五是农产品采收期加大农残抽样检测；六是指导合理选用农药。

第五，扶持龙头企业，形成产业联盟。

荔浦芋和荔浦砂糖橘产业的发展壮大，都需要龙头企业的带动。为了鼓励集中连片规模种植，根据《荔浦市特色农业项目扶持方案》（荔政办发〔2017〕55号），加大政策扶持和资金扶持力度，进一步调整和优化农业产业结构的精神，2017年、2018年分别筛选了5个和6个荔浦芋示范基地作为“先建后补”扶持项目提请市人民政府审议，通过加大政策扶持和资金扶持力度强化荔浦芋产业发展动力；此外，加大扶持爱明、荔浦罐头等一批有影响力的本地特色农产品加工企业，重点开展了荔浦芋头、荔浦马蹄、马铃薯、紫甘薯等农产品精深加工，食品企业拥有先进的全粉生产线、冲调生产线、罐头生产线、速冻生产线等生产设备，全年在荔浦采购荔浦芋、荔浦马蹄等农特产品约20万吨，荔浦芋的加工、流通得到有序发展。

2015～2017年，全市帮助23个农业专业合作社通过国家农业部农产品认证，认证面积超10万亩。2013～2017年，创建标准园示范基地4个，其中国家级标准园1个，面积为1000亩，区级标准园3个（桂林荔浦富民果蔬专业合作社、荔浦市万家兴果蔬专业合作社、荔浦银子园农产品专业合作社），辐射带动全市标准化面积达10万亩以上。推动优势农产品初、精深加工企业发展壮大。全市有农产品加工企业315家，其中从事柑橘采后商品化处理业务超90家，包括果蔬的清洗、分级、包装、预冷、保鲜等一系列处理技术，为荔浦农业创建农产品品牌打下良好基础。

（供稿人：广西壮族自治区农业科学院生物技术研究所，荔浦市农业农村局；江文、蒋慧萍、董伟清、高美萍、邱祖杨、刘莉莉、何春红、杨干德）

二、湖北省特色蔬菜品牌建设

（一）孝感市汉川市莲藕品牌创建

1. 自然条件

汉川市地处江汉平原东部，全市国土面积1658.56平方千米，耕地面积129.52万亩，水域34.05万亩，其中湖泊11.18万亩，塘堰4.67万亩，具有“三分地一分水”的平原湖乡特点。

2. 生产规模

汉川莲藕种植规模大。汉川是全省莲藕种植面积最大的县市。全市莲藕种植面积15.8万亩，亩平均单产2000千克，总产31.6万吨，产值9.4亿元。莲藕种植主要集中在沉湖、刘家隔、汈汊湖、新堰、新河、麻河等乡镇。汈汊湖、刘家隔、麻河4.6万亩莲藕基地被认定为全国绿色食品原料（莲藕）标准化生产基地。

3. 品牌创建

汉川莲藕栽培历史悠久。汉川莲藕栽培可追溯到唐宋，以“汈汊湖莲藕”较为著名。《同治汉川县志物产》也有明确记载。当年湖北才子黄良辉与恩师张之洞就汉川莲子和莲藕，吟对出“驼背桃树倒开花，蜜蜂仰采；疲脚莲蓬歪结籽，白鹭斜理”的趣联。

汉川是全省水生蔬菜产业发展重点县市，全省莲藕特色农产品优势区，是全国第一批区域性良种（莲藕）繁育基地。汉川莲藕被纳入农业部《全国特色农产品区域布局规划（2013—2020年）》的特色品种。

首先，汉川莲藕品牌创建依托于其产品品质优良。汉川莲藕优良品种来源于国家级水生蔬菜研究单位。汉川莲藕具有粗壮肥大，肉质松脆，形大色白，粉糯甜脆，口味清香，藕香浓郁，营养丰富，维生素C含量高等独特品质。汉川莲藕是一道天然美食，生吃甜、炒食脆、炖汤粉，被誉为“白璧莲参”。

其次，区域化布局，专业化生产，吸引企业聚集。汉川莲藕产业发展较快。全市现有各类藕行和莲藕专业合作社60多家，莲藕批发市场10余家，莲藕加工企业10多家，全市80%以上的鲜藕销售到全国各地。汉川莲藕年加工量在2万吨以上，年产纯藕粉1000吨以上，是国内最大的纯藕粉生产基地。

再次，注重提升品牌影响力。申请“汉川莲藕”为国家地理标志保护产品。“汉川莲藕”“汈莲”入选国家地理标志商标目录。“汉川莲藕”已注册区域公用品牌，并注册了“楚荷香”莲藕、“德春”藕粉、“东湖”藕粉等企业品牌。“汈汉湖”莲藕、百信“德春”藕粉、“东湖”藕粉等5个产品获得绿色食品认证，基本覆盖了全市主要莲藕基地。

最后，注重饮食文化的挖掘和推广。汉川莲藕是一道天然美食，以莲藕为食材的民间饮食文化底蕴深厚。排骨藕汤、红烧藕丸、椒盐藕夹、炝藕粘、藕煮才鱼、炸藕丝球、油炸藕蟹、荷叶粉蒸肉、糯米藕等一道道舌尖上的美味，组成了最具汉川地方特色的全藕宴。

（供稿人：汉川市农业技术推广中心，湖北省农业科学院经济作物研究所；黄齐奎、郭凤领、吴金平、周洁）

（二）孝感市肖港镇小香葱品牌建设

肖港镇是湖北省小香葱第一镇，小葱栽培历史可以追溯到明朝，蔬菜是当地的主要农业产业之一，小香葱是蔬菜产业的主导品种，产品饮誉“楚天”，畅销全国。

1. 自然条件

土地肥沃。全区耕地面积4.65万公顷，其中水田2.9万公顷，旱地1.75万公顷。蔬菜基地土壤多为近代河流冲积物形成的潮沙土，有机质含量7%~12%，碱解氮80~130毫克/千克，有效磷50~20毫克/千克，速效钾70~150毫克/千克，pH值5.5~6.5。

四季分明。孝南属于亚热带季风气候，四季分明。全年日照时数1894小时左右，年均气温16.68℃，全年最低为1月，月均气温2.1℃，最高是7月，月平均气温29.5℃，≥0℃的有效积温6093℃，无霜期为253天左右，全年降雨量1100毫米左右，有利于多种蔬菜的多茬次栽培。

水源充沛。全区地表径流量p=50%的典型年为21300万立方米；p=75%的典型年为16530万立方米；p=95%的典型年为8410万立方米。区内水系主要有府河、澴河、沦河三大水系，水资源充足，地下水贮藏量大，水质好。

2. 产业规模

1998年冬，肖港镇委、镇政府集中财力在万里、艾湖等11个村建设万亩高效农业示范区，选定种植小香葱。此后，肖港历届政府利用国家涉农项目资金贯通了汪杨公路、五爱公路等基地主干线，完善了沟渠配套设施，建成了标准化常年菜生产基地，小葱种植辐射到了全镇47个村。2010~2020年，小葱种植面积基本稳定，规模在1660~1870公顷，小香葱实现了全年种植。

3. 文化底蕴

据《孝感地方志》记载，明洪武元年，朱元璋为了“长治久安”，采取了一系列发展农业生产的措施，其中之一就是向江北移民，开垦荒地。江汉平原孝感一带的居民，多是从江西麻城迁移而来，这就是孝感人熟知的“麻城过籍”。据说小香葱就是此时随着人们的大迁徙由江南传入本地，从此落地生根，延绵至今。

据清修《孝感县志》载：三汊港集镇（今肖港镇），建镇已有300多年的历史，至清末已形成800多人居住的集镇，各类工商业户156户，其中，从事小香葱交易的行栈19家，从事人员近80人，是远近闻名的小香葱集散地。1909年，满清政府修建平汉铁路时，在此建有火车站，给小香葱的外销带来了便利。1953年，武汉市合作社联社与肖港区签订了小香葱代购合同。自此，肖港成为了武汉市民的小香葱生产基地。

4. 产品特性与功效

（1）品种特性。肖港小香葱丛生直立，葱管直径0.2～0.35厘米，葱白长5～10厘米，葱叶高20～30厘米，抗逆性强，品质好，可四季周年栽培，突破了小葱不耐37℃高温的极限，填补了夏季葱市场的空白。

杂交小香葱。抗热，气温40℃时仍能生长，有少许黄尖。葱管香味浓，耐运输，商品性好。

耐热葱。高抗热，气温40℃时仍能旺盛生长，基本无黄尖。葱管香味浓，商品性好。但葱壁较薄，耐贮运性稍差。

耐寒葱（又名铁杆葱）。抗寒性较强，0℃左右能正常生长，－5℃植株不发黄。葱管香味浓，耐贮运，商品性好。

（2）营养保健。肖港小香葱葱管细长鲜嫩、叶色翠绿、香气浓郁、品质上乘。葱管叶色翠绿，香气芳香浓郁，是烹饪不可缺少的调味佳品，增味增香。

小葱含多种营养物质，含水90克/百克，蛋白质2.5克，脂肪0克，碳水化合物5.4克，钙54毫克，磷61毫克，铁2.2毫克，胡萝卜素0.46毫克，维生素C 15毫克。此外，还含有原果胶、水溶性果胶、硫胺素、核黄素、尼克酸和大蒜素等多种成分。

（3）药用保健。李时珍《本草纲目》和张山雷《本草正义》等都有小葱药用记载。《重庆草药》中记载小葱的主治功效有通气发汗，除寒解表，治风寒感冒头痛。外敷寒湿，红肿，痛风，疮疡等。

治疗伤风感冒。细香葱头100克，僵蚕50克，泡白酒服用治疗成人伤风感冒；细香葱2～3根，老姜1片，五匹风（嫩尖）3～7个，煎水热服治小儿感冒风寒。

治疗扭伤肿痛、寒湿痛风。细香葱头200克，老姜50克，捣烂外敷治关节炎、扭伤（红肿加酒炒，夏天可不炒）；细香葱头150克和蜂蜜捣绒包敷治无名肿毒；细香葱头7个，面粉200克，黄栀子50克，土地榆100克，小血藤100克，混合捣绒后用酒熏7次，退火后用黄表纸贴敷治扭伤肿痛不消。

5. 品牌与地理标志

（1）品牌荣誉。2007 年 10 月，在政府的引导下成立了孝感市万里小香葱专业合作社，从事以肖港小香葱为主的蔬菜作物生产、销售、技术指导的综合服务。2008 年 10 月 26～28 日，首届全国青年农业成果博览会在江苏昆山举行。在会议期间，全国政协常委、国务院参事任玉岭，青博会组委会秘书长李春华博士等亲临展位现场指导，对肖港小香葱给予了高度评价。在此次青博会上，“肖港小香葱”荣获产品金奖。同年 11 月，湖北省质量技术监督局发布了《肖港小香葱生产技术规程》等地方标准。2009 年 11 月获第六届中国武汉农业博览会金奖农产品。2010 年 12 月，小香葱、菠菜、小白菜、苦瓜、大蒜、土豆、包菜、香菜 8 个品种获得中国绿色食品 A 级标准认证。2012 年 2 月，孝感万里小香葱获得湖北省“十大名优蔬菜”金奖，同年，合作社获得湖北十强蔬菜专业合作社荣誉称号。2020 年 8 月获得全国企业信用评估中心的中国优质农产品 AAA 级示范社称号。

（2）地理标志。2009 年 12 月获得国家质量监督检验检疫总局颁发的地理标志保护产品，地标坐标为北纬 31°06′～35°14′，东经 113°89′～113°93′。

（供稿人：孝南区农业技术推广中心，湖北省农业科学院经济作物研究所；黄俊、郭凤领、吴金平）

（三）恩施土家族苗族自治州来凤县凤头姜品牌建设

1. 自然条件

来凤境内气候属典型的中亚热带季风湿润型山地气候，四季分明，气候暖和，年平均气温为 15.9℃～16.3℃，≥10℃的积温 4900℃～5130℃，无霜期为 280～290 天。水量充沛雾多湿重，年降雨量为 1300～1900 毫米，因受季风环流的影响，形成“雨热同步”的特点。土壤肥沃理化性好，土壤有机质含量≥2%，以壤土、沙壤土为主体。pH 值 5～7。以上自然因素为凤头姜生产创造良好的自然条件。

2. 生产规模

县域内早年间就有种植生姜的习惯，主要集中在绿水镇、翔凤镇。1998 年生姜市场行情好，亩收入达 2000 元，经济价值高于水稻、玉米等粮食作物。1999 年农业局以资金和技术支持在翔凤镇、大河镇发展生姜 2000 亩作为实验示范基地，带动其他乡镇发展生姜产业。2000～2015 年生姜发展面积达 2 万亩，2016 年来凤姜纳入国家特色产业，于是全县八个乡镇大力发展，到 2019 年种植面积达 4 万亩。

3. 地理标志

为提高凤头姜的知名度，生姜协会申请了“来凤姜”地理标志，1998 年“凤头姜”率先通过国家绿色食品发展中心认证，获得全国绿色食品“第一姜”称号，其系列产品先后荣获“地方特色产品”“湖北省名牌产品”“湖北市场消费者最满意产品”等称号。2004 年 10 月公司顺利通过 ISO 9001：2000 国际质量管理体系认证，2005 年 9 月通过食品质量安全“QS”认证，5 个产品获准使用“QS”标志。2006 年 9 月“凤头”商标认定为“湖北省著名商标”。2012 年 2 月来凤“凤头姜”获得“湖北首届名优蔬菜金奖”称号。

证明商标商品的特定品质：无茎脆嫩、富硒多汁、鲜香、纤维含量少，辣味适中的特点；成熟鲜姜形似凤凰，故此名为“凤头姜”。使用“来凤姜”地理标志证明商标商品的生产地域范围：来凤县下辖翔凤镇、绿水镇、漫水乡、百福司镇、大河镇、旧司镇、三胡乡、革勒车镇八个乡镇。地理坐标为北纬29°06′~29°40′，东经109°00′~109°27′。

（供稿人：来凤县农业技术推广中心；覃竹山、唐纯）

（四）广水市吉阳县大蒜品牌建设

广水市地处神农故里随州市，是国家地理标志农产品“广水吉阳大蒜”原产地，经过多年的发展壮大，“吉阳大蒜”成为广水特色蔬菜的名片，大蒜产业已成为广水市特色农业的主导产业。

1. 自然条件

广水市位于湖北省北部偏东，属北亚热带大陆性季风气候，地理坐标为北纬31°23′~32°05′，东经113°31′~114°07′。冷暖适中，冬干夏雨，雨热同季，四季分明，光照充足。年平均气温为13℃~16℃，年平均地温15.7℃，≥10℃的积温3968.5℃，年日照时数平均为2100小时。大蒜喜好冷凉，较耐低温，广水市秋冬季温度13℃~18℃，晚秋气温下降慢，晴朗少雨，气候温和；早春气温回升慢，3~4月平均气温在11.5℃~15.7℃，大蒜生长适宜温度时间较长；4月下旬~5月中下旬，气温回升迅速，气温稳定在20℃~23℃，有利于蒜头膨大。适宜大蒜生长对温度的需求。平均年降水量为13300毫米，降水较为充沛，能满足大蒜生长期对水分的需求。

广水市属低山丘陵地带，土壤pH值为5.6~6.5，土质呈微酸性和中性水稻土和潮土，有机质含量为6.3%~7.5%，是大蒜最适宜的生长土壤，在这样的土壤里种植大蒜，有利大蒜的正常生长、大蒜素的积累和蒜头膨大发育，可提升大蒜整体质量，出产的大蒜蒜头大，辛辣味比较浓，大蒜素含量高，粗纤维含量少。

2. 生产规模

广水吉阳大蒜在广水市有近2000年的种植历史，主要种植区域位于太平镇吉阳山周围一带，由于大蒜品质突出、农民种植收益明显，20世纪80年代，广水吉阳大蒜种植范围逐步辐射到吉阳山周边8个乡镇办事处，种植规模高达10万多亩，蒜砣总产量在8万吨，蒜薹总产量在12万吨。产品畅销中国香港、中国澳门、日本、马来西亚、泰国、新加坡等国家和地区。

自21世纪城镇化发展以来，打工经济兴起，种蒜成本上升、比较效益下降，广水大蒜种植面积有所回落；2014年，大蒜面积降到2.5万亩以内；2016年以后，随着农业新型经营主体的扩大和大蒜机械化播种技术的突破，大蒜面积逐步恢复；2020年，广水吉阳大蒜种植面积恢复至4.0万亩，年产蒜砣3万吨、蒜薹5万吨，总产值达4.8亿多元。

3. 地理标志

为提高广水吉阳大蒜品牌知名度，2011年广水市申请了“吉阳大蒜”地理标志，吉阳大蒜的特定品质：蒜砣皮薄、砣大、瓣匀、瓣紧、色白、肉嫩、味辣、营养丰富，且不散瓣、抗霉变、抗腐烂、耐贮藏；蒜薹脆嫩、汁多、味辣；加工产品有大蒜片、大蒜泥、大蒜素、大蒜晶、大蒜粉、大蒜腌制品等。吉阳大蒜蒜砣磷含量和粗纤维含量分别为0.123%和0.66%，蛋白质、脂肪、还原糖、钙、铁、锌含量分别达7.76%、0.06%、0.22%、0.016%、0.001%、0.001%，大蒜素含量更是高达674.0毫克/千克，在全国所有大蒜产区中位列前茅。使用“吉阳大蒜”地理标志证明商标商品的生产地域范围：广水市太平镇、李店镇、骆店镇、陈巷镇、十里街道办事处、城郊乡、杨寨镇、广水街道办事处8个镇街道办事处。吉阳大蒜产地范围地理坐标为北纬31°23′～32°05′，东经113°31′～114°07′。

为奏响“一品吉阳蒜，百年健康人”这一蔬菜区域品牌乐章，广水市政府出台多项政策促进大蒜产业作为特色种植业发展，太平万亩吉阳大蒜标准化生产基地的建立和大自然食品、仁健食品大蒜加工企业的新产品研发，带动了区域品牌的发展。广水市已形成龙头带动基地，基地带动农户，订单式加工服务为一体的产业链条，广水市在地域保护范围内，统一质量标准与生产技术要求，统一包装、标识与分级贮藏技术规范，通过农产品地理标志的统一推广与营销，扩大广水市吉阳大蒜的市场影响力。

（供稿人：广水市农业农村局；叶光军）

（五）宜昌市当阳市大蒜品牌创建

湖北当阳市是我国著名的“大蒜之乡”。近年来，宜昌市充分利用自然优势和交通、区位优势，将“长坂坡”大蒜品牌作为新兴优势产业做大做强，按产业化、品牌化发展要求，实现生产规模化、产品标准化、物流冷链化，不断提高市场竞争力与经济效益，使大蒜产业成为当阳市一项主导产业。

1. 自然条件

当阳为宜昌市下辖市，位于湖北省中部，西邻三峡宜昌，东连荆州古城，北通襄阳隆中。战国时，建当阳县，属南郡，是楚文化的发祥地之一。境内有号称“天下四绝”之一的佛教圣地玉泉寺和中国三大关庙之一的关陵庙，有闻名天下的长坂坡以及太子桥、当阳桥、锦屏山等三国古迹。当阳市属亚热带季风气候，为湿润区，四季分明，雨热同季，兼有南北过渡的特点。气候温和，日照充足，多年平均日照时数为1850小时，日照百分率为41.8%。无霜期长（年平均为268天），年平均气温为16.4℃，年极端最高气温40.9℃（1966年8月4日），年极端最低气温为－15.6℃（1977年1月30日），气温稳定在10.0℃以上的日数为241天，年均总积温5225.1℃。雨水充沛，宜于农耕，但降雨分布不均。年平均降水日数为120天，常年平均降水量在936～1048毫米，降雨多集中于夏季；历史上最多降雨量1544毫米（1983年），最少降水量539.1毫米。大蒜种植区两河镇、河溶镇为沮漳河冲积平原沙壤土，土壤pH值为6.5～7.5，属弱碱性，有机质含量为7%～25%，适宜大蒜的正常生长发育。

2. 生产规模

长坂坡大蒜始于1995年，主要种植以当阳市两河镇、河溶镇为中心，种植面积5.5

万亩，自2000年开始，由于种植优势突出和效益明显，从四川省彭州县引进适宜本市种植的“正月早”“二水早”等新品种，在全市大力推广种植，全市10个乡镇办事处均有种植，每年面积稳定在10万亩左右。

3. 品牌建设

为提高“长坂坡”大蒜品牌知名度，2005年当阳市两河镇农副产品产销者协会申请了“长坂坡”集体商标，2008年长坂坡大蒜绿色食品认证，2012年被评为湖北名优蔬菜银奖，2015年被评为湖北味道，2014年“长坂坡”被评为中国驰名商标。

集体商标商品长坂坡大蒜的特定品质：长坂坡蒜薹长约79厘米，薹粗0.85厘米，百薹重约2.6千克。蒜头圆形，中等大小，平均瓣重1.9克。蒜头产品脂肪≥0.65克，蛋白质≥6.7克，氨基酸总量≥4.6克，大蒜素≥560毫克。外皮淡紫红色，形状扁圆，整齐，蒜籽香味浓，辛辣味重，汁液黏稠，营养元素含量高。使用“长坂坡”集体商标商品的生产地域范围：当阳市地理坐标为北纬30°82′，东经117°78′。

（供稿人：当阳市农业技术推广中心，当阳市两河镇农业服务中心；杨孔涛、吴方华）

（六）宜昌市五峰县香葱品牌创建

1. 自然条件

五峰位于北纬30°与东经110°交叉区域，属中亚热带大陆性季风气候区。具有气候温和、雨量充沛、日照充足、四季分明的特点。全年平均降水量1354.3毫米，平均相对湿度77.2%，年积温4160℃，平均气温13.8℃，平均日照时数1412.7小时。汛期（5～9月）全县平均降水量为915.2毫米，呈东少西多的空间分布，占年降水量69.4%以上。雨季结束后以晴热高温天气为主，常有伏旱发生。

五峰山地立体气候特征显著，极适宜高山无公害反季节蔬菜生长，主产辣椒、西红柿、土豆、欧芹、葱蒜、萝卜、白菜、四季豆等产品，深受江苏、福建、广东、上海、武汉等地消费者青睐。五峰新桥农业有限责任公司按照出口食品标准生产的真空冻干脱水蔬菜“野山珍”系列地方特产，品质优异、特色鲜明，为“宜昌市名牌产品”“三峡十大特产”，极具发展潜力，市场供不应求。

2. 生产规模

以五峰野生香葱为种质资源培育的特色蔬菜“五峰香葱”，2020年五峰香葱种植面积10000余亩，产量2万吨，产值12000万元，带动万余农户户均增加收入3000元，为五峰农民增收及精准脱贫起到了重要推动作用。

为将传统香葱产品转化为商品，20世纪90年代五峰便在辖区付家堰乡建设脱水蔬菜厂生产脱水香葱供应国内市场。2002年，湖北新桥生物科技有限责任公司以五峰野生香葱资源为基础，应用先进的真空冷冻干燥脱水技术规模化生产冻干脱水香葱出口欧洲，产品以香味浓列、颜色鲜绿，产品质量全面达到欧盟、日本及本国标准而迅速打开了国际市场，五峰脱水香葱成为该县出口创汇特色支柱产品，小小香葱将欧洲客商吸引到了偏僻的鄂西山区。目前，五峰正在打造国内最大的冻干细管葱生产出口基地。

3. 地理标志

为加快“五峰香葱”产业化开发步伐，五峰以自然生长的野生香葱为种质资源，采用“公司＋协会＋农户”模式，产业化开发五峰香葱产业。2010 年五峰香葱协会向国家商标总局申请注册“五峰香葱”集体商标。

“五峰香葱”为多年生百合科草本植物，株高 30～60 厘米，葱叶断面呈圆形或半圆形中空，管径 2～6 毫米、长 20～50 厘米，色泽深绿；葱茎白绿相间，外层有紫色皮层包裹；根须茂盛，长 10～30 厘米；全年可割收葱叶 3～5 茬。“五峰香葱”适宜生长温度为 10℃～30℃，土壤以富含有机质、保水性好、光照适度、偏酸性的黏性土壤为宜。合理利用五峰境内从海拔 200～2000 米的立体气候山地，每年 3 月到 12 月均可种植采收，特别适宜产业化开发。使用“五峰香葱”地理标志证明商标商品的生产地域范围为五峰全境。

（供稿人：五峰蔬菜产业发展局；易礼美）

（七）武汉市新洲区芥菜品牌创建

叶用芥菜适应性强，在新洲栽培较为普遍，主要以叶片或肥厚的叶柄供食用，除鲜食外，以加工成各种别具风格的咸菜为主。新洲芥菜是湖北省优势农产品，在湖北省各大农贸市场中买腌菜的地方，几乎都能听到“新洲口音”，新洲芥菜畅销湖北，在湖北省武汉市消费者心中已占有一定地位，说到吃腌菜就会自然想到新洲芥菜，口感别具特色的新洲芥菜得到了市场广大消费者的青睐。近年来，蔬菜产业化进程发展迅速，新洲在做强蔬菜主导产业的同时，注重培育芥菜产业，新洲芥菜已成为武汉新洲蔬菜产业的一张名片。

1. 自然条件

新洲区属于亚热带季风气候，四季明显，热量丰富，雨水充沛，无霜期长，光照充足年日照时数 2018.6 小时左右，平均气温 16.6℃，全年最低为 1 月，月平均气温 2.1℃，最高是 7 月，月平均气温 28.5℃，≥0℃的有效积温 6093℃，无霜期为 253 天左右，全年降雨量 1191.2 毫米左右，有利于芥菜的栽培。

全区地表径流量 p＝50% 的典型年为 21300 万立方米；p＝75% 的典型年为 16530 万立方米；p＝95% 的典型年为 8410 万立方米。区内水系举水、倒水、沙河 3 条主要河流和 19 条 5 千米以上的小河，长江从境南流过，河网水系较为发达，水资源充足，地下水贮藏量大，水质好，可实现芥菜生产的旱涝保收。

2. 生产规模

新洲芥菜始于 1988 年，主要种植于新洲县双柳镇，以孙洪村、车家村为中心，自 2000 年开始，由于种植优势突出和效益明显，全区 8 个街（镇）均有种植，面积迅速扩大到 1.2 万亩；2012 年，随着产业化水平的提高，芥菜面积发展迅速，种植规模达 1.6 万亩；2014 年，由于棉花行情的低迷，新洲区实施压减低效作物方案，推广种植芥菜，种植规模扩大到 1.9 万亩；2015 年，由于武汉市汉味鲜绿色食品有限公司为台湾统一集团武汉分公司供应“老坛酸菜”方便面酸菜包，芥菜行情的推动以及种植模式的成熟，种植规模发展到 2.4 万亩；2016～2020 年，种植面积基本稳定在 2.6 万亩左右。

3. 品牌创建

为打造区域品牌，实现“走出湖北，俏销全国”的目标，新洲政府出台多项政策促进芥菜产业作为优势农产品发展，2003 年双柳街芥菜生产基地获得无公害农产品产地认定。双柳街 7 家芥菜加工企业的集聚带动了区域品牌的发展，“博威”“有点味”“孙洪”等芥菜加工菜品牌享誉湖北省内外，新洲芥菜已形成龙头企业带动基地，基地带动农户，订单式加工服务为一体的产业链条，在地域保护范围内，开展标准化生产、品牌化经营。通过推广芥菜标准化生产，改进芥菜加工工艺，打造芥菜加工菜品牌，扩大了新洲芥菜的市场占有率。

（供稿人：双柳街农业服务中心；游艳华）

（八）十堰市仙桃莲藕品牌创建

沔城即沔阳城的简称，地处江汉平原腹地，位于湖北省中南部之长江、汉水交汇冲积的三角洲，是仙桃市的“母亲城”。沔城土壤肥沃，雨量充沛，气候宜人，钟灵毓秀的地理区位和肥沃甘甜的水质土壤，共同打造了沔城藕得天独厚的生长环境。东沼红莲，为沔阳八景之一，以古城东门外的大小莲花池最为出名。大莲花池莲花洁白，小莲花池莲花红艳，从不杂色。明朝学政卢滋在沔阳（今仙桃沔城回族镇）留下了咏沔阳八景的著名诗篇：

湖水平桥近古城，红莲花好镜中明。
亭事不受淤泥染，花与濂溪心共清。
——明·卢滋

这首对东沼红莲的描写，充满了诗情画意，吸引了无数游子墨客的驻足观赏。沔城东沼花香藕肥，盛产莲藕，素有“莲乡藕城”之称，也世代流传“李白赠莲引神种”的美丽传说。沔城藕作为沔城首屈一指的特产，也是仙桃著名的三宝之一。莲藕粗壮肥大，肉质松脆，纹理细腻，味道鲜美。生食甘甜，煨汤香糯。历史上，沔城藕一直是进奉皇帝的上等贡品，被人们视为席中珍品。2013 年，经国家工商行政管理总局商标局认定，“沔城藕”荣获中国国家地理标志证明商标。

1. 自然条件

湖北省仙桃市地处湖北省中南部，是辽阔肥沃的江汉平原的一部分，地理坐标为北纬 30°04′～30°32′，东经 112°55′～113°49′，纬度适中，四季分明，属于亚热带大陆性季风气候区，全年气候温和，雨量充沛，日照充足，年平均日照时数为 2002.6 小时，日照率为 46% 左右，年降雨量为 1301.8 毫米，年平均气温为 16.3℃，无霜期一般为 256 天。莲藕性喜温暖，一般在土温达到 10℃以上时，种藕顶芽才可萌发，气温达 15℃以上时茎叶开始生长，以 20℃～32℃最适于茎叶生长和开花结果，20℃～25℃最适于结藕，当气温降至 15℃以下时，植株停止生长。莲藕不耐霜冻，必须在无霜期内生长。藕田选择土深厚、有机质丰富的微酸性或近于中性的粘质土。由于近些年的气候变化，仙桃市出现了冬夏偏长春秋偏短的气候特性，但这也为莲藕提前萌芽提供了有利条件。

2. 生产规模

仙桃市沔城镇政府引导湖北沔州农业科技发展股份有限公司建立七里垸生态观光莲藕种植示范基地，镇政府采取流转土地，承包到公司主导经营，用公司化模式严格规范的种植流程及技术指导，确保沔城藕的品质，夯实沔城莲藕的品牌影响力。通过试验沔城藕的改良技术和“藕—稻”连作模式，2019 年推广种植沔城藕 1500 亩，产量 300 万斤，产值达 1500 万元。一方面带动了当地藕农致富。通过实施七里垸千亩生态观光莲藕基地建设，辐射带动周边生态农业发展，整合分散经营的藕农，进行种植、生产、销售、加工等规范化操作，实现集约化运作，规避市场风险，带来规模效益；另一方面也带动了沔城旅游发展。沔城回族镇是湖北省旅游名镇，而沔城藕更是这里的一道风味独特的佳肴。通过七里垸千亩生态观光莲藕基地建设项目，进一步提升沔城藕的美誉度和沔城旅游的知名度，从而带动沔城的历史古迹游和生态观光游。同时通过大规模种植沔城藕也带动了其他第三产业饮食、服务业的发展，给下岗职工增加了就业机会，对提高人们生活质量、促进社会稳定都有极大地促进、带动作用。

3. 地理标志

沔城藕是湖北省仙桃市沔城回族镇的特产，2013 年沔城藕获国家地理标志商标。沔城藕，粗壮肥大，肉质松脆，纹理细腻，味道鲜美，尤以莲花池中的最为著名，被人们誉为“白璧莲参”。沔城藕因藕形为中长筒形，皮色较白、煨汤粉，香，又因藕头短圆，形似鸭蛋，又被称为鸭蛋头。通过在国家种质武汉水生蔬菜资源圃内连续 2 年的鉴定评价，沔城藕表现为株高 150 厘米左右，叶柄粗 1.5 厘米，叶片平展，叶片长半径 35 厘米，短半径 25 厘米，叶面光滑。花白色。藕节间中长筒，表皮白色，子藕较小，主藕一般 3 ~ 4 节，主藕长 78.5 厘米，主节长 18 厘米，粗 6.7 厘米。单支整藕重 1.6 千克，主藕重 1.26 千克，主节重 0.4 千克，亩产 1060 千克左右。经农业农村部食品质量监督检验测试中心（武汉）检测，沔城藕干物质含量 21.4%，粗蛋白含量 2.13%，可溶性糖含量 2.06%，淀粉 11.6%。

（供稿人：十堰市农业科学院；张振、杨柳）

（九）襄阳市大头菜品牌创建

湖北襄阳的大头菜是我国四大名腌菜之一，在襄阳有 1800 多年的种植历史，是襄阳主要的酱制蔬菜产品。作为襄阳历史最悠久、最具代表性的特产，大头菜受到政府的高度重视。2012 年 12 月，“襄阳大头菜”成功注册为国家地理标志证明商标，借助地理标志证明商标的东风，襄阳大头菜开始突飞猛进地发展。

1. 自然条件

襄阳市处于亚热带大陆性季风气候过渡区，四季分明，而且气候大多比较温和，年平均气温为 15.2℃ ~16.0℃，由于大头菜性喜冷凉，不耐暑热，适宜生长的温度在 15℃ ~22℃，因此，大头菜在这里能够得到良好的生长，达到高产的目的。光照时间年平均为

1622～1841 小时，平均年降水量为 828～928 毫米，热量丰富，雨量适中，这种气候条件能满足大头菜生长对水分的需求，并且适合其喜光却又喜冷凉的生长特性。大头菜虽然不适合在高温下生长，但由于根茎膨大的最适温度为 13℃～18℃，因此温度过低也会影响大头菜根茎的正常膨大，而年均无霜期为 242～252 天，时间较长，可以让大头菜有更长的生长时间，在生长过程中能够积累更多的对人体有益的营养物质，从而达到优质高产的目的。襄阳大头菜主要生产区域集中在沿汉江河流域两岸的夹河套地域和沿唐白河两岸的夹河套地域，土质以沙壤土为主，土壤地力较好，土质疏松的地块种植效果较好。多点土壤取样检测平均 pH 值 6.3，速效磷浓度 20.68～72.89 毫克/千克，有机质 25.57～30.19 克/千克。这些条件能有效地促进大头菜的正常生长发育，促进根茎膨大发育，有利于植物纤维、硫代葡萄糖苷的积累，提升整体质量。

2. 生产规模

据《中国风物志》记载，襄阳大头菜为诸葛亮隐居襄阳隆中时所创，已有 2000 多年历史，被誉为“中华一绝”，民间素有诸葛菜、孔明菜之美称。

襄阳大头菜种植经历了从旺盛期到衰落期再到平稳期的发展过程，20 世纪七八十年代是襄阳大头菜生产最旺盛的时期，全市大头菜种植面积 10 万亩左右，产量 17.5 万吨左右，是当时很多乡镇的主要经济作物，从事大头菜腌制的企业达 100 余家，当时被称为我国四大名腌菜之一的襄阳大头菜远销全国 20 多个城市，部分出口海外；90 年代中期由于粮食价格上涨、其他经济作物效益提升明显等因素的叠加影响，襄阳大头菜种植面积大幅下降，种植面积一度下跌到 1 万亩以下，产量 1.8 万吨。与此同时，大批从事大头菜腌制的企业受原料影响纷纷倒闭，部分企业开始从四川、重庆、山东购买原材料，原材料价格上涨，成品菜价格持续低迷，品质、口感变差导致又一批从事大头菜腌制的企业倒闭；2000 年以后，襄阳大头菜种植面积逐步趋于稳定，种植面积稳定在 2.3 万亩左右，亩平均单产 5000 斤，总产可达 4.25 万吨，可加工成品 3.75 万吨，腌制企业数量变少，但也涌现出了一些龙头企业，如湖北襄阳孔明菜食品有限公司。

3. 地理标志

2007 年 9 月 6 日，原国家质检总局批准对“襄阳大头菜”实施地理标志产品保护，2012 年 12 月，“襄阳大头菜”成功注册为国家地理标志证明商标。地理标志产品对原料种植、腌制及质量特色都进行了明确地规定，其中质量特色分为两方面。一方面，感官特色要求色泽：表面深褐色、色泽过心、干后有一层白色食盐结晶，切面呈均匀褐红色；体态：无须无根、表皮有盐霜，无空洞、无皱缩；滋味：质地脆嫩、咸鲜味厚、无酸味、苦味等异味；气味：有大头菜特有的香气和浓郁的酱香气、无异味。另一方面，理化指标要求：水分≤65%，食盐（以 NaCl 计）为 20%～28%，总酸≤0.9%，氨基酸态氮（以 N 计）≥0.2%。襄阳大头菜地理标志产品保护范围主要为襄州区东津镇、双沟镇、张集镇、峪山镇、黄龙镇、程河镇、朱集镇、襄城区欧庙镇、庞公乡及枣阳市琚湾镇 10 个乡镇现辖行政区域，地理坐标为北纬 31°50′～32°20′，东经 112°5′～112°36′。

（供稿人：十堰市农业科学院；常堃、陈丽潇）

三、湖南省特色蔬菜品牌建设

(一) 湘西凤凰县小黄姜品牌创建

生姜有小种姜、大种姜、山姜等品种，小种姜块茎小，颜色黄，俗称“小黄姜”，主要集中在我国北纬27°附近种植。凤凰小黄姜是小黄姜的一种，主要分布于凤凰县吉信镇、阿拉营镇等14个乡镇，种植在海拔200～850米黄壤土区域内。自改革开放以来，随着凤凰生姜种植面积不断扩大，姜产量不断增加，生姜加工产品覆盖面不断延伸，凤凰生姜产业的市场化和商品化不断深化，凤凰生姜的名气越来越大，人们自然而然就把这些区域产的颜色鲜黄的小黄姜统称为“凤凰小黄姜”。

1. 自然条件

凤凰县地处武陵山脉南段与沅麻盆地交接地带，平均海拔450米，地势自西北向东南呈三级台阶递降。凤凰小黄姜产地吉信镇、沱江镇、廖家桥镇、阿拉营镇、新场镇、竿子坪镇、千工坪镇等14个乡镇，处于湖南省西部边缘，湘西土家族苗族自治州的西南角的凤凰县境内，地理坐标为北纬27°44′～28°19′，东经109°18′～109°48′。海拔200～850米，主要地貌是坡度在25°以下山地、丘陵、岗地、台地。产地耕地土地平整，多为以石灰岩风化物、板页岩风化物为成土母质的偏微酸性黄壤土，pH值5.5～6.5，面积约有3.4万公顷，土层较厚，湿润、土质疏松、通透性好，大多数坡度在25°以下，县境内土壤氮素、钾素含量较高。冬季盛吹偏北风，夏季盛吹偏南风，表现为最明显的季风环流。日照总时数1266.3小时，日照率29%。光照随海拔升高而减少。产地处于湘西低热区，年平均气温15.9℃，≥10℃积温及其维持天数为5002.1℃、238天。年平均无霜期为278天。产地平均降雨量1308.1毫米。良好的自然条件有利于促进凤凰小黄姜进行光合作用，增强抗病性、抗逆性，提高产量和姜块颜色黄、香辛味浓的品质。

2. 生产规模

凤凰县是湘西种姜老区，“凤凰小黄姜”是凤凰县传统种植的常规地方品种，已有几百年的种植历史。目前，凤凰小黄姜的生产以凤凰县满坪凤凰小黄姜种植专业合作社、凤凰县顺心凤凰小黄姜种植专业合作社、凤凰县香辣凤凰小黄姜种植专业合作社、凤凰县好兄弟凤凰小黄姜种植专业合作社等合作社为主，另有零星农家散户。

凤凰县人民政府对凤凰小黄姜的生产、发展都倾注了关心。2011年3月27日，为姜农搬迁了凤凰小黄姜市场；2015年1月13日，凤凰县委、县政府制定了《关于加快推进现代农业产业发展的实施意见》(凤发〔2015〕1号) 文件，对凤凰小黄姜的发展做出了强力政策和资金支持。“2014年按程序报批提前种植新扩区域，新扩集中连片种植面积在500亩以上的专业合作社或企业，且每年复种在2季以上，签订土地流转合同在5年以上的，经验收合格后，按照每年300元/亩给予支持，连续扶持三年”“县财政每年安排200万元支持建设。当年新增注册，成员在20户以上，在规划园区内种植规模在1000亩以上的凤凰小黄姜、油茶、油菜注册专业合作社，经申报验收后，给予相关乡镇一次性奖励5万元，其中3万元用于奖励合作社”。目前，已有3个凤凰小黄姜种植专业合作社享受到了县政府的资金支持。政府的支持对于促进凤凰小黄姜产业的发展，带动更多农民精准脱贫起到了较大的推动作用。

因品质好，知名度高，市场行情不错，凤凰小黄姜的种植面积逐年增多。自2000年以来，年均种植面积2.4万亩，年均总产量4.06万吨。产值最高的年份是2019年，种植面积为2.9万亩，产量8.7万吨，销售价12000元/吨，产值9.4亿元。产品远销上海、贵州、浙江、广东、湖北等省份。全县有吉信镇、沱江镇、廖家桥镇、阿拉营镇、新场镇、竿子坪镇、千工坪镇等14个乡镇的60多个村9000多户农户种植凤凰小黄姜，成为了凤凰县农业主导产业之一。近年来，随着市场经济的发展，凤凰小黄姜主要通过六个渠道进行销售：一是姜农自主销售。每逢吉信镇农贸市场赶集日，上海、浙江、广东、贵州、重庆、湖北及省内长沙市等地姜商慕名而来收购姜农的凤凰小黄姜，每赶集日的平均成交量可达220吨。二是合作社统一销售。以满坪、香辣、顺心、好兄弟等凤凰小黄姜种植专业合作社为龙头，发挥“集团作战”的优势，采取统一生产、统一标准、统一包装的方式进行统一销售，主要销售一级、二级凤凰小黄姜。三是每年初上海、浙江、广东等地外省姜商与吉信镇凤凰小黄姜协会签订购销合同。四是本地居民生活自用姜。五是线上销售一级、二级凤凰小黄姜。六是本地姜糖企业加工采购。凤凰姜糖是享誉全国的特产，其主要原料就是凤凰小黄姜。以凤凰县爱心食品厂、凤凰县贾师傅食品厂等为龙头的加工企业，自2005年以来平均每年采购小黄姜8000吨。

3. 地理标志

凤凰县种姜历史悠久，据《凤凰年鉴》2015版记载，东汉时期凤凰县即种植姜。可见凤凰生姜种植有文字记载的可追溯至东汉之时。

1949年前，凤凰小黄姜姜种、鲜姜在农村集市销售，少量流通到浙江、广东等外省农贸市场，因优良的品质逐渐形成了良好的口碑。中华人民共和国成立后，凤凰吉信镇、沱江镇等7个乡镇区域内的原各公社、大队、小组均把苎麻和小黄姜作为集体主产的经济作物，通过统购统销给供销社。凤凰县民贸二局把基层供销社统购的凤凰小黄姜统销到外省，1975年，全县产小黄姜3080吨，统销收入132.44万元。20世纪90年代，农村经济开始放开搞活，产地家家户户种姜，1992年全县姜产量达到8480吨，销售收入1339.84万元。2019年，种植面积2.9万亩，年产量8.7万吨，产值9.4亿元，约占全县蔬菜总产量的1/3，产品远销上海、广东、浙江等多个省份。

凤凰小黄姜颜色黄，辛辣味浓、产量高，而且品质佳、味道鲜、久煮不烂，抗逆力强，含水量少，易加工贮藏的独特风味使其获得了良好的声誉和口碑，在凤凰县本地、凤凰县周边及外地姜商等相关公众知名度很高。每逢收获季节时，上海、浙江、广东、贵州、重庆、湖北等外省的姜商及长沙市、怀化市、常德市等周边地区的姜商便慕名来到吉信镇凤凰小黄姜市场收购凤凰小黄姜，运回姜商本地菜市场批发销售。凤凰小黄姜的平均每赶集日成交量可达220吨。每年5月底之前，外地姜商便会把凤凰小黄姜收购9/10，所以凤凰小黄姜姜农根本不担心销售。

作为调味品，凤凰小黄姜主要销往以浙江、贵州、重庆等地区，并辐射华东、华南、西南等10余个省市，在浙江省绍兴市华舍镇蜀阜菜市场，凤凰小黄姜的市场占有率（同类品种）达75%左右。

（供稿人：凤凰县农业农村局；田仁广、田时良）

（二）岳阳市华容县芥菜品牌创建

湖南省华容县是“中国芥菜之乡”。近年来，芥菜产业逐渐成为华容县经济支柱产业之一，为加快推进特色产业发展，按照有基地、有园区、有企业、有品牌“四有”目标，把发展壮大芥菜产业作为农业持续增效、农民稳定增收的重要产业来抓，基本形成“一核、一带、两区、三基地”发展格局。

1. 自然条件

华容县位于湖南省北部边陲，岳阳市西境，地理坐标为北纬29°10′18″～29°48′27″，东经112°18′31″～113°1′32″。地属北亚热带，为湿润大陆性季风气候。具有“气候温和，四季分明，热量充足，雨水集中；春温多变，夏秋多旱，严寒期短，暑热期长”的特点。近年极端最高温37.5℃，极端最低气温为－3.9℃，年降水量1188.6毫米，日照1516.8小时，无霜日262天，为芥菜生长提供了得天独厚的自然环境。华容县为长江和洞庭湖冲积平原，地势平坦，有机质、矿物质丰富，土壤肥沃。土壤pH值为7.35，有机质25.4克/千克，碱解氮142毫克/千克，有效磷14.3毫克/千克，缓效钾457.9毫克/千克，速效钾94毫克/千克。华容县土层深厚，土壤质地较轻、土壤养分含量较高，耕作性好，适于芥菜的种植。

2. 生产规模

华容县芥菜种植历史悠久，据《华容县志》记载，种植始于魏晋时期，至今已有1500多年的历史。20世纪90年代末开始规模化种植，全县14个乡镇均有种植，种植优势与经济效益日趋突显。近几年来，芥菜种植面积常年稳定在20万亩以上，年产量100万吨，年加工能力60万吨。华容县坚持扩基地、建园区、育龙头，创品牌，着力推进芥菜种植规模化、加工园区化、生产标准化、经营品牌化，蔬菜产业链条不断拉长，产业效益不断提高。

3. 地理标志

2007年，经岳阳市人民政府蔬菜办公室推荐，向农业部申报国家农产品地理标志保护产品，2008年，农业部以“华容芥菜”命名，获准认证为中华人民共和国农产品地理标志保护产品。2016年“华容芥菜”成功入选“湖南十大农业（区域公用）品牌”，2017年，华容芥菜获评中国特色农产品优势区和农业部全国区域农产品“百强”公共品牌，2019年成功入选中国农业品牌目录《2019农产品区域公用品牌》。芥菜肉质鲜嫩爽口，富含维生素A，维生素C、钾、钙等微量元素，腌制加工后，是一道不可多得的下饭美食。

（供稿人：湖南省湘西自治州农业科学院；杨建国）

（三）泸溪县玻璃椒品牌创建

泸溪玻璃椒始种于20世纪70年代，是当地调整和优化农业产业结构，增加农民收入的重要产业之一，因其自然条件优越群众基础好，盛产的玻璃椒鲜果呈牛角形、老熟后色泽鲜红光亮、肉厚皮薄、香辣味浓、风味独特，品质优异，干制后色泽鲜艳、光亮透明而得名“泸溪玻璃椒”，其加工开发出的剁辣椒、辣椒酱、泡椒、油炸辣椒、酸辣椒、姜辣椒等产品，因其口味独特，辣中带香，吃后回味无穷而深受消费者的青睐。

1. 自然条件

泸溪县位于湖南省湘西土家族苗族自治州的东南部、武陵山脉中段。地形分山地、丘陵、岗地、平原和水面五个类型，且交错分布，其中山地占66.04%，丘陵25.3%，岗地2.31%，平原3.4%，水面2.9%，海拔一般在300～500米，平均海拔350米，最高海拔884.1米。

2. 市场优势

1990年定为湖南省外贸优质辣椒出口生产基地，誉为“中国湖南玻璃干椒”，为进一步增强市场竞争力，拓宽流通渠道，扩大销售市场，近几年来，泸溪县坚持以市场为导向，以品牌建设为突破口，通过着力打造一批具有市场竞争力的特色农产品，进一步做大、做实、做优特色产业经济“蛋糕”。2009年，该县申报了“巴斗山牌玻璃椒”商标，改进了玻璃椒包装，使玻璃椒由过去的传统包装变成精品包装。同时，大力开展辣椒深加工，开发了剁椒、辣椒酱、泡椒、油炸辣椒、酸辣椒、姜辣椒等系列加工产品。目前，这些产品除了在浙江、江苏、上海等国内市场非常吃香外，还远销美国、日本和东南亚等10多个国家和地区。2014年，在武陵山片区（湘西）首届生态有机富硒农产品博览会上，泸溪兴隆场“辣椒酱”等系列产品获得了银奖，“油炸辣椒”获得2016年中国中部（湖南）农业博览会农产品金奖。目前，该县正积极筹备对“泸溪玻璃椒”进行品种登记。

3. 生产规模

近几年来，为坚决贯彻中央和省、州各级关于脱贫攻坚产业扶贫决策部署，深入落实县委、县政府“产业为王”的总体要求，泸溪县发展“泸溪玻璃椒”年种植面积稳定在5万亩以上，总产量：鲜椒6.38万吨，干椒0.105万吨，总产值24880万元，已覆盖了全县11个乡镇，134个行政村，2.57万户椒农，基本实现全县93个贫困村辣椒产业全覆盖，全县辣椒种植规模达1万亩以上的乡镇有1个，种植规模达5000亩以上的乡镇有3个，规模达2500～5000亩的乡镇有8个，发展5亩以上的辣椒种植户达200余户，100亩以上辣椒大户有2户，20亩以上的5户，绿色无公害蔬菜基地2处，实现乡乡有辣椒，户户种辣椒，“一乡一业，一村一品”的发展格局开始凸显，每到辣椒收获季节，村民的房前屋后、屋顶山坡都晒满了红艳艳的辣椒，“辣椒晒不赢、屋顶变成坪”，家家户户晒辣椒已成为农村一道独有的风景。

（供稿人：泸溪县农业农村局；陈怀民、罗荣卿）

第六章 西南片区

一、四川省特色蔬菜品牌建设

（一）眉山市东坡区芥菜品牌创建

眉山市东坡区是首批国家现代农业产业园、国家现代农业示范区、全国蔬菜产业重点县，同时也是“中国泡菜之乡”、全国绿色食品原料（豇豆、榨菜、萝卜、辣椒）标准化生产基地、中国调味品原辅料（青菜）种植基地、四川省现代农业蔬菜产业基地强县。芥菜作为“东坡泡菜”最主要原料，年种植规模约占蔬菜播种面积的一半，并全部经泡菜企业收购加工、畅销全国并出口世界，成为以“东坡泡菜”为支柱产业的东坡区一大特色。

1. 自然条件

东坡区是北宋大文豪苏东坡的故乡，位于四川盆地西部的成都平原，地处岷江中上游，属亚热带湿润气候区，冬无严寒，夏无酷暑，霜雪少见，四季分明，雨量充沛，光温资源丰富，年平均气温 17.2℃，无霜期为 318 天，年平均降雨量 1057.5 毫米，年均日照时数 1193.8 小时。区境以平坝和阶地为主，分别占辖区面积的 48.43%、33.31%，其余为浅丘、深丘和低山，分别占辖区面积的 9.82%、3.32% 和 5.12%。区域内土壤可划分 5 种类型，其中：冲积土约 2870 公顷，紫色土约 4395.27 公顷，黄壤约 6205.8 公顷，红壤约 27.73 公顷，水稻土约 51520.4 公顷。境内地势平坦，土壤肥沃，气候温和，自然条件得天独厚，适合多种农作物生长，是传统的蔬菜和泡菜原料主产区域。

2. 产业规模

东坡区腌制泡菜历史可追溯到 1500 年前，苏东坡在《论诗》中写道：梅止于酸，盐止于咸，饮食不可无盐梅，而其常在咸酸之外。从 20 世纪 80 年代起，东坡区泡菜由民间制作走向工厂化生产，涌现出李记、吉香居、味聚特等一批龙头企业，带动以芥菜为主的泡菜原料种植业快速发展。特别是自 2006 年荣获“中国泡菜之乡”称号以来，东坡区依托得天独厚的自然条件和独特深厚的东坡文化，全力推进以泡菜加工为特色的芥菜产业发展，取得了明显成效。2019 年，全区完成芥菜播种面积 14.1 万亩（其中青菜 10.1 万亩、榨菜4万亩），实现产量51.7万吨、产值2.08亿元。全区现有泡菜食品企业60余家，2019年完成泡菜原料加工量180多万吨，实现产值185.6亿元。“东坡泡菜”系列产品畅销全国、远销世界各地，形成了鲜销、加工相互促进、互为补充、良性发展的格局，实现了“从小菜园走向大基地、从小菜篮走向大市场、从小生产走向大产业”三大转变。

3. 品牌创建

第一，打造区域品牌。“东坡泡菜”产品具有色泽红润光亮，麻、辣、酸、鲜、甜、香，质地脆嫩，咸淡适口，细韧耐嚼、入口香脆、回味悠长的特点，深受市场客商和广大消费者喜爱，并先后走上了北京奥运会、全国“两会”、党的十八大会议餐桌，远销欧美、日韩等100多个国家和地区。2009年12月，国家质检总局正式批准“东坡泡菜”为国家地理标志保护产品，产品保护范围为四川省眉山市东坡区现辖行政区域。2013年，“东坡泡菜”国家地理标志证明商标成功注册，商标专用期限为2013年8月28日至2023年8月27日。“东坡泡菜”国家地理标志保护产品和产地证明商标的启用，极大地提升了“东坡泡菜”产品的附加值、知名度和美誉度，同时，也进一步巩固了“东坡泡菜”在四川泡菜中的主产区、核心区的排头兵地位。“东坡泡菜”已连续三年荣登中国品牌价值榜，目前品牌价值113.85亿元，创造了“中国泡菜看四川、四川泡菜看东坡”的食品产业奇迹。

第二，打造产业发展平台。东坡区已连续举办“十一届国际泡菜博览会（泡菜节）”，持续扩大了“东坡泡菜”知名度和影响力。为深入推进东坡区泡菜产业集群发展，规划建设了占地13.6平方千米的泡菜产业园区——“中国泡菜城”，累计投入38亿元，建成了全国第一个泡菜产业园区、全国第一个国家级泡菜质量监督检验中心、全国第一个泡菜产业技术研究院、全国第一个中国泡菜博物馆、全国第一个泡菜行业标准、全国第一个泡菜行业4A级景区，成功创建了全国首批国家现代农业产业园。专门打造了泡菜会展中心用于“东坡泡菜”品牌营销交易展示及电商平台建设，成为“中国泡菜展销会”永久会址。

第三，做强企业品牌。目前全区泡菜食品企业已拥有绿色食品59个、有机产品8个、四川省著名商标11个、四川名牌12个，省科技进步一等奖2项、国家发明专利26项，全国农副产品加工示范企业2家，国家级农业产业化重点龙头企业3家，省级农业产业化重点龙头企业12家。

（供稿人：眉山市东坡区经济作物站；罗红萍、刘波、彭悦溪）

（二）乐山市犍为县麻柳姜品牌创建

麻柳生姜是四川省乐山市犍为县特色农产品之一，自2006年“犍为麻柳姜”被评为“乐山市知名商标”以来，生姜产业快速发展，俨然成为当地农民致富增收的又一项主导产业。

1. 自然条件

犍为县隶属四川省乐山市，位于川西平原西南边缘，有“蜀西门户”之誉。地理坐标为北纬29°1′2″～29°27′47″，东经103°43′35″～104°11′48″。犍为属于亚热带湿润性气候区，全年四季分明，夏无酷暑，冬无严寒，霜雪少见，无霜期长达333天。其主要特点是春季气温回升快，夏季光热雨同步，秋季气温下降快，多绵雨，日照少；冬季少雨干燥，多雾少霜雪。≥10℃的有效积温5662℃，年均日照时数1079小时。一年中4～8月日照时数较高，可达626.4小时，占全年日照时数的61%，满足了犍为麻柳姜的生长发育。境内年均降雨量1100～1200毫米，6～9月是降雨量最多的时段，4个月降水约占全年的69%，这与麻柳姜的生长高峰期需水规律基本一致，为麻柳姜的生长发育提供了必要的生长环境条件。犍为麻柳姜主产区主要土壤为侏罗系沙溪庙组、遂宁组、夹灌组地层发育的灰棕紫泥土、红棕紫泥土、红紫泥土等。土层深厚、耕性较好，适种性广。土壤pH值为6.5～7.8，每千克土壤有机质含量25克，土壤微量元素铜、锌、锰、硼、钼、铁含量丰富，为犍为麻柳姜的生产和优良品质的形成提供了良好的土壤条件。

2. 生产概况

犍为县种植生姜已有2000多年的历史。蜀姜为天下之冠，犍为之姜又是蜀姜之冠。《犍为县志》（1986年）记载：白姜为驰名土特产，按形状分为"麻柳姜""砣砣姜"两种。犍为县榨鼓乡生姜协会于1998年正式注册麻柳姜商标。2010年，犍为麻柳姜保护面积达5.25万亩，年产鲜姜11万吨。2014年，犍为麻柳姜主产区榨鼓乡麻柳姜产值达3亿元，利润达2亿元，全乡农民人均增收11000元。2018年，犍为麻柳姜种植面积稳定在5万亩以上。

3. 地理标志

犍为县于2005年通过农业部无公害基地认定和无公害农产品"双认证"。犍为麻柳姜也因其形状独特、肉质细嫩、口感极佳，先后获得"四川省知名农产品""四川省名优农产品"、四川省著名商标等荣誉称号。

为提高犍为麻柳姜的品牌知名度，犍为县榨鼓乡生姜协会申请了"犍为麻柳姜"农产品地理标志登记，2010年获农业部农产品地理标志，证明商标商品的特定品质：姜茎细长，形如"手指"，单株长20厘米以上，鲜重0.5千克以上；节间较长，分支多，鳞片浅紫红色，肉质细嫩，纤维少，辛辣味较淡、适口，商品性好；因其粗纤维含量极低（0.8%～1.1%），以口感细嫩而著称，且含维生素C2.0～5.5毫克/百克，富含姜辣素、纤维素、氨基酸、维生素等营养成分，有很高的营养价值。"犍为麻柳姜"农产品地理标志地域保护范围包括犍为县辖区内的榨鼓乡、铁炉乡、九井乡、新民镇、孝姑镇、龙孔镇、大兴乡7个乡镇，共90个行政村。"犍为麻柳姜"主产区位于县境东南部，辖区面积450平方千米，地理坐标为北纬29°03′～29°11′，东经103°59′～104°07′。

（供稿人：犍为县农业农村局；杨玉国、彭英、罗明）

（三）成都市简阳市辣椒品牌建设

简阳市地处四川盆地腹地，成都市东南部，为成都天府国际机场所在地，是四川省传统辣椒生产大县，种植规模一直名列全省前列。近年来，随着全市农业产业结构的不断优化，辣椒生产得到了迅猛发展，辣椒特色产业已发展成为简阳市乡村振兴和助农增收主导优势产业，在农业产业发展中占据着重要地位。

1. 自然条件

简阳市属于亚热带湿润气候区盆地西部区，气候温和，四季分明，无霜期长，霜雪少。年平均气温 17.1℃，极端最低气温为 -5.4℃，极端最高气温为 38.7℃，≥0℃的有效积温 6270.9℃，≥10℃的有效积温 5421.1℃，无霜期为 300 天。全年太阳日照总辐射为 90.90 千卡/平方厘米，日照数为 1250.9 小时。简阳市多年平均降水量为 882.9 毫米，多年平均相对湿度为 77%，多年平均蒸发量为 1215.3 毫米。

简阳地势西北高、东南低，境内地貌分为低山、丘陵、河流冲积坝 3 种，以丘陵为主，约占 88.13%，海拔在 400~580 米。绝大部分为棕紫泥土壤，土地肥沃，pH 值7.0~7.5，呈弱碱性，有利于优质辣椒生产。

2. 生产规模

20 世纪 90 年代，受政策影响，以甘蔗、棉花为主的简阳经作产业逐渐萎缩。简阳市以市场为导向，逐步调整农业产业结构发展辣椒产业，随着辣椒加工产业化水平的提高，辣椒特色产业健康快速发展，2007 年全市种植面积达 15.53 万亩，创下历史最高纪录。目前，全市辣椒面积常年维持在 7 万~8 万亩。2019 年，全市种植面积 7.28 万亩，总产量 10.24 万吨，同年辣椒价格行情创历史新高，鲜椒收购均价达 5.0~6.0 元/千克，产值约 5.32 亿元，亩平均产值达 7000 元以上；以豆瓣、泡椒、干椒、火锅底料等为主的加工产品年加工量 13.6 万吨，年产值 5.17 亿元。

全市主要形成了两个核心种植区：以禾丰镇为核心的河东片区和以江源镇为核心的河西片区，以露地种植二荆条等加工型线椒为主，经过多年实践，大部分产区均形成了前期采青椒，后期收红椒的种植习惯。另有少部分种植朝天椒，沱江河流域以大棚种植鲜食菜椒为主。

3. 品牌创建

结合创建国家农产品质量安全县，制定了简阳市绿色食品生产技术标准《绿色食品辣椒生产技术规程》，辣椒生产基地实施标准化生产，严把生产质量关；强化“三品一标”认证，各乡镇配备农产品质量安全监管组织和快速检测设备，定期监测辣椒产品质量，严控农残，促进辣椒产业健康有序发展。2017 年，禾丰镇率先建成了万亩辣椒绿色食品基地。

为整体推进辣椒基地建设工作，简阳市于 2007 年成立了辣椒产业推进办公室，制定了基地建设考核办法，将成立协会、业主引进、定单签订、示范片建立、经纪人队伍建设等作为考核指标，纳入对各乡镇和部门的年终综合考评；成立辣椒协会，将辣椒生产、销售等工作纳入统一管理，由协会代表农户的利益与龙头企业或业主进行合作；2017 年，简阳市出台《简阳市促进招商引资推动产业发展相关政策》（简委发〔2017〕16 号），支持辣椒产业规模化基地建设，在土地流转、土壤地力提升、新品种引进及品种改良、标准化建园等环节进行奖补；支持新型经营主体发展，招引业主发展产业，对新获得有机食品、绿色食品、无公害农产品认证标志并建立产品质量可追溯体系的给予奖励；出台激励加工园区辣椒加工（泡菜）企业发展的税费减免及奖励政策，支持产品市场建设、“三品一标”认证和农业品牌创建，进一步提升知名度，提升辣椒系列产品市场竞争力。

简阳市生产的二荆条辣椒独具地方特色，品质优良，采用科学配方和先进生产技术制作出的辣椒系列产品辛辣可口、风味醇正。四川省著名豆瓣企业郫县鹃城豆瓣、丹丹豆瓣和资阳市临江豆瓣均在简阳市发展订单农业，建立生产基地收购辣椒原材料。2020 年，著名连锁餐饮企业海底捞国际控股有限公司为回馈家乡助力农业发展，规划回乡建立海底捞总部基地及以二荆条辣椒为主的订单农业基地。

（供稿人：简阳市农技推广中心蔬菜站；吴凯）

（四）成都市彭州市大蒜品牌创建

四川彭州是全国五大蔬菜生产基地之一，其中大蒜种植规模最大，大蒜销售收入占彭州蔬菜销售的 1/3，是当地农民的重要收入来源。“彭州大蒜”是彭州市的特产，也是国家地理标志产品。彭州大蒜色泽鲜明、质地脆嫩、蒜香浓郁、品质优异，具有厚重的农产品地域特色。彭州得天独厚的良好生态资源，孕育了系列大蒜优异地方品种，依托生态与品种资源优势，彭州逐渐做大做强了大蒜产业，带动了蒜农增收致富，助推了乡村振兴。

1. 自然条件

彭州市地处四川盆地亚热带湿润气候区的盆地北部区，地理坐标为北纬 30°54′～31°26′，东经 103°10′～103°40′，气候温和，雨量充沛，四季分明，无霜期长，日照偏少，高温期与多雨期同季。年平均气温为 15.9℃，最热的 7 月月均气温为 25.1℃，最冷的 1 月月均气温为 5.3℃。全市多年平均降水量为 867 毫米，降水季节分配不均，多集中在 7～9 月，夏季降水的强度大，秋季绵雨多，历年平均日照时数为 1131 小时。彭州水资源丰富，境内河川纵横，有大小河流 39 条，分属沱江、岷江两个水系。适宜的地理气候环境，有利于大蒜产业发展。

2. 生产规模

彭州大蒜种植历史悠久，最早可追溯至西汉时期。清嘉庆十八年（1813 年）《彭县志》记载，“蔬之属大蒜，蒜薹产万家庵”（今隆丰街道）。按土壤结构划分，彭州大蒜种植区域遍及平坝地区并扩展到部分丘陵和山区，可分为北、中、南三部分，由北向南分布在通济、葛仙山、丹景山、隆丰、敖平、丽春、桂花、天彭、致和、濛阳、九尺等镇（街道）。其中，坝区水资源丰富且耕地连片集中、地势平坦，为大蒜生产经营提供了优越的环境条件。彭州大蒜种植面积从中华人民共和国成立以来不足千亩发展到目前种植规模近 20 万亩，年产蒜头 8 万～10 万吨、蒜薹约 7 万吨。2019 年，全市大蒜种植面积 19 万亩、产量 20.5 万吨。其中，隆丰大蒜种植面积 2 万余亩，年产蒜薹 1.5 万吨、蒜头 1.3 万吨，产量位居四川同类大蒜产区前列。

3. 地理标志

彭州大蒜分薹瓣兼用蒜（以食蒜薹为主，兼食青蒜苗）和无薹蒜（以食青蒜苗为主）

两类，其蒜皮紫红、肉洁白、外形周正、蒜瓣饱满，食用口感味鲜脆爽、辛辣、味香。主栽品种包括二季早、彭州迟蒜、正月早、软叶蒜等。据统计，彭州大蒜单果重量在 20～40 克左右，且亩产平均 1200 斤左右，最高可达 1500 斤。彭州蒜大蒜素平均含量高达 5.6 毫克/克，远超全国其他地区（其他地区大蒜素含量最高 3.04 毫克/克），且硒、锗等微量矿物元素含量也位居前茅。受土壤有机质和气候等因素影响，外地购入的彭州蒜种无法通过二次栽培留种，故蒜种具有不可复制性和替代性。2008 年 5 月 30 日，国家质检总局批准对“彭州大蒜”实施地理标志产品保护，保护范围为四川省彭州市现辖行政区域，地理坐标为北纬 30°54′～31°26′，东经 103°10′～103°40′。

（供稿人：彭州市农业农村局；李金刚）

二、重庆市特色蔬菜品牌建设

重庆市涪陵区，被誉为“中国榨菜之乡”，也是国内外目前茎瘤芥（青菜头）种植和榨菜生产加工规模最大且最为集中的产区。2019 年青菜头种植 72.7 万亩，约占全国的 22.5%，产销成品榨菜近 160 万吨，约占全国 50.0% 以上，榨菜全产业链产值实现 117.5 亿元，人均实现年纯收入 1970 元以上，并基本奠定了“世界榨菜数中国、中国榨菜数重庆、重庆榨菜看涪陵”的极具区域特色的农业产业发展基础与优势。目前，重庆市涪陵区，被认定为“涪陵青菜头中国特色农产品优势区”和“全国绿色食品原料（青菜头）标准化生产基地”，榨菜产业正迈向“基地规模化、加工现代化、销售国际化、产品标准化”，已成为重庆市农业农村经济中“产销规模最大、品牌知名度最高、辐射带动能力最强”的特色蔬菜优势产业。其中，“涪陵青菜头”，被评定为“重庆市第一蔬菜品牌”，也是“中国农产品地理标志”产品；“涪陵榨菜”是享誉中外的驰名商标，更是“国家地理标志证明商标”。

1. 自然条件

（1）土壤地质情况。“涪陵青菜头”（也是涪陵榨菜原料）的生产区域，包括重庆市涪陵区、丰都县、垫江县、南川区、武隆区、长寿区、渝北区等地，在地质构造上，均属川东弧形褶皱带与川南黔北南北构造带相接触的过渡地区。该区地形变化较大，地质构造多变。区境周围为群山环绕，区内多为河谷、丘陵、低山、平坝、台地等，海拔最低为 138 米，最高为 1200 米。土壤为灰棕紫泥土、红棕紫泥土、矿子黄泥土、黄色石灰土为主；土质较肥沃，土层内富含矿质营养及多种微量元素，为“青菜头”的生长提供了优良的物质基础。

（2）水文情况。长江、乌江两条河流，贯穿本生产区域的东西、南北，在重庆市涪陵江南主城区汇合，并东流至重庆市丰都县境内。其中直接汇入长江的一级支流有 35 条（含乌江），直接汇入乌江的一级支流有 10 条，农业生产的水系较发达。

（3）气候情况。“涪陵青菜头”的生产区域，属典型的中亚热带季风气候，四季较分明，热量充足，降水丰沛，季风突出；常年平均气温 18.1℃，年均降水量为 1072 毫米，雨水丰沛，无霜期长达317天，日照1248小时。区域内气候四季特点主要为：春早，常有“倒春寒”；夏长，炎热，旱涝交错，伏旱频繁；秋短，凉爽而多秋雨；冬迟，无严寒，雨水少，常有冬干。

该区域内常年秋季气温较高，一般旬平均气温在15℃以上，有利于青菜头播种后的出苗生长；冬季旬平均气温在6℃～16℃，有利于青菜头的瘤茎膨大和营养物质累积；初春时节，青菜头收获时，少雨、多风，有利于青菜头加工工艺的完成。晚春气温升高、多雨，利于青菜头的抽薹开花和种子结实。这种高—低—高“马鞍形”的气候是本区域独特的青菜头生长、加工的特殊气候条件，为青菜头的优良品质奠定了生产基础。

2. 生产规模

“涪陵青菜头”起源于原川东长江领域河谷地区，种植历史比较悠久。早在公元16世纪中叶以前，就在涪陵长江沿岸零星种植。1898年，“涪陵青菜头”喜获丰收，涪陵人邱寿安雇工邓丙成，将青菜头经风脱水后腌制，用木箱榨出苦水（卤水），拌入香料后装入陶坛做成“咸菜”，其味鲜美，工艺独特，遂命名“榨菜”。经120多年的产业发展与技术不断进步，“涪陵青菜头”已成为国家“地理标志证明商标”、国家“地理标志农产品”和“中国最具成长力商标”；“涪陵榨菜”成为国内外“驰名商标”，也是闻名于世的三大名腌菜（欧洲酸黄瓜、德国甜酸甘蓝、涪陵榨菜）之一，更是涪陵区乃至重庆市农村经济中产销规模最大、品牌知名度最高、辐射带动能力最强的优势特色农业产业。2019年，全市青菜头种植面积达180万亩左右，其中，作早市鲜食蔬菜用青菜头15万亩，作榨菜加工原料种植165万亩，主要分布在涪陵、万州、丰都、垫江、忠县、长寿、合川等18个区县，累计产青菜头380万吨以上，产销成品榨菜70万吨左右，榨菜产业总产值近400亿元，农民人均榨菜纯收入1500元左右。

3. 地理标志

目前，重庆市现有“涪陵青菜头”“涪陵榨菜”两个经农业农村部认定的“地理标志性农产品”；有“中国名牌”产品3个（乌江、辣妹子、鱼泉）；有“中国驰名商标”5件（涪陵榨菜、乌江、辣妹子、餐餐想、鱼泉）。直接从事“涪陵青菜头”和“榨菜精深加工生产销售”的企业（专业合作社）达150余家，成品榨菜年产量在3000吨以上的企业就有50余家。在国内市场，“重庆鲜食青菜头”及“重庆榨菜（涪陵榨菜）”，形成了比较成熟的全国销售网络（含电子营销），产品基本覆盖到每一个省市区的县市级销售市场；在国外市场，重庆榨菜精深加工生产企业，除自己（重庆市丰都三合食品公司、涪陵绿陵食品公司、桃屋食品公司等）能够直接或转口出口贸易外，全体企业已与国内的十多家进出口公司建立了出口代理，在十多个国家和地区有外方销售商，产品主要出口日本和东南亚、欧美等三十多个国家和地区。其中：

（1）涪陵青菜头。系重庆市涪陵区人民政府榨菜管理办公室，于2009年9月申请注册并于2010年2月获“国家地理标志证明商标”；2015年1月获“重庆市蔬菜第一品牌”；2020年4月获中华人民共和国农业农村部“农产品地理标志登记”。主要是以重庆市涪陵区为核心，辐射带动包括涪陵、丰都、垫江、长寿、南川、武隆6个区县，在同一土类或土质、同一气候生态条件下，采用统一品种、统一标准化生产栽培技术、统一病虫防控等措施，所生产出的以“涪陵青菜头”为代表的优质、绿色、无公害“重庆产青菜头”，包括涪陵、丰都、垫江、长寿、南川、武隆6个区县的101个乡镇、街道；地理坐标为北纬28°59′~30°31′，东经106°59′~108°39′。其主要区域为：东至重庆市丰都县龙河镇，南至重庆市南川区南城街道，西至重庆市南川区北沙镇，北至重庆市垫江县沙坪镇。总面积为93996.13公顷，目前年产青菜头在300万吨以上。

（2）涪陵榨菜。系重庆市涪陵区人民政府榨菜管理办公室，于2005年6月最先申请并通过国家质检总局原产地域产品保护审定；2009年11月，“涪陵榨菜”证明商标，被评为“2009中国最具市场竞争力地理商标、农产品商标60强”；2010年1月，“涪陵榨菜”证明商标又被原国家工商总局认定为“中国驰名商标”；2014年10月，“涪陵榨菜”地理标志证明商标获“中国最具成长力商标”；2020年10月被中华人民共和国农业农村部评定并公示为“农产品地理标志登记”。主要以重庆市涪陵区东至焦石镇白鸡堡，西至增福乡大茶园，南至同乐乡金家店，北至百胜镇红墙院所辖的马鞍街道、李渡街道、江北街道、荔枝街道、江东街道、龙桥街道、白涛街道、百胜镇、珍溪镇、南沱镇、清溪镇、焦石镇、马武镇、蔺市镇、新妙镇、石沱镇、义和镇、龙潭镇、青羊镇、罗云乡、大顺乡、同乐乡、增福乡共计23个乡镇（街道），以特定生产方式生产的茎瘤芥瘤茎为原料，经特定工艺腌制而成的酱腌菜料坯，通过“涪陵榨菜”独特加工工艺流程（茎瘤芥瘤茎→风脱水或盐脱水→一次腌制→二次腌制→看筋→三次腌制→榨菜原料）生产的区域性地方农产品。生产基地保护规模为53000公顷，年产量60万吨；地理坐标为北纬29°21′~30°01′，东经106°56′~107°43′。

4. 区域品牌与全国驰名商标等信息

目前，重庆市区域共有榨菜商标品牌200余件，拥有“涪陵榨菜”“Fuling zhacai”“涪陵青菜头”“丰都榨菜”4件地理标志证明商标，其中，“涪陵榨菜”“涪陵青菜头”的品牌价值分别达147.32亿元、24.38亿元。自2009年开展区域公共品牌价值评估以来，“涪陵榨菜”连续9年位居全国区域公共品牌榜首。拥有“涪陵榨菜”“乌江”“辣妹子”“餐餐想”“鱼泉”等中国驰名商标5件，有拼音Fuling zhacai、志贤、明珠、歇凤、乡姑等27件重庆市著名商标，37个产品获国家“绿色食品”认证，有8个产品获国家“有机食品”认证，认证产量达4961吨。同时，涪陵榨菜、乌江、巴国名珠、绿林、香涪、鱼泉等榨菜品牌已在欧美、东南亚等82余个国家和地区商标注册，“乌江、巴国名珠”两榨菜品牌已成功通过美国“FDA”市场准入认证；“涪陵榨菜”地理标志证明商标，分别向75个《马德理条约》缔约国和“一带一路”7个单一国家和地区申请国际注册等。其中：

（1）涪陵榨菜。该区域品牌系重庆市涪陵区人民政府榨菜管理办公室，2000年4月，申请并被核准注册的“中国地理标志”证明商标；2005年6月，又通过了国家质检总局原产地域产品保护审定；2008年6月，“涪陵榨菜传统制作技艺”被国务院列入“国家级非物质文化遗产”保护名录；2017年12月，被评为中国百强农产品区域公用品牌，品牌价值达147.32亿元，名列第二；2019年10月荣获“中国地理标志农产品品牌十强”，名列第二；2020 年 10 月被中华人民共和国农业农村部评定并公示为“农产品地理标志登记”。区域品牌所有权为重庆市涪陵区人民政府榨菜管理办公室。

（2）涪陵青菜头。该区域品牌系重庆市涪陵区人民政府榨菜管理办公室，2009 年 9 月申请注册并于 2010 年 2 月获“国家地理标志证明商标”；2015 年 1 月获“重庆市蔬菜第一品牌”；2020 年 4 月获中华人民共和国农业农村部“农产品地理标志登记”；2017 年，品牌价值达 24. 38 亿元。区域品牌所有权为重庆市涪陵区人民政府榨菜管理办公室。

（3）乌江。该“榨菜驰名商标”，系原四川省涪陵市榨菜公司，从 1981 年 2 月，首获国家产品质量银奖（迄今为止酱腌菜行业所获最高的质量奖项）以来，先后荣获新加坡国际名优食品博览会金奖、重庆市著名商标、全国首届科技金奖等 40 项国际国内奖项后，于 1997 年开始，先后通过了原产地标记注册、ISO 9001—2008 国际质量管理体系认证、HACCP 和 QS 认证、美国“FDA 认证”。于 2004 年 5 月，获原国家工商管理总局颁发的“中国驰名商标”。驰名商标所有权为重庆市涪陵榨菜集团股份有限公司。

（4）辣妹子。该“榨菜驰名商标”，系 1995 年由万绍碧、黄正禄创立并于 1998 年进行品牌发展计划实施；2002 年获“重庆市著名商标”；2004 年获“重庆名牌产品”；2006 年获“中国名牌产品”；2013 年获“中国驰名商标”。驰名商标所有权为重庆市涪陵辣妹子集团有限公司。

（5）餐餐想。该“榨菜驰名商标”，最早于 2006 年 5 月申请并获准注册，类别为第 29 类食品（第 4036114 号）；2010 年 10 月和 2011 年 3 月又申请为 31 类（第 8787326 号）、30 类（8787568 号）、35 类（第 8787192 号）、29 类（第 8787114 号）、29 类（第 9182194 号）等食品；2012 年 6 月成为“重庆市著名商标”；2014 年 1 月获“中国驰名商标”。商标所有权为：重庆市涪陵区洪丽食品有限责任公司。

（6）鱼泉。该“榨菜驰名商标”，最早于 1989 年 4 月申请，1990 年 2 月获准注册，类别为第 29 类食品；2006 年 6 月获“中国驰名商标”和“中国名牌产品”。商标所有权为：重庆市鱼泉榨菜（集团）有限公司。

（供稿人：渝东南综合试验站；范永红、彭丽莎、沈进娟、冷容、赵平、李朝盛、代胜明）

三、贵州省特色蔬菜品牌建设

（一）遵义市朝天椒品牌创建

辣椒是遵义市的一项传统优势产业，全市各县、区、乡镇都宜种植，已种植近两百多年。遵义“朝天辣”以其色鲜、味辣、肉厚、香浓等特点，驰名海内外。

1. 自然条件

遵义市属亚热带季风气候区，年均气温 14. 7℃，终年温凉湿润，冬无严寒，夏无酷暑，气候宜人，年均降水量 1200 毫米，年均日照 1146. 9 小时，无霜期为 270 天，适宜种植辣椒。

2. 生产规模

1998 年，播州区辣椒种植面积 10.2 万亩，产量 1.326 万吨，产值 1.32 亿元。2016 年，遵义市已形成以虾子辣椒批发市场为中心，以遵义、绥阳、湄潭、凤冈、余庆、正安等县的重要产地镇乡集市为纽带的干（鲜）辣椒市场网络体系，有产地交易市场 20 余个，规模 6.8 万平方米，年干辣椒交易量 20 万吨、鲜椒交易量 12 万吨，年交易额 35 亿元，其中农业部定点的虾子辣椒专业批发市场，规模约 4.2 万平方米，干辣椒年交易量达 7.5 万吨，市场年交易额达 12 亿元。辣椒食品销往四川、重庆、湖南、湖北、上海、新疆、香港、澳门、台湾等 20 多个省份及日本、缅甸、尼泊尔、印度、美国、墨西哥、韩国、东南亚等十多个国家和地区。2017 年，遵义完成辣椒种植面积 43.11 万亩，产量 8.8 万吨，产值 13.8 亿元，受益农户 11.7253 万户，受益人数 445561 人，实现种椒农民人均种椒收入 3097 元；辣制品加工 10 万吨，产值 10 亿元。

3. 地理标志

2017 年 12 月 22 日，中华人民共和国农业部正式批准对“遵义朝天椒”实施农产品地理标志登记保护。

遵义朝天椒有锥形椒、指形椒、团籽椒三大类型。因生长时竖立朝天，人们普称为“遵义朝天椒”，遵义朝天椒颜色枣红，具有个小、肉厚、油润透光、口味温醇、香辣协调等特点，且富含多种维生素、矿物质和有机酸，其维生素 C、干物质、蛋白质、辣椒素、脂肪等含量较多，加工适应性好。

锥形椒，形如圆锥，干鲜两用型，叶片深绿色，花瓣白色，果实圆锥形，着生向上，青果绿色，老熟果枣红色，果面较光滑，辣味中等。果长 1.8 ~ 5.2 厘米，横径 1.3 ~ 3.1 厘米，干果重 1.1 ~ 2.6 克。

指形椒，形如细指，着生向上，青果绿色，干果枣红，偏辣。果长 4.5 ~ 8.4 厘米，横径 0.8 ~ 1.5 厘米，干果重 1.2 ~ 2.3 克。

团籽椒，形如柿子，果皮微皱，叶片深绿色，花瓣白色，着生向上，青果绿色，老熟果枣红色，果实硬度好，果肉较厚，辣味中等。果长 2.0 ~ 4.1 厘米，横径 2.5 ~ 4.2 厘米，横径 2.5 ~ 4.2 厘米，干果重 1.4 ~ 2.5 克。

遵义朝天椒的地理标志保护的区域范围为遵义市所辖红花岗区、汇川区、播州区、绥阳县、桐梓县、正安县、凤冈县、湄潭县、余庆县、习水县、道真仡佬族苗族自治县、务川仡佬族苗族自治县、赤水市、仁怀市共计 14 个区（市、县）。地理坐标为北纬 27°12′ ~ 29°09′，东经 105°40′ ~ 107°56′。

（供稿人：贵州省农业科学院辣椒研究所；苏丹、胡明文）

（二）遵义市虾子辣椒品牌创建

虾子辣椒，也称“虾子小辣椒”“遵义辣椒”，是指产于贵州省遵义市新蒲新区虾子镇及周边乡镇的辣椒。虾子辣椒个匀、饱满、肉厚、油润鲜红、味道香辣等特点而蜚声海内外。于1999年被评为“贵州省名优辣椒”，2001年又获国际农业博览会金奖，2009年12月，原国家质检总局正式批准“虾子辣椒”地理标志保护产品。“虾子辣椒”既是一种产品，也是一个品牌，还是一个市场，更成为了贵州辣椒的形象代言。

1. 自然条件

遵义市播州区虾子镇属中亚热带季风性湿润气候区，海拔在850～1100米，累计年平均气温14.9℃、无霜期为291天、降雨量1035.7毫米，森林覆盖率达48.37%，冬无严寒，夏无酷暑，适宜种植辣椒。

2. 生产规模

2005年8月，虾子镇被中国食文化研究会授予“中国辣椒之都”称号，从而进一步提升了虾子辣椒在全国的品牌形象。为全面提高辣椒附加值，实现辣椒规范化种植，规模化经营。2004年，该镇又建成一个占地近500亩的辣椒食品深加工“辣椒食品工业园区”。虾子辣椒专业批发市场2000年被命名为“中华人民共和国农业部定点市场”，2001年被农业部等八部委命名为“争创全国三绿工程示范单位”，2006年被中国农业部乡镇企业局评定为全国新农村建设“百强示范企业”和被中国商务部核定为“双百市场工程”项目建设单位，2007年被中国商务部、人事部表彰为先进集体。截至2016年底，遵义县虾子辣椒种植面积200万亩，年交易干椒18万吨，年交易产值30多亿元。

3. 地理标志

虾子辣椒地理标志产品保护范围为贵州省播州区南白镇、龙坑镇、三岔镇、苟江镇、三合镇、乌江镇、虾子镇、三渡镇、新舟镇、永乐镇、龙坪镇、喇叭镇、团溪镇、铁广镇、西坪镇、尚嵇镇、茅栗镇、新民镇、鸭溪镇、石板镇、乐山镇、枫香镇、泮水镇、马蹄镇、沙湾镇、松林镇、毛石镇、山盆镇、芝麻镇、平正仡佬族乡、洪关苗族乡31个乡镇现辖行政区域。

（供稿人：贵州省农业科学院辣椒研究所；苏丹、胡明文）

（三）遵义市绥阳县黄杨小米辣品牌创建

绥阳县黄杨镇是遵义地区优质小米辣的主产区，自20世纪40年代开始种植小米辣，如今已有近80年的种植历史，90%以上农户都种有小米辣，产品销售至美国、欧洲等国家。

1. 自然条件

绥阳属中亚热带湿润季风区，雨热同季，年平均气温15.6℃，年降雨量1138.6毫米，年总积温5183℃，近十年6～8月的年平均气温为24.3℃，平均降雨量为1160毫米，平均日照时数为1113.6小时，6～8月日照时数最多，为481.2小时，在7月和8月，分别为190.9小时和178.8小时，无霜期为282天。境内光照条件充足，紫外线辐射较高，有利于小米辣的挥发油、辣椒素等内含物质的富集，是形成黄杨小米辣香味浓、辣素高等特色品质的关键因素，特别适合小米辣的栽培。

2. 生产规模

小米辣作为黄杨镇常规种植产业，成熟的辣椒色泽亮、产值高，辣味十足，很受贵州、重庆、湖南等地消费者的青睐。常年种植面积15000亩，并在洗马池村老鹰山建立了1000亩核心区“黄杨小米辣”产业示范基地。通过招商引资，成功引进遵义乡村妹有限公司辣椒加工厂并已正式投入运营，该加工厂集收购、加工、销售为一体。目前黄杨小米辣（已烘干成品）市场价格在20元/千克左右，亩产量达到150千克，亩产值在2500～3000元，且市场价格比较稳定，市场销售畅通。2019年生产规模6666.7公顷，年产量1.5万吨，产值3.6亿元。

3. 地理标志

2018年，以绥阳县农业农村局经作站为申报主体，申请“黄杨小米辣”地理标志，2020年获得授权。品质特点为：果单生，向上生长，短指形，成熟果鲜红色，干椒枣红色，果皮油亮，香辣突出，辣度适中，“小、香、辣”特征凸显。鲜品：可溶性固形物≥7.5%；辣椒素≥0.20克/千克；水分≤80.0%。干品：挥发油≥0.8毫升/百克；醇溶抽提物≥15.0克/百克；辣椒素≥2.0克/千克；水分≤13.0%。使用“黄杨小米辣”地理标志证明商标商品的生产地域范围：绥阳县辖区4个乡镇，即：宽阔镇、黄杨镇、太白镇、青杠塘镇，25个行政村，地理坐标为北纬27°49′22″～28°29′34″，东经106°57′22″～107°31′11″。

（供稿人：贵州省农业科学院辣椒研究所；苏丹、胡明文）

（四）遵义市绥阳县子弹头辣椒品牌创建

绥阳县是国内小辣椒的主产地，辣椒种植历史源远流长，其中尤以“朝天椒”独具特色，具有色泽油亮、整齐均匀、浓辣芳香、皮薄肉厚等特点，富含人体所需的多种微量元素和矿物质，深受民众喜爱，属贵州名特土产，被列入全国七大名椒之一。从20世纪50年代开始，绥阳朝天椒就远销东南亚各国，近年来又出口日本、美国。

1. 自然条件

绥阳县属亚热带季风气候，雨热同期；平均气温在11.5℃～17.5℃，气温年较差在21℃～23℃，大部分地区无霜期在280天以上，终年无雪凝；雨量充沛，年平均降雨量在900～1250毫米；日照年平均仅为1053.1小时，日照百分率为23.5%，全年总辐射量为3475兆焦耳/平方米；年平均风速1.25米/秒，年平均最大风速8米/秒，年最多风向东东北。绥阳县春季多阴雨低温，盛夏多伏旱和洪涝，秋季多连阴雨天气，较高地区常年有秋风，冬季以阴天为主，多冬干，无霜期长，适宜种植辣椒。

2. 生产规模

绥阳朝天椒在唐代有零星种植，明朝万历年间开始上市交易。经宋、元、明、清，辣椒种植面积不断扩大，产量不断上升，到民国37年（1948年），全县辣椒种植面积已达1810亩，干辣椒产量达8690千克。1949年后，由于食品工业的发展，国内外对朝天椒的需求量增大，绥阳朝天椒的生产亦随之发展。从1963年起，成为贵州省朝天椒的主产地。

1964 年，绥阳朝天椒被评为全国七大名椒之一，种植面积 7980 亩，产干椒 552.45 吨，产品销往四川、广东、广西等省份和斯里兰卡、美国、日本等 10 多个国家和地区。1983 年，绥阳朝天椒在全国出口商品生产基地建设成就展览会上荣获外贸部颁发的《荣誉证书》，被定为“出口免检产品”。1997 年 9 月，绥阳县成功举办了首届诗歌艺术节暨辣椒节。1999 年 9 月，中国特产之乡推荐暨宣传活动组委会向绥阳颁发了“中国辣椒之乡”（绥阳朝天椒）证书。2000 年 9 月，绥阳朝天椒被贵州省农业厅评为“贵州省优质农产品”。2001～2003 年，通过实施第三批全国农业标准化贵州辣椒示范区建设项目，制定颁布实施《绥阳县朝天椒综合标准体系》，建立了 9 万亩辣椒标准化生产示范基地，同时为贵州老干妈食品公司建立了 4 万亩绿色食品原料（干辣椒）生产基地。2004 年，绥阳县分别被农业部和国家质监局定为“特色农业示范基地县”和“全国标准化贵州省绥阳辣椒示范区合格县”。2006 年，绥阳朝天椒（干辣椒）通过农业部“无公害农产品”认证。自 2005 年以来，绥阳朝天椒种植面积稳定在 15 万亩以上，干辣椒产量达 1.76 万吨左右，产值超亿元。2016 年，绥阳县辣椒种植面积达 23.5 万亩，干制辣椒产量达 3.5 万吨，产值 7 亿元。2017 年，种植辣椒 30 万亩，辣椒种植户 9 万户左右，辣椒干制产量 4.5 万吨，产值已达 9 亿元。绥阳县有专门从事辣椒烘干（加工）的公司有 8 家。辣椒烘房已有 350 间左右。绥阳干椒年产量 150 万～200 万千克，1979 年收购干椒为 185 万千克，出口量 50 万千克。

3. 地理标志

绥阳子弹头辣椒，于 2017 年 12 月 22 日获农产品地理标志。证明商标商品的特定品质为：果形子弹头，表皮油亮，果面光滑，成熟果鲜红色，干椒枣红色，果皮肉厚，种子较多，维生素 C 含量 10～60 毫克/百克，粗脂肪 3.5%～15%，粗纤维 24%～34.5%，粗蛋白 12～19 克/百克，干物质 75%～90%，口味醇厚，香味适中，加工适应性好。使用“绥阳子弹头辣椒”地理标志证明商标商品的生产地域范围：绥阳县所辖洋川镇、郑场镇、旺草镇、蒲场镇、风华镇、枧坝镇、茅垭镇、宽阔镇、黄杨镇、太白镇、青杠塘镇、温泉镇、坪乐乡、小关乡、大路槽乡共计 15 个乡镇。地理坐标为北纬 27°49′22″～28°29′34″，东经 106°57′22″～107°31′11″。

（供稿人：贵州省农业科学院辣椒研究所；苏丹、胡明文）

（五）贵阳市花溪辣椒品牌创建

花溪区辣椒种植历史悠久，因其品质优良，经加工制成的红油，即辣椒油，色泽金红，鲜香入味，辣而柔和，堪称助餐的佐料佳品，是花溪区传统的名特产品，俗称“花溪辣椒”。自 1993 年以来，平均年种植保持在 533.6 平方千米左右，产干辣椒 100 余万千克，调往贵州省外 20 余万千克。

1. 自然条件

花溪辣椒的种植地区海拔 1200～1250 米，年均气温 14.1℃～14.4℃，日照时数 1250～1350 小时，年降雨量 1160～1200 毫米，无霜期为 270 天左右，土壤以黄壤、小黄泥夹沙和大土泥为主，肥力中等，土层厚，有利的自然环境，可促使辣椒中内含物质的积累，有利于辣椒的营养生长。

2. 生产规模

自1994年以来，花溪区、乡供销社不断探索“供销社＋项目＋农户”的路线，在花溪区湖潮乡、党武乡建立优质辣椒基地，摸索出一套种植方法。2000年，花溪区农业局实施了“花溪区湖潮乡干辣椒高产示范项目”，在湖潮乡磊庄村、马路村组织实施面积40.02公顷，其中地膜辣椒推广面积11.34公顷。2001年，已完成规范化种植面积33.35公顷。在项目实施过程中，通过指导农户规范化种植、合理密植、平衡配方施肥，以及病虫害综合防治，使干辣椒单产达199千克，与1999年常规种植单产（干辣椒）124.8千克相比，增产37.3%。2006年5～11月，花溪区农业局与贵州省土壤肥料研究所合作，在花溪区湖潮乡磊庄村无公害辣椒基地实施测土配方施肥试验示范。2007年，贵阳市花溪区辣椒种植面积2000公顷，平均产干椒2400千克/公顷，产值达3.45万元/公顷。截至2012年底，花溪辣椒地理标志保护面积2千公顷，年产量0.8万吨。

3. 地理标志

2012年8月3日，中华人民共和国农业部正式批准对“花溪辣椒”实施农产品地理标志登记保护。花溪辣椒，植株中等，羊角形，果实先端尖锐，常弯曲呈钩状；干椒肉质肥厚、色泽深红、油分重、辣而不烈。花溪辣椒有辣味适中，香味有余特点。根据贵州省农产品质量安全检测中心分析，辣椒素为0.078，水分为10.07，灰分为4.2，脂肪为9.2。维生素A为1.07毫克/百克。花溪辣椒农产品地理标志地域保护范围包括贵筑办事处、清溪办事处、溪北办事处、青岩镇、石板镇、久安乡、麦坪乡、燕楼乡、党武乡、高坡乡、湖潮乡、孟关乡、黔陶乡、马铃乡等。东邻龙里，南接长顺、惠水，西接清镇、平坝，北靠贵阳，海拔1100米。地理坐标为北纬26°11′～26°34′，东经106°27′～106°52′；南北长45千米，东西宽43千米，面积957.60平方千米。

（供稿人：贵州省农业科学院辣椒研究所；苏丹、胡明文）

（六）毕节市大方县皱椒品牌创建

大方县辣椒种植历史悠久，据传明朝初年，水洗彝族女政治家奢香夫人到都城应天府（今南京）拜见明太祖朱元璋，带去大方干辣椒进贡，朱元璋吃后感觉又辣又香，见大方辣椒浑身发皱，遂御赐名“皱椒”，因此大方皱椒又称“贡椒”，是中国七大名椒之一。

1. 自然条件

大方县属北亚热带湿润季风气候，东南部、西北部温和轻旱，东北部、中西部温凉湿润。四季不明显，具有冬长夏短、春秋相近的特点。年平均气温11.8℃，极端最高气温31.5℃，极端最低气温－9.3℃。全年日照总数1335.5小时，无霜期平均290天，多年平均降水量1180.8毫米。大方皱椒产区以缓坡平地为主，土壤类型主要为黄壤，土层深厚，疏松肥沃，保肥能力较强，全县分布面积最广泛的地带性土壤。土层厚度平均达60厘米，pH值4.5～6.0，土壤有机质、氮、钾含量比较丰富。有机质含量1.3%～4.6%，含氮

0.28%～0.84%，速效钾135.00～560.00毫克/千克。全县平均海拔1600米，是皱椒生产适宜区域。

2. 生产规模

大方县是辣椒生产基地，各乡镇都有大量皱椒种植，为农业部规划的22个大面积种植辣椒县之一，2008年获中国食品工业协会授予的“中国皱椒之乡”称号。2011年，大方县被农业部授予“农业标准化示范县（大方皱椒）”称号。2013年，大方皱椒种植面积13万亩，年产量达3416万千克。2020年，大方县致力于发展当地特色辣椒产业，种植面积20万亩，

3. 地理标志

2013年9月10日，中华人民共和国农业部正式批准对“大方皱椒”实施农产品地理标志登记保护。大方皱椒呈长线形，一级辣椒平均长度21厘米，最长28.3厘米，外观整齐、美观，弯曲程度不大，皱褶均匀，颜色鲜红，外表光洁，辣味适中，香味浓厚。使用“大方皱椒”地理标志保护的区域范围为大方县境内包括大方镇、双山镇、猫场镇、马场镇、羊场镇、黄泥塘镇等36个乡镇，地理坐标为北纬26°50′02″～27°36′04″，东经105°15′47″～106°08′04″。

（供稿人：贵州省农业科学院辣椒研究所；苏丹）

（七）毕节市金沙县湾子辣椒品牌创建

贵州省金沙县辣椒种植已有两百多年的历史，全县各乡镇都有种植，以湾子辣椒的品质较好而远近闻名。金沙县委、县政府高度重视辣椒产业的发展，以“促产业、塑品牌、富群众、兴财政”的思路和目标，把辣椒产业作为农业结构调整和农业产业化建设的主导产业来抓，并列为“十二五”规划中的重大工程之一。金沙县目前在大力发展“双红”产业，一是红色旅游，二是红色湾子辣椒，并建立起了毕节境内最大的湾子辣椒交易市场，吸引全国各地大小客商都来到湾子参观、考察、购买湾子辣椒，力争将湾子辣椒打入国际市场，成为中国名特优农产品。

1. 自然条件

金沙县夏季高温多雨，冬季温和湿润，年平均气温12.5℃～16.5℃，年日照数平均1098小时，年降雨量1045毫米，无霜期平均275天。湾子辣椒产区以缓坡地为主，土壤类型主要为火石地（土壤含有大量小红色石，土地整理时不用清除，当地俗称火石地），耐寒耐涝，土层厚度平均达50厘米，pH值4.5～6.0，土壤速效磷、铁、钾含量高，是辣椒生产最适宜区域之一。

2. 生产规模

金沙县辣椒常年种植面积7000公顷左右，全县26个乡镇均有分布，近年来，随着产业结构的逐步调整，种植面积不断扩大，2012年全县种植辣椒8300公顷，总产量16250吨，其中，木孔乡作为全县辣椒生产面积最大的乡镇，种植辣椒710公顷。2014年，湾子辣椒种植面积7万亩，年产量达90万千克。2018年，湾子辣椒种植面积10.04万亩。

3. 地理标志

湾子辣椒果形中等，肉厚皮薄，油润红亮。入口后辣味适中，香辣味浓，营养丰富，含有丰富氨基酸和多种有益矿物元素，铁含量高。其中氨基酸5.8～6.4克/百克，镁1524～1640毫克/千克，钙90～108毫克/千克，铁260～290毫克/千克，铜20～26毫克/千克，钾2000～2100毫克/千克，锌30～50毫克/千克，维生素C 0.5～0.8毫克/百克，辣椒素的含量在2500～2800毫克/千克，优于其他产地的辣椒。2014年7月28日，中华人民共和国农业部正式批准对“湾子辣椒”实施农产品地理标志登记保护。湾子辣椒地域保护范围为木孔镇、岚头镇、茶园镇、源村镇、安底镇、沙土镇。地理坐标为北纬27°25′～27°30′，东经106°26′～106°28′，总面积约51.33平方千米。

（供稿人：贵州省农业科学院辣椒研究所；苏丹、胡明文）

（八）黄平县线椒品牌创建

在黄平县人民群众生产生活中，线椒种植有着悠久的栽培历史，据资料记载，从18世纪开始黄平就有种植线椒的习惯，其后不断进行品种提纯更新，让产品得到了提质升级。黄平线椒是黄平县内的知名辣椒，属于贵州线椒类型中的优质地方品种，在农业农村部发布2020年贵州省首批国家地理标志农产品认证产品名单中，黄平线椒以其线长美观、香辣可口等特点脱颖而出。

1. 自然条件

黄平县地处黔中丘原向黔东低山丘陵过渡地带。地势由西、西北向东、东南部逐渐降低，境内海拔在600～1200米。山脉走向与构造线一致，多呈北东、东北东走向，中部、北部山地隆起，为黔北高原武陵山脉延伸，南部隆起山地为苗岭山脉的余脉，中部为河谷坝子和丘陵地带。黄平县境内土地类型以低山山地、中山山地、低山丘陵地貌为主，土壤呈酸性，土质疏松、土壤肥沃、排水良好，土壤中腐殖层厚，适宜黄平线椒的种植。黄平县独特的地形地貌和良好的土壤生态为黄平线椒提供了优良的栽培环境。县境属亚热带季风气候区，四季分明，气候温和。年均气温13℃～16℃，最热的7月平均气温为24.7℃，日照时数1104.7小时，昼夜温差大，黄平线椒在成熟过程中夜温较低，昼温较高，同化作用强，有利于线椒着色和维生素C等有机物的积累，黄平县适宜的温度有助黄平线椒的营养成分的积累，黄平县独特的气候条件为黄平线椒的生长提供了适宜的光热条件。黄平县境内水系十分发达，主要有源阳河、重安江，平溪河、省岭询、野洞河等大小河流100多条境内各类水资源合计21亿立方米，其中地表水径流量20.8亿立方米。为黄平线椒的生长提供了便利优质的水资源环境。黄平县降水丰富，年均降雨量1307.9毫米，每年雨季降水集中在4～10月，此时正值黄平线椒的生长发育时期，雨热同期，热量和水分的有效性高，有利于黄平线椒的生长。

2. 生产规模

近年来，黄平县结合脱贫攻坚工作，把辣椒产业作为县内的一个特色产业来发展，贵州省“十二五”蔬菜产业发展规划已将黄平列为特色辣椒基地。目前，黄平线椒已在周边地区享有一定的知名度和销售市场，产品外销量与日俱增，助农增收效果明显。黄平线椒常年种植2.2万亩左右，具有辣味适中、香味浓、干椒率高，鲜食加工干制兼宜的特点，多畅销湖南、贵阳等省内外市场。到2020年，黄平线椒农产品地理标志保护规模总生产面积为2000公顷，年产量2.4万吨。

3. 地理标志

黄平线椒的外在感官特征：果实长细线形，果长20~30厘米，果宽0.9~1.1厘米，果细长，顺直匀称，果尖微弯，果面皱，青熟果绿色，老熟果深红色，干椒皮薄油亮，香气浓郁，辣度适中。使用“黄平线椒”的地理标志保护范围：贵州省黄平县新州镇、旧州镇、重安镇、谷陇镇、平溪镇、浪洞镇、上塘镇、野洞河镇、纸房乡、一碗水乡、翁坪乡共8个镇3个乡，142个行政村、8个社区和1个居委会，2个工业区（谷陇工业区和槐花工业区），东至谷陇镇斑鸠村，西至上塘镇黄泥坪村，南至重安镇何家寨村，北至纸房乡西堰村。地理坐标为北纬26°43′46″~27°14′30″，东经107°35′40″~108°12′48″。

（供稿人：贵州省农业科学院辣椒研究所；苏丹、胡明文）

（九）六盘水市六枝特区牛场辣椒品牌创建

六盘水市六枝特区牛场一带种植辣椒历史悠久。辣椒采收后，当地居民在各家的门前屋后廊檐下，在窗前，在门边，都挂上了鲜红的辣椒串儿，以示喜庆，被当地人形象地称为“钱串子”。在六盘水地区，说到辣椒，人们首先提起就是牛场辣椒，当地辣椒以“色、香、味”闻名，文人们还将牛场辣椒喻为“火凤凰”。

1. 自然条件

六枝特区的牛场辣椒种植区域年平均气温13.5℃，年降雨量1380毫米，无霜期达265天。产区以缓坡平地为主，土壤类型主要为黄壤，土层深厚，疏松肥沃，保肥能力较强。土层厚度平均达60厘米，pH值4.5~6.0，土壤有机质、氮、钾含量比较丰富，有机质含量1.3%~4.6%，含氮0.28%~0.84%，速效钾135.00~560.00毫克/千克。是辣椒种植的适宜区域。

2. 生产规模

牛场辣椒栽种历史悠久，独具地方特色。2014年，牛场辣椒种植面积2200余亩。2017年，牛场辣椒栽培面积达4000余亩，产量达50万千克。2018~2019年，采取“公司+农户”与“公司+合作社”方式，农户以耕地入股参与“三变”按比例分红，发展辣椒种植基地8000亩，年加工辣椒达2000吨。主产区牛场乡常年种植辣椒3000亩，干辣椒产量60余万斤，农民人均纯收入来自辣椒部分达250元，约占总收入的25%，系全乡一大支柱、特色产品。

3. 地理标志

2014年7月28日，“牛场辣椒”获中华人民共和国农业部正式批准实施农产品地理标志登记保护。其品质特点为：粗纤维含量较高，含有丰富氨基酸和多种有益矿物质，营养丰富。其中氨基酸5.4%~6.2%克/百克，粗纤维28.48%~34.20%，磷4200~4900

毫克/千克，镁 1594～1850 毫克/千克，钙 560～800 毫克/千克，铁 75.35～82.00 毫克/千克，钾 22800～23000 毫克/千克，锌 218～260 毫克/千克，维生素 C 4.5～5.1 毫克/百克，维生素 A 0.22～0.30 毫克/百克，辣椒素的含量 680%～720%毫克/千克。国家农产品地理标志保护范围为六枝特区所辖牛场乡兴隆村、箐脚村、云盘村、牛场村、尖岩村、黔中村、大箐村、黄坪村、平寨村；新场乡新场村、乌柳村、老燕子村、柏果村、仓脚村；梭戛乡平寨村、高兴村、安柱村、顺利村、中寨村。

（供稿人：贵州省农业科学院辣椒研究所；苏丹、胡明文）

四、云南省特色蔬菜品牌建设

（一）曲靖市富源县辣椒品牌建设

富源县是云南主要的辣椒生产县。富源县委、县政府高度重视蔬菜产业发展，把蔬菜产业作为助农增收的主导产业来抓，使全县蔬菜产业得到了长足发展，走上了规模化、商品化、产业化、标准化发展道路。

1. 自然条件

富源地处云贵交界，素有云南东大门之称。富源县地处云南高原东部，地势西北高、东南低，地形为山地、峡谷，乌蒙山支脉自北向南纵贯全境。富源县属亚热带季风气候。其特点是冬无严寒，夏无酷热，春秋气候干燥温和，夏季降水丰沛，年日照充足。多年平均气温 14.3℃，平均气温年较差 13.5℃。生长期年平均 170 天，无霜期年平均 264 天。年平均日照时数 1491.8 小时，平均年降水量 1064.6 毫米，年平均降水日数 142.4 天，极端年最大水量 1565.2 毫米（1964 年），极端年最少水量 634.5 毫米（2011 年）。由于年均温较低，辣椒种植生育期稍长，与其他辣椒产区的成熟期刚好错开，市场价格较高。

2. 生产规模

富源县委、县政府根据中央、省、市发展现代优势特色农业的要求，从提升产业层次，促进产品向优质、高效、安全方向发展，培育壮大富源县辣椒产业。富源县从 2010 年开始引种韩国“美人椒 7 号”等名特优辣椒进行试种，并获得成功。对辣椒的生物学特性、生长发育规律及栽培技术均做了系统的研究和探索，取得较好的经济、社会、生态效益，对农村经济发展、农民增收致富、新农村建设具有积极推动作用。以墨红镇和竹园镇、营上镇等乡镇为核心的辣椒生产示范区，引导全县辣椒产业的快速发展，辣椒种植成为富源县农民增收致富的重要渠道之一。初步形成以墨红镇和竹园镇、营上镇等乡镇为核心的辣椒生产示范区，引导全县辣椒产业的快速发展。主栽品种以“红天湖 101”“指天椒”“小米辣”为主，具有个大、形正、色艳、味香等特点，深受消费者青睐。目前有加工龙头企业 1 个，年加工能力 6000 吨，辣椒种植销售专业合作社 17 个、规模种植大户 350 户。2020 年辣椒完成种植 36800 亩，产量 52600 吨，产值 3.31 亿元。

3. 品牌创建

为提高富源辣椒品牌知名度，2019 年 4 个辣椒产品通过了绿色食品认定，2020 年墨红镇辣椒产业获得农业农村部农业产业强镇建设项目支持。

2019 年 6 月，上海与云南沪滇合作项目，为富源辣椒产业发展，开通了驶入上海的“直通车”。宝山区委、区政府免费提供富源辣椒产品专营批发当口儿，为墨红镇争创辣椒产业强镇乃至富源辣椒产业兴县打下了坚实基础。云南满地金食品开发有限公司投入运行以来，加工能力和销售业绩不断提高，公司拥有 7 项实用新型专利。2016 年被认定为云南省科技型中小企业，2017 年获得无公害产品产地认证。公司与种植大户、农户签订保底价收购合同达 20000 余份。连续 3 年（2015 年、2016 年、2017 年）被富源县市场监督管理局授予守信用重合同企业。在扶贫开发中，公司通过“产业扶贫、贷款入股、资金托管、土地流转、提供就业岗位、股权量化”等多种帮扶措施助力脱贫攻坚。

（供稿人：云南省农科院园艺所；龙洪进）

（二）曲靖市会泽县乐业辣椒品牌建设

会泽县辣椒产业是会泽县地方特色产业，现有“乐业羊角椒”和“乐业二角椒”两个品种。近年来，随着产业结构调整的不断深入，辣椒生产面积得到快速发展，产量稳步上升，品牌逐步形成，现已成为会泽山区脱贫致富的重要途径，成为滇东北最大的干辣椒生产销售地。

1. 自然条件

会泽地处滇东北乌蒙山主峰地段，处于三省八县交界，因境内金沙江、小江、牛栏江、以礼河等三江十河交汇而得名，是出滇入川的重要通道。全县面积 5886 平方千米，最高海拔 4017.3 米、最低海拔 695 米，境内山高、坡陡、谷深，山区面积占 95.7%，地形地貌可概括为“两槽三坝五大梁子”。平均年降水量 777.6 毫米，年平均气温 11.9℃，立体气候明显，“一山有四季，十里不同天”。辖 25 个乡（镇、街道）389 个村（居）委会（社区），总人口 106.26 万，是云南省第三人口大县，其中农业人口 91.83 万。

乐业辣椒是会泽的主栽品种。产品籽多皮厚、油润光滑、辣味纯正、香味独特，营养价值丰富，维生素 C 含量≥150 毫克/百克、辣椒素含量≥26.6 毫克/百克，粗纤维含量≥24.5%。由于其特有的耐旱、耐瘠性和抗病性，非常适合会泽的山区土地，是山区农民脱贫致富首选的经济茄科作物。因辣椒生产操作相对简单，产值高，效益好，发展快，容易大面积发展，所以辣椒也是农业种植业结构调整的首选作物。

2. 生产规模

会泽县辣椒有着悠久的种植历史，在县内各地均有种植，近二十年种植面积都保持在 10万亩以上。2019 年全县乐业辣椒种植面积 13.5 万亩，产量 16.8 万吨，产值 4 亿元，带动建档立卡贫户 22360 人，人均增收 400 元以上。种植面积占全县蔬菜种植面积的 32%，是会泽经济类作物的一大主导产业。种植品种有干椒、鲜食辣椒、泡椒。干椒种植品种主要是乐业羊角椒、乐业二角椒（丘北小椒）、云干椒3号等。鲜食辣椒种植品种主要有螺丝椒、线椒、美人椒、灯笼椒。泡椒品种主要有小米椒、朝天椒。其中，以乐业羊角椒类型的干椒品种，其株型紧凑，连续结果性好，果实羊角形，果面光滑，具有皮肉厚，香味浓，辣油足，热量大，口感好等特点，适合加工生产干椒、辣椒酱等辣椒产品。

3. 地理标志

通过多年培育壮大乐业辣椒，因其具有籽多皮厚、油润光滑、辣味纯正、香味独特等优点，已成为会泽县的地方特色优质农产品。1989年获国家轻工部银奖。2004年会泽县万亩辣椒基地被省农业厅认定为云南省无公害农产品基地，同年，基地产品被国家农业部农产品质量安全中心认证为“无公害农产品”。2007年在中国（长沙）国际辣椒产业博览会上被组委会授予“中国辣椒之乡”“中国辣椒百强县”称号，乐业镇被授予“中国辣椒第一镇”称号。2012年，乐业辣椒被农业部认定为地理标识农产品。2016年“乐业辣椒”获注地理标志证明商标。目前，全县辣椒加工企业有4家，注册了“乐业”“会乐”“云乐”“勇雄”等商标。年加工辣椒量很小，主要以粗加工为主，有干辣椒、辣椒油、辣椒面、辣椒粉、辣椒酱等系列产品，辣椒加工转化率低，深精加工的发展空间潜力大。

乐业辣椒产地地理坐标为北纬26°20′～27°00′，东经103°15′～103°45′，位于云南省曲靖市会泽县东北部，包括乐业镇、迤车镇、者海镇、矿山镇、宝云街道、金钟街道、五星乡、大桥乡、火红乡共9个乡镇（街道）。

（供稿人：云南省农科院园艺所；龙洪进）

（三）大理大蒜品牌创建

大理州常年大蒜种植面积在20万亩以上。大蒜是大理州种植规模最大、带动能力最强的蔬菜作物。大理州是我国早熟大蒜和独头蒜的主产区。

1. 自然条件

大理州位于横断山脉与滇中高原的交界部位，海拔高差大，高原立体气候十分明显，有着从南亚热带到暖温带的各种气候类型。年平均温13℃～19℃，年降雨量550～1100毫米，年平均日照时数为2311.2～2736.9小时。主要耕地分布在海拔1300～2600米的广大地区，土壤pH值为6.0～8.0，有机质含量为2%～9%。这些地区总的气候特点是，气候温和，冬无严寒，夏无酷暑，霜期短，春温高于秋温，温度的年较差小，日较差大，光资源丰富。适合多种蔬菜生产和部分蔬菜的反季节超时令生产。

大理州地处云南西部，是滇西经济、文化的中心，广大铁路、320国道、214省道纵横交错，贯穿境内，是滇西的交通枢纽，是连接内地与东南亚的重要通道。境内地形地貌复杂，西部多为山间小坝，中部、东部地势开阔，坝子湖泊交错分布，水质较好，生态环境非常优美，适宜发展无公害、绿色食品。

2. 生产规模

1984 年，全国开始实施以产销逐步放开为主要内容的蔬菜体制改革后，在“南菜北运”的产销形势影响下，大理州不断引入新品种、改良新技术，蔬菜种植由过去的零星分散，发展到集中连片，种植规模逐年扩大。1992 年大面积生产上开始推广经试验成功的紫皮大蒜品种和“提早抽薹”先进技术，使蒜薹、蒜头的上市期提早 40～50 天；而且产生了食用方便、品质好的独瓣蒜，使大蒜产业得到了长足发展，成为我国独头大蒜和早熟大蒜的主产区。

大理州常年大蒜种植面积在 20 万亩以上，全州 12 个县市均有大蒜种植，主要分布在弥渡县、祥云县、宾川县、鹤庆县和剑川县。秋播春收是大蒜生产的主要模式，播种时间为 8～10 月，次年 2～4 月收获，主栽品种有红七星和河南紫皮蒜。2018 年大理州大蒜种植面积 25.08 万亩，总产量 47.72 万吨，总产值 132913 万元。2019 年大理州大蒜种植面积 23.76 万亩，总产量 40.59 万吨，总产值 287235 万元。大理州独头蒜的种植面积近几年保持在 10 万～11 万亩，总产量 7.5 万～8.5 万吨，目前主栽品种为红七星及温二早。

大蒜主产区建有春化冷处理、冷藏保鲜、加工设施。经纪人、专业合作组织和企业多渠道多形式参与生产和营销，其中一些经纪人常年活跃在全国各大中城市的交易市场，推动了大理州大蒜产业的稳步发展。大蒜生产已成为大理州主产蒜区农业经济的主要来源。

3. 地理标志

大理独头大蒜栽培技术的成功应用，推动了独头蒜生产发展，使其成为国内唯一的紫皮独头大蒜产区，2010 年获国家农产品地理标志认定。

在栽培中大理独头蒜独蒜率一般在 30%～40%，高者达 70% 以上，亩产量 800～1000 千克。大理独头大蒜外皮紫红色或浅紫色，肉质乳白色，蒜头扁圆形或圆形，不分瓣，构造与普通紫皮大蒜中的一个蒜瓣相似。蒜头大小规格一般按横径尺寸分为 4 厘米以上、3～4 厘米、2～3 厘米、2 厘米以下等。大理独头大蒜个头大、质优，外形美观，食用剥皮方便，可食率比普通瓣蒜高 5%～10%。大理独头大蒜富含大蒜素、蒜油，蒜汁粘稠，蒜味辛辣（比白皮蒜辛辣），香味较浓，经检测大蒜素 1.91%，大蒜油 0.20%，总糖 32.90%，蛋白质 4.85%。

大理独头大蒜的地域保护范围为云南省大理白族自治州境内。地理坐标为北纬 24°40′～26°42′，东经 98°52′～101°03′，总面积 295.5 万亩，产地面积 18 万亩，年产量 144000 吨左右，主要涉及县市为大理市、弥渡县、宾川县、洱源县、祥云县、永平县、鹤庆县 7 县市的 43 个乡镇。

（供稿人：大理州农科院经济作物研究所；张亚春、李树锋、邓浪）

五、西藏自治区特色蔬菜品牌建设

（一）易贡辣椒品牌创建

“易贡”藏语意为“美丽”，易贡辣椒是经长年种植形成的地方品种，其特有的品质在全区独一无二，素有“味中上品”“有易贡辣椒，就有好胃口”的美誉。

1. 自然条件

易贡乡位于波密县西北方向，距县城153千米。波密县易贡乡受地理位置、海拔高度与地貌条件等影响，土壤与植被类型较为丰富，可为农业利用的土地资源较为丰富，适宜种植多种经济作物。易贡乡灌溉水资源、河川径流资源比较丰富，以易贡藏布流域为例，多年径流量为278.5亿立方米；还有比较丰富的冰雪水资源、地下水资源和湖泊水资源。易贡乡属高原温带湿润、半湿润气候，太阳辐射5802.4兆焦耳/平方米，光合有效辐射2553兆焦耳/平方米，年平均日照时数1803.1小时。年平均气温为11.4℃，年均降水量960～1100毫米，年平均蒸发量1458毫米，相对湿度71%。平均冻结深度6.4厘米，最大冻结深度18厘米，年均无霜期为200天。适宜易贡辣椒的生长，特别有利单产的提高。

2. 产业规模

2005年，波密县开始扶持易贡辣椒种植。易贡乡政府购进500多卷地膜赠送给农户，地膜辣椒比传统种植的辣椒产量高、长势好、产出快。2015年，波密县易贡乡辣椒深加工项目通过县级验收，新建辣椒加工厂1个，厂房面积144平方米。2015年，波密县易贡乡易贡辣椒种植面积达520余亩，产量3.5万余千克，实现产值近30万元。

3. 地理标志

2015年11月5日，中华人民共和国农业部批准对“易贡辣椒”实施国家农产品地理标志登记保护。易贡辣椒鲜果实以羊角、圆锥形居多，未成熟时呈绿色，成熟后呈鲜红色。鲜椒维生素含量为60～70毫克/百克、干椒维生素含量为154～162毫克/百克。鲜椒含辣椒素20～90毫克/千克，干椒含辣椒素500～700毫克/千克。具有皮薄、香辣味浓郁，回味悠长的特点。易贡辣椒农产品地理标志地域保护范围为西藏自治区林芝市波密县易贡乡所管辖的贡仲村、格通村、沙玛村、江拉村、通加村5个行政村。地理坐标为北纬29°21′～30°30′，东经93°00′～97°40′。

（供稿人：河北农业大学；赵帮宏、宗义湘、乔立娟、王妍、马凤）

（二）朗县辣椒品牌创建

朗县辣椒是西藏自治区林芝市朗县特产。朗县响应乡村振兴战略，2019年建立辣椒生产基地，按照“优质、高产、高效、生态、安全”的现代农业发展要求，通过“统一育苗、统一栽植、统一施肥、统一防治、统一购买保险”的“五统一”管理措施、“公司+合作社+农户”收购模式、全县辣椒苗统一集中育苗推进种植管理，夯实辣椒产业的发展保障。按照“生产有规程，质量有标准、产品有标志、市场有检测”的农业标准化要求，逐步建立覆盖辣椒产前、产中、产后各环节标准，形成结构合理、层次分明，重点突出的标准体系。

1. 自然条件

朗县位于西藏自治区林芝市，属于典型的高山峡谷地貌类型，全县平均海拔3200米，境内山脉纵横，沟壑相连。朗县辣椒种植区位于雅鲁藏布江中下游朗县沿岸，属灌丛草原土，多数土壤土层薄，沙壤土，结构良好，适宜辣椒的生长。朗县水资源比较丰富，有河流溪涧14条，又称为“一江四河（沟）”之地。朗县辣椒种植区属雅鲁藏布江干热河谷气候，干湿季节分明，雨热同季，无霜期长，日照充足，日较差大。年日照时数在2000～2500小时，年平均气温11.2℃，年降雨量350～600毫米，年蒸发量在2200毫米左右，无霜期一般为130～170天。夏无酷热，冬无严寒，良好的自然条件，适宜朗县辣椒种植。

2. 产业规模

2000年以前，朗县辣椒主要为家庭种植，规模很小，主要用于自食。2000年后，朗县辣椒栽培面积逐渐扩大，地膜辣椒试验成功并示范推广，辣椒产量得到很大的提高，并开拓了南亚辣椒市场。2011年6月，朗县洞嘎镇成立辣椒专业合作社，主要对干辣椒进行初级加工。2014年，朗县共种植辣椒2640亩，产量660吨，实现产值264万元。2015全年，朗县洞嘎镇7个行政村辣椒种植面积达558亩，辣椒总产量达97.7万千克，每亩产量近1750千克。2017年，朗县在沿江三镇修建朗县辣椒温室大棚233座，露天种植辣椒1500亩。2019年，朗县辣椒推广种植面积达5495.4亩，辣椒采摘量达2250吨，建成2个辣椒示范基地，15个辣椒种植基地，分布在全县5个乡镇。

3. 地理标志

2018年9月5日，中华人民共和国农业农村部批准对“朗县辣椒”实施国家农产品地理标志登记保护。朗县辣椒的标志特点是：部分果实生长向上，部分果实生长向下，果型多数呈小牛角形，果实较嫩时表面部分呈黑色，成熟过程中逐渐转变成绿色，完全成熟后呈红色，辣椒果味辛辣、硬实、香味浓郁。从品种形态上一般可分为3种类型，第一类为朝天椒，果实向上，果实较短，平均长约5～7厘米，横径2～3厘米，味极辣。第二类果实形状基本和第一类相同，只是果实生长是向下，与第一类相反，果实比第一类稍大，平均长约6～8厘米，横径2～3厘米左右，但辣味不及第一类。上述两类辣椒是朗县辣椒的主要类型，占朗县辣椒的大多数。第三类是线椒类，果实向下生长，平均长约15～18厘米，横径0.5～1厘米，果实辣味一般，但株高比前两类都要高一些。内在品质指标是：朗县辣椒维生素C含量≥220毫克/百克，维生素B_3含量≥2.20毫克/百克，铁含量≥0.50毫克/百克，磷含量≥54.0毫克/百克，钙含量≥38.0毫克/百克，β-胡萝卜素含量≥110微克/百克，干物质≥11.0毫克/百克，辣椒素含量≥0.04克/千克，二氢辣椒素含量≥0.03克/千克。其中维生素C含量高于一般的辣椒。

朗县辣椒农产品地理标志地域保护范围为西藏自治区林芝市朗县全域范围，包括洞嘎镇、朗镇、仲达镇、拉多乡、金东乡、登木乡6个乡镇的雅鲁藏布江沿江两岸区域；地理坐标为北纬28°40′~29°29′，东经92°28′~93°31′，保护面积133.3公顷。

（供稿人：河北农业大学；赵帮宏、宗义湘、乔立娟、王妍、马凤）

（三）索多西辣椒酱品牌创建

索多西辣椒酱是西藏自治区芒康县特产，获批地理标志产品保护后，带动芒康县农牧民280户参与获益，对促进当地种植业产业结构调整起到了积极作用。

1. 自然条件

西藏自治区芒康县索多西等乡镇地处青藏高原东南部，与云贵高原接壤，属三江流域峡谷区。年日照时间高达3200小时，夏季温和潮湿，冬季寒冷干燥，年平均气温10℃，平均年降水量约500毫米。

芒康县辣椒酱生产基地坐落于芒康县城，海拔3900米，光照充足，紫外线强烈。芒康县内水系发达，当地土壤为亚高山森林土，土壤pH值为6.5左右，呈弱酸性，非常适合优质辣椒生长。芒康县风速较快，病虫害难以滋生，加之辣椒酱生产地芒康县城海拔较高，气候较为寒冷，有利于辣椒酱的生产、储存。生产辣椒酱的水为芒康县城内优质地下水，无污染，含矿物质较多，硬度较高，pH值7.2左右，呈弱碱性，当地独特的自然环境成就了索多西辣椒酱独特的品质。

2. 产业规模

茶马古道上源源不断的马帮为西藏输送来了辣椒，经芒康人民的加工，制作出具有浓郁藏区特色的辣椒酱，并经茶马古道销往内地，索多西辣椒酱的名声也逐渐传播开来。2015年，获批地理标志产品保护后，索多西辣椒酱产量提升至35万千克，产值700余万元，较保护前增长近20%。2015~2019年索多西辣椒常年种植面积1500余亩，亩产3000余千克，年产量达470余万千克。

3. 地理标志

2014年12月11日，国家质检总局批准对“索多西辣椒酱”实施地理标志产品保护。索多西辣椒酱具有色泽鲜红明亮、无农药残留、口感辣而不燥、不伤肠胃的质量特色。索多西辣椒酱原材料来自海拔2200~2600米的西藏昌都市芒康县索多西乡等地，产地范围为西藏自治区芒康县索多西乡、朱巴龙乡、如美镇、纳西乡、曲孜卡乡、木许乡共6个乡镇现辖行政区域。地理坐标为北纬29°06′08″~29°43′34″，东经98°00′28″~98°30′02″。

辣椒酱所使用的当地索多西辣椒的特点是：辣椒果实为浆果，鲜椒形状以羊角、圆锥形居多，未成熟时呈绿色，成熟后呈鲜红色，其皮薄、色泽鲜红明亮、口感辣而不燥，株高为100~120厘米，果纵径约8.1~8.5厘米，果横径约1.5~2.3厘米，果肉厚约0.1~0.4厘米，维生素C≥20.0毫克/百克，β-胡萝卜素≥22.0毫克/百克，辣椒素类物质总量≥1.25克/千克。

（供稿人：河北农业大学；赵帮宏、宗义湘、乔立娟、王妍、马凤）

第七章　华南片区

一、海南省特色蔬菜品牌建设

黄灯笼辣椒在国内主要分布在海南岛东南、西南沿海地区，大面积栽培主要在海南省的文昌、琼海、万宁、陵水等地方。黄灯笼辣椒辣度可达170000SHU，被誉为“辣椒之王”。

1. 自然条件

海南陵水黎族自治县位于海南岛的东南部。气候温和，光照充足，雨量充沛。年日照时数2444小时，年太阳辐射量13万卡/平方厘米；年平均温度24℃，最高温度37℃，属于热带季风岛屿型气候。全年降雨量1500～2500毫米，雨季降雨量约占全年降雨量的80%左右。陵水素有“天然温室”“热作种植宝地”之美称，是中国最早的南繁育种基地，也是黄灯笼辣椒生长的最佳地区。

2. 产业规模

黄灯笼辣椒在海南省的种植历史悠久，种植优势突出。2016年，陵水现代农业示范基地的生产示范区建成200多亩基地，亩产值达10万～30万元。黄灯笼辣椒是海南重要的特色经济作物，主要种植在海南省文昌市、琼海市、万宁市、陵水黎族自治县等，种植面积也在逐渐扩大，2019年总种植面积已超过1300公顷。

3. 地理标志

2017年11月28日，陵水黄灯笼辣椒被核准为国家地理标志证明商标。被保护的地理标志产品具有如下特征：生长势旺，抗病性强，果实锥形或小灯笼形，尾部微皱，黄色，故名黄灯笼。品种坐果能力强，单株坐果400个以上，一级单果10克以上。果肉厚0.20～0.25厘米，肉质细软，口感超辣带香味，品质极佳，亩产2500～3000千克，适合加工。黄灯笼椒富含辣椒素类物质，钙、铁、胡萝卜素、纤维素、蛋白质的含量远远高于其他辣椒，辣度高，可达170000SHU，果实味辛辣并有奇香，是加工辣椒酱和提取辣椒素最好的原料之一。陵水黄灯笼辣椒农产品地域保护范围包括该县提蒙乡、群英乡、椰林镇、新村镇、英州镇、本号镇、隆广镇、三才镇、光坡镇、文罗镇、黎安镇等，地理坐标为北纬18°22′～18°47′，东经109°45′～110°08′。

（供稿人：河北农业大学；赵帮宏、宗义湘、乔立娟、王妍、马凤）

二、广东省特色蔬菜品牌建设

（一）惠州市石湾韭黄品牌建设

惠州石湾韭黄以其鲜、香、脆、嫩的品质深受消费者喜爱，主要分布在有“中国韭黄之乡”之称的博罗县石湾镇。

1. 自然条件

石湾镇位于罗浮山与东江之间，地势由北向南平缓倾斜，是东江的冲积平原。平原面积约占全镇总面积的99%，少数低平浑圆的丘陵错落其间。石湾镇属亚热带季风性海洋气候，年平均气温21℃～22℃，阳光充足，雨量充沛，平均年降水量为1750～2182毫米，全年无霜，在连续降雨或持续高温的情况下，非常适合韭黄的生长。

2. 生产规模

黄西村是石湾韭黄种植面积最大的连片生产基地，主要种植品种是台湾大叶金钩。它口感好、爽脆、粗纤维含量少。2018年资料显示，黄西村总人口5000多人，共有6000多亩韭黄，可以说是人均一亩致富菜。现在，石湾的韭黄种植面积有8000多亩，占据着广东省韭黄市场的30%。石湾镇韭青平均亩产7000多斤，韭黄3000多斤，以每年2～3月收获的韭黄产量、质量为最佳。

3. 地理标志

2004年，石湾为韭黄注册了“黄西牌”商标，同年被农业部评为“中国韭黄之乡”。证明商标的特质品质：基地出产的韭黄鲜、香、脆、嫩，远近闻名，色泽鲜嫩如鹅黄，洁白如玉带。石湾韭黄主要分布在石湾镇黄西村基地，地理坐标为北纬23°7′25″，东经113°51′47″。

（供稿人：河北农业大学；赵帮宏、宗义湘、乔立娟、马毓敏）

（二）徐闻良姜品牌建设

高良姜，别名小良姜，又名徐闻良姜，为姜科植物，是一种热带多年生长的山姜属食药兼用的植物资源。

1. 自然条件

徐闻县属热带季风气候，日照充足，年平均日照2078.7小时，年平均温度23.3℃，四季如春，四时常绿，冬春季多干旱，夏秋季炎热多雨，年降雨量为1200～1893毫米，土层深厚，疏松肥沃，红壤或沙壤土种植最佳。良姜喜温暖，湿润，适宜在热带亚热带地区种植，当地的气候、土壤条件十分适宜良姜生长。

2. 生产规模

2015年，徐闻良姜种植面积达3.6万亩，产量（干姜）1.68万吨，产值2.8亿元。良姜主要分布于县境东部的龙塘、前山、下洋等几个乡镇，尤其是龙塘镇，种植面积达

2.5 万亩，被称为徐闻的“良姜之镇”。2017 年，徐闻良姜种植面积约 32000 亩，遍及全县 7 个乡镇，其中以龙塘镇为主产地，每年鲜姜产量 28000 吨，干姜 7000 吨左右。

3. 地理标志

2006 年 8 月 17 日，原国家质检总局批准对“徐闻良姜”实施地理标志产品保护。2019 年 12 月 17 日，“徐闻良姜”入选 2019 年第四批全国名特优新农产品名录。证明商标的特质品质：色泽金黄，馨香浓郁，含粉率高。徐闻良姜地理标志产品保护范围：广东省徐闻县龙塘镇、曲界镇、城北乡、南山镇、海安镇、锦和镇、下洋镇、前山镇等 8 个乡镇现辖行政区域。地理坐标为北纬 20°13′~20°43′，东经 109°52′~110°35′。

（供稿人：河北农业大学；赵帮宏、宗义湘、乔立娟、马毓敏）

第二篇　交易市场篇

第一章　东北片区

一、吉林省特色蔬菜专业市场建设

（一）洮南福顺市辣椒交易市场

1. 市场规模

福顺辣椒交易市场于1998年建成，2000年正式投入使用，总投资2亿元，占地20公顷。福顺辣椒交易市场拥有独特的1500米延长式通道，以利于商户之间的交易和运输，是东北最大的辣椒集散地。成立初期主要进行干鲜辣椒交易，主要品种有辛迪、北京红、福顺红、金塔等。

2003年，在国家和政府的大力支持下，开始进行辣椒冷冻交易，随着市场规模和市场影响力的不断扩大，交易市场也出现了一定数量的辣椒加工产品，主要有辣椒酱、辣椒面等产品。近年来，辣椒交易市场火热，交易量也不断攀升。2019年，鲜辣椒交易量达7万吨，交易额近2亿元，干辣椒交易量近1万吨，销售额近1.5亿元。同时福顺辣椒交易市场有30多家的冷冻仓库，为辣椒市场交易提供了保障。

2. 交易主体

福顺辣椒交易市场为交易的主场地，其中，有150户辣椒种植大户，平均每户每年流转鲜辣椒1000吨，干辣椒400吨左右。市场大约有200个经纪人，70家辣椒合作社参与交易，市场辐射地区有黑龙江、吉林、辽宁、通辽、内蒙古、大安、乾安等地。福顺辣椒交易市场布局有鲜辣椒交易区、干辣椒交易区、检验检疫区、质量分级区、冷链仓储区、并有配套的物流配送区及综合服务区，有上千人从事辣椒交易、仓储和运输工作。

福顺辣椒主要出口德国、美国、韩国、日本、东南亚国家和地区，此外还有部分采用经纪人渠道，直销韩国。辣椒面等粗加工产品销往上海、黑龙江、内蒙古、浙江等省份。福顺交易市场为拓宽辣椒产业的销售模式，同时在“我连网”电商平台进行线上销售。

3. 辣椒交易品种和价格

福顺辣椒交易市场建立初期主要品种有辛迪、北京红、福顺红、金塔，鲜辣椒收购价在2600元/吨左右，销售价在3300元/吨左右，干辣椒收购价在3200元/吨，销售价在

3800 元/吨左右，加工辣椒收购价在 8000～10000 元/吨，销售价在 10000～12000 元/吨。

市场制定了统一的鲜辣椒分级收购标准，依照色泽、大小、外观、辣度等方面分 3 个级别收购，2019 年价格在 0.5～1.2 元/斤。此外，不同品种的价格会有不同的波动，并且有不同品种的价格区间。近几年，随着市场和影响力的不断扩大，市场中增加了部分加工品种，并且在稳步的扩大加工规模。

4. 辣椒交易市场的规划及存在问题

福顺辣椒交易市场本着“走向全国，辣遍全球”的幽默式发展理念，一直在稳步扩大交易市场的规模，鲜辣椒、干辣椒交易模式已经相对成熟，目前正在加工方面进行市场的布局，希望能整合东北的粗加工市场，统一管理，扩大经营销售。

当前存在的主要问题：一是常规辣椒品种的品种纯度不够、品种退化严重；二是辣椒种植连片，倒茬困难，导致病害持续发生；三是近些年冷库建设、租用耗费了种植户、家庭农场、辣椒种植企业大量资金，每个冷库的造价在 300 万元左右，导致固定资产过多，市场中的流动资金缺少，资金流转不足；四是新种植户栽培技术水平相对滞后；五是规避辣椒种植风险能力有待加强。

（供稿人：吉林省蔬菜科学研究院；王学国）

（二）农安县万隆三辣交易市场有限公司

农安县万隆三辣交易市场有限公司位于享有“吉林省三辣之乡”之称的农安县哈拉海镇，是我国最大的“三辣”（辣椒、珠葱、大蒜）专业批发市场。近年来，随着农业种植结构调整步伐不断加快，“三辣”成为哈拉海镇发展特色农业种植的主攻目标，以绿色农产品生产为特色，辐射周边多个乡镇，已经形成产业化发展态势。“三辣”产品远销多个国家和地区，成为国内多家著名食品企业的主要供货基地，多次被评为省市“十大”特色农产品之一。

1. 农安县万隆三辣交易市场规模

“三辣”种植早已成为哈拉海镇的支柱产业，其种植规模不断扩大，精深加工、品牌包装及国际性营销不断加强。为将哈拉海镇的“三辣”产业做大做强，2013 年，农安县万隆三辣交易市场有限公司新建两个“三辣”交易市场，集收储、加工、销售为一体，为“三辣”的发展提供有力保障。2015 年市场总交易量 14 万吨，年交易额 3.8 亿元；2016 年年交易量 15 万吨，年交易额 4.7 亿元；2017 年年交易量 16 万吨，年交易额 5 亿元；2019 年年交易量 18 万吨，年交易额 5.3 亿元，交易量与交易额均逐年增长。农安县万隆三辣交易市场 2012 年 10 月开工建设，2013 年 7 月正式使用，总投资 1.2 亿元，占地 83500 平方米，能满足 21 万吨“三辣”交易量，6 万吨冷链仓储周转量，18 万吨物流规划年吞吐量，年交易金额可达 5 亿元。产品销往康师傅有限公司、厦门葱酥厂和山东、黑龙江、辽宁、广东、广西、福建等省份，出口美国、俄罗斯、日本、韩国、越南、新加坡、马来西亚、泰国等国家和地区。“三辣”产品供不应求，深受国内外客商的好评。

2. 交易主体

围绕农安县万隆三辣交易市场，农安县还形成了100个小型家庭销售点，由经纪人在各地进行收购。万隆三辣交易市场集产、购、销、加工于一体，各地的商人都从这里走货。这里的“三辣”一部分在秋收时就发往各地，另一部分存入冷库，等到年后再出手。目前有经纪人200多名，交易范围遍布全国，大户交易的商户有30多家，经销大户年可流转珠葱上万吨。

3. 万隆三辣交易市场交易品种

万隆三辣交易市场“三辣”的交易主要以珠葱为主，珠葱交易占总交易额的90%以上。为了增强产品在市场上的竞争力，哈拉海镇注册了“北方金龙一号珠葱”品牌，因此珠葱交易的主要品种以“北方金龙一号珠葱”为主，年销量稳定在15万吨，2019年销量最大，达18万吨；大蒜主要以当地的“狗牙蒜”为主要交易品种；辣椒品种多以“金塔”“吉塔”“吉椒15”“吉椒17”为主。各类产品按照品级分类，不同品种销售价格不同，2016～2020年，精品珠葱价格基本在2.0～2.5元/斤，混葱价格也稳定在1.2～1.5元/斤。

4. 万隆三辣交易市场电子商务

为加快“三辣”产业发展，抓住电子商务机遇，实体市场交易已不能满足市场发展要求。2017年，万隆三辣交易市场积极与淘宝、京东等电商平台进行对接，通过电商平台推广和销售，主要是毛葱实体销售、网络销售多种营销方式的组合，逐步推行“市场+经纪人+合作社”的网状销售模式，销售半径覆盖全国各地。

（供稿人：吉林省蔬菜科学研究院；王学国）

二、黑龙江省特色蔬菜专业市场建设

● 夹信子镇毛葱交易大市场

夹信子镇毛葱以其优良的品质成为原产地地理标志产品，引来国内外客商来此定购洽谈，为了变分散经营管理为集约化、规模化经营，夹信子镇筹划建设毛葱交易大市场。

2007年8月15日，宝清中国毛葱交易大市场在夹信子镇夹信子村正式开工建设。夹信子镇毛葱交易大市场由镇政府招商引资，投资243.8万元，建成占地面积2.1万平方米，建筑面积5805平方米，库房30间，年交易量可达1.5万吨的规范化、集约化农副产品交易大市场，它的建成对带动镇域经济的毛葱产业起到积极作用。

小毛葱做成大文章，毛葱作为夹信子镇特色产业，在政府优惠政策引导下得到了长足发展。2020年夹信子镇毛葱种植面积达8600亩，占全县毛葱种植面积的72%，年产毛葱1.3万吨，年产值2210万元，毛葱远销北京、两广等地，并出口马来西亚、日本、韩国等国家。上乘的品质，使夹信子毛葱成为叫得响的品牌，品牌形成的“洼地效应”使周边各乡镇也因地制宜发展起了毛葱产业。目前全县毛葱种植面积已由2000年不足0.2万亩发展到如今的1.2万亩，并注册了“挠力河”毛葱标识与“宝清大白板”南瓜子、“宝清红”红小豆共同成为享誉国内外的原产地标志产品。为了让葱农成为合格的市场主体，直接进入市场获利，夹信子县成立了宝石河毛葱协会，协会带领786名会员从事种植、贮藏、外销、技术信息等方面的服务，引领毛葱产业发展。

（供稿人：黑龙江省农业科学院园艺分院，宝清县盛实马铃薯种植专业合作社；张慧、王琳、王禹、隋宝柱）

三、河北省特色蔬菜专业市场建设

• 定州国际粮油食品城

定州国际粮油食品城位于河北省定州市清风北路，107国道唐河桥收费站东侧，唐城食品工业园区内，区位优势明显，交通十分便利，服务于京津冀一体化经济圈。

1. 市场规模

定州国际粮油食品城于2016年1月开工建设，2018年5月正式投入使用，占地面积500亩，建筑面积近48万平方米，总投资12亿元，是“以农为中心，以流通为依托，促进一二三产业融合”的新型农商物流综合体。

2019年度实现总交易量15万吨，总交易额50亿元。先后获得了“河北30强品牌市场”“全国农业科技创业创新联盟战略合作单位”“2019年度全国农产品批发市场行业20强市场”等荣誉称号，作为一个新兴的现代化农产品批发市场，受到了各界人士的广泛关注。

2. 交易平台主体

围绕定州国际粮油食品城，定州市还形成了100多个产地市场，由各蔬菜经纪人在当地进行现场收购，再到食品城相关区块交易。根据交易活动需要，食品城内设有蔬菜水果交易区、农副产品交易区、副食调料交易区、粮油批发交易区、肉类食品交易区、水产冻品交易区、电子商务交易结算中心、仓储配送中心、冷链物流中心、期现货交易中心、综合服务中心、质量检测中心以及独立经营商铺和大型停车场等。市场管理规范，服务设施完善，提供社区医疗、银行、安保、结算汇兑、住宿等优质全方位的服务，为农产品市场交易保驾护航。

食品城内有2000余人从事相关蔬菜等农产品交易、仓储和运输工作。200多名经纪人，480个商户从事70多个蔬菜品类的期货、现货交易，范围聚焦京津冀、辐射晋豫鲁陕蒙等地，专业经销大户年交易蔬菜8万吨，交易额10亿元。市场通过为从业者提供仓储配送、业务拓展、金融扶持、电商营销等全方位经营服务，方便对接了雄安新区，参与京津冀一体化经济圈、辐射环渤海经济带。

3. 交易品种

蔬菜交易目前主要为鲜菜上市，品种以韭菜、朝天椒、蒜黄、生姜、大葱、洋葱、莴笋、番茄、黄瓜为主。按照产品品级，分为包装商品、批发件与散货三个档次。包装商品价格最高，一般高于批发件30%，高于统货60%。除此之外，还交易干制辣椒、辣椒丝、鲜食净菜等的蔬菜初加工产品。

食品城下一步规划主要围绕“蔬菜瓜果”“粮油谷米”“肉食禽蛋”“水产冻品”“干鲜副食”“烟酒糖茶”“进口食品”“各省名优特食品”“保健品食品”等发展极具地方特色的商业模块。以“高起点、高品位、高标准”倾力打造河北省规模宏大的现代化综合性的集交易、仓储、电子商务、物流配送等功能于一体的现代农副产品集散中心和中国食品总部基地。

（供稿人：河北省农林科学院经济作物研究所，河北省定州市农业农村局；孙英焘、刘淑芹）

第二章　西北片区

一、包头特色蔬菜专业市场建设

（一）鄂尔多斯达拉特旗红葱交易市场

鄂尔多斯达拉特旗红葱交易市场主要为产地交易市场，由经纪人在田间地头或仓库进行收购。现有从事红葱购销经纪人20多人，年交易红葱量达50000吨，品种以榆林红葱、山西红葱为主。按照产品品级分为毛葱和包装葱，毛葱销售价格0.8～1.2元/斤，主要销往鄂尔多斯本地、包头、呼和浩特及陕西、山西等地批发市场；包装葱销售价格3.5元/斤，主要在本地大型超市出售。为促进红葱产业发展，进一步拓宽销售渠道，达拉特旗红葱形成了地头仓库、网络、微商、团购等线上线下同步销售的格局。

（供稿人：种子与经济作物工作站，包头农科院；李金在、杨瑞军、高振江、潘子旺、高娃、姚慧静、张冬梅）

（二）开鲁县红辣椒特色蔬菜交易市场

1. 市场交易规模

道德红干椒批发市场始建于1988年，位于东风镇东16千米处，市场占地10万平方米，年成交量在6万吨以上，成交额2.4亿元以上。杨秀峰红干椒批发市场位于开鲁县镇西1千米处，始建于2000年，市场占地1.6万平方米，年成交量在3万吨以上，成交额0.6亿元以上。开鲁县红干椒特色农副产品交易中心位于东风镇、国道303线路南，占地40万平方米，总投资2亿元，2014年建成投入使用。建设综合服务楼6500平方米；建设冷库2座，面积达10000平方米；停车场2万平方米；每户建设营业用房120平方米、通风库600平方米、场地3180平方米；线上线下年交易量3亿斤以上，交易额达5亿元，产品远销欧洲、东南亚等10多个国家和地区。

2. 交易主体

道德红干椒批发市场经过30多年的发展，形成了以市场交易为主，以国道303线两侧交易为辅的大型红干椒生产基地和交易集散地，常年从事红干椒购销300多户，购销贩运人员3000多人。杨秀峰红干椒批发市场常年从事红干椒代销60户。开鲁县红干椒特色农副产品交易中心是集收购仓储、冷冻保鲜、电子交易、产品展示、物流配送、金融服务、检测检验、商务办公、餐饮服务等功能于一体的东北规模最大、功能最全、设施最先进的红干椒特色农副产品交易中心，入驻的收购商52家、红干椒经销合作社34个。在生产加工环节，引进晶山食品、蒙椒都等红干椒加工企业15家，年加工能力10万吨，主要产品有媛晶蒜蓉辣酱、巧厨娘辣椒粉、进前佳红油豆瓣等，已进入沃尔玛、大润发等大型超市。在仓储物流环节，培育红干椒专业合作社128个，标准化冷库企业21家，年冷冻保鲜红辣椒10万吨，反季销售实现增加值1亿元。打造了综合物流园区、冷链仓储物流、铁路物流、粮食物流、电子商务物流“五大物流板块”，县镇村三级物流体系实现嘎查村“全覆盖”。

3. 交易品种

目前市场交易的主要品种有千金红、北京红、元大红、元大系列、金塔系列、鲁红系列等品种。

4. 电子商务

开鲁县为推进红辣椒产业发展，以信息化为载体，创办了“开鲁农网”“开鲁红干椒网”通过网站发布红干椒产品信息，收集红干椒国内外市场信息，并利用简报、广播、电视等载体进行公布，为红辣椒的种植、加工和销售提供信息，交易中心线上线下年交易量3亿斤以上，交易额达5亿元，为开鲁县红辣椒产业健康发展起到了重要作用。交易中心的农牧业科技信息服务平台功能齐全，农牧民可利用手机App端实现远程培训、农作物疫病诊断、信息发布等功能。交易中心服务功能进一步完善，成为立足开鲁、辐射通辽、销售全国的红干椒购销集散地。红干椒收购季节，51个经营区全部投入使用，各地客商云集，交易活跃，购销企业达100多个，经纪人达到1500余人。市场集聚效应带动红干椒深加工企业纷纷落户开鲁，就地加工转化增值效应明显，形成了种、产、加、销全产业链。

（供稿人：开鲁县农业技术推广中心，开鲁县绿色食品发展中心，包头农科院；鲍岩峰、庞凤琴、高振江、高娃）

二、乌鲁木齐特色蔬菜专业市场建设

● 新疆九鼎农产品批发市场

新疆九鼎农产品批发交易市场是十二师、兵团乃至自治区的重点民生工程，是新疆最大的一级农副产品交易批发市场，是名副其实的新疆“菜篮子”“果盘子”。

1. 新疆九鼎农产品批发交易市场规模

2013年，新疆九鼎农产品批发交易市场建成并投入运营，占地1600亩，总建筑面积130万平方米，设计商铺及摊位2000多个，总投资43亿元。该市场规划建设主要包括蔬菜瓜果交易区、干果副食品交易区、冷冻保鲜仓储区、水产海鲜区及农产品加工配送区五大功能区。成立后的第一年，即2014年，该市场日均交易量就达5872吨，日均交易额4923万元，年交易量209.5万吨，交易额173.18亿元。2019年，交易总量350.68万吨，在冬季，该市场蔬菜、果品及肉食品供应占全疆的85%，夏季占全疆的50%。九鼎市场日供应蔬菜品种超过100种，每天销售量3500吨左右，各类果品销售量2000余吨。

2. 新疆九鼎农产品批发交易市场交易主体

九鼎市场日供应蔬菜品种超过100种，每天销售量3500吨左右，各类果品销售量2000余吨。在九鼎，不仅可以买到全疆各地的蔬菜水果，也可以买到内地的果蔬。目前九鼎市场有固定经营户2000余户，日均车流量逾8000辆次，日均人流量1.5万人次。九鼎紧邻乌奎高速公路，果蔬进出疆交通非常便捷。这里的农副产品正在实现“卖新疆、买全国”和“买新疆、卖全国”。每年的市场运营辐射带动就业达3万多人次。按照新疆农产品市场建设战略布局，将以该市场为依托，完善各地州农产品批发交易市场，发挥好边境口岸对外贸易优势，逐步搭建覆盖全疆、辐射中亚的农产品交易网络，推动农产品流通向规模化、集团化和专业化发展。

3. 新疆九鼎农产品批发交易市场交易品种

九鼎市场重点监测30种蔬菜价格，特菜体系中的大葱、生姜、洋葱、大蒜、螺丝椒和圆椒等价格均是其监测对象。比如根据其2020年9月23日的价格监测，米泉产蒜苗每千克3元，山东产大蒜每千克5.5元，山东产生姜每千克15元，吐鲁番产红洋葱每千克1.5元，乌拉泊产白洋葱每千克1.1元，安宁渠产韭菜每千克4元，塔城产红椒每千克4元，奇台产螺丝椒每千克4元，安宁渠产圆椒每千克2.5元等。除此之外，九鼎交易市场还交易辣椒粉、辣椒圈、辣椒干等辣椒初加工产品。

由于地理以及气候的原因，新疆蔬菜供应分为两个阶段，第一阶段是4~10月，乌鲁木齐周边种植基地，吐鲁番、库尔勒、和硕、伊犁以及和田等地供应蔬菜，4月初新疆各地蔬菜先由大棚种植蔬菜陆续上市，5~9月各地陆地种植蔬菜大量成熟上市并达到高峰，9月底~10月底进入疆内疆外蔬菜产地更替时期；第二阶段是11月到次年3月，此时新疆大部分蔬菜是由山东、甘肃、云南、四川、广东、湖北等省份供应。

4. 新疆九鼎农产品批发交易市场电子商务

目前九鼎农产品批发交易市场正在着力构建三大平台：覆盖全疆的农产品仓储物流交易平台、覆盖全国的兵团农产品电子商务平台和综合信息服务平台、覆盖全国主要省份的兵团特色农产品销售平台；着力发展四种模式：农批对接模式、农超对接模式、农电（电子商务）对接模式、批零对接模式；着力完善六大体系：农产品市场流通体系、重要农产品收储调控体系、重要农产品物流服务体系、重要农产品质量追溯体系、特色农产品冷链物流体系和农业生产和商贸征信体系。最终将九鼎农产品批发交易市场打造成为西部地区规模最大，布局合理，管理科学，机制健全，设施先进，功能完备，信息通畅，运行高效，竞争有序，环境一流，服务优良，交易方式先进的“一站式”农产品批发交易市场。

（供稿人：新疆农科院园艺作物研究所；杨生保）

三、宁夏回族自治区特色蔬菜专业市场建设

宁夏海吉星国际农产品物流有限公司于2009年10月16日成立，位于银川市贺兰县经济桥物流园。物流园规划用地1428亩，规划总建筑面积52万平方米，规划总投资6.8亿元。宁夏海吉星作为产业链中流通环节的龙头企业，已经具备完善的流通设施，包括集散中心、加工配送场地、冷藏设施、信息平台、检测平台等。目前，园区经营品类齐全，年交易量超过5万吨，年交易额突破2亿元，自园区投入运营以来一直保持稳定上升趋势，交易规模及辐射区域也在不断拓展和扩大。

2019年，北环批发市场迁入创业园，经营范围进一步扩大，包括建设农产品批发市场及相关配套设施开发；市场经营管理；蔬菜、果品、副食、日用百货、棉麻日杂、肉、禽、蛋、水产品、调味品销售；停车场经营；商业信息咨询服务；货物、农产品及技术的进出口业务；农产品加工、配送、销售；提供配套的装卸、仓储、冷链物流服务；农产品电子商务；房屋、档位及场地租赁；农产品批发市场配套物业开发、经营、管理；商品产销信息服务；农产品检疫、检测；农业项目投资等。

创业园交易品种包括青椒、红椒、线椒、米椒、蒜薹、葱、大蒜等。自2019年10月开始承接银川北环批发市场商户后，现已签约该市场商户836家，入场进货商户达400余家，日交易商户就超过500人次，日蔬菜交易量超300吨。

（供稿人：河北农业大学；赵帮宏、宗义湘、乔立娟、马毓敏）

第三章　黄淮海片区

一、山东省特色蔬菜专业市场建设

（一）德州特色蔬菜专业市场建设

武城县辣椒市场又称为“中国武城辣椒城”，位于武城县武城镇尚庄村，“中国武城辣椒城”是江北最大的辣椒交易市场之一，被授予“中国辣椒第一城”“全国最具影响力的市场”等荣誉称号，被农业部认定为“定点农产品批发市场”。

1. 中国武城辣椒城市场规模

1991 年，尚庄辣椒市场建成并投入使用，吸引周边经销户以及湖南、四川等地客商进驻市场坐地收购，市场更加繁荣。2000 年，市场年交易量已达 3 万吨，交易范围延伸到山东、河北、河南、山西、内蒙古、天津、新疆等省份，覆盖全国 20 多个省份。以谭英潮为首的辣椒经营大户，更是将辣椒贸易做到了国外，成为了韩国多元食品公司的原料供应商。

2002 年，县委、县政府决定重新规划、扩大建设辣椒市场，建设地点位于尚庄村东，新开通的省道 254 线以东，占地面积 400 亩，投资 1 亿元。成立以时任副县长史光毅为总指挥、县长助理王洪林为副指挥的辣椒市场建设指挥部。同年 9 月，一期工程竣工并投入使用。11 月 16 ~ 18 日，中国武城首届辣椒洽谈订货会在新建成的辣椒市场成功举办，来自日本、韩国以及中国香港、四川、内蒙古等国内外各地的客商 4600 余人参加订货会，共签订贸易合同 5 万吨，贸易额达 2 亿元。次年，中国特产经济开发中心和中国果蔬专家评审委员会命名武城县为“中国辣椒之乡”，命名尚庄辣椒市场为“中国辣椒第一城”。随着辣椒城建设的逐步完善和规范，武城尚庄辣椒市场，先后被获得“省级标准化批发市场”“山东省十大蔬菜批发市场”“全国商品交易市场系统先进单位”等荣誉称号，被农业部确定为重点检测的蔬菜批发市场之一。2014 年，武城辣椒市场价格进入省级蔬菜价格指数监测平台，武城辣椒行情成为全省辣椒交易价格的晴雨表。

在尚庄辣椒市场健康发展的同时，与之相隔 20 千米的郝王庄镇后玄帝庙村，也崛起了一个朝天椒交易市场。该市场建于 2001 年，主要借助靠近德州市区的便利条件，从事朝天椒的贸易，购销范围遍布山东、河南、河北、天津等省份，年交易量可达3万吨，交易额3.5亿元。

目前，两个市场有收购交易门店1000余间，经销商200余家，年交易量20万吨（4亿斤），交易额15亿元左右，武城辣椒价格指数被列入全省价格指数体系并在山东省价格指数平台上发布运行。

2. 中国武城辣椒城交易主体

尚庄和郝王庄草屯辣椒交易市场，由辣椒经纪人在基地进行辣椒收购。辣椒交易市场布局有鲜椒市场、交易中心、冷链仓储区、物流配送区及综合配套区，有几千人从事辣椒交易、仓储和运输工作。自2019年1月以来中椒英潮公司建的冷库干辣椒入库约上万吨，郝王庄镇御马园冷库存放1000多吨，甲马营镇银山冷库等存放干辣椒2000多吨武城辣椒经纪人有几百名，交易范围遍布全国，大户交易区的专业辣椒商户有100多家，经销大户年可流转辣椒高达万吨。

3. 中国武城辣椒城交易品种

武城辣椒主要品种以英潮红、德州红、益都红、望都红、朝天椒、三樱椒和子弹头为主，2019年中国干辣椒行情较好，上半年价格处于阶梯状上涨模式。对于存货商而言，亦有小幅盈利。行情回暖给了业内人士一定的信心支持，2019年干辣椒人气增加明显。尚庄辣椒批发市场英潮红辣椒价格从5元/斤上涨至6.3元/斤，后玄辣椒批发市场三樱椒、新1代辣椒价格从2.5元/斤上涨到10元/斤。2020年10月，英潮红2号鲜椒1.1元/斤、英潮红4号鲜椒1.2元/斤、英潮红8号鲜椒1.6元/斤、京红1元/斤等。

除此之外，目前全镇的辣椒收购加工主要以尚庄辣椒加工基地为主进行运作，辣椒城成为广大农户进行辣椒种植与销售的平台。以“买全国、卖全国、连国外”为总目标，研制生产的椒碎、椒丝、椒圈、椒粉、椒酱等辣椒制品，吸引了河北、浙江、内蒙古、四川等20多个省份的辣椒商前来交易，辣椒及辣椒制品80%实现出口，远销韩国、日本、美国、澳大利亚、东南亚等国家和地区。

4. 中国武城辣椒城电子商务

以中椒英潮、东顺斋等为代表，积极创新辣椒营销模式，利用大数据、“互联网+”新思维，构建“线上+线下”营销模式。一是建立线上销售渠道，发展辣椒电子商务，在云栖小镇打造了中椒英潮天猫官方旗舰店，园内自有品牌“英潮”牌、“辣贝尔”牌、“户户”牌等多种辣椒加工产品，实现了在“天猫”“京东”等线上销售；组建营销团队，与“饿了么”对接，成功开辟“互联网+外卖”销售渠道；龙头企业建设综合门户网站，并采用B2C电子商务模式，实现自有品牌辣椒制品线上销售；为发挥“社群经济”作用，构建了“社区微商”等。二是增强线下体验，购置流动销售车，通过进乡镇、进社区，打造了“一车一店，一店一商”模式。在“线上+线下”销售的带动下，武城辣椒品牌知名度和影响力不断提升。

（供稿人：山东德州农业科学研究院；贺洪军）

（二）金乡大蒜辣椒交易市场

金乡大蒜交易市场体系完善，建有金乡大蒜国际交易市场、山东省金乡大蒜专业批发市场和凯盛农产品国际物流园三处农业农村部定点市场。其中，金乡大蒜国际交易市场入驻大蒜商户 230 余家、物流业户 100 余家，大蒜年交易量 200 余万吨，交易额 180 多亿元，是国内外最大的大蒜交易集散中心、物流配送中心，先后与农业部、省农业厅信息中心联网，被评定为“农业部定点市场”；金乡凯盛农产品国际物流园入驻经营户达 1500 余家，解决就业 4000 多人，交易品种超 1000 个，日交易额超 400 万元，年销售额达 14 亿元以上，被认定为“山东省价格监测定点单位”“山东省创业‘互联网 + ’卓越典型企业”。

山东蒜都农产品物流园有限公司（金乡大蒜国际交易市场），坐落于全国大蒜主产区金乡县城西南 1.5 千米处，东临 105 国道，交通便利。金乡大蒜国际交易市场于 2011 年 7 月由大连鸿峰生物科技有限公司全新入资控股，执行董事会领导下的总经理负责制。市场秉承现代化的企业管理理念，立志将公司建设成为公平、透明、高效、便捷、全面和安全的信息化服务平台；电子结算的现代农产品交易中心，大蒜价格形成中心，全国大蒜集散地中心，物流配送中心。

市场由金乡国际大蒜交易市场、金乡辣椒交易市场和农资交易市场三部分组成。包含大蒜、蔬菜、果品、农资现货交易及电子交易区、加工区、仓储配送区、停车区及服务中心五大功能区。

金乡国际大蒜交易市场占地总面积 546 亩，总投资 5.5 亿元，其中一期工程投资 2.6 亿元，二期工程投资 2.9 亿元。一期工程建设主体：硬化交易场地 30 万平方米，可容纳近 3000 辆农用车货主同时交易或供 500 辆大型物流车停放。两层商业网点 302 套，三层、四层沿街配服务商业网点 74 套，建筑面积 9 万平方米，彩钢大棚 7.2 万平方米，交易大厅 2000 平方米。可实现年大蒜、蔬菜、水果、辣椒、农资及农副产品交易量 200 吨，总交易额 180 亿元，农产品日交易量可达 3 万吨，常年从事市场服务的人员达 2000 人以上。二期建设大型冷藏及服务设施，为蒜商、企业提供优质的交易、办公、住宿、休闲场所。

入市流程采取种植、存储、交易、配送、商业、居住、办公、休闲等多功能互动模式，实现多业态积聚效应。

大蒜、辣椒、农资等交易实现全程电子“刷卡”自动交易结算、电视监控、电子银行等现代化服务设施，到市场管理制度化，运作程序化和作业标准化。

金乡大蒜国际交易市场覆盖全国十多个省市大蒜主产区，将更好地带动大蒜产业的发展，形成一个完整的大蒜产业链效应，极大地推动金乡以大蒜产业为主的农业产品经济发展，同时还将积极提升“金乡大蒜”品牌，在大蒜贸易真正走上高价值竞争、高效率流通的国际化道路方面起到积极的推动作用，奠定了金乡在鲁西南地区商贸物流中心的主导地位。

（供稿人：山东省济宁市农科院；任艳云）

（三）山东凯盛国际农产品物流城

凯盛国际农产品物流城规划占地10000亩，总投资130亿元，建成华东地区规模最大、功能最完善的农产品集散基地，建成后可为社会提供超2万个创业机会，带动就业10万人，实现农产品年交易量超700万吨。园区按功能需求划分为“一厅、八中心、十六区”的布局，目前项目一期建设占地2600亩，已经完成并全面运营，建有一级果蔬批发交易区、精品交易区（粮油干调、肉蛋奶）、仓储及冷链配送区、水产交易区、农资种子市场、商户居住配套区等，入驻的商户达1500户，带动就业4000人，实现年交易量170万吨，年交易额14亿元。

凯盛国际农产品物流城建有数字农展交易服务中心，建筑面积2.2万平方米，内部布局包括农产品现货拍卖中心、电子结算中心、检验检疫中心、大数据展示中心及大蒜展馆、辣椒展馆、企业展馆等功能区。农产品拍卖中心是国内首家综合农产品拍卖交易中心，立足金乡大蒜优势，以大蒜为起步拍品，逐步面向辣椒、蒜片、水果、海鲜冻品等农产品，力求打造全国领先一流的现代化农产品交易集散中心。现场可容纳288人同时进行交易，设有3个拍卖大钟，为采购商提供独立座席进行透明竞拍交易，通过大型电子屏及手机App端免费发布大蒜农产品买卖信息和行情动态等日拍量可达4000～10000吨，成交金额根据时价可达每日3000万元以上。拍卖中心将占据95%以上的大蒜出口份额，凯盛集团每年可分别获得30亿元以上的进、出口贸易业绩，真正实现“买世界、卖世界”的发展目标。

平台于2020年3月21日试运营，以大蒜为起步拍品，截至5月底，入驻大蒜经纪人300余位，注册会员1138人，累计标的数量129单，合计17274吨，累计成交48单，成交3251吨，累计交易金额6600014.7元。拍卖平台的成立，进一步创新了农产品交易模式，实现大蒜等农产品的公开现货拍卖，为交易双方提供一个公平、公正、公开的现场交易平台。有利于建立大蒜等农产品的分级标准，让优质农产品拥有更优的价格，充分保障蒜农、蒜商的根本利益，对于济宁乃至全国大蒜产业的持续健康发展将起到极大地推动作用。

（供稿人：山东省济宁市农科院；任艳云）

（四）章丘区大葱专业交易市场

章丘大葱具有特色鲜明、独树一帜的优良品质，概括起来就是“高大、脆白、甜辣”，葱白长且脆而多汁，味道香甜，甜中带辣，炒制葱香四溢，生吃满口生津，在大葱销售市场广受赞誉。

从销售渠道看，章丘区大葱的销售模式主要以大葱批发市场、主产区专业合作社、城区超市和店面、分散单户经营及网上销售为主，其中大葱批发市场和合作社占章丘大葱销售的近八成。近年来，随着电子商务及订单农业的发展，章丘大葱根据自身特点探索了线上线下相结合的销售新业态，为拓宽章丘大葱销路，提升章丘大葱品牌影响力提供了强大助力。

1. 建设大葱产业网平台

与北京网库信息技术股份有限公司合力建设大葱产业互联网总部基地“大葱产业网”平台，在原材料采购、种植生产过程、销售渠道、产业服务以及供应链金融等方面全方位实现数字化，打造网上大葱产业园区。中国大葱产业网将传统大葱产业与互联网相融合，集合大葱及相关产品的生产、销售和上下游渠道，形成独立运作的综合电商平台，拥有强大的商品管理体系、强大的店铺系统、高效的订单处理流程以及丰富的促销和统计功能等，通过线上线下（O2O）融合，借助网库全国电商谷实体展示，促进章丘大葱产业在全国推广、交易、服务能力的提升。

2. 多渠道线下销售

为开辟章丘大葱销路，在以大葱批发市场和合作社为主体进行交易的基础上，进行了多种线下销售渠道的探索。在建设章丘大葱加工基地、章丘大葱保鲜冷库的基础上，与青岛浩丰食品集团有限公司合作为阿里巴巴旗下盒马鲜生提供鲜食章丘大葱精选葱段，精选大葱葱段销量及价格可观，增加了章丘大葱种植销售的效益。与上市公司家家悦集团股份有限公司合作开展产地直采，实现了从苗床到大田再到餐桌的直线流通，即保证了质量溯源，又增加了大葱产地出货价格。在章丘大葱产区建设章丘大葱精品馆，将旅游体验、宣传推介功能融入其中，建设龙山味道梦工厂等章丘大葱专营店、配送点，从此消费者终于能够有地方可以买到正宗的章丘大葱。

3. 多平台线上营销

为加快大葱产业发展，抓住电子商务机遇，实体市场交易已不能满足市场发展要求。与京东及直播带货等线上渠道品牌电商深度合作，通过严控产品分级与保鲜供应，实现大葱的供应管理，解决了电商销售的选品、质量控制和供应问题，大大拓展了线上产品销售量。与山东电商运营的头部翘楚“韩都衣舍”签订了“章丘大葱”旗舰店代运营协议，通过章丘大葱商标与地理标志授权，在天猫开章丘大葱旗舰店，走地标农产品的高端化销售，章丘大葱从此开始，在天猫平台有了正宗正统的旗舰店。2020 年与五洲传播中心物媒国际传播平台合力打造了“乡村产业物媒”系统，为章丘大葱搭载物媒码，让章丘大葱系列产品开口说话，以章丘大葱产品为传播媒介，实现了章丘大葱的销售升级。

（供稿人：济南市章丘区农业农村局；胡延萍、张会玲、周克华）

（五）青州市大姜专业交易市场

青州市何牧佳桦大姜产业园，由何牧佳桦（北京）农业科技发展有限公司投资，青州何牧佳桦贸易有限公司主办，2019 年，在山东省青州市东夏镇落成，地理位置优越，交通便利。产业园以打造“青州大姜”品牌为核心，致力于拓展销售市场，推进大姜产业融合，高质量发展，建设全省领先的大姜综合产业园。

1. 青州大姜产业园规模

项目总投资 20 亿元，产业园一期投资 6.86 亿元，占地面积 142.8 亩，产业园内建有

30000 平方米“标准化洗姜区”、10000 平方米“物流运输区”、20000 平方米“智能恒温仓储区”，8800 平方米“统一包装区”，2800 平方米“污水处理区”。配备 3300 平方米“检测中心”。产业园预计将入园 62 户，一次性大姜储存能力 4.2 万吨。2019 年与 6 家大型大姜企业签署合作协议，年度采购量 1.6 万吨，交易金额 9000 万元。2020 年，已有 20 家大姜企业进入产业园，预计今年大姜交易量达 4.5 万吨，交易额 2.3 亿元。产业园不仅吸纳青州大姜企业入驻，还将辐射周边，乃至山东大姜企业入户，青州大姜依托产业园将销售到全国各地。

2. 产业园运营模式

产业园内分为“五区一中心”：即“标准化洗姜区”：打造标准化、规范化、现代化的无污染洗姜车间；“物流运输区”：构建货物调配运输数字模型，自动生成打包配送计划；“智能恒温仓储区”：对大姜进行存储，减少生姜在存储中的损耗；“统一包装区”：统一高标准包装，打造高品质的“青州品牌”；“污水处理区”：打造智能水循环系统，污水处理循环二次利用，实现真正的环保新农业。一个“检测中心”：针对国内外各项检测指标，对入园、出园大姜产品进行质量监测，保证产品质量。产业园内采取“拎包入住”式产业模式，在对入驻姜户提供 500 平方米标准化洗姜车间使用，根据洗姜户生产需求，提供洗姜设备、独立小型恒温库、免费检测、统一包装、智慧物流。

3. 产业园营销模式

产业园建立了“电商金融服务平台、大姜市场数据分析平台、国际出口贸易平台、智慧物流查询平台”，依托青州何牧佳桦贸易有限公司，为入驻商家精心打造了门到门的一站式销售和进出口服务。公司拥有一支业务精通、操作能力强的骨干队伍，在为客人提供多种物流解决方案的同时，还可以为客户开拓海内外市场提供专业化、个性化、全天候、全方位的服务。产业园实行“园区 + 洗姜户 + 姜农”生产销售模式，洗姜户负责生产组织，包括大姜收购、加工清洗和销售；姜农负责大姜栽培管理和采收，根据订单开展主动生产、目标种植。公司根据订单对应交割大姜，为采购商提供线上服务、专业检货服务及智慧物流配送，完成预定、分配、清洗、检货、运输、结算等整个产业链流程，为大姜产业两端提供有效的增值服务，降低洗姜户和姜农运输成本。

（供稿人：青州市农业农村局；郭军庭）

二、河南省特色蔬菜专业市场建设

（一）柘城辣椒大市场

柘城辣椒大市场是全国最大的干椒交易市场。自 2007 年 10 月建成使用以来，累计投入达到 1.5 亿元，占地 300 亩，总建筑面积 8 万平方米，市场内设辣椒交易区、冷藏区、加工区、综合服务区，拥有检疫检测、信息控制、安全控制、电子结算等齐全的基础设施，是集交易、加工、冷藏、物流配送为一体的专业化辣椒交易大市场。柘城辣椒大市场，辐射全国，广通世界。市场入驻商家300多户，遍布全县的辣椒经营大户1000多户，从事辣椒交易的经纪人2500多人。市场年干椒交易量达到70万吨，交易额突破100亿元。辣椒交易辐射全国30多个省份，产品出口到美国、加拿大、俄罗斯、日本、韩国、印度、澳大利亚等近20多个国家和地区，出口创汇2.1亿元。柘城辣椒大市场形成了“全国辣椒进柘城，柘城辣椒卖全球”的交易格局，确立了全国辣椒交易中心、集散地、价格风向标的重要地位。

（供稿人：郑州综合试验站；姚秋菊）

（二）河南临颍王岗镇辣椒市场

中国辣椒南有遵义，北有临颍。临颍县种植辣椒已经有几十年的历史了，主要集中在东部的乡镇，其中王岗镇被称为“中国辣椒第一镇”。2020年，全县种植面积有44.3万亩，仅辣椒种植业的直接收入就超过20亿元。目前，临颍县已经形成了集辣椒种植加工销售为一体的产业格局。河南临颍辣椒市场也致力于建设成为全国重要辣椒期货交易市场。

1. 河南临颍王岗镇辣椒市场

河南临颍王岗镇辣椒市场，占地500亩，集辣椒种植经营、科技培训、收储、加工、销售、金融于一体，形成相互联系、相互辅助的功能体系，成为了全国最大的辣椒单品交易市场、农产品质量检测标准化数据中心、农业创新科技研发中心、专项金融服务中心。现有购销摊位1500多个，入驻客户2000多家，专业协会200多个，年冷储存量3万吨，2015~2018年，辣椒市场交易量平均12万吨，年交易额12亿元，2019年交易量15万吨，年交易额15亿元，2020年交易额达20亿元。

2. 河南临颍辣椒市场交易主体

围绕辣椒交易市场，临颍县还形成了500个产地市场，由辣椒经纪人在地进行辣椒收购。辣椒交易市场布局有鲜椒市场、检验检疫区、交易中心、电商交易中心、冷链仓储区、物流配送区及综合配套区，有上万人从事辣椒交易、仓储和运输工作。辣椒经纪人有4500多名，交易范围遍布全国，大户交易区的专业辣椒商户有800多家，其中500家是经销大户，经销大户年可流转辣椒数万吨，并申请了辣椒区域公共品牌“颍山红”，推进辣椒产品的品牌化。辣椒产业已成为全县种植业第一富民产业、推动乡村振兴支柱产业和活跃经济、支撑消费的源头产业，临颍县已成为豫中南地区最大的辣椒产销基地。

3. 河南临颍王岗镇辣椒市场交易品种

干辣椒主要品种以天樱椒、灯笼椒、子弹头、尖黄椒、大条椒为主，按照产品品级，分为统货、上统货与精品3个档次，精品价格最高，一般高于上统货1元，高于统货1.5元。以三樱椒为例，2020年10月10日，精品天樱椒10.5元/斤，上统货7.8元/斤，统货6.8元/斤左右。为满足市场消费者需要，目前市场上主要的鲜辣椒品种包括满天星、灯笼椒、艳椒、子弹头和韩国椒，不同品种销售价格不同，2020年10月10日，满天星市场销售价格1.8~2.0元/斤，子弹头和灯笼椒1.2~1.5元/斤。除此之外，辣椒交易市场还交易辣椒粉、干制辣椒等初加工产品。

4. 中国辣椒电商产业园

为加快辣椒产业发展，抓住电子商务机遇，实体市场交易已不能满足市场发展要求。2016 年，中国辣椒电商产业园项目在临颍奠基，该项目是中国农批根据国家关于加强农产品市场稳控调节，推动农产品专业化、标准化、信息化、国际化升级要求而规划建设的以“辣椒”为中心，融多种业态于一体的首个中国辣椒全产业链标杆项目，打造一个与国际市场接轨，规模大、品种多、配套完备的辣椒产业基地，形成华中地区以辣椒为代表的农副产品“O2O”电商物流及配送中心、交易结算中心、检验检测中心、价格中心、标准制定中心、华中地区辣椒大数据中心和研发中心，努力推动辣椒期货交易，现货展销拍卖以及华中地区电商交易及农业金融等产业。项目占地面积 1000 亩，总建筑面积约 70 万平方米，涵盖辣椒专业批发市场、农副产品综合批发零售、冷链仓储、辣椒深加工、质量检测、农产品大数据、农业创业科技研究、辣椒专项供应链金融服务及大宗农产品电商交易等。项目整体运营 2 年后，平均实现各类交易额 30 亿元。

（供稿人：郑州综合试验站；姚秋菊）

（三）内黄果蔬城

内黄果蔬城位于中华文明发祥地之一内黄县，是我国比较大的果蔬专业批发市场，并将致力于建设成为全球性辣椒专业批发市场和全国重要辣椒期货交易市场。2020 年 9 月 25～27 日由中国蔬菜流通协会、安阳市人民政府主办的“2020 河南·内黄辣椒产销大会”在河南最大的果蔬产地集散地——内黄果蔬城成功举办。

1. 内黄果蔬城规模

内黄果蔬城 2019 年被命名为“河南省农民工返乡创业示范园”，近年来，内黄果蔬城交易市场干辣椒交易增长迅速，2019 年辣椒市场交易量 10 万吨，年交易额 10 亿元。预计 2020 年交易量将达到 20 万吨。2014 年 7 月开工建设，2015 年 8 月正式使用的内黄果蔬城，总投资 20 亿元，占地 1500 亩，能满足 55 万吨辣椒交易量，60 万吨冷链仓储周转量，120 万吨物流规划年吞吐量，年交易金额可达 300 亿元。2014 年招商引资建设了以交易信息化、市场数据化、经营品牌化、管理智能化和营销网络化的“内黄果蔬城产地市场”，并以“内黄果蔬城 +”为中心打造现代农业大平台，构建中国果蔬产地市场新模式，打造内黄果蔬旗舰品牌。

2. 中国辣椒城交易主体

围绕内黄果蔬菜辣椒交易市场，内黄县还形成了若干产地市场，由辣椒经纪人在产地进行辣椒收购。果蔬城辣椒交易市场布局有鲜椒市场、检验检疫区、交易中心、电商交易中心、冷链仓储区、物流配送区及综合配套区，有上万人从事辣椒交易、仓储和运输工作。内黄辣椒经纪人有 800 多名，交易范围遍布全国，大户交易区的专业辣椒商户有 100 多家，其中 60 多家是经销大户，经销大户年可流转辣椒上万吨。

3. 中国辣椒城交易品种

内黄干辣椒主要品种以新一代、丰抗二号、丰抗三号、冲天红、和美神草、鼎绩和子弹头为主，按照产品品级，分为统货、上统货与精品三个档次，精品价格最高，一般高于上统货 1 元，高于统货 1.5 元。以新一代为例，2019 年 10 月 29 日，精品新一代 18～18.5 元/斤，上统货新一代 17～17.5 元/斤，统货新一代 16～16.5 元/斤。为满足市场消费者需要，除此之外，果蔬城辣椒交易市场还交易辣椒粉、辣椒圈的辣椒初加工产品。

（供稿人：郑州综合试验站；姚秋菊）

第四章　华东片区

一、江苏省特色蔬菜专业市场建设

- **宝应县风车头荷藕交易市场**

宝应县风车头荷藕集散交易市场创建于2005年8月，位于宝应县荷藕集中加工区西侧（射阳湖镇）。该交易市场由集荷藕种植、批发销售为一体的宝应县风车头荷藕营销专业合作社经营管理。自市场创建以来，逐步完善“合作社+市场+基地+农户”的经营模式，主打莲藕种植生产和批发销售，现已形成以风车头交易市场为流通体系，以农民经纪人和大户规模连片承包种植莲藕的生产基地体系，以辐射带动姬风、马墩、平江村等周边8个村的普通农户市场服务及小种植户的参与体系，以立足为社员在莲藕种植技术和信息上指导、培训等经营范围内的服务体系。

合作社对农民经纪人、种植大户、小规模种植户实行“六统一”经营管理机制：统一品牌：成员均以“风车头鲜藕”品牌对外销售荷藕，该商标为市级知名商标。统一供种：风车头村有悠久的莲藕种植历史，在莲藕品种种苗上一律以优质“美人红”“大紫红”为当家品种。统一药肥：统一选定好藕田农药肥料的品种和价格，并告知社员及农户适时施用。统一定价：鲜藕进入市场一律按质量确定级差，分别执行合作社统一定价，保护农户利益。统一销售：销售分两种形式，一是合作社与客商外销合作协议，指定藕行经纪人按协议分期分批交易；二是经纪人和大户自行组织外销。统一结算：凡在合作社交易市场中交易，一律定时上报交易量；社员农户先凭交易单一周内现金结算莲藕产品货款；货款单存根联作为年终经纪人、股东分红依据，农民经纪人分红按年莲藕上市交易量提取盈余65%，股东按盈余35%进行分红。

该合作社共有成员408人，其中股东10人，农民经纪人56人，社员342人。年莲藕交易量7.0万~10.0万吨，销售收入3亿~5亿元，实现利润100余万元，全部用于农民经纪人和股东分红，合作社社员分别与交易市场协议务工，年均劳务报酬3万~5万元。2014年，该江苏宝应县风车头荷藕营销专业合作社被农业部、财政部等9部位联合授予国家级示范农民合作社称号。

（供稿人：宝应县风车头荷藕集散交易市场）

二、江西省特色蔬菜专业市场建设

●江西供销（广昌）农商物流大市场

江西供销（广昌）农商物流大市场位于广昌县城昌厦公路西侧，距县城 2 千米。规划占地面积 300 余亩，建筑面积 18 万平方米，总投资 7 亿元，是一个集集散交易、零售批发、仓储物流、冷冻冷链、电商服务及农产业相关配套等功能于一体的综合性服务型农业大市场。

市场于 2019 年 6 月完成一期工程并投入使用。一期工程占地 127 亩，投资 3.8 亿元，建筑面积约 6 万平方米。市场以莲子、茶树菇为主体业态，涵盖名优土特产区、粮油干货区、农副农批区、日用小百货区、农资农具区、分选包装加工区、冷藏保鲜区、物流快递区、仓储托管区、电子商务区、商业配套等业态区域。目前，入驻企业 100 余家，广昌白莲日均交易量在 4 万千克左右，年均交易量 1.5 万吨以上。农商大市场的运营，有效地解决了广昌莲子、茶树菇等农产品流通信息不对称、交易率低、物流成本高等问题。同时，带动广昌及周边县市种植户、经营户和全国各地采购商实现产供销信息流、物流和资金流的相融合，形成区域性农业产业大发展和大流通，从而实现“建一座市场，兴一批产业、旺一地经济、富一方百姓”的目标。

二期项目的建设主要集中在仓库和冷链的建设上，仓储规划 20000 平方米，冷库 10000 平方米吞吐量将达到 1.5 万吨。项目完成后，将建成全国性的通芯白莲大市场，将广昌的白莲文化以及千年的白莲产业能够真正推向全国，乃至全世界，打造为全国的集莲子、茶树菇的交易中心，价格形成中心，信息发布中心，品牌发展中心，电子商务中心，信息运营中心和金融服务中心。

（供稿人：江西省广昌县白莲科学研究所；杨良波）

第五章　中南片区

一、湖南省特色蔬菜专业市场建设

● 插旗镇芥菜交易中心

插旗镇芥菜交易中心建于2018年，由政府投资在种植集中区，建立企业生产加工原料交易中心，按加工等级的分级应用，带动当地农户种植的各项农产品实现优质优价，从而挖掘农产品市场潜力并扩大市场份额，保证农户收入。交易中心占地面积30亩，年交易鲜芥菜40万吨，交易金额6亿元。交易半成品（腌制）芥菜30万吨，交易金额3.6亿元。依托长江经济带电商产业园、惠农服务中心、华容芥菜网上交易中心平台，开口爽、插旗菜业等20多家企业在拼多多、淘宝、京东设立超市商店，全年网上销售额6亿多元；依托芥菜产业园、插旗腌制区、新河标准化基地，建设华容芥菜田间市场集散交易中心，仅湖南插旗菜业年收购达5万吨。

（供稿人：插旗镇芥菜交易中心）

二、广西壮族自治区特色蔬菜专业市场建设

（一）柳江莲藕交易市场

柳江区莲藕交易市场又称为“中国南方莲藕集散中心”，位于柳州市柳江区百朋镇，是我国南方的莲藕专业批发市场。

1. 市场规模

柳州市柳江区是全国最大种植规模的双季莲藕产区，柳江区莲藕主产区，常年种植莲藕面积6.4万亩，年产莲藕12万吨以上。百朋镇莲藕交易市场有20多家莲藕收购交易场，每个收购交易场占地面积约为1500平方米，每天可向外调运莲藕近300吨以上，能满足50万吨莲藕年交易量。销往全国各地及出口东南亚、美国等国家和地区。同时是湖北等莲藕主产区莲藕在南方的销售集散中心，对柳江区莲藕产业及全国莲藕产业发展发挥

巨大的作用。柳江区2020年启动新建一个农产品集散交易中心，一期占地面积100亩，二期占地面积200亩。能满足100万吨莲藕交易量，100万吨冷链仓储周转量，200万吨物流规划年吞吐量，年交易金额可达100亿元。

2. 柳江莲藕交易主体

围绕柳江区农产品集散交易中心建设，蔬菜经纪人在当地进行莲藕等蔬菜收购。集散交易中心内配套有检验检疫区、交易中心、电商交易中心、冷链仓储区、物流配送区及综合配套区，有上万人从事莲藕交易、仓储和运输工作。柳江区经纪人有1000多名，交易范围遍布全国，大户交易区的专业莲藕商户有100多家，其中70多家是经销大户，经销大户年可流转莲藕100吨以上。

3. 柳江莲藕交易品种

柳江区莲藕主要品种以柳白玉藕，鄂莲6号、9号为主，按照产品品级，分为统货、上统货与精品三个档次，精品价格最高，一般高于上统货2元/千克，高于统货3元/千克。以柳白玉藕为例，2020年6月20日，精品莲藕8~8.5元/斤，上统货莲藕6~6.5元/斤，统货莲藕5~5.5元/斤。

4. 柳江莲藕电子商务

为加快莲藕产业发展，抓住电子商务机遇，实体市场交易已不能满足市场发展要求。2020年柳江区人民政府与淘宝网建立战略合作关系，通过线上线下交易，盘活市场。目前柳江莲藕交易市场有一部分收购场已设有电子商务服务中心，并建成网货供应展示厅、网购体验平台等，并积极与淘宝、京东等电商平台进行对接，为商务提供网站建设、人才培训等相关服务。通过将莲藕实体销售、网络购物、微商营销、团购等多种营销方式的组合，将莲藕交易在线上线下进行同步延伸。为促进莲藕产业信息化发展，柳江区农业农村局与公司合作建立柳江莲藕质量追溯平台。

（供稿人：柳州市柳江区蔬菜技术站，广西壮族自治区农业科学院生物技术研究所；覃振普、周艳芳、韦丹、农吉、覃振略、江文、高美萍、蒋慧萍）

（二）荔浦电子商务一条街

荔浦电子商务一条街位于广西桂林荔浦市青山镇永华村，是荔浦市在创建“国家电子商务进农村综合示范县”基础上打造的亮点工程，是集电商资源对接、网商抱团发展、创业创新交流、电商人才实训、电商扶贫于一体的“双创”孵化基地。电子商务一条街的建成，有效地解决了“工业品下乡”“最后一公里”和“农产品进城”“第一公里”难题。它将成为荔浦市特色工、农、旅游品网上宣传推介主阵地和重要销售渠道。

1. 交易规模

荔浦市电商一条街计划总投资约1.5亿元，规划地域围绕荔浦市电子商务公共服务中心向南北延伸长约2.6千米。荔浦市出台政策，建立专项扶持资金，用于支持壮大电商经营主体、完善配套支撑体系、营造发展环境等工作，对办公场地租赁、税收、品牌培育推广、金融贷款等方面给予奖励扶持。鼓励多平台共营、优势互补、错位发展，引进了阿里巴巴、京东、苏宁易购、乐村淘、村邮乐购五大电商平台和一家电商专业服务公司，形成了竞争合作的良好发展业态。桂林皓东电子商务有限公司负责淘宝、京东、苏宁易购三大荔浦特色馆的具体运营管理工作，三大特色馆累计销售额达2500多万元。荔浦市成为广西首个三大特色馆同时上线的县域，率先开启优质工业品及农特产品全网营销模式，让荔浦的好产品卖出好价格。

荔浦市大发电子商务集聚区规划面积4500平方米，为创业青年提供一个宽松优越的电商办公环境，为广大青年提供政策支持、电商培训、信息服务、贷款优惠等便利条件，营造“大众创业，万众创新”的良好氛围。目前已宣传发动40多家企业入驻办公，提供免租3年、奖励扶持等政策优惠，初步形成电商集聚效应。

荔浦市投入电商创业孵化培训资金200多万元，在全市范围内开办各类免费电商培训班46场，近1万人次获得培训。实用技能培训网店和微店创办率达到75%以上，努力为每个行政村培育出2~3名电商扶贫人才，构建了辐射市、乡、村三级的电商综合服务体系，已建成600多个农村电商扶贫服务点，实现所有行政村、贫困村100%覆盖。培育出荔浦芋、荔浦马蹄、荔浦砂糖橘、夏橙、花卉苗木等一批电商畅销农特产品，形成大众创业、万众创新良好局面。

2. 交易主体

荔浦是荔浦芋原产地，也是目前全国最大的荔浦芋生产、加工、出口基地。广西荔浦瑶妈妈农业科技有限责任公司的荔浦芋销售打线上线下组合拳，线上方面主要服务于天猫、京东等电商平台，线下方面主要覆盖国内各大商场，年销售量达2000吨以上。公司负责人黄海秋介绍，公司在自有基地种植荔浦芋2000亩外，还与周边乡村合作种植荔浦芋2万亩，带动周边近千名农户种植，并对他们进行相关的种植技能培训，促进农民增收。

荔浦市农鲜荟红心猕猴桃专业种植合作社负责人洪昕告诉记者，依托荔浦现有的电商渠道，合作社去年销售额达200万元。目前，该合作社的红心猕猴桃种植基地雇用了10名固定工人。通过在合作社务工，这些农户不仅每天能获得100多元的工资，还能免费学习种植技术。结合当前的扶贫工作，合作社将创建扶贫车间，让更多贫困户实现在家门口就业。

荔浦市构建了辐射市、乡、村三级的电商综合服务体系，成功孵化农村小型电商企业60多家、网店微店140余家，建成600多个农村电商扶贫服务点。荔浦大部分贫困村地处偏远，城乡间货物运输困难较大，为解决电商扶贫发展的“第一公里”难题，荔浦市组建了荔浦市乡村通物流公司，全面启用了菜鸟物流、乐村淘物流仓储中心以及市电子商务一级物流分拨中心，整合30多家商业性快递物流公司资源，统一为各电商平台和电商企业提供深入贫困村等各村屯的物流服务，打通了当地贫困地区农产品“进城”“工业品”下乡的双向流通渠道，实现了农村物流服务24小时双向闭环送达。贫困群众既能随时在家门口将自家农产品销往各地，又能随时买到工业品，这大幅提升了荔浦贫困地区物资进出速度，带动了荔浦农村电商快速发展。2018年，荔浦电商销售额就达到了16.8亿元，其中全市农特产品销售额约 8 亿元；2019 年，荔浦电商销售更是达到了 20 亿元以上。

荔浦市电子商务一条街已建设有电子商务公共服务中心、冷库、物流配送区等，更是荔浦芋、荔浦马蹄、荔浦砂糖橘、夏橙、花卉苗木等一批电商畅销农特产品集散地。有上万人从事农特产品交易、仓储和运输工作，荔浦芋、砂糖橘、马蹄经纪人有 2000 名以上，交易范围遍布全国。产品更是远销亚洲、欧洲、美洲三大洲的十多个国家。经过电商的销售，相信不久的将来，荔浦的名字将让全国及世界人民所知晓。

（供稿人：荔浦市农业农村局，广西壮族自治区农业科学院生物技术研究所；邱祖杨、刘莉莉、何春红、杨干德、江文、蒋慧萍、董伟清、高美萍）

第六章　西南片区

一、云南省特色蔬菜专业市场建设

（一）会泽县乐业辣椒交易市场

1. 乐业辣椒市场布局

乐业辣椒交易市场共两个，一个位于乐业镇二顺村（二顺辣椒交易市场），另一个位于乐业镇罗布社区（乐业辣椒交易市场）。乐业辣椒交易市场占地面积1500平方米，其中物流仓库1158平方米。二顺辣椒市场占地面积1200平方米，共有300个摊位。

2. 乐业辣椒交易主体

乐业辣椒交易市场由辣椒经纪人在当地进行辣椒收购。辣椒经纪人有100多名，交易范围遍布云南、四川、贵州等多个省份；大户交易区的专业辣椒商户有20多家，其中10多家是经销大户，经销大户年可流转辣椒上万吨。

3. 乐业辣椒发展模式

乐业辣椒产业化发展走“公司（协会）+基地+农户”和“交易市场+大户+农户”模式，大力发展龙头公司，培育扶持了会泽县乐业勇雄辣椒有限责任公司、会泽县乐业辣椒产销协会、二顺辣椒交易市场等产业化经营主体；围绕村级集体经济建设，发展培育了25个农民专业合作社。

4. 乐业辣椒城交易品种

乐业镇主要种植乐业羊角椒、乐业二角椒、云干椒7号等市场优势品种。按照产品品级，分为统货、上统货与精品三个档次，精品价格最高，一般高于上统货1元，高于统货1.5元。以云干椒7号为例，2019年10月29日，云干椒7号22元/千克。除干椒之外，乐业镇辣椒交易市场还交易辣椒粉、辣椒圈的辣椒初加工产品。

（供稿人：乐业辣椒交易市场）

（二）砚山县辣椒批发市场

1. 砚山县辣椒市场规模

砚山县已发展了11家辣椒精深加工企业，文山华博贸易有限公司、砚山县润辉农产品工贸有限公司、砚山县凤茳农副产品贸易有限责任公司、文山永润辣素有限公司、文山州彝品香食品有限公司、云南达亿食品有限公司、砚山县宏达贸易有限公司、砚山县维摩乡华安食品贸易有限公司。同时，各企业在全县建立建设辣椒出口基地29.9万亩。县内农业龙头企业与香港李锦记、坛坛香、潭州农业、火辣辣、贺福记、金福猴等企业签订辣椒订单合同，实现订单生产，销售量38.1万吨，销售额15.8亿元，在全省县（市、区）中排列首位。坚持从农产品生产、加工、销售等环节制定技术标准和监管措施，加大辣椒市场、冷库、高标准农田等基础设施建设，大力推广应用安全高效生态植保技术。目前，辣椒加工企业固定资产总额达10.74亿元，加工产值企业固定资产总额达10.74亿元，加工产值实现11.04亿元，销售收入10.87亿元，利润1.15亿元，上缴税金1832万元，出口交货值8892万元，年消耗辣椒原料1万吨左右。

目前，已建成占地面积3万平方米、容积12万立方米、仓储1000余间的稼依辣椒交易市场，使会泽县成为了滇东南乃至西南地区最大的辣椒集散地，辣椒原料及产品远销美国、墨西哥、韩国、马来西亚、日本等国家和地区，各企业年出口干辣椒8000吨左右，实现销售收入8500万元，出口创汇1000余万美元。

2. 辣椒交易品种

交易辣椒主要品种以朝天椒、小米椒、本地辣椒、满天星、草果椒、美人椒和线椒为主，按照产品品级，分为统货与精品两个档次，精品价格最高。以本地辣椒为例，2019年9月29日，精品本地辣椒（干椒）16元/千克，统货艳椒10元/千克。目前市场上主要的鲜辣椒品种包括朝天椒、小米椒、本地辣椒、美人椒和线椒，不同品种销售价格不同，2019年10月29日，朝天椒市场销售价格12元/千克，小米椒市场销售价格5.6元/千克。

（供稿人：砚山县辣椒市场）

二、四川省特色蔬菜专业市场建设

（一）简阳市蔬果冷储配送交易中心

简阳市蔬果冷储配送交易中心是由四川宏昊农业开发有限公司投资兴建的一级批发市场，位于成都市简阳市石盘镇成简大道二段36号，是简阳市政府2014年度重点招商引资项目，成都市、简阳市2016年、2017年重点建设项目。

1. 市场规模

市场总规划用地面积244240.82平方米（366.36亩），净用地面积217179.00平方米

（325.77亩），其中，果蔬一级批发交易区145046.00平方米，配套商业39648.24平方米，总投资80000万元。

2. 市场运营情况

市场于2018年2月4日开始试营业，该交易中心可容纳蔬菜一级批发商家407户，水果一级批发商家380户。试营业之初，主要以蔬菜一级批发为主，蔬菜的日进货量达9000吨/天，日交易额为3500万元，全年仅蔬菜交易量达320万吨、交易额达到130亿元。

3. 市场辐射范围

自2018年2月试营业，除四川各地蔬菜主产地外，国内海南、广东、广西、山东、湖南、湖北、安徽、东北三省、甘肃、兰州、陕西、山西、江西、内蒙古等省份以及国外东南亚地区的经销商进入本市场交易。

4. 市场优势

简阳市蔬果冷储配送交易中心是一个集蔬果批发、保鲜仓储、直销、分选加工配送、检测检疫、电子商务等多功能为一体的现代化农产品交易中心，完全能适应新形势下"互联网+农批市场"的功能综合化、品种多样化、交易简便化、产品安全化、建设标准化的发展趋势。在以后相当长的时间内，农批市场仍将发挥集散主场地、流通主渠道、营销主环节的中心枢纽作用。企业在发展过程中，不断加强和完善企业建设，获得了"四川省扶贫龙头企业"、成都市"创建放心舒心消费示范单位"、简阳市"服务业先进企业"等荣誉称号，同时也是"四川省工商联川菜调料商会"常务副会长单位。

5. 市场发展前景

简阳市蔬果冷储配送交易中心位于成都东部新区简州新城核心位置，具有独特的区域优势，对市场未来发展提供了更大、更高的发展平台和空间。

一是区位优势明显。成都东部新区位于成渝发展主轴和成德眉资连接的核心区域，西邻成都经济技术开发区，南接四川天府新区，北靠成都国际铁路港。项目所在地距成都第二绕城高速公路龙泉湖出口700米，距成都三环路30千米，距成都天府国际机场20千米，距吉利大学2.8千米，与在建的龙马湖中央商务区仅一路（成简快速公路）之隔，区域优势十分明显。

二是交通体系完善。成都天府国际机场2021年正式投入运营，达成铁路、遂成铁路、成渝客专已通车运营、成自宜高铁、成达万高铁、成渝中线高铁已开工建设和拟建，成都第二绕城高速公路、成安渝高速公路、成渝高速公路已通车运行。简阳市蔬果冷储配送交易中心紧邻准备开工建设的成都东部新区交通枢纽总部，该项目占地1000亩，投资1000亿元，其中2020年完成投资80亿元。建成后，成都东部新区全域和连接成德眉资的公路网（站）点以及规划建设的"四快三普"城市轨道交通网（站）点将全部集聚于此，实现区域内快速连接和交通转换。成南达、成自宜、成渝中线高铁均在此设立高铁站点。由此，成都东部新区交通枢纽总部与成都天府国际机场共同构成"一北一南"两大客运枢纽。

三是山水资源丰富。项目所在地毗邻龙泉山城市森林公园和三岔湖、龙泉湖、龙马湖等多个湖泊。同时，简州新城拥有贯穿全域的沱江水系。

四是周边一批重大功能性、标志性项目加速集聚。民航飞行学院、成都体育学院、吉利大学、天府奥体公园、国际合作教育园区、龙马湖中央商务区等项目已启动实施。

（供稿人：简阳市农技推广中心蔬菜站；吴凯）

（二）彭州市白庙蔬菜批发市场

彭州市白庙蔬菜批发市场位于彭州市天彭街道，是彭州最大的产地批发市场，主要集散交易彭州各季节主产蔬菜。

1. 市场规模

彭州市白庙蔬菜批发市场于2013年1月8日正式营业，市场规模103亩，以农副产品（蔬菜、水果）交易区、检疫中心等为建设重点，主要经营各类蔬菜、水果及部分干杂批发。市场交通便利，紧挨彭州市三环路和彭什路，物流设备设施齐全。市场现有水果蔬菜经营大棚（仓位）400余间，其中水果经营户100余家，蔬菜经营户300余家。市场有保鲜库4座，保鲜能力达1万吨；制冰企业3个，日产鲜冰1万吨。

2. 市场交易主体

市场主要蔬菜来源依赖于彭州市内种植户和周边地区供应，各收菜商户主要把采购蔬菜发往省外甚至国外。该市场的成立为大部分经营户和周边人民购买、销售水果带来了方便。

市场自2013年成立以来，在各级领导的关心支持下，通过多方面努力，积极拓展国外销售市场。吸纳八方客商，广集四季菜源。市场集散了彭州及周边地区的各季时蔬，发往全国各地，如北京、上海、西藏、青海、甘肃、黑龙江、西安、太原、常州等；其他部分蔬菜远销至俄罗斯、韩国、泰国、缅甸、越南、新加坡等国家。已在成都、重庆、“三北”、中原、西南、华南全国30多个省份建立500多个销售网点，形成了从基地生产、大地蔬菜配送、冷藏保鲜、网络销售为一体的营销体系。

3. 市场管理

市场建立了完整的管理制度，由专业的管理人员管理整个市场，不仅解决了各种市场纠纷和经营户占道经营问题，改善了原有老市场脏、乱、差环境，而且得到了市委各级领导的高度赞扬。目前市场内井然有序，市场各种消防设施配置齐全，公司聘请大量清洁人员和保安人员，随时保持市场环境卫生整洁干净并且保证经营户的商品和财务安全，使广大经营户、进场购货菜农、寻常老百姓有一个良好的经营环境。

市场一直遵循“规范市场管理，服务客商经营”原则，为营造安全、公平、快捷的交易环境，市场实行24小时成交服务；交易时，工作人员既当“红娘”又当“裁判”，维护购销双方权益；市场启用计算机开票结算，安装监控器实行动态管理；保安流动巡逻，打击欺行霸市、偷盗商品等不法行径，企业信誉日趋提高，集聚辐射面不断拓展。

（供稿人：彭州市农业农村局；李金刚）

三、贵州省特色蔬菜专业市场建设

• 虾子镇辣椒市场

虾子镇辣椒市场又称为“中国辣椒城”，总占地面积约636亩，建筑面积约为25.3万平方米，位于有中国“辣椒硅谷”之称的贵州遵义市，是我国最大的辣椒专业批发市场，并将致力于建成全球性辣椒专业批发市场和全国重要辣椒期货交易市场。

1. 中国辣椒城市场规模

虾子镇辣椒交易市场2000年被命名为“中华人民共和国农业部定点市场”，2007年被中华人民共和国商务部纳入农产品批发双百工程。近年来，虾子镇辣椒交易市场干辣椒交易增长迅速，2015年辣椒市场交易量15万吨，年交易额15亿元；2016年年交易量18万吨，年交易额30亿元；2017年年交易量22万吨，年交易额35亿元；2018年交易额达到50亿元，交易量与交易额均快速增长，2019年交易量23万吨、交易额45亿元。2018年，虾子辣椒交易市场设立了鲜辣椒交易市场，2018年交易量达到30万吨。2014年7月开工建设，2017年8月正式使用的中国辣椒城，总投资15亿元，占地636亩，能满足75万吨辣椒交易量，56万吨冷链仓储周转量，120万吨物流规划年吞吐量，年交易金额可达100亿元。2018年，已有15个省份以及印度、东南亚地区的辣椒进入虾子辣椒市场交易，采购商来自全国20多个省份、10多个国家和地区，已经做到“中国辣椒，集散虾子，买卖全球”的销售格局。

2. 中国辣椒城交易主体

围绕虾子镇辣椒交易市场，遵义市还形成了200个产地市场，由辣椒经纪人在产地进行辣椒收购。虾子镇辣椒交易市场布局有鲜椒市场、检验检疫区、交易中心、电商交易中心、冷链仓储区、物流配送区及综合配套区，有上万人从事辣椒交易、仓储和运输工作。遵义辣椒经纪人有1000多名，交易范围遍布全国，大户交易区的专业辣椒商户有200多家，其中70多家是经销大户，经销大户年可流转辣椒上万吨。

3. 中国辣椒城交易品种

虾子镇干辣椒主要品种以满天星、灯笼椒、艳椒、二荆条、大条椒、七星椒和子弹头为主，按照产品品级，分为统货、上统货与精品三个档次，精品价格最高，一般高于上统货1元，高于统货1.5元。以艳椒为例，2018年10月29日，精品艳椒8~8.5元/斤，上统货艳椒7.5~7.8元/斤，统货7元/斤左右。虾子镇印度辣椒主要交易品种包括印度小椒与印度中椒。为满足市场消费者需要，中国辣椒城2018年增加了鲜辣椒的交易，目前市场上主要的鲜辣椒品种包括满天星、珠子椒、三荆条、灯笼椒、艳椒、子弹头和韩国椒，不同品种销售价格不同，2018年10月29日，二荆条市场销售价格1.2~1.5元/斤，子弹头和珠子椒2.1~2.3元/斤。除此之外，虾子镇辣椒交易市场还交易辣椒粉、辣椒圈等辣椒初加工产品。

4. 中国辣椒城电子商务

为加快辣椒产业发展，抓住电子商务机遇，实体市场交易已不能满足市场发展要求。2015 年虾子镇秀河街建成了农村电子商务示范一条街和 App 平台，已入驻淘宝商户 500 多家，通过线上线下交易，盘活市场。目前虾子辣椒交易市场设有电子商务服务中心，并建成网货供应展示厅、网购体验平台等，并积极与淘宝、京东等电商平台进行对接，并为商务提供网站建设、人才培训等相关服务，通过将辣椒实体销售、网络购物、微商营销、团购等多种营销方式的组合，将辣椒交易在线上线下进行同步延伸。为促进辣椒产业信息化发展，贵州省建立“中国虾子辣椒云”商品追溯平台，通过辣椒云平台实现产品的可追溯以及辣椒价格行情查询，为辣椒产业各主体提供决策支持。

5. 中国辣椒城发展目标

以“生态贵椒·香辣天下”作为品牌特色，把“中国辣椒城”打造成“全球性辣椒专业批发市场、全国重要的辣椒期货交易市场”，不断完善辣椒指数体系，运行好现有遵义朝天椒干椒、河南三樱椒、印度进口辣椒 3 支辣椒价格指数，充分发挥指数对基地建设、加工销售、仓储物流、金融保险等方面的作用，将遵义中国辣椒城建设成“全国辣椒产业信息发布和产品价格形成中心、辣椒物流集散中心、辣椒会展贸易中心、辣椒文化交流中心”。全力推进品种、种植、加工、流通、市场、品牌等全产业链发展，加快推进贵州省从“辣椒大省”向“辣椒强省”转变。

（供稿人：河北农业大学，贵州省农业科学院辣椒研究所；乔立娟、白立伟、胡明文）

第三篇　龙头企业（合作社）篇

第一章　东北片区

一、吉林省特色蔬菜龙头企业

● 洮南市宏钜农产品有限公司

1. 企业简介

洮南市宏钜农产品有限公司，创办于2014年，注册资金100万元。创办至今，辣椒产品效益不断上升。2019年收购鲜辣椒3000吨左右，平均3000元/吨，创收900万元，收购干辣椒350吨左右，平均5000元/吨，创收175万元。公司有管理人员10人，采收工人数200人，建有专业的育苗温室、设有配套的技术设备，聘请专业育苗技术员。极大地带动了当地及周边地区的劳动力就业，同时提高了农民的收入水平。

公司辐射地区主要有洮南、乾安、通辽、内蒙古等地，主要经营不同品种的干鲜辣椒种植的育苗、收购及销售服务业务，带动了当地辣椒产业化发展，为种植农户提供了销售渠道。

2. 企业经营模式

农业生产风险很高，为规避这种风险，企业有自己独特的运营模式。公司会在新的一年种植周期开始前进行市场调研，分析未来一年或几年市场对辣椒品种的需求，同时对全国辣椒资源的整合分析，选择具有优势的品种。公司建有专业化育苗温室、设有配套的技术设备，聘请专业育苗技术员若干，并将培育的壮苗下放到合作的基地和合作社及种植大户，并与其签约，形成"放苗—种植—收购—外销"系统模式，保证辣椒的来源，同时也保证了辣椒的质量和品质。公司直接对接内蒙古生产基地200公顷，对接长岭地区基地100公顷，主要由种植大户和合作社承包。

公司的鲜辣椒产品主要出口韩国，每年的出口量达3000吨，干辣椒主要出口越南、马来西亚、印度尼西亚等东南亚国家和地区。此外，由于部分国家对产品品质要求严苛，干辣椒少量出口朝鲜、日本等国家，公司同时和近百名经纪人合作销售。

（供稿人：洮南市宏钜农产品有限公司）

二、黑龙江省特色蔬菜龙头企业

（一）海伦市向秋蔬菜种植农民专业合作社

海伦市向秋蔬菜种植农民专业合作社创建于2015年，注册资金1300万元，有大棚70栋，温室2栋。主要以种植青椒为主，种植品种为大青椒、尖椒、麻椒、牛角椒等。土地规模经营面积从2015年的1000亩到2020年跨越式的发展达到10000亩，产量38000吨，实现产值5000万元。与周边农户签订回收产品合同面积3.8万亩，合作社提供生产资料和技术服务。产品远销山东、大连等地，与山东日照莒县康泰食品有限公司建立长期合作关系，合作社与公司签订了每年5000吨青椒购销合同，由康泰食品有限公司加工后出口韩国、日本等国家和地区。随着土地经营规模的扩大，合作社从建立起“产+销”一体化的经营模式转化为“产+加+销+储”一条龙经营模式，实现生产规模化、加工现代化、销售信息化、贮藏优质化，提升了农产品质量，塑造了“秋妹子”“新蔬骄子”等农产品品牌，加快了辣椒产业化发展步伐。

为实现合作社与基地联动发展，合作社采取自建、流转共建、合作共建三种方式，在海兴、福民、祥富、共荣、丰山等乡镇落实种植基地3.8万亩。在流转共建中，合作社与种植大户签订产品回收合同，合作社与贫困户签订保护价收购协议、实行保护价收购。贫困户自愿入社，土地承包经营权折资入股，由合作社统一经营、统一核算，社员按股分红，带动贫困户进行产业发展，拓宽了贫困农户增收渠道。今年合作社流转54户贫困户土地1242亩，每亩流转承包费800元，贫困户人均土地流转收益1.84万元/年。参与共建的贫困户在辣椒生产过程中享受化肥、农药的优惠价，生产的产品实行保护价收购。合作社规模经营土地需要大量的劳动力，合作社长年带动农村劳动力就业30多人，春秋两季高峰期每天带动300多人到田间劳动。并优先安排贫困户从事劳务用工，保证他们有稳定收入，其中长期打工人员年人均收入2.5万元，采收季3个月贫困户雇工人均收入8000~9000元。

（供稿人：黑龙江省广播电视学校海伦市分校，黑龙江省农业科学院园艺分院；李志洪、张慧、王琳、王雪、刘力勇）

（二）黑龙江省宝泉岭农垦宝泉酱业有限公司

宝泉酱业有限公司始建于1952年（前身为黑龙江省宝泉岭食品公司），厂区占地52500平方米，现有员工240人，年销售额1.2亿元，是一个拥有国内一流的设备、科学的生产工艺和68年酿造经验的龙江老字号企业。主要生产大豆酱、豆瓣酱、香辣酱、鲜辣酱、豆香酱等15个系列产品，所用原料全部由无公害、无污染、安全优质的北大荒大豆、面粉、辣椒为主要原料运用国内最先进的多菌种发酵技术酿造而成。经过几十年的努力，宝泉酱产品无论从质量、风味还是口感上已获得广大消费者的认可，产品除主销东北三省外还远销全国29个省份，遍布274个大中城市，并出口到法国、德国等国家，著名表演艺术家濮存昕为“宝泉”系列产品的形象代言人。

近年来，作为省级农业产业化重点龙头企业的宝泉酱业公司，坚持强工带农、打造品牌、农企双赢创新生产组织方式的思路，进一步完善农产品加工企业与基地、农户的利益联结机制，积极推广开展“公司+基地+农户+合作”“公司+农户+订单+统收”等组织模式，使企业和种植户之间实现优势互补，形成共担风险，共享利润的经济联合体。调动农民从事种植业的积极性，形成农民靠种植业致富，公司靠加工业得到发展的农业产业化示范效应。同时抓住机遇，依托省政府及市政府、农垦总局赋予的优惠扶持政策，凭借自身在技术、人才、资金等各方面的优势和企业产品在市场上拥有的良好声誉，根据北方地区消费者喜欢香辣的特点，着力研发推出“宝泉香辣酱”“宝泉鲜辣酱”系列产品。通过传统工艺、自研配方、独特原料，采用当年应季的新鲜辣椒，辣椒品种纯正、辣度统一、颗粒均匀，成品辣椒酱具有独特东北特色风味的鲜味、酸味、辣味、咸味、蒜味。

目前宝泉辣椒酱已被普通家庭和各类食品行业广泛使用，深受东北广大群众所喜爱，是具有独特黑龙江地方风味的佐餐调味品。宝泉酱业公司的销售市场基础广泛深厚，因其制作只用最传统的工艺和标准原材料，全渠道销售已经得到消费者的一致认可、同时深受年轻人的喜爱，用来和各种蔬菜、肉类混合制作各种食品，或制作炖菜、汤类和调料酱。其独特的味道和保健功能使宝泉辣椒酱在国内市场上的消费量和贸易量都在不断上升，已成为众多家庭吃饭时必备的调味食品。根据平稳看好的宝泉辣椒酱销售市场前景，公司又投资建设宝泉岭现代农业园宝泉酱业2万吨酱菜项目，建成投产的辣椒酱年加工能力由原来的0.2万吨提升到年产0.8万吨。进一步扩大公司辣椒酱调味食品的生产规模，扩大了农民种植辣椒的面积，提高了农户收入，进一步增强企业辣椒酱产品在国内外市场上的竞争力，带动发展壮大了经济作物辣椒种植农户，不仅为企业带来效益和活力，而且还带动了当地种植业、物流业、运输业、商贸服务业、粮食加工业等产业的发展，促进当地产业结构的进一步优化。

（供稿人：黑龙江省宝泉岭农垦宝泉酱业有限公司，黑龙江省农业科学院园艺分院；陈向东、张慧、王琳、王雪、刘力勇）

（三）富裕长兴现代农机专业合作社

富裕长兴现代农机专业合作社成立于2010年8月，注册资本550万元，是市级农机规范社，省级规范社，国家级示范社。公司经过多年的发展，从一家规模较小的合作社，发展成为一家占地面积20000平方米，其中，厂房面积2750平方米；机库面积2000平方米；办公面积520平方米；农机具等75台套，其中210马力以上农机车11台，籽粒收2台，进口播种机5台，其他农机具57台，机械社保配套齐全，资产总额达1780万元，旗下拥有五家旗舰店的规范式合作社。2014年被评为市级农机规范社；2015年10月被评为省级规范社；2017年10月合作社被评为“国家级示范社”荣誉称号；2017年11月公司荣获“鹤城好网货”最佳风尚奖荣誉称号；2019年3月公司荣获市级“诚信明星企业”

荣誉称号。

“长兴现代农机专业合作社”成立之初就十分注重品牌打造，走规划经营道路，为此专门申请注册了品牌商标“长远”辣椒，设计了精美包装礼品盒。为了打造绿品牌在耕地内规划出一块绿色食品种植基地，专门种植纯绿色的“长远牌”红辣椒。种植中全部施用农家肥，杜绝使用农药，进行人工除草和采用生物灭虫技术，并在基地内安装了多个摄像头，全程实施网上监控，接受消费者监督，并把权威部门的化验单在网上公布。在网上注册的“长远村”“鑫江湾”“江湾裕丰”等五家旗舰店主要销售鲜辣椒、红辣椒、玉米杂粮等绿色农产品，2019 年全年销量在 300 万元左右；目前在线销售产品类别共计 50 多种，2019 年全年辣椒销量 11 吨左右，销售额 20 万元；产品主要销往北京、上海、武汉、广州、深圳等一线城市，全年客户综合好评量为 99.64%。与此同时，合作社为农户提供技术服务指导，种植农户在生产过程中遇到问题免费提供技术服务。对当地其他有意向进行网络销量的个人及小微企业进行免费网络数据指导，帮其指导如何建立店铺，如何注册直播账号，怎样做产品推广等。目前已帮助 30 余人进行网络销售开通工作。

（供稿人：富裕县二道湾镇政府，黑龙江省农业科学院园艺分院；龚建波、张慧、王琳、董延龙、王雪）

（四）黑龙江中舜农业科技有限公司

黑龙江中舜农业科技有限公司是由山东省莱阳市食品商会会员企业投资，2015 年 8 月落户兰西，是一家集果蔬种植、研发、保鲜、加工、出口于一体的大型蔬菜加工企业，下辖兰西县立信食品有限公司、黑龙江农垦盛康食品有限公司、兰西县榆林镇蔬菜种植园区。

公司总投资 2 亿元，总占地面积 6 万平方米，建筑面积 3.5 万平方米，已完成一期总建筑面积 2.5 万平方米。其中，蔬菜冷藏库 1 万平方米，加工车间 1 万平方米，办公楼 5000 平方米。公司装备单体速冻机及配套的 2.5 吨/小时国际先进的前处理生产线 3 套，速冻能力 20 吨/24 小时的冷隧道 3 个，-23℃冷冻库容 1 万吨、保鲜贮存库 1 万平方米，配套制冷和配变电设备，一期加工能力 2 万吨。企业分两期建设，全部建成投产后，年可处理加工各类蔬菜 4 万吨，产值可突破 2 亿元，直接安置 300 人就业，并优先安置有劳动能力的贫困户就业。

公司成立以来，采取“公司+合作社+农户+科研院所”的复合模式，与兰西县康荣乡康农瓜菜合作社、兰西县北安乡泉源瓜菜种植合作社、兰西县中舜家庭种植农场、兰西县榆林镇庆丰大葱种植专业合作社建立合作关系，打造青椒、大葱、西兰花、大球盖菇、青刀等蔬菜种植基地 1 万亩。

一是公司学习山东莱阳蔬菜种植、保鲜、加工技术，引进国际先进的蔬菜加工工艺和设备，推动和引带兰西蔬菜瓜果种植产业的高品质的快速发展。建设蔬菜瓜果保鲜恒温储存库 15000 平方米（恒温 -2℃ ~5℃），加工车间及办公楼、相关生产配套车间等 5000 平方米。二是推行农药化肥“三减”技术模式，土地施用化肥量逐年减少，并以施用配方肥为主，增加农家肥施用量，每亩地增施农家肥 1.5 吨，减少农药施用量，并以喷施生物药剂为主，农药化肥减施比率在 30%。三是建立田间培训课堂。利用 7～8 月农闲时间，定期组织专业合作社理事长、种植大户、家庭农场主到基地参观学习，宣传讲解优良品种、农业“三减”“互联网+”等试验推广项目，打造成农民看得见、摸得到的田间培训课堂。拓展市场营销渠道，实现销售多元化。一方面是订单销售。基地采取“公司+合作社+基地+农户”的运营模式，以合同和信誉实现利益联结，再利用网络销售平台销往日本、俄罗斯等国家。另一方面是搭建电商销售平台。依托兰西县农业局网上展销电商平台，兰西大米网、入驻黑龙江大米网、兰西易购开展了网上销售，拓宽销售网络，年销售蔬菜 4500 多吨，销售额 3000 余万元。

（供稿人：兰西县农业技术推广中心，黑龙江省农业科学院园艺分院；杨柳、王兴涛、张学娟、李盛娟、张慧、王琳、王雪）

（五）双城市四通蔬菜种植专业合作社

双城市四通蔬菜种植专业合作社，位于双万路北侧同心乡同德村，是同心乡蔬菜基地主产合作社。理事长苍学勇 2014 年 1 月组织 5 户农民联合成立四通蔬菜种植专业合作社连片种植露地菜，现已发展带地农民 50 余户入社。现已为蔬菜园区道路全部硬化，并建有蔬菜交易罩棚两处，百吨大称一台，抗旱井 23 眼及一切水利配套设备，实现了露地蔬菜栽培水肥一体化。

同心乡是双城区露地蔬菜的主产区，具有 40 多年的历史，形成了“一村一品”的格局。同富村是同心乡蔬菜生产的发源地，是辣椒的主产区，常年种植蔬菜 3000 余亩，占耕地面积的 1/3，产量 25000 余吨，以生产甜椒和尖椒为主，是主要的“北菜南运”基地，形成了“辣椒与架豆角的间作模式”。架豆角为辣椒遮阴，减少强光照射，减少了辣椒的日烧病和“三落”的发生，同时增加了架豆角的通风透光性，可谓间作模式在现代农业里继续发扬光大。

自四通蔬菜种植专业合作社成立以来，带领周边农民更加规范开展蔬菜生产，带领农民外出学习考察蔬菜生产和市场，争取建设项目和试验示范项目，开办培训班，聘请大专院校和科研机构的老师讲课，指导生产，解决技术难题，引领了双城辣椒种植水平的普遍提高，带领周边辣椒种植合作社和农民走出了黑龙江。产品不但在哈尔滨市场占主导地位，同时还远销南方各省市。由于双城区土壤肥沃，昼夜温差大，产品品质好，受到广大消费者的普遍喜爱。

四通合作社发挥了资金、技术、人才、信息及经营理念等方面的优势，积极参与脱贫攻坚战，有力地加快了同富村脱贫攻坚的步伐。

四通合作社在带领贫困户及农户种植绿色蔬菜及农作物创收的同时还解决了剩余劳动力再次就业的问题，在生产加工和销售整个过程中所需人员全部雇用本地的贫困户及农户约 500 余人，并为贫困户脱贫及邻村农户增产增收建立了长效的机制。2020 年参与《双城区贫困户和边缘户庭院增收千元计划》任务，带领 25 个乡镇（街）150 个村的 928 户贫困户和边缘户种植中草药222.27亩，实现了户均增收1000元的目标。

双城市四通蔬菜种植专业合作社几年来所取得的成绩得到了上级有关部门及领导的认可。2018年3月被中共哈尔滨市双城区委员会、哈尔滨市双城区人民政府授予2017年度“农业生产标兵合作社”称号。

（供稿人：双城区农业技术推广中心，黑龙江省农业科学院园艺分院；孙秀丽、薛鸿雁、张凤丽、张慧、王琳、刘力勇、王雪、刘思宇）

（六）黑龙江省泽尔丰果蔬种植农民专业合作社

黑龙江省泽尔丰果蔬种植农民专业合作社，是以地产果蔬种植、收储、加工、销售为主的专业合作社。合作社蔬菜品种主要种植辣椒、马铃薯、西红柿等，其中辣椒为主要种植品种。合作社按照品种、生产资料、技术流程、收储、加工、销售“六统一”原则，带领合作社员种植千斤红、北京红、二荆条等干鲜两用辣椒。

合作社收储鲜椒、干椒，同时加工辣椒酱，腌制红鲜椒、绿鲜椒，加工各种辣椒干椒、辣椒段、辣椒面。黑龙江省名吃“鸡西冷面”所选用的辣椒制品，就是由黑龙江省泽尔丰果蔬种植农民专业合作社实现由种植到加工本地化生产的。

合作社拥有种植实验基地，2020年试验辣椒新品种30个，极大地丰富了本地市场，成为本地商超的供应商。

（供稿人：黑龙江省鸡西市发展和改革委员会，黑龙江省农业科学院园艺分院；秦会峰、张慧、王琳、刘力勇、王雪）

（七）兰西县康荣乡康农瓜菜种植专业合作社

黑龙江兰西县康荣乡康农瓜菜种植专业合作社成立于2011年5月，理事长李东辉。自合作社成立以来，一直以种植棚室和露地香瓜、草莓食用菌和西红柿为主，现拥有固定资产2000万元，合作社流转土地2200余亩，温室21栋，冷棚60栋，一套冷冻加工车间，冷库4200平方米。2018年，成立黑龙江树根生态农业开发有限公司，集中打造集种植、服务、生产、加工、销售为一体的综合性企业。

自合作社成立以来，主要以自产自销收购和订单农业为主，带动周边农户入社发展蔬菜产业，实现了入社会员利益最大化。2011年合作社成立之初，首次引进了薄皮甜瓜温室、冷棚吊蔓栽培技术，农户收益颇丰，有效带动了甜瓜种植。2012年引进草莓棚室栽培技术，与大庆林甸、内蒙古海拉尔等地棚室基地合作建立了三个草莓采摘园，技术与育苗全部由康农合作社负责。2013年合作社引进了大球盖菇的种植技术，并与多家农户合作搞庭院经济，促进了农户增收。2014～2016年，致力于为农户提供优良的辣椒苗。2016年全年生产总值650万元，盈利100万元。2017年与水稻育苗基地合作种植西红柿509棚，累计用工量5000人次，2018年全年生产总值1200万元，盈利230万元。合作社现有种植基地1900余亩，拥有品牌“康农”牌、“李树根”牌等无公害标识21种。

合作社承包经营兰西镇科研村蔬菜棚室园区15个温室，102个大棚，种植桃树、大球盖菇等品种。合作社与哈尔滨哈达市场签订大球盖菇销售协议，与200户农民签订了种植订单。

（供稿人：兰西县农业技术推广中心，黑龙江省农业科学院园艺分院；张学娟、王兴涛、杨柳、李盛娟、张慧、王琳、王雪）

（八）海伦市中际农副产品加工有限公司

海伦市中际农副产品加工有限公司成立于2010年2月，位于海伦市前进乡胜利村鸡讷公路北侧，公司注册资本1500万元，占地16900平方米，是东北三省唯一一家毛葱深加工出口企业；是中国同类产品唯一获得印度尼西亚政府签发的葱酥食品准入证的企业。葱酥、葱干、葱叶、标葱等主要产品远销越南、马来西亚、印度尼西亚及中国台湾等国家和地区。自企业成立以来，在各级政府和农业部门的大力支持指导下，实施订单化生产、市场化管理、产业化经营。为发展壮大优势特色产业，拉动农民增收，探索出了一条从小到大、从弱到强的发展之路。目前，公司已经成为集农产品种植、加工、销售为一体的农业企业，成为绥化市出口创汇额度较大的私营企业、省级农业产业化重点龙头企业。2017年被省农委评为全省“优秀外向型产业典型”。

企业建立了“企业 + 基地 + 合作社 + 农户 + 出口”经营模式。以种植毛葱基础较好的前进乡、永合乡毛葱产业种植基地为核心，辐射带动周边市、县发展毛葱产业，不断扩大规模。企业在2010年办理了获得对外贸易出口经营权，在2011年完成了无公害毛葱种植基地认定12000亩，产品认证20000吨/年，获得了HACCP和ISO 9001质量管理体系认证。2018年全市种植毛葱5万亩，种植农户2700余户，实现产量85000吨，产值11250万元，可实现收入3500万元，农户每亩可增收650～700元。为调整种植结构，增加农民收入开辟了一条新路。

建立了“企业 + 互联网”经营模式。为了打开外地市场，企业加入了黑龙江省国际电子商务平台，充分利用互联网平台，广泛宣传推介企业产品和优质毛葱产业，大力开展线上销售；积极参加哈洽会、绿博会等展览展销活动，把产品品牌炒热叫响，扩大知名度，促进线下销售，以此把生产和销售这“两个端口”紧密衔接起来，建立起优势产业进入市场的通道，实现“餐桌”到“地头”的直接对话，减少中间环节，使产品能够及时卖出去，卖出好价钱，增加获利空间。

为了确保毛葱生产质量，公司制定了毛葱生产技术标准和产品质量标准。在生产和管理上主要实行了“四统一”。一是统一更新种子，农户不准在产品中自留种子；二是统一肥料标准，为了降低生产成本，由公司统一购买种子、化肥提供给农户；三是统一栽培模式，为了保证农户种植效益和田间管理时间差，推广毛葱套种大豆或复种白菜“一种两收”生产模式；四是统一检验验收，严格实行产品检验制度，确保产品质量。提供农民再就业服务。毛葱深加工是一项新兴的加工产业，葱酥、葱片生产的机械化程度低，属于劳动密集型产业，每年长期和季节性雇工约120人，工人都是附近的村民，贫困户优先录用，人均年收入1.4万～2万元，对解决农村剩余劳动力和农民再就业都有重大意义。

毛葱素有“保健食品”的美称，目前国际市场对葱制品的需求量大增，良好的市场需求为多元化毛葱食品开发提供了广阔前景。企业立足海伦的地理区位优势，依托品质优良的产业基础和品牌优势，多渠道开辟国内国际市场。一是瞄准国家政策拓市场。借助海伦地处“哈黑经济带”重要节点的区位优势，抢抓龙江陆海丝绸经济带战略机遇，把打造外向型企业作为延伸产业链条、带动就业增收的增长点，不断扩张国际贸易，带动企业效益持续攀升。二是做大品牌闯市场。围绕绿色食品、特色产业基地优势，围绕“寒敬香”毛葱品牌，做好“特”字文章，通过扩大原料基地规模，让小产业走出国门，闯出大市场。2017 年公司申请“中国海伦毛葱之乡”地标，现在海伦市正在向国家申请“中国农副产品出口示范园区”。三是转化技术成果闯市场。积极与知名院校建立的企校合作关系，发挥其科研优势，通过共建研发和实习基地，引导深度对接，拓展合作领域，按照国际需求标准，有针对性的嫁接转化科研成果，促进生产技术、生产工艺改造升级，提升企业自主创新和自我发展能力，加快与国际市场接轨。目前，中际公司正与黑龙江省农科院开展合作，研究开发毛葱皮生物有机肥料新产品，进一步拓展国内外市场空间。

公司 2017 年投资 2800 余万元，新建占地 3000 平方米、建筑面积 6970 平方米、库存 10000 吨、主体 2 层的保鲜冷储库，用于原材料保鲜冷储和产成品保鲜冷储。目前已投入使用，每年可储存毛葱原料 1 万吨，这样既提高了毛葱的质量也能延长生产周期。年可增加产量 1000 吨，为增加地方财政收入，繁荣市域经济做贡献。

（供稿人：海伦市中际农副产品加工有限公司，黑龙江省农业科学院园艺分院；敬红波、赵敬、王立新、张慧、王琳、王雪、刘力勇、刘思宇）

（九）宁安市民生瓜菜专业合作社

宁安市民生瓜菜专业合作社成立于 2013 年 11 月，位于石岩镇民主村，理事长王福东，注册资金 514 万元，固定资产达到 1500 万元，农民入社 35 户。合作社 2013～2017 年共流转土地 6000 亩，种植经营马铃薯 4000 亩、圆葱 2000 亩，总产达到 2 万吨，产值 2400 万元，带动农民收入 500 万元。

2016 年，民生瓜菜专业合作社被确定为全省“互联网 + 现代农业”样板基地。合作社不断加强基地基础设施建设，建有办公室 80 平方米、硬质交易场地 5000 平方米、贮藏库 2000 平方米、百吨大秤一台、大型泵站 2 座、喷灌地下管网 8000 延长米，配套建设了节水灌溉智能系统，辐射面积 5000 亩。

合作社逐渐发展成为集种植、贮藏、加工、销售于一体的新型农业经营主体，采取统一生产、统一管理、统一销售经营的管理方式。实行了标准化生产技术操作规程，建立了农产品质量安全追溯体系，安装了虫情自动分析仪、球形摄像头、节水灌溉智能系统，实现了病虫草害的科学防治，具备了追溯数据录入、监管信息综合统计、追溯码生成、终端查询等功能，生产过程客商可以远程观看，使农产品质量安全得到保障。制定了不合格农产品无害化处理、投入品使用、产品质量检测、产地环境监测、质量承诺、生产记录档案管理、包装标识、质量追溯等一系列生产管理制度。严格执行无公害农产品生产技术操作规程，建设了农产品质量速检室，配置了2台农药残留速测仪器，设有专人负责农业投入管控、农产品生产记录、检测等工作。合作社为所生产的圆葱、大白菜、萝卜、马铃薯、甘蓝、胡萝卜等进行了无公害农产品认证，农产品远销到俄罗斯、韩国、东南亚等国际市场和国内各大城市等国内市场。合作社应用“互联网＋现代农业”的发展模式，申请加入了大米网，合作社和哈尔滨圣饶科技有限公司合作，自建了圆葱门户网站，实现网上销售。

随着合作社的不断发展壮大，效益凸显，促进入社农民快速增收，辐射带动了周边村屯农民入社。合作社采取农民带地入社、按地折股、效益分红的利益分配机制，实行利益共享、风险共担。入社农民共三项收入，一是土地租金收入，二是入股利益分红，三是劳务收入。合作社社员入社前后相比，入社后农民收入增加比例为10%～20%。另外，生产中每公顷所需人工劳务费2万元，仅劳务带动农民增收800多万元。

2017年，合作社承担了省农委露地蔬菜新品种、新技术展示、示范项目，在省经作站、省种子管理局、省农科院、牡丹江农业技术推广总站、宁安市农委、农业技术推广中心的大力指导下，目前种植露地蔬菜新品种132种。其中，圆葱72种、黄胡萝卜6种、大蒜3种、尖椒5种、西瓜12种、甜瓜10种、马铃薯13种、南瓜3种、白菜5种、松花菜3种。

（供稿人：宁安市农业技术推广中心，宁安市民生瓜菜专业合作社，黑龙江省农业科学院园艺分院；姜瑞华、王福东、张慧、王琳、刘力勇、王雪）

（十）宝清县盛实马铃薯种植专业合作社

宝清县盛实马铃薯种植专业合作社由隋宝柱理事长于2010年发起成立，出资人六户，由当初注册资金60万元发展到现今固定资产600万元，合作社成员53户，流转土地1123.65亩，经宝清县农村产权交易服务中心鉴证。

合作社自筹资金40万元兴建一栋1000平方米种薯储备大窖，商品薯储备窖32个，面积大小不等。确保合作社所种植的种薯和商品薯通过窖储提高了产品抵御市场抗风险能力。

合作社近几年利用独特的含硒土壤带领农户打造5000亩富硒蔬菜种植基地，用于种植特色蔬菜：富硒毛葱、富硒独头大蒜、富硒胡萝卜、富硒土豆、富硒大白菜、富硒甘蓝、富硒西红柿、富硒西瓜、甜瓜。

2014年，合作社给当地兔尔赤品种富硒毛葱、独头蒜注册“挠力河”商标，以精品礼盒包装形式发展可溯源体系的绿色功能保健蔬菜。

2016年，被评为全国“一村一品”专业示范村，年种植面积3000亩毛葱下茬可复种大白菜、萝卜、甘蓝、秋菠菜、香菜等时令蔬菜，而且全村800户居民家家都有大小不等蔬菜保鲜地下大窖共328栋，窖储蔬菜面积达4300平方米，合作社自有蔬菜窖储面积2200平方米。头茬毛葱收获后，第二茬大白菜、甘蓝、红皮、绿皮萝卜、心里美萝卜、水果萝卜都放置在大窖冬储，仅冬储一项给全村可带来双倍的效益。

2018年，合作社完善了富硒蔬菜种植基地所有蔬菜“三品一标”，县政府、县农委又帮助蔬菜基地建设溯源系统，这对下一步做绿色有机蔬菜奠定了基础。

（供稿人：黑龙江省农业科学院园艺分院，宝清县盛实马铃薯种植专业合作社；张慧、王琳、王禹、隋宝柱）

（十一）宁安市新农韭菜专业合作社

黑龙江省宁安市是著名的“大蒜之乡”，在做强大蒜主导产业的同时，注重培育韭菜作为后续产业。近年来，宁安市大棚韭菜发展迅速，韭菜产业已成为又一项主导产业。

黑龙江省宁安市位于黑龙江南部，温带大陆性季风气候，光照充足、雨热同期、土质肥沃，适合韭菜生长。宁安市韭菜种植可以追溯到20世纪80年代，2000年后通过农民自发种植，在当地政府的政策扶持下，由传统的普通温室大棚改良为现在的日光温室大棚。

宁安市新农韭菜专业合作社坐落在宁安市渤海镇龙泉村，宁安市新农韭菜专业合作社自2008年成立至今，带动龙泉村、双庙子村及周边10余个村镇的农户种植韭菜，韭菜种植面积近8000亩。不愁韭菜销路的种植户已达1100余户。合作社固定资产已达4000多万元，种植面积8000亩，年产量达到8万吨。

为了让人们吃上高品质韭菜，合作社瞄准有机、走品质化之路。一是品种好，叶宽、肉厚、品质佳，并且耐储存，深受消费者喜爱。二是质量好，全部使用生物有机肥，确保化肥和农药“零”投入，合作社的韭菜产品均获得了有机认证。三是口感好，韭菜通常都是每年割4~5刀，但是新农韭菜专业合作社的韭菜全年只割2刀，因而韭菜长势充盈、饱满、干物质多，确保口感最佳。四是品相好，合作社从韩国引进了收割和吹皮设备，收割后的韭菜经吹皮去杂后，达到净菜上市的标准，食用十分方便，消费者反响非常好。

合作社引进了先进的速冷韭菜馅料生产线，产品全部冷链保鲜处理，产品营养流失少，口味鲜美，深受国外市场欢迎。

合作社采用冷棚和温室相结合的技术，加上多层覆盖，冬天可以在不加温的情况下生产韭菜，降低生产成本，供应“两节”（元旦、春节）市场。目前销售网络已遍布黑龙江省各地、吉林省延边地区、吉林、长春等城市，并出口俄罗斯。主要栽培技术：第一年苗期，第二年养根，第三年10月末多层覆盖，元旦和春节上市；小拱棚栽培，3月中下旬扣棚膜，清明上市；大地韭菜，4月初扣薄膜，4月下旬5月初上市。

（供稿人：宁安市农业技术推广中心，宁安市民生瓜菜专业合作社，黑龙江省农业科学院园艺分院；姜瑞华、王福东、张慧、王琳、刘力勇、王雪）

（十二）哈尔滨巨久蔬菜种植专业合作社

哈尔滨巨久蔬菜种植专业合作社成立于2017年，是集大蒜种植和蒜苗生产、销售于一体的生产经营主体，带领周边农户开展大蒜种植和蒜苗生产，将周边零散种植户进行规范管理，共同学习提高栽培水平，共同闯市场。

东北人喜食的蒜苗不同于南方的青蒜苗，是栽培在温室、大棚里，甚至是室内的大蒜徒长的幼苗，类似于南方人喜食的蒜黄，而颜色要比蒜黄深了许多，是嫩绿色的。东北人都有吃蒜苗的习惯，早年间冬季都会在室内用盆、盘、碗等器物栽种一些蒜苗，留着逢年过节吃个新鲜。现在蒜苗已经成规模的大批量生产了，想要吃到蒜苗一年四季都可以满足需求。双城区成规模生产蒜苗起源于20世纪70年代的生产队时期，已经有50多年的历史了，从只能冬季在温室里栽培到现在的一年四季周年生产，从只能在土壤里栽培到沙培，再到水培，无论是栽培方式，还是产出量都有了质的飞跃。

该合作社核心技术和产业是水培蒜苗生产，建有水培蒜苗生产示范基地10000平方米。基地建有温室2000平方米，冷库300平方米。合作社年均大蒜种植面积3000亩，年产蒜苗100万千克，销售收入700万元，每年研发投入10多万元。合作社专业致力于大蒜的种植、贮藏和蒜苗的生产，蒜苗用蒜品种筛选，种蒜贮藏、种蒜打破休眠处理技术，水培蒜苗环境控制技术研究；大蒜病虫害防控技术、蒜苗用蒜新品种新技术的研发及蒜苗生产机械研发。该合作社独立研发的“蒜苗水培技术”，不但提高了蒜苗的产出量，还减少了蒜苗生产过程中的污染和病虫害危害。国家特色蔬菜产业技术体系哈尔滨综合试验站将该基地设为“特色蔬菜蒜苗生产示范基地”。同时积极参加到扶贫工作中，2020年参加《双城区贫困户边缘户庭院经济户均增收千元计划》，带领96户贫困户和边缘户种植毛葱、大蒜36120平方米，给予提供种子，保底价回收，贫困户和边缘户取得了较好的经济效益和社会效益。

哈尔滨巨久蔬菜种植专业合作社，以蒜苗生产为核心，引领周边承恩街道、同心乡的农户进行蒜苗的周年生产。在国家和黑龙江省农产品质量安全追溯管理信息平台注册，实现生产全程可追溯，包装带有二维码和食用农产品合格证销售。合作社组织带领农户组织货源到哈尔滨、大庆、长春、沈阳等批发市场进行销售，解决了小农户产品销售的后顾之忧，在合作社的带领下双城区蒜苗生产实现了一年四季周年生产，产品销往东北各地。现在双城区全年产量可达到300万千克，供应哈尔滨市场的90%份额。

（供稿人：双城区农业技术推广中心，黑龙江省农业科学院园艺分院；孙秀丽、薛鸿、张凤丽、张慧、王琳、刘力勇、王雪、刘思宇）

（十三）齐齐哈尔市黑土蓝天食品有限公司

公司建成于2014年3月，占地7000平方米，厂房面积5000多平方米，固定资产2900万元，有员工20人。

公司的厂区基础设施完备，供排水、电力、供暖、供气（工业用气）设施十分齐全，而且按照现代食品企业的理念设计和建设，生产和工作区域布局合理，工艺流程顺畅，卫生条件好。

企业坐落在达斡尔族民族区，是芥菜等农产品传统原产地。全国达斡尔族有人口13.2万，是全国较小民族之一。梅里斯区是达斡尔族自治区，也是全国唯一一个市辖民族区。按照传统和习俗，达斡尔人不但生活在水草肥美、生态优越的区域，而且对于种植芥菜、大白菜、胡萝卜、圆葱等拥有特别的爱好，当地的这些蔬菜具有原产地、原生态的品质和口感，是典型的地理标志保护产品，蕴含着特有的农耕文明。齐齐哈尔市2000年就被国家农业部命名为绿色食品之都，该地区地域辽阔，土地开发较晚，所用蔬菜原料全部产于土质肥沃、空气与水质清新、生态环境优良的松嫩平原，并且严格按照绿色无公害食品标准生产，保证产品的品质纯正和原料安全、环境安全。

企业拥有自己独立的原料生产基地，是典型的一二三产业融合发展企业。企业原料基地面积1100多亩，温室、棚室、农机具等设施、设备齐全，而且这些与储存、加工能力配套，形成了较强种植能力、较强储存能力、较强专业加工能力、较强服务能力的一二三产业融合发展企业，展示出强劲的发展后劲。

公司生产的芥菜以进入商超销售为主。用户有三个区域，一是齐齐哈尔本区域，商超用户100家左右；二是东北地区及周边，商超用户80家左右；三是以北京、天津为主的华北地区，商超用户30家左右；四是华东地区、华南地区也有少量销售。作为网上以芥菜为原料的小菜产品，市场上很受用户欢迎，前景广阔。

公司已与黑龙江省农业科学院园艺分院国家特色蔬菜产业技术体系哈尔滨综合试验站、齐齐哈尔大学、哈尔滨商业大学等单位合作攻关，初步研发突破了涨袋、批量生产和风味保持三个技术“瓶颈”。目前公司拥有完整的标准化厂房，冷藏库房，全套生产线，攻关取得的技术配方；并取得了农业产业化市重点龙头企业的荣誉称号；有一定的市场用户优势，一是市场用户广泛，芥菜即食食品，营养物质南北方群众普遍认同；二是原料有保证，年产芥菜100万吨以上；三是达斡尔族少数民族地区，松嫩平原上的产品原生态，无污染有卖点。

现公司处于建厂初期，近几年累计加工芥菜9000吨，年计划产值1200万元，加工的这些芥菜相当于1200亩耕地种植产量，可使农民增收280万元，增加社会就业20人。通过龙头企业带动，扩大农户种植规模，仓储运输、加工等方面。实现全区乃至齐齐哈尔全市芥菜产品的升级。芥菜加工实现全产业链绿色生产，产品绿色健康，有利于保护生态环境。

（供稿人：齐齐哈尔市梅里斯达斡尔族区农业综合服务中心，黑龙江省农业科学院园艺分院；王彦华、张慧、王琳、王雪、刘力勇）

（十四）兰西县榆林镇庆丰大葱种植专业合作社

2007年，兰西县榆林镇庆丰大葱种植专业合作社成立，理事长李兴全。经过多年的发展，到2020年，合作社入社社员280户，入股资金570万元，种植规模由成立之初的600亩发展到如今的1万多亩，带动农户种植大葱、青椒等各类蔬菜1万亩。实现自身发展，助民增收多重效应。

围绕市场需求，合作社所有种植基地均选择周边区域没有任何工业污染源的优质良田，全部按绿色食品生产技术规程进行；选择口感好、品质优、外形美、抗病强的“尤金885”马铃薯、北京3号白菜、日本圆杠大葱和河北大葱、日本卡迈因圆葱、日本七寸深胡萝卜等蔬菜品种，实现了品种高端化；利用大型机械对所有耕地进行秋季高标准深松整地，灭茬、起垄、镇压一次成形，达到待播状态，实现了生产标准化；根据不同蔬菜品种栽培技术规程，严格控制时间节点，适时栽培，薯菜复种栽培、大葱高垄深培土、青椒高产栽培、冬瓜延后栽培等一批精细化栽培技术得到应用。在此基础上，实行了“七统一”经营管理方式，即统一购种、统一种植、统一管理、统一收获、统一商标、统一销售、统一结算，最大限度地显化标准效益。

2019年，合作社为有效规避市场价格波动带来的风险，充分保证入社成员不赔钱，采取以大葱为主多个蔬菜品种不均衡种植的方式，一旦某一种蔬菜市场价格处于低谷时，还有其他价格高的品类所获得的效益进行补偿，这样均衡着就保证了所有合作社成员只赚不赔，心里也有了保证。合作社流转的1万亩地，有5000亩用于种植大葱，5000亩种植青椒、鲜食玉米等综合蔬菜，全部以市场最高价格销售。其中大葱亩纯收益达到1500元。同时，合作社雇用常年工人42人，人均收入都在2万元以上，生产高峰期临时雇工每天达200多人，每人每天收入达到120元。

为壮大规模，提升产业层次，合作社确定了走产、加、销一体化之路。先后与正大集团、兰西中舜、立信和山东莱阳食品商会等多家蔬菜深加工企业合作，建基地、搞加工、活销售，开拓了合作社发展新局面。合作社与山东莱阳风信公司签订订单1300亩；与兰西中舜、立信签订订单4300亩；与正大集团签订订单2200亩，基本实现了未产先销，有效规避了市场风险。在此基础上，合作社还与山东鲁风蔬菜加工签订了1500吨订单，销往山东寿光、淄博及上海蔬菜产品1000吨，成为兰西县北菜南运主要生产基地。2017年，合作社利用黑龙江省标准化绿色蔬菜生产基地贴息贷款政策，总投资近3000万元，建设蔬菜气调保鲜库面积6000平方米，储存能力1.13万吨，加工车间2000平方米。合作社从单一种植、销售，发展成为集种植、加工、销售和社会化服务于一体的产业化经营主体。

自身要发展，农民要增收，只有把农民带动起来才是硬道理。为保证合作社的持续发展，又保证种植农户的生产效益，合作社利用广泛的合作关系，与全国各大中城市的经销商洽谈订货，采取先找市场，再找农户，先签订订单，再落实基地的带动发展模式，把“一家一户”的农民吸纳入社共同发展。目前，合作社不仅入社社员发展到280户，还带动域内订单种植户546户，外销蔬菜高峰期，每天发货量在200吨以上，带动普通种植农户800户，种植各类蔬菜1万亩，户均收入达到2万多元。

（供稿人：兰西县农业技术推广中心，黑龙江省农业科学院园艺分院；王兴涛、杨柳、张学娟、张慧、王琳、王雪）

（十五）安达市庆丰民食品有限公司

安达市庆丰民食品有限公司创建于2016年9月，位于安达市万宝山镇新民村村委会院内，生产车间建筑面积700平方米，腌制车间400平方米。公司主营生产小花缨牌芥菜丝，正在开发产品有东北酸菜、辣白菜等。原料以产自本地寒地黑土种植的优质小花缨品种芥菜，其特点是口感鲜脆，富含锰、锌等多种营养元素，产品经过巴氏杀菌，获得了有机食品认证标识，深受广大消费者的认可。公司年产规模 50 万斤，历经一年半时间改造车间、购置设备、办理手续、印制包装、产品腌制等，公司于 2018 年 6 月正式生产，现日产 20000 袋，加工芥菜 2000 余斤。现产品已在大庆市庆客隆周边 18 家大型商超及杭州萧山区丰丰买社区便民点（现在 3 家、计划开通 3000 家）销售，2018 年公司产值实现 30 万元，纯收入 6 万元。公司发展农产品精深加工的同时，引导农民发展菜园经济，带动周边村民就业创业，与 26 户贫困户签订了利用庭院菜园种植芥菜的合同，共计 20.3 亩，由公司统一种子、统一技术，统一收购，统一价格，坚持施农家肥，打有机牌，每户平均增收 800 元。同时，公司提供打工就业岗位，与 9 户贫困户 10 人签订了用工合同，人均可增收 1500 元左右。

安达市福来生农作物种植专业合作社，成立于 2016 年 8 月，注册资金 80 万元，现有股东 5 人，社员 14 户，流转土地 120 亩，主要用于芥菜种植。合作社主要组织采购成员种植所需的农业生产资料，组织成员进行芥菜的统一生产和初加工，并与庆丰民食品有限公司签订订单，对生产的芥菜进行收购。

（供稿人：安达市农业技术推广中心，黑龙江省农业科学院园艺分院；张春平、左秀玲、王志贵、张慧、王琳、王雪）

（十六）黑龙江省沾河林业局有限公司

沾河林业局有限公司是国家大型森工企业，位于黑龙江省东北部，地处小兴安岭北坡，施业区总面积 751.283 公顷，平均海拔高度 420 米，地理坐标为北纬 48°37′，东经 126°36′，年平均降水量 550 毫米，年有效积温 2200℃，无霜期为 110 天，土壤肥沃，pH 值 6.58，郁闭度 0.5 以下的疏林地资源极为广阔，这些都是适合寒葱生长的得天独厚的地域和自然生态优势。所以寒葱资源分布广，储量大，且品质极佳，是东北地区最大的寒葱主产区。

伴随着龙江森工集团轻型发展调整产业结构，寒葱这一产业被沾河林业局列为重点发展项目，2015～2020 年为保护寒葱资源，开始限量采收，有序管理，年采收量控制在 400 吨左右，这样可以使寒葱资源得到永续利用，保证储量达到 800～1000 吨，为沾河林业局打造寒葱龙头产业基地奠定了坚实基础。

2018 年，沾河林业局成立了山产品有限公司，对寒葱进行深加工，对寒葱进行罐装生产和酿造寒葱原浆酒，产品曾连续多年到哈洽会、绿博会参展，远销全国各地及国外，深受客商们的欢迎，2021 年达到年加工 300 吨以上的生产能力。

沾河林业局有限公司依托自身资源优势，坚持在保护生态的前提下，科学合理地进行统筹规划，以市场需求为导向，加强与各大科研院所密切合作，主动与各方行业精英强强联手，积极探索野生寒葱资源的保护与利用、人工栽培技术、寒葱营养功能性产品开发及深加工技术，逐步构建形成寒葱的全产业链，努力打造成全国集寒葱科研、种植、产品开发及精深加工、商贸出口的集散地。进而实现生态效益、经济效益和社会效益合为一体，多方参与，共赢发展的格局，切实做大做强寒葱产业，探索一条可持续发展的绿色、生态、永续利用的发展路径，真正把沾河林区的“绿水青山”变成“金山银山”。

（供稿人：沾河林业局有限公司）

三、河北省特色蔬菜龙头企业

（一）河北省唐山市乐亭县冯源韭菜专业合作社

乐亭县冯源韭菜专业合作社位于乐亭镇冯哨铁庄村，距县城约12千米，现有130户，全村人口455人，韭菜种植面积620亩，全村112户、208个劳动力从事韭菜生产；2014年由村民俎庆昌组织本村12户成立了冯源韭菜生产合作社，经过几年的发展合作社吸收本村及邻村78户村民加入合作组织，涵盖韭菜生产面积450亩。2015年注册了“冯源”韭菜商标。

合作社的韭菜全部为中棚上草苫冬春生产模式，普遍配备了自动卷帘机先进装备，从而节省劳动力，提高了生产效率。产品采收上市时间集中在每年11月至次年3月，一个生长季一般采收2次，第一次一般在元旦后春节前，平均亩产量在3000～3500千克；第二次一般在二月中下旬，平均亩产量2000千克左右。乐亭县冯源蔬菜专业合作社在无公害韭菜生产过程中，坚持以标准化生产为切入点，严格投入品管理，全面推广了粘虫板、防虫网、性诱剂等物理防虫技术及沼渣沼液防治韭菜地蛆使用技术，既降低农药使用量又改良土壤环境，确保了韭菜的产品质量，形成了市场抢手的特色蔬菜。

韭菜普遍采用地头鲜菜销售的形式，在韭菜上市季节里有8～10名经纪人常驻村里，将村里及周边的村里韭菜销往京津及东北的长春、沈阳、哈尔滨、山西大同、太原等地，日外销韭菜3.5万～4万千克以上。2019年头茬韭菜销售价格2.6元/斤，平均亩产值1万元左右，亩纯收入5000～6000元。其中以“冯源”商标销售韭菜的外销量占20%以上。

（供稿人：河北省唐山市乐亭县冯源韭菜专业合作社）

（二）河北省唐山市丰南区利民荣丰农业开发有限公司

河北省唐山市丰南区利民荣丰农业开发有限公司成立于2011年12月，总投资3.5亿元，占地60亩，是天津食品集团控股的股份制公司，年可生产各种酱制品5.2万吨，酱油1.06万吨，其中出口番茄酱2.72万吨。利民荣丰以农业资源、生态资源为依托，集育苗、种植、加工、生产、销售、仓储物流、冷链配送、农工商一体化并进，公司销售渠道应用到采用“市场＋互联网”模式，一二三产融合发展的多元化公司。

公司受到当地政府的大力支持和表彰，2012年3月获得唐山市“农村土地流转先进典型二等奖”，2013年6月获得唐山市人民政府“农村土地规模流转示范单位”，2017年

2月获得“2016年度丰南区人民政府农业产业化经营先进单位”和“唐山市农业产业化重点龙头企业”，2018年3月获得唐山市丰南区人民政府“2016—2017年度文明建设先进单位”，2019年3月获得中共唐山市丰南区委农村工作领导小组“2018年度农业产业化经营先进单位”，2019年获得“丰南区先进文明单位”，2020年获得“河北省科技型中小企业”等荣誉。

公司是促进一二三产业深度融合、“农工商”一体化发展的示范企业。其中：第一产业，以促进农业增效、农民增收为目标，投资5200万元，在丰南区岔河镇规划建设了占地3800亩的西疆农业园区，作为生产原料供应基地，被评为市级现代农业园区。采取“公司+园区+农户”的模式，积极培育合作种植户，在提供种苗、技术的基础上，实行保护价收购，年可消耗2万多亩的辣椒产量，带动丰南区西部5个乡镇的辣椒种植业发展，促进1万余农户增收5000多万元。第二产业，以提高农产品附加值为目的，对农产品进行深加工，主要建设炒制酱、蒜蓉辣酱、酱菜、酱油、番茄酱五条生产线，可生产30多种调味品。同时，与中粮公司合作建设2万吨白糖分装生产线。第三产业，以冷链物流、农产品销售、休闲观光为主。建筑面积3500平方米的冷链物流基地，仓储量1.5万吨，年周转量15万吨。同时，依托唐津运河景区，大力发展农业休闲旅游业，将西疆农业园区内部规划成绿语庄园、老家田园、金秋果园、金杨牧园、利民椒园5个特色区域，“一园一景”，真正实现一二三产业互动融合发展。

利民荣丰在国家惠农政策和政府的支持下，将发展成为一个多元化、多领域的农业产业化集团公司。

（供稿人：河北省唐山市丰南区利民荣丰农业开发有限公司）

（三）河北省唐山市丰润区冀东生姜现代化农业园区

2020年4月，由唐山市丰润区新军屯镇供销农民专业合作社联合社申报“冀东生姜现代化农业园区”，完成投资3000万元，由管委会负责管理协调，管委会组成为：主管副区长任管委会主任，农业农村局局长任副主任，发改局、农业农村局、林业局、水利局、供销社、科技局、商务局、文旅局、新军屯镇等主管负责同志和园区主要负责人为成员。

园区位于丰润区新军屯镇，园区属温带大陆性半湿润气候区，四季分明，春季干燥多风，夏季炎热多雨，秋季温和凉爽，冬季干冷少雪，年平均气温10.8℃，平均降雨量710毫米，年无霜期为185天，园区覆盖农村人口15万左右，园区示范区主要由核心区带动发展，主要从事生姜种植、轻加工、销售等。种植品种包括莱芜大姜、昌邑大姜、绵姜、山东一号、胖妞、红芽小姜等品种。

园区规划建设规模3.5万亩，核心区5400亩，包括新军屯村、董庄子村、南堡村、塔六庄村等。示范区20000亩，包括欢喜庄乡、小张各庄镇、白官屯镇、李钊庄镇等，辐射区9600亩，园区核心区每亩生姜产值3万元，为农民增收2万元，农产品初加工转化率达80%以上，主导产品覆盖率，经营率分别达60%。园区拥有设施齐全的加工厂，健全的清洗线，场内有40条生姜清洗生产线和89间标准库房，年交易量达10万吨以上，实现产值4亿元以上。

园区覆盖农户4万余户，人口15万左右，园区年总产值2亿元左右，农民人均纯收入2万元/年左右，80多个生姜经纪人，已经形成完整的收购、清洗、装箱、外运的生产链。预计投资1亿元继续扩大加工厂、清洗线的建设，提高产量，满足姜农的供求需要，拉动经济发展，也能吸引社会资本的流入，做再投资。

示范区面积2万亩，能提供各新型经营主体，进行标准化、绿色化、组织化经营，能提供种植技术以及销售渠道，带动农民致富。辐射区9600亩，以新品种示范、农产品销售等形式为主要经营手段，销售范围包括北京、天津、广东、四川、陕西以及东北三省等省份，2020年生姜收购价格在8.4元/千克。

虽然丰润区生姜产业发展有近40年的历史、有3万多亩的规模，但处于生产的初级阶段，产品靠外销，没有自己的主导权。在今后的工作中，在龙头企业引进、农业产业化、土地流转奖补、金融机构贷款、品牌发展、生姜保险、特色产业申报等方面需加大力度，努力把生姜产业进一步做大做强、做出特色。

园区建设以“科技农业、绿色农业、品牌农业、质量农业”为发展方向。以绿色生姜种植为产业基础，衔接深加工及仓储物流、电商销售、文化博览、农事体验、餐饮休闲等形式，达到产业融合的全产业链发展模式。

（供稿人：河北省唐山市丰润区冀东生姜现代化农业园区）

（四）河北省唐山市抚宁区秦皇岛小江蔬菜专业合作社

河北省唐山市抚宁区有近四十年的生姜种植历史，连续被评为“中国调味品原辅料（生姜）种植基地”“河北省生姜调味品之乡”，2019年抚宁区又被评为“中国生姜之乡”。优越的土壤环境，宜人的气候为生姜的生长提供了得天独厚的条件，主要产地位于洋河流域两岸的下庄管理区，留守营镇等。

秦皇岛小江蔬菜专业合作社组建于2011年，是集种植、收购、冷藏保鲜、清洗加工、批发配送生姜、胡萝卜等根类蔬菜为一体的蔬菜经营企业。合作社总占地面积570余亩，有“两区一园”，即：建有多条清洗加工流水生产线与包装为一体的生产加工区，占地2800平方米，年加工配送能力为3万吨；建有高标准蔬菜冷藏保鲜区19000立方米；在留守营镇建设的宁源蔬菜种植示范基地园区占地530余亩。2016年合作社全资组建子公司秦皇岛匠联农业科技发展有限公司。目前已经形成了“基地种植—冷藏保鲜—清洗加工—批发销售”一条龙的产业链条。

合作社组织机构健全，有成员大会、理事会、监事会。内设财务部、供应部、市场部、仓储部、行政部、加工部、农业发展部七大职能部门。经过法人代表邬大为同志多年对蔬菜经营经验的积累，通过合作社经营探索的实践，组建了具有大专以上学历或较高专业水平、懂营销会管理、特别能吃苦的经营管理团队，形成了具有小江菜社特点的企业式经营管理模式，开创了“自尊自强、遵纪守法、诚实守信、无私奉献”的企业精神。

合作社先后荣获全国农民合作社加工示范单位、国家级农民专业合作社示范社和河北省“十佳”农民合作社荣誉称号。合作社商标“小江菜社”荣获中国蔬菜百佳品牌、全国百佳农产品品牌。通过构建销产研体系，以“合作社＋公司＋基地＋农户”的产业模式，破解小农户对接大市场的瓶颈制约，效益逐渐增加，带动能力不断增强，跻身于地区蔬菜经营领军企业行列。合作社注重科技创新、标准化生产，提高了产品品质，树立了自己的品牌“小江菜社”，产品在唐秦和京津地区市场占有率达60%以上，远销韩国、迪拜等国家，2019年加工配送蔬菜2.38万余吨，经营收入达到5800多万元，直接解决就业岗位200人。通过引进示范宁源种植基地的新技术和新理念，带动了全区蔬菜种植由产量增收型向质量增效型转变，带动了合作社社员和周边农户增收致富，促进了区域蔬菜种植业的发展。

小江蔬菜专业合作社组织牵头筹建“抚宁区生姜产业协会”，目前协会已经召开了第一届会员代表大会，共同研究破解制约生姜产业发展的难题。强化模范引领，通过培育典型的模式推进生姜产业发展，目前已经有种植大户100余名，在带动、帮助周边群众从事生姜种植业方面起到了很好的模范引领作用。强化科技引领，以合作社为依托，聘请农业专家、技术能手和行家里手对姜农进行培训，并组织前往山东等地参观学习。

今后合作社将继续以“为成员创建致富之路、为百姓提供健康服务、为员工营造温馨幸福、为行业繁荣永不止步”的核心价值观为统领，秉承企业精神，向专业化、标准化、集约化的大型蔬菜经营集团迈进，为振兴乡村、繁荣农村经济贡献力量。

（供稿人：河北省唐山市抚宁区秦皇岛小江蔬菜专业合作社）

（五）鸡泽县天下红辣椒有限公司简介

鸡泽县天下红辣椒有限公司成立于2003年6月，是一家集辣椒生产、加工、销售、科技研发于一体的国家级高新技术企业，被河北省人民政府评定为省级龙头企业，品牌“天下红”获得“中国驰名商标”“河北省著名商标”“河北省名牌产品”等荣誉。

目前，该公司是河北省唯一一家具有自主出口盐渍辣椒和辣椒制品（油辣椒、辣椒酱、剁椒等）的企业，注册资金1750万元。公司拥有辣椒绿色基地3万亩，主要产品有精品辣酱系列产品和盐渍椒，年产盐渍辣椒2万吨，建有年产5000吨精品辣酱生产线，年产值1.5亿元。

为了解决人们“爱吃辣椒怕上火”的难题，成功研发出了“富含清火因子”的辣椒系列产品，获得国家专利。产品依据“好吃不上火”的独特卖点，深得广大消费者的喜爱。公司先后通过了HACCP、ISO 9001、ISO 22000质量管理体系认证，并获得绿色食品、无公害产品认证。公司产品主要销往北京、天津、山西、河南、广东、内蒙古等20多个省份，并远销日本、韩国、东南亚、澳大利亚及欧美等国家和地区。公司是中国最大的辣椒食材供应商，是香港李锦记、湖南辣妹子、上海太太乐、香港淘大、日本味之素等知名企业（盐渍辣椒）原料的最大食材供应商。

（供稿人：河北省鸡泽县农业农村局；陈世雷、孙立娟、宋聪光、田平增）

（六）鸡泽县湘君府味业有限责任公司

湘君府公司始于1995年，公司现有员工400余人，具有国内先进工艺的生产流水线20条，年生产能力4.5万吨。公司专业研发辣椒酱、豆瓣酱及泡菜等30多种调味品，集农作物种植、生产加工、销售、农技科研培训为一体，并为国内双汇集团、真功夫集团、东道联盟集团、周君记公司、望湘园公司等著名食品品牌设计、开发、加工产品。产品主要销往北京、天津、河北、河南、吉林、辽宁、黑龙江、上海、山西、陕西、江苏、安徽、甘肃、湖南、湖北、宁夏、新疆等30多个省份，全国大中城市代理经销商480家。

公司自成立以来本着顾客需求为目标，诚信经营为理念的经营方针，自2007年以来公司连续3年荣获“省消费者信得过单位”“无假冒商品单位”及“守合同重信用先进单位”等荣誉称号；2010年“湘君府”商标被河北省工商行政管理局认定为河北省著名商标，2011年“湘君府”牌调味品被中国副食流通协会授予“2010年度中国糖酒食品业畅销品牌”称号。湘君府成为辣椒制品行业中的佼佼者，源于公司每年不断在研发方面大量的投入，在生产过程中的连续控制以及与客户紧密联系的服务，2011年“湘君府”牌辣椒酱又被河北省中小企业名牌审定委员会认定为河北省中小企业名牌产品；2012年被河北省政府认定为“省级农业产业化重点龙头企业”，同年公司“湘辣王”牌产品荣获优秀包装设计奖；2013年荣获消费维权中心和省产品质量保证中心认定的“河北省重质量讲诚信双优单位”，同年“湘君府”牌辣椒制品被河北省质量技术监督局和河北省质量奖评审委员会认定为“河北省名牌产品”；因公司长期以来对顾客利益与需求的关注，追求让消费者买的物有所值甚至是超值，2015年荣获“全国重点推荐诚信品牌单位”称号，同年公司旗下的“湘辣王牌辣椒制品”荣获河北省名牌产品；2016年“湘君府”商标被认定为邯郸市知名商标和邯郸市“文明诚信企业”称号；2017年“湘辣王”牌辣椒制品又获“美丽河北优秀名牌产品”、邯郸老字号企业和邯郸市企业研发机构；2018年公司被认定为国家级高新技术企业，并与中国工程院院士邹学校团队共建了鸡泽县湘君府味业有限责任公司院士工作站；2019年公司荣获国家级农业产业化重点龙头企业；2020年公司荣获中国驰名商标企业称号，助推我国辣椒产业的蓬勃发展。

长期以来，湘君府公司以“锐意革新　进取不息”的精神、“海纳百川　有容乃大”的胸襟、“博采众长　广取精要”的魄力，坚持用企业文化提升企业的核心竞争力，使企业在发展中树立起了良好的社会形象。“行远必自迩、追求无止境”湘君府公司将一如既往的奋进不息，为建树美丽的事业奉献光热，为锻造百年品牌的辣椒产业丰碑而永远向前。

（供稿人：河北省鸡泽县农业农村局；陈世雷、孙立娟、宋聪光、田平增）

（七）河北省定州市丁绿农产品销售专业合作社

河北省定州市丁绿农产品销售专业合作社位于定州市砖路镇张家庄村，现有丁村、张家庄、北宋村3个基地，总占地面积1200亩。有温室大棚29个，冷棚韭菜18个，高标准集约化育苗温室2个，主要种植韭菜和韭黄等特色蔬菜。基地种植韭菜始于1998年，后随着发展壮大，于2002年9月注册“丁绿”牌商标，产品连续6年在中国（廊坊）农产品交易会上被评为河北省名优农产品，连续9年被河北省质量技术监督局认定为河北省名牌产品。

事业的发展依靠科技的力量，河北省农林科学院经济作物研究所、国家特色蔬菜产业体系石家庄站团队专家连续20多年指导合作社发展韭菜绿色高效栽培生产，先后示范了16个韭菜优良品种及水培韭菜、黄韭的特色种植技术，推广韭菜周年绿色生产技术模式、机械化轻简栽培模式，通过实施品种配套、智能水肥一体化技术和病虫害绿色综合防治技术的集成与优化，形成了韭菜安全、高效的生产技术体系。

近年来，合作社本着品牌创建、可持续发展的思路，建设质量追溯服务平台，通过引入绿谷追溯管理平台，实现从种植到采收的全过程数字化管理，全面记录农产品生长过程中的各个环节，包括种植、施肥灌溉、病虫草害绿色防控、采收等过程，为每一份农产品制作独一无二的溯源档案。做到来源可溯、去向可追，过程可控，让消费者吃到看得见的放心菜，增加消费者对产品的信任度。今后合作社根据自身发展，适度扩大规模，继续带动周边农民依托韭菜这一特色蔬菜种植，实现美丽新农村建设。

（供稿人：河北省农林科学院经济作物研究所，河北省定州市农业农村局；孙英焘、任云祥）

（八）河北省康乐美辣椒制品有限公司

河北康乐美辣椒制品有限公司成立于2016年，注册资金500万元，生产用地2000多平方米，是一家集辣椒收购、储存、加工、销售为一体的辣椒加工企业。公司前身是成立于2009年的定州市海鸿源辣椒农民专业合作社，前期凭借生产基地农民20多年的丰富的辣椒种植经验，主要从事干制辣椒“定州新一代”的种植，后随时代发展，成立了以生产辣椒调味料产品为主的河北康乐美辣椒制品有限公司。现在主营注册商标“中式辣味”的辣椒酱、辣椒油、辣椒面、辣椒干、辣椒段、辣椒圈、辣椒丝、麻辣蘸料、香辣酥等产品。公司通过“龙头企业＋农户”的组织形式，把大市场与小农户紧密联系起来，以“服务顾客、让顾客吃着放心”为宗旨，专人指导签约的种植户按规范生产，保证提供绿色、优质的加工辣椒货源。

公司与海底捞火锅、呷哺呷哺餐饮等多家北京、河北、河南、四川的餐饮公司合作，为广大消费者提供绿色、健康美味的放心食品，产品质量一直获得广大消费者的信赖与好评。其中，超细干椒丝以其独特的加工工艺，显著增加农产品附加值，凭借产品稀缺性和独特口感，远销日本、韩国等国家和地区。公司也成为定州市辛辣味蔬菜加工业最具市场影响力的企业之一。

（供稿人：河北省农林科学院经济作物研究所，河北省定州市农业农村局；孙英焘、赵立宾）

（九）河北省定州市鲜洁农业科技有限公司

定州市鲜洁农业科技有限公司，是一家集蔬菜种植、收购、储存、加工、销售为一体的大型净菜鲜加工企业。公司总占地33300平方米，其中建设占地12000平方米，建筑面积8000平方米，购置设备40余类。主要为3个功能区，分别有加工生产区，包括净菜和沙拉菜加工车间及设备；仓储库房区，原材料仓库和成品仓库；辅助用房区，包括办公生活区、质量检测和研发中心、尾菜处理、水处理等设施。厂区总投资1.35亿元，现有1700亩蔬菜基地，实行“公司+基地+农户”生产经营模式，吸引和带动周边乡镇农户进行蔬菜订单种植。自有基地主要种植韭菜、香葱、洋葱、芥菜、生菜等蔬菜，年出货鲜切蔬菜9000吨、沙拉菜3000吨，合计年产12000吨鲜食蔬菜，实现销售收入1.35亿元。通过与北京农业投资有限公司合作，向北京西贝、海底捞、绿茶餐厅、梅州东坡、京东等全国大型连锁餐饮行业、大学机关餐厅、各大电商平台提供配菜服务。

公司积极与河北省农林科学院经济作物研究所合作，试验示范国家特色蔬菜产业体系石家庄站提供的特色蔬菜新品种52个，并在2020年国家特色蔬菜产业技术体系特色蔬菜“一县一业”工作成果现场观摩暨产业发展交流研讨会上进行展示，对周边地区的先进成果展示、科技服务的示范带动效应明显。

公司安排农村剩余劳动力280人就业，带动周边乡镇5000多农户发展订单蔬菜种植，稳定增加农民收入。同时，每年安排贫困劳动力就业20人，助力脱贫攻坚，踏实践行新时代乡村振兴之路。

（供稿人：河北省农林科学院经济作物研究所，河北省定州市农业农村局；孙英焘、刘淑芹）

（十）河北省定州市鑫久农业机械服务有限公司

定州市鑫久农业机械服务有限公司成立于2014年，注册资金500万元，流转土地1200亩，拥有冷库300平方米，是一家从事现代化农机具耕、种、收、无人植保、绿色防控、健康绿色农产品生产推广与服务的现代农业科技公司。生产基地位于定州市传统蒜黄种植区杨家庄乡，该乡种植半地下式暖窖蒜黄历史悠久，据县志记载自清朝顺治年间已有之。本地区常年种植大蒜2000多亩，配套生产蒜黄用暖窖600多个，遮光式蒜黄大棚300多个。

公司依靠定州市传统的大蒜种植优势区，充分发掘自身的产业优势，全程提供大蒜种植机械化服务，依托河北省农林科学院经济作物研究所、国家特色蔬菜产业体系石家庄站专家团队的技术指导，带动周边地区种植无公害大蒜，发展蒜黄生产，公司的蒜黄、蒜薹、大蒜等产品被河北省农业农村厅认定为无公害农产品，并在国家工商总局商标局注册了“司禾鑫久”商标。

公司目前主要采用半周年生产模式，充分利用环境低温、控制能耗，遮光软化生产蒜黄，利用蒜母自身营养，适时补水，不施用化肥、农药和激素类物质，保证原生态生长，所产蒜黄具有独特的自然风味，客户认可度高，在每年10月至次年4月的收获期，在北京、天津、湖南、湖北、广东、福建等地实现销售，创造了较好的经济效益同时树立定州蒜黄的市场影响力。

（供稿人：河北省农林科学院经济作物研究所，河北省定州市农业农村局；孙英焘、刘淑芹）

（十一）河北省邯郸市太极圆葱种植专业合作社

邯郸市肥乡区太极圆葱种植专业合作社位于肥乡区肥乡镇后翟固村，2011年12月13日在肥乡县工商局注册登记。由于2016年9月30日国务院批准肥乡县撤县设区，肥乡县太极圆葱种植专业合作社2019年1月3日更名为邯郸市肥乡区太极圆葱种植专业合作社。法定代表人孙海波，入社社员51人，邯郸市肥乡区太极圆葱种植专业合作社，由5人发起，出资50万元，该项目共分五个板块：第一，圆葱种植区共计200亩；第二，圆葱深加工区；第三，圆葱交易区；第四，冷藏区；第五，科研及新技能应用推广区。该合作社旗下有邯郸市肥乡区太极圆葱加工有限公司、中国太极圆葱国际交易信息有限公司。

该社采取“市场＋基地＋农户＋加工＋科研＋仓储＋网购”模式，用土地流转的方法，在肥乡镇后翟固、北西落堡两个村，与农民签订种植协议，种植200亩精品圆葱。种植品种：“精品航天紫星”“紫娇2号”“精品早红9号”“超级巨星10号”；技术依托：聘请中国农大、河北农大、邯郸市蔬菜研究所为技术指导；种植模式：统一耕地，统一供种，统一育苗，统一施肥，统一浇水，统一技术指导，统一销售。打造有机、无公害、绿色食材。效益：年产量800吨，纯利润30万元。

该合作社正在筹备建设一个占地50亩以上的圆葱销售集散中心，集批发交易、订单种植、冷链物流、生鲜量贩、会展服务、电子商务为一体。利用互联网进行网上销售、结算，把圆葱产业做大做强。目前该合作社已经具备贮藏600吨圆葱的能力，为圆葱深加工打下了良好的基础。该合作社准备再上一条新的生产线，开发航空、高铁、旅游专用圆葱酱，开发生产圆葱油、圆葱饮料、圆葱粉、圆葱调料、圆葱干、精品圆葱果以及圆葱种植新技术的引进、推广，开展技术交流等。创品牌拓市场，提质量增效益，扩规模上设施，壮龙头活机制，推进规模化种植。2019年通过圆葱种植完成200户农民脱贫。

（供稿人：河北省邯郸市农业农村局蔬菜研究所，河北省邯郸市肥乡区农业农村局；梁国增、韩志莹、李贵菊、杜光旭、牛学）

（十二）河北华源辣业有限公司

河北华源辣业有限公司成立于1991年，是一家专门从事辣椒及相关调味的研发、生产、销售和贸易的企业。公司坐落于有“辣都”之称的河北望都县，毗邻107国道和京广铁路，交通比较便利。公司占地35000平方米，建筑面积20000平方米。公司是保定市农业生产化经营重点龙头企业，具有自主出口经营权。经过20多年的发展，公司有1500吨级冷库、辣椒风洗机、多功能去杂质机、静电异物去除机、金属探测机、蒸汽杀菌机以及农药检测液相色谱仪等。公司主要产品有工业配料产品和民用快消品两大系列。工业配料主要包括辣椒干、辣椒粉、辣椒碎、辣椒片、辣椒圈、辣椒丝、辣椒碱等产品。民用品主要是“贺老汉牌”辣椒酱、香辣酥、麻辣花生、辣椒籽油等。公司目前与国内的多家大型食品企业、连锁超市和多家知名网站建立合作，如天猫商城、淘宝网、微商城、今合网等，强强联手打造“贺老汉品牌”，获得全国各地消费者认可，形成良好的口碑及品牌美度。同时产品成功出口到日本、欧洲及中南美等国家和地区。质量是公司的生命线，从原料收购到跟踪产品出厂，公司对农药残留、辣度、微生物指标、色价等每一个环节都建立了一套独有的质量检测体系，让客户感到100%的安全和安心。

华源辣业的销售范围遍及全球26个国家，其中内销份额大概40%左右，出口业务60%左右。外贸业务中，主要以中高端市场为主，其中日本市场为主要优势市场，占据出口份额50%左右，欧洲市场中以德国市场为主，占据25%左右，俄罗斯等中低端市场占据15%左右，其他比如土耳其、迪拜、新加坡、美国、加拿大等国家，份额较小，大概10%左右。

经过多年的努力，公司和国内的大型食品企业、连锁超市等保持常年合作，在业界建立了良好的信誉。

（供稿人：河北望都县农业农村局；刘胜海、安志猛、刘萌松、许会芹）

（十三）晨光生物科技集团股份有限公司

晨光生物科技集团股份有限公司（简称晨光生物，证券代码：300138），是一家专注于植物有效成分提取的高科技型上市企业，在中国、印度、赞比亚等建有30多家子（分）公司。产品涵盖天然色素、天然香辛料提取物和精油、天然营养及药用提取物、油脂和蛋白、天然甜味剂、保健食品六大系列上百个品种，其中辣椒红色素、辣椒油树脂、叶黄素产销量世界领先。

公司首创辣椒红色素连续提取分离技术，使中国一跃成为世界辣椒红色素生产强国。如今晨光生物已成为中国植物提取行业领军企业、全球重要的天然提取物生产供应商。

公司始终秉承“人与企业共发展”的核心价值观，勇担“取自然精化，为人类健康”的崇高使命，坚持科技创新、诚实守信、艰苦奋斗、敬业奉献，持续实施技术改造升级，推进植物资源综合利用，发展生态循环经济，努力引领行业健康发展。同时公司主动承担社会责任，助力脱贫攻坚，为提升“中国制造”水平贡献力量。

公司先后荣获农业产业化国家重点龙头企业、国家高新技术企业、国家技术创新示范企业、制造业单项冠军示范企业、国家“守合同重信用”企业，2012年荣获国家级企业管理现代化创新成果一等奖，2013年荣获河北省政府质量奖。公司建有国家认定企业技术中心、博士后科研工作站、国家地方联合工程实验室、院士工作站等科研平台，拥有230项国家专利技术、3项国家重点新产品、38项省部级科技成果；荣获46项省部级以上科技奖励，其中“辣椒天然产物高值化提取分离关键技术与产业化”2014年荣获国家科技进步二等奖，“番茄加工产业化关键技术创新与应用”2017年荣获国家科技进步二等奖。

公司先后通过了 BRC 体系认证、cGMP 体系认证、国家实验室（CNAS）认可、ISO 9001 认证、ISO 22000 认证、ISO 14001 认证、OHSAS18001 认证、KOSHER 认证、HALAL 认证、FAMI－QS 认证、CMS 认证、SEDEX 认证、美国 FDA 产品注册以及知识产权管理体系认证。公司产品符合联合国粮农组织、世界卫生组织及国家标准要求，产品远销欧洲、美洲、澳洲及日本、韩国、南亚、东南亚、非洲部分国家和地区。

公司瞄准“建设世界天然提取物产业基地，为人类健康做贡献”的愿景目标，坚持开放合作、平台共享，创建国际领先的研发中心、检测中心、中试中心，占领行业科技制高点，做 10 个世界领先的植物提取产品，努力为中国增加 1 个世界领先的产业。在做天然产物提取物优质原料的基础上，延伸升级产业水平，结合植物提取物的功效，开发保健品；将植物提取技术和中医药理论有效融合，实现中药提取现代化，构建国内有影响的保健品、药品的大健康产业基地，晨光生物要做老百姓吃得起的、真正有功效的保健品、药品，为人类健康贡献力量。

（供稿人：河北望都县农业农村局；刘胜海、安志猛、刘萌松、许会芹）

（十四）河北御香坊食品有限公司

河北御香坊食品有限公司成立于 1999 年，坐落在望都县朝阳路北，企业法人蒋舟，是一家从事调味料开发、加工的专业化食品生产企业。公司注册资本 1072.6 万元，占地 22 亩，建筑面积 10000 平方米。

河北御香坊食品有限公司一直秉承“品质源于专业，品质成就品牌”的专业理念和“诚信为本，合作共赢”的商业理念，坚持以消费者健康满意为己任，充分发挥本地的资源优势，不断落实完善产品质量管理体系，建立健全产品生产链条，建立了完整的质量可追溯体系，保证公司的原料及产品质量安全，并通过了 ISO 22000 食品安全认证、HACCP 认证。公司现拥有半固态调味料生产线 6 条，年生产能力 3 万吨左右；液态调味料生产线 2 条，年生产能力 3600 吨左右。2019 年销售收入 6544 万元。

河北御香坊食品有限公司是河北省农业产业化重点龙头企业，河北省诚信企业，河北省扶贫龙头企业，河北省调味品协会理事长单位，保定市青年科技示范基地，保定非物质文化遗产单位，望都县优化环境重点企业，望都县遵规守信先进单位，“悦客”系列产品为河北省名牌产品、河北省消费者信得过产品，“悦客”商标荣获河北省著名商标。

公司产品主要有三大类：

第一，“悦客”系列辣椒制品。采用优质辣椒为主要原料，配以多种调味料精心加工而成。“悦客”系列辣椒制品有：蒜蓉辣酱、牛肉辣酱、风味豆豉、牛肉豆豉、牛肉辣三丁、油炸辣子、芝麻调味酱、辣椒油、香辣拌饭酱、麻辣小面拌面酱等 20 多种产品。

第二，“小羊倌”系列调味料产品。火锅调味料产品：香辣火锅汤料、麻辣火锅汤料、鲜香火锅汤料、麻辣味清油火锅底料、鲜香味清油火锅底料、菌香味清油火锅底料、鲜香味火锅蘸料、香辣味火锅蘸料、清油麻辣底料、酸爽番茄底料、骨汤鲜香底料、山珍菌汤底料、印式咖喱底料等 20 多个品种。

烧烤酱产品：香辣烧烤酱、奥尔良烧烤酱、原味烧烤酱、黑椒烧烤酱。

复合调味料产品：香水鱼调料、麻辣鱼调料、水煮鱼调料、酸菜鱼调料、麻婆豆腐调料、宫保鸡丁调料、鱼香肉丝调料、水煮肉片调料、京酱肉丝调料等。

第三，与全国火锅名企战略合作，生产餐厅及渠道产品。2014 年公司与海底捞合作，为其生产火锅蘸料、麻辣香锅、川菜、1 人份底料等产品。其中火锅蘸料年产量 100 万箱左右，连续 5 年被海底捞授予“年度最佳产品供应商”称号。公司为海底捞生产的火锅蘸料从 2019 年开始陆续出口到西班牙、荷兰、韩国等国家，也是海底捞在河北省的第一家出口工厂。

2017 年公司与呷哺呷哺餐饮管理有限公司达成合作协议，为其生产呷哺菌菇酱、麻辣拌饭酱、烧烤酱等产品。

2018 年 9 月，随着业务的增加，公司为扩大自有品牌“小羊倌”系列调味品的生产，与台企保定市莲众食品有限公司开展合作，达成协议，共同出资成立河北悦客食品有限公司，生产“小羊倌”系列调味品。

2017 年 8 月，河北御香坊食品有限公司、河北农业大学科教兴农中心、望都县人民政府达成协议，创建保定市太行山农业创新驿站。2019 年被认定为河北省农业创新驿站。同时作为市县双创双扶示范企业，计划利用 3 年时间，辐射带动全县域辣椒产业基地 10000 亩，基地新品种覆盖率达到 30% 左右，创新工艺深加工，开发辣椒精新产品，提高产品附加值 30% 以上。

为充分挖掘望都县辣椒产业资源优势，促进望都县辣椒产业发展，公司采取“公司 + 基地 + 农户”经营模式，实施产业化经营，充分发挥各种资源优势，建立健全产品生产链条，保证公司原料、产品质量安全，建立公司完整的质量可追溯体系。公司始终把产品质量放在第一位，以质量求生存，以信誉求发展，不断发展壮大。

（供稿人：河北望都县农业农村局；刘胜海、安志猛、刘萌松、许会芹）

（十五）河北省唐山市乐亭县冀东国际农产品物流中心

冀东国际农产品物流中心是原农业产业化国家重点龙头企业——冀东果菜批发市场异地升级、增能扩容项目。主要建设果菜交易区、电子商务区、珍稀皮毛交易区、农资农机交易区、农产品加工区、物流区和商贸区。项目占地 1000 亩，建筑面积 52.4 万平方米，分 2 期建设。

1. 冀东国际农产品物流中心规模

该项目占地 362 亩，投资 5 亿元，建筑面积 11.51 万平方米。建设有 24000 平方米交易大棚、6000 平方米封闭大厅、20000 平方米理货区、5000 平方米精品果菜区及电子商务中心、电子结算中心、品质检测中心、综合服务中心、农业科技推广中心等配套服务功能区。于 2014 年 4 月 6 日建成并投入使用，年交易量达 150 多万吨，交易额近 20 亿元。2015 年，冀东国际农产品物流中心交易市场设立了韭菜交易市场，冀东国际农产品物流中心交易市场2018年被命名为“中华人民共和国农业部定点市场”。

2. 运营模式与交易主体

电子商务贸易区：总投资2亿元，占地面积105亩，依托电子商务平台和京唐港的物流集散功能，多渠道开展农产品的大购大销、外购外销业务。将建成集电商商品展示交易、电子信息、仓储运输、采购批发零售、物流配送、第三方物流于一体的大型电子商务园。

北京二商合作基地：总投资5.7亿元，占地面积252亩，与北京二商集团密切合作，打造供应北京市场的农副产品精深加工、贮藏、配送基地。目前已有北京二商集团圣大有机食品加工、六必居系列食品深加工等项目入驻，辐射带动精品果菜生产基地5000亩。

乐亭县韭菜品种以嘉兴白根、杭州柏根为主。2020年，头刀韭菜平均批发价格2.6元/斤，到冀东国际农产品物流中心进行韭菜交易多为毗邻大市场的农户，因此韭菜在冀东国际物流中心较其他蔬菜品种销售量小得多，有600人从事韭菜交易、仓储和运输工作。经纪人有1000多名，交易范围遍布全国，大户交易区的专营韭菜商户有200多家，其中80多家是经销大户每年11月到翌年3月韭菜日交易量10吨左右，整个生产期外销总量稳定在1200吨左右。

围绕冀东国际农产品物流中心交易市场，乐亭县还形成了4个产地市场，由40位经纪人进行产地收购，收购商主要为外销其他品种蔬菜配货，多销往天津、北京、广东、东北等省份。地头收购多为单一收购韭菜再贩往外地，收购的数量大，而价格也同样随市场行情波动，不存在故意压价的问题。市场韭菜交易价格2.2~2.6元/斤，交易价格与县内各产区地头交易价格持平，因此菜农多选择在产地地头交易，既方便又降低成本。

3. 韭菜品种和市场前景

整体项目建成后，年可实现果菜交易量200万吨、珍稀皮毛交易1600万张、加工配送农产品400万吨、农机具交易5000台（套）、农资交易80万吨。届时以物流中心为平台，充分发挥临京津、环渤海区位优势，积极推进与全国各大城市的对接，设立直销网点，形成对外销售网络，拓展市场空间，形成“买全国、卖全国”的农产品大流通格局。年可实现销售收入50亿元，利税5.8亿元，可提供各类就业岗位3000余个。

（供稿人：河北省唐山市农业科学院；孙逊）

（十六）河北省唐山市玉田县唐山金路通商贸有限公司

唐山金路通商贸有限公司坐落于河北省唐山市玉田县城南环路，创建于2004年，注册资金1亿元。主营农副产品批发零售、大宗商品贸易、软件研发、网络技术咨询服务、经济信息服务、道路普通货物运输、货物或技术进出口等业务。公司是唐山市农业产业化龙头企业协会会长单位、河北省农业产业化龙头企业协会副会长单位、河北省信息化与工业化融合重点企业、河北省科技型中小企业、河北省电子商务试点企业、河北省工业企业研发机构、农业产业化国家重点龙头企业。公司通过了ISO 9001质量管理体系和ISO 45001职业健康管理体系认证、诚信示范经营认证。

1. 市场规模

公司建设经营的唐山金玉农产品综合批发市场，冷库4000平方米，果蔬冷藏保鲜库1500平方米，占地面积341亩，总建筑面积11万余平方米，建有各类交易、仓储、冷藏、加工、配送等基础设施，具备信息交流、价格形成、科技示范、品牌营销、检验检测、产品加工、创业发展等功能，是河北省AAA级标准化农产品批发市场、河北省公平守信市场、河北省商品交易市场转型升级重点联系市场、中国蔬菜流通协会定点市场、农业部定点市场、中国农产品绿色市场。

公司在服务中谋发展，以发展促繁荣，努力实现企业效益和社会效益双赢。2018年农产品交易额221449.91万元，2019年农产品交易额224560.46万元。企业产权清晰，资产结构合理；企业守法经营，无涉税违法问题，不拖欠工人工资，工商、税务、财政、金融、司法、环保等部门征信及管理系统记录良好。

2. 特菜营销情况

大葱每日交易量稳定在30万斤，单价稳定在2元/斤，辣椒每日交易量稳定在15万斤左右，单价稳定在8元/斤，合作基地分布于玉田县大安镇、玉田镇、虹桥镇、亮甲店镇等。主要销往河北、广东、北京、天津、东北部分地区。

3. 运营机制

为适应市场需求，公司形成了“市场+基地+农户”“农户+合作社+经纪人”“基地+市场+加工企业”等多种的农业产业化利益联结机制，建立了长效订单合同关系。2019年，订单基地种植面积达到51500亩；加工企业8家；43个合作社；30位经纪人，直接带动农民6650户、间接带动6万多农户从事蔬菜、水果等农产品标准化生产经营，农民年增加收入3000万元，充分发挥了农业产业化龙头作用。

（供稿人：河北省唐山市农业科学院；孙逊）

四、辽宁省特色蔬菜龙头企业

（一）锦州百通集团百合食品有限公司

锦州百通集团百合食品有限公司是生产中华著名传统美食——“锦州小菜”的大型食品企业集团。“锦州小菜”始创于清康熙年间，品类众多，色鲜味美。创立于1993年的百通集团，位于“辽西走廊明珠”之美誉的凌海市，北依医巫闾山余脉，南临渤海辽东湾。企业先后研制出酱油香渍、盐水香渍、糖醋香渍、虾油经典、香瓶鲜品、原汁香篓六大系列、百余品种的锦州百合小菜产品。

锦州百通集团占地20万平方米，建筑面积5万平方米，注册资本2216万元，总资产近2亿元，是目前东北地区最大的腌制菜生产加工基地。公司全面通过了ISO 9001质量管理体系认证，HACCP质量管理体系认证，GAS日本国腌制行业认证及绿色食品、无公害食品认证。2005年公司被国家农业部评为全国农产品加工示范企业，2008年被国务院扶贫开发领导小组评为国家级扶贫龙头企业，2010 年公司使用的百合牌商标被国家工商总局评为中国驰名商标，2012 年公司被评为国家级农业产业化重点龙头企业。2015 年开始实施全面的厂房设备升级，向世界领先的自动化标准化食品加工企业迈进。锦州百合食品有限公司先后被评为“国家级农业产业化龙头企业”“全国农业产品加工示范企业”“国家级扶贫龙头企业”“中国驰名商标”“辽宁名牌产品”“辽宁省著名商标”“辽宁省杰出民营企业”“辽宁省重合同守信誉企业”“全国乡镇企业创名牌重点企业”等荣誉称号。

锦州百合食品有限公司是与日本亚细亚通商株式会社合资兴办的盐渍出口企业，成立于 1997 年。锦州百通集团以子公司锦州百合食品有限公司为主体，各分公司共同依托发展，通过以“公司+农户+基地”为特色的农业产业化发展模式，创建了专属的绿色蔬菜种植基地和制盐场，引进日本先进的生产设备，打造绿色健康产业链条，以国际级质量认证体系为严格执行标准进行加工制作，确保锦州百合小菜的优异品质，坚持做中国乃至国际一流的高品质佐餐小菜供应商，建立遍布中国、美国、日本、欧洲等国家和地区的全球化营销网络，为全球的消费群体提供全面放心的佐餐美食服务。公司地处辽宁省西南部的凌海市，公司占地面积 120 亩，建筑面积 13000 平方米，年出口量 8000 吨，年实现出口商品供货额 3500 万元，年实现利税 300 万元。公司 90% 的产品出口，10% 的产品内销，出口产品的品种有：酱油渍大根、盐渍竹笋、青瓜红瓜、盐渍大根等几十个品种。产品销往日本、韩国、美国、中国香港等几十个国家和地区；内销“百合”牌塑料包装袋的成品小菜共有五大系列 60 个品种，销往黑龙江、吉林、辽宁、山东、湖北等 10 多个省的 40 多个城市。1996 年在辽宁省一万多家“三资企业”评选中名列前茅，1997 年被锦州市政府授予出口创汇十佳外商投资企业荣誉称号，1999 年被辽宁省评为 AAA 级企业。

（供稿人：河北农业大学；赵帮宏、宗义湘、乔立娟、王妍）

（二）阜新泰隆牧业有限公司

阜新泰隆牧业有限公司位于辽宁省阜新市阜蒙县八家子镇本街，于 2015 年 11 月 25 日在阜新蒙古族自治县市场监督管理局注册成立，注册资本为 500 万元。经过 5 年的发展壮大，阜新泰隆牧业有限公司有效地促进了当地的农村脱贫，助力乡村振兴。

阜新泰隆牧业有限公司经营范围包括肉羊养殖、饲料加工、销售；谷物、蔬菜种植、加工（干辣椒加工）。2018 年，阜新泰隆牧业有限公司引进了越南野山椒种植项目，公司采用“订单+基地+农户”的生产模式，发展订单农业，并为农户提供种植技术、农资供应和产品销售保障，公司通过集约化育苗，并负责技术指导，产品回收等一条龙服务，以每斤 6 元的价格回收，农户每亩收入可达 2000~2600 元，是种植玉米收入的 3 倍。

阜新市太平镇种植的辣椒第一时间运往辽宁省阜新泰隆牧业有限公司，该公司全部保底收购，提高了阜新市辣椒生产的积极性。除此之外，为确保辣椒产业产销两旺，新邱村政府与泰隆牧业公司签订产销协议，以“订单式”销售模式推动产业发展。目前泰隆牧业建成投产烘干设备、色选设备各 2 套，2 条辣椒加工生产线，每天可烘干辣椒 15 吨，每年 10 月是车间加工辣椒的高峰期。

越南野山椒种植基地涵盖了于寺、太平、化石戈等十余个乡镇，种植总面积 1.6 万亩，公司在采收烘干野山椒之后，销往重庆、贵州、四川、河南等省份，同时也带动了北镇、葫芦岛等周边地区发展越南野山椒种植项目，有效促进农民增收致富，助力乡村振兴。

（供稿人：河北农业大学；赵帮宏、宗义湘、乔立娟、王妍）

第二章　西北片区

一、内蒙古自治区特色蔬菜龙头企业

（一）临河区巴彦淖尔市河套果蔬协会

巴彦淖尔市河套果蔬协会成立于2018年，致力于推动以绿色果蔬为主的“天赋河套”品牌建设。协会秉承服务全市广大农业经营主体的发展理念，强化对外招商合作，联手新型农业种植大户，联合发展现代农业，实现资源共享，加快推动果蔬产业向绿色高质量发展，推动实现产业兴旺。

协会主要成员有会长、副会长、理事成员100人，会员达600余人。在巴彦淖尔市7个旗县（区）均组建了果蔬分会，主要由农业管理经验足、服务意识好、示范带动作用强的新型经营主体和农业专业合作社等人员组成。协会充分发挥桥梁纽带和行业引领作用，上联生产下联销售，促进政、农联合，不断提升全市果蔬生产的科技水平和产业化水平。

2020年，协会引进四川成都市旺丰食品有限公司，通过会员企业内蒙古巴美优鲜蔬果有限公司与其签订辣椒生产回收加工订单合同，提供政策性农保和价格指数保险，在巴市联合打造绿色辣椒种植生产加工基地。按照协议，合同回收保护价2000元/吨。协会统一流转土地集中打造辣椒种植基地18000亩，其中：临河3000亩，乌中旗7000亩，乌前旗5000亩，磴口3000亩，全部由果蔬协会120个会员种植大户集中进行规模化种植。协会通过协调会员、企业与种植大户实行统一管理、统一育苗、统一机栽、统一施肥、统一飞防、统一订单、统一品牌、统一销售的“八统一”管理模式，推动实现规模化生产、标准化管理、机械化作业、品牌化销售的全程生产托管社会化服务新亮点。同时，协会计划投资1亿元，建设占地300亩的辣椒精深加工现代化工厂，3年内在全市发展辣椒种植10万亩，推动果蔬产业做大做强，实现“塞上江南、绿色崛起”。

（供稿人：临河区巴彦淖尔市河套果蔬协会）

（二）临河区内蒙古巴美优鲜蔬果有限公司

内蒙古巴美优鲜蔬果有限公司成立于2018年9月，是一家集农资批发零售、种苗繁育、蔬菜种植、社会化服务、仓储配送于一体的大型涉农企业。

公司以合作经营为载体，积极提供产前、产中、产后农业社会化服务。产前，积极引进适宜当地种植的优质蔬菜品种，积极组织农机企业集中开展规模化耕作，降低种植成本，提高农户效益。产中，聘请科技人员、专家教授为农户提供技术指导服务，不断提高农民科技素质。产后，发展订单种植、产地直供，订单种植实行统一收购，统一销售；产地直供按照“基地→配送→客户→基础消费者”一体化流通模式，不断完善新型社会化服务体系。

公司建有现代化配送中心，通过巴美优鲜电商平台及临河区400余家社区店、中小型超市、便利店、学校单位食堂，实现线上下单线下配送，保证客户及时保质保优享受生鲜配送服务，计划年内蔬菜配送车达到30辆，配送客户新增1000家，力争日销售各类蔬菜100吨。2020年高标准打造1600亩订单种植基地和育苗工厂，新建育苗智能温室300余栋，发展订单种植1万亩，预计2023年订单面积突破20万亩。同时，公司积极与国内知名农产品收购企业合作，畅通蔬菜销售渠道，实现农户收益最大化，努力打造全市最大的绿色蔬菜输出基地。

（供稿人：临河区内蒙古巴美优鲜蔬果有限公司）

（三）内蒙古晶山食品有限责任公司

内蒙古晶山食品有限责任公司成立于2008年，位于开鲁县工业园区葛洲坝大街1号，国道303线西侧，是一家集辣椒精深加工、销售、出口、储存、保鲜于一体的创新型企业。2013年被通辽市评定为“通辽市农牧业产业化重点龙头企业”；2016年被自治区评定为“内蒙古自治区农牧业产业化重点龙头企业”；2017年成为“中国商品条码系统成员”“中国农产品行业AAA信用企业”；2017年红干椒、辣椒丝、辣椒粉、辣椒圈、辣椒碎通过绿色食品认证。

公司主要经营范围是辣椒粉、辣椒酱等调味品的加工、销售；鲜椒冷冻加工、储存及销售，年加工辣椒3万吨，带动农户15000户，公司在岗人数有120人，季节性人工为70人。公司拥有6000平方米低温储存库、1400平方米速冻车间、精深加工车间4100平方米、生产车间5000平方米。

公司一直以“诚信、敬业、拼搏、创新”为企业精神，以“消灭化肥为使命，打造一流国际辣椒产业品牌”为企业愿景。公司年加工5000吨红干椒生产线项目于2015年正式建设完工并投产，公司采用目前国内最先进的辣酱生产设备，建立健全各项管理制度，保证产品质量达到国家规定标准。实现了红干椒从种植、培育、采收、加工、贮存、销售全程可追溯，真正做到了让百姓、让社会放心。公司生产的“媛晶”牌蒜蓉辣椒酱品质好、色香味俱佳，远销辽宁、吉林、黑龙江、山东等省份。冷冻辣椒销往山东、重庆等全国各地，并主要出口韩国、日本、泰国等国家。公司主产品是食品工业的原料，独特的营养成分、较低的产品价格，为当地发展食品工业提供了有利的条件；同时带动了当地运输行业的快速发展和进步，可以说是辐射面广、影响力大，促进了整个县城的快速发展。

公司以市场为导向，以合作社为依托，恪守“以农为本、为农服务”的经营宗旨，建立“公司+基地+农户”的经营模式，风险共担，利益共同获得，并建立公平、合理的利益联结机制，企业与农户在自愿平等互利的前提下，构成稳定的产品购销关系。保证从收购、加工、流通各环节切实保护农民的利益，最大限度地减少农民的经营风险，牢固树立“我与农民共兴衰”的经营思想，还利于农、服务于农，带动周边农户提高种植效益，形成集种植、加工、销售为一体的红干椒产业链，建设红干椒科技推广示范基地，每年与农户签订单种植面积25000亩以上，可带动2000多农户从事红干椒种植生产，年加工5000吨红干椒生产线2015年建设完工并投入生产，红干椒就地深加工成为可能，不仅带动周边农民就近就业增加收入，还可以每年公司多收购农民辣椒产品20000吨，大大增加了农户的年收入、提高了红干椒的年产值。

（供稿人：内蒙古晶山食品有限责任公司）

（四）内蒙古蓿亥图红葱种植专业合作社

内蒙古蓿亥图红葱种植专业合作社是在鄂尔多斯市达拉特旗现代服务业办、农牧局、恩格贝镇人民政府等部门的指导下，于2017年3月21日成立。合作社注册资金70万元，拥有社员8户16人。合作社法人吴利祥担任合作社理事长，作为全旗首批农村牧区实用人才“领头雁”培养人选。2018年内蒙古新闻再观察两次对吴利祥及其团队在红葱产业发展方面进行专题报道。2019年3月吴利祥荣获达拉特旗“优秀创业明星”。2019年9月创业团队获得首届鄂尔多斯市科技创新创业大赛一等奖和第八届中国创新创业大赛三等奖。

合作社秉承“产业扶贫、科技兴农、市场富民”理念，坚持实现“做精、做大、做强”红葱产业这一具体目标，全面推行“四个统一”（统一种苗、统一农资、统一标准、统一销售）模式，积极构建“一社、两站、三基地”的组织框架格局和一套行之有效的遴选入驻、日常管理与服务的管理制度，不断健全完善集产业孵化、技术示范、产业扶贫、公共服务、市场推广为一体的公共服务平台，着力推进蓿亥图红葱产业链建设。目前，旗下拥有“田野葱光”等3个注册商标。自有3块标准化种植基地，1个红葱种苗繁育基地，1个红葱科技服务站，种植面积300亩，合作农户种植面积达到1500余亩。开发红葱家庭包、礼盒包等产品，发起6期“众筹红葱”活动，先后销售红葱600万斤。

合作社按照“公司+合作社+农户”的经营模式，通过整合社会资源，加强多方合作的方式，推进红葱产业的发展。目前已与包头农科院、内蒙古农科院等科研机构以及鄂尔多斯市正北方农业发展有限公司就红葱病虫害防治、种苗繁育、全程机械化等内容开展战略合作；与农户合作，实现承包经营、入股经营、托管经营和技术指导；与农资供应商、农技推广人员合作，实现集中采购和技术服务；与民工联队、农机队合作，完成“一揽子”劳务服务；与呼包鄂等地区红葱经销商合作，建立起从种苗供应到保价回收的深度合作体系。

此外，合作社在致力于发展红葱产业的同时，通过“吸收贫困户入社”“帮贫困户代销”“雇用贫困户”等渠道带动贫困户增收致富；通过“技术合作”“吸收入社”“服务外包”“参股经营”等方式，大力培育新型农业经营主体；通过“众筹扶贫”“订单农业”“服务外包”等方式，积极推进一二三产业融合发展。

通过多年的探索和实践，合作社现已拥有了固定的孵化场地，具有一定数量的创业团队和创业导师队伍，具备了创新服务能力、投资服务能力以及链接创新资源能力等。辖区内的红葱产业已形成了一定的生产规模和稳定的供应量和消费市场，注册的“田野葱光”独特的营养品质商标，已获得了较高的公众认知度和美誉度。

（供稿人：内蒙古蓿亥图红葱种植专业合作社）

（五）鄂尔多斯市漠之青沙葱种植专业合作社

鄂尔多斯市漠之青沙葱种植专业合作社坐落于达拉特旗展旦召苏木王马驹五社，现有职工21人，其中技术员9名，贫困农户职工7人，是国内首家沙葱有机种植专业合作社。合作社现拥有土地882亩，建成配套加工车间1000平方米，其中加工车间400平方米，保鲜库100平方米，包装材料库200平方米，成品库100平方米，辅助车间200平方米。合作社引进水浸沙葱半自动生产线1条，包括清洗、烘干、脱水、脱盐、切段、混料、灌装、巴氏杀菌等设备，同时配有饼干生产线1条，沙葱酱生产线1条，年标准化精细深加工沙葱500吨。

合作社致力于沙漠野生蔬菜的开发利用，以农业生态化为出发点，通过“合作社+基地+农户”的模式，带动沙葱的产业化经营，在2018年与周边10公里的范围内农户签订500亩有机沙葱优良品种种植收购协议，带动周边40多户农牧民种植沙葱，使每户农牧民年增收3万元。合作社2016年被评为“鄂尔多斯市农牧业产业化重点龙头企业”，2019年被评为“内蒙古自治区农牧业产业化重点龙头企业”。合作社积极参与精准扶贫，主动担起企业的社会责任，吸纳20多户贫困户进行有机沙葱种植，对种植户实行统一供种、统一技术指导、统一管理、统一收获、统一加工销售，统一销售的“六统一”。

合作社拟在三年内筹集资金2000万元，申请国家财政扶持资金500万元，建设优质有机沙葱种植基地1万亩。据测算，每亩沙葱一个周期（6年）投入金额约为2万元（含种子、水电、收割、养护等费用，沙葱为宿根植物），按照3000千克/每年每亩产量计算，一个周期沙葱可产1.8万千克，合作社的收购保护价为6～10元/千克，一个周期内除去本金，农户一亩地6年可净赚16万元。此举6年内可有效带动达拉特旗及周边县域农业产业化发展，沙葱加工可安置农村剩余劳动力100～200人。项目实施后，不仅为合作社带来可观利润，使项目农民收入大大增加，并将大幅度提升沙葱产业影响力的竞争力，有力推动达拉特旗特色产业的发展。

（供稿人：鄂尔多斯市漠之青沙葱种植专业合作社）

二、陕西省特色蔬菜龙头企业

（一）华州区莲峰现代农业科技发展有限公司

华县莲峰现代农业科技发展有限公司地处华州区柳枝镇，核心区位于柳枝镇钟张村，总面积2450亩。带动北拾村、拾村、毕家村、丰良村等村发展2604亩。园区始建于2008年，2009年华州区莲峰现代农业科技发展有限公司接管生产、组织及管理经营，在各级领导的领导和支持下，产业规模及经营水平逐年扩大和提高，已经形成集规模生产销售、观光采摘、休闲垂钓等为一体的现代化农业综合示范产业园区，在推进小城镇化建设和带动当地经济发展，增加农民收入方面发挥了巨大作用。目前园区产业规模5054亩，设施蔬菜4989亩（其中日光温室2754亩，大拱棚2235亩），建成占地65亩工厂化育苗基地和拥有年存栏猪1万头的养殖场。总投资规模达3000万元，资产总额3312万元。公司主要种植番茄、黄瓜、豆角、茄子、香椿、辣椒、莴笋、甜瓜等，2014年生产新鲜蔬菜27621吨，实现销售收入11048.4万元，纯利润达到6629.04万元。园区村农民人均纯收入达到13058元，其中经营蔬菜产业收入10008元，占菜农经济收入的83%以上。

园区基础设施基本完善。温室配有自动卷帘机，安装了膜下滴灌设施5000余套，太阳能振频式杀虫灯、防虫网、黄板等绿色防控设施800余套，配套新打对口抽机井12眼，铺设地埋线2万多米，地埋管6000多米，修建入园道路3千米，园区作业便道5千米，安装变压器等，实现了园区基础设施建设与产业配套和水电线路的通达。同时现有温室园区均配建温室用沼气池，将养殖场的粪污通过沼气池发酵后，沼液用于设施园区的叶面肥，沼渣作为基肥使用，保证产品达到绿色无公害食品，形成生态循环种养模式，畜禽粪便无公害化处理率达到95%以上。

华州区莲峰现代农业科技发展有限公司坚持以设施农业为载体，以现代科技为支撑，借鉴国内外农业企业和现代农业园区的先进管理理念和经营方法，创新发展机制，努力形成一套现代农业企业发展实际的经营管理机制和企业文化，进而创造良好的经济效益、社会效益和生态效益。积极推广秸秆生物反应堆、测土配方施肥技术，建立质量控制追溯体系，建立生产记录档案，科学使用肥料、农药等农业投入品和灌溉用水，在县农业局统一技术指导的基础上，聘请市农业专家史友明、梁尚武长期驻园指导，从选种、施肥、病虫害防治等环节做起，强化监管，分户做好喷药施肥等相关记录，培养绿色食品生产示范户，竭力提高产品的品质和质量。注册了“钟张园”牌蔬菜，生产的圣女果、山药获得国家级无公害农产品认证，市场竞争力强，经济效益高。建设蔬菜批发市场2个，在华县设立了产品直销店。专线建起了农业信息综合服务站，配备了电脑设备，为种植户提供产前、产中、产后和及时掌握市场动态搞好信息服务，组建代办经纪人队伍20支，发展蔬菜经纪人达160余人，带动交易农户5760人，年交易农产品31.6万吨，交易额达22000万元。

该园区规划总规模5354亩，其中新建高效设施大拱棚特色菜果核心示范区300亩（标准为宽13.5米，长150米，高4米）；修缮改造现有设施园区，提升全园现代化水平；开展园区生产环境“五治”，健全农产品质量追溯体系建设及品牌创建；推广应用优良品种与先进实用技术，引进试验圣女果、草莓、小乳瓜、西甜瓜等优质新品种10种；推广标准化生产，应用节水灌溉、绿色防控技术，使园区标准化程度大幅提高；强化培训，提升员工作务水平；拓宽销售市场，同时在渭南、西安等城市设立蔬菜销售形象店，增加产值，大幅提升综合效益，实现农业增效农民增收。

（供稿人：华县莲峰现代农业科技发展有限公司）

（二）华州区柳枝钟张现代农业示范园区

柳枝钟张现代农业园区以华州区民兴蔬菜合作社为载体，自2008年3月开始流转土地，共建成高标准日光温室1754亩，大拱棚2000亩，总投资规模达3000万元，年产值达8000万元，温室种植番茄、圣女果、黄瓜、小乳瓜、茄子、辣椒等，引进番茄新品种粉贝贝、粉玲珑、盛世女皇、红双喜，黄瓜博耐等，亩均收入达4万元，大拱棚一年两茬，春茬种哈密瓜秋茬种辣椒，亩均收入8000元，注册蔬菜商标“毕盛”牌。

民兴蔬菜合作社积极引进莲峰现代农业科技发展有限公司、华寿生态农业有限公司、华州区鑫源农业有限公司3个企业入驻园区，园区道路全部水泥硬化，通电通水，建成占地65亩工厂化育苗基地和年存栏生猪5000头的标准化养猪场各一个。采取“合作社+公司+农户+基地”的产业经营模式，温室园区配备了滴灌设施，安装杀虫灯、黄板等绿色防控设备，应用测土配方施肥和秸秆反应堆技术，同时配建120口沼气池，采用菜畜沼生产模式，形成合作社牵头，入驻公司为龙头，以反季节蔬菜、瓜果为特色产品的现代有机农业产业链。

（供稿人：华州区柳枝钟张现代农业示范园区）

（三）兴平市秦一辣椒制品有限公司

兴平市秦一辣椒制品有限公司是在兴平市秦王辣椒加工基地与兴平市秦王辣椒制品厂的基础上组建而成的，原秦王辣椒制品厂成立于2001年8月，是一个拥有十多年加工经验的企业，由于企业规模扩大，2008年6月新组建成兴平市秦一辣椒制品有限公司，是一家全市最大的集辣椒种植、深加工、销售、物流为一体的独资私营企业。目前公司占地53亩，具有4500平方米的冷藏库一座，可储存辣椒1000吨，公司固定资产2667万元，厂区建筑面积18000平方米。公司采用从河北引进的现代化全自动生产线及继承传统工艺相结合的方式组织生产，生产能力、工艺水平居全省同行业前列。

兴平辣椒栽培历史悠久，素有“唐蒜明椒”之称，属国家地理标志保护产品。兴平辣椒以株型紧凑，结果集中、果实长、果顶实而弯、果肉厚、油分大，辣味浓厚为特点，远销东南亚等10多个国家和地区，深受国内外顾客青睐。为了确保原料质量，基于兴平辣椒品质特点，公司于2012年在兴平市汤坊镇种植千亩辣椒，专人负责管理，严格按照无公害农产品要求进行选种、施肥及病虫害处理，已获“无公害农产品”认证。随着销售市场扩大，确保原料供应，2013年，公司在新疆142团建立了辣椒种植基地。多年来，公司以始终如一的优良品质，不断创新的产品，赢得了越来越多的消费者的信赖，公司加工的产品有辣椒粉、辣椒丝、辣椒段、油泼辣椒等6种产品，辣椒面为主导产品，以西安、兰州、郑州三大城市为销售中心，辐射周边多个省份和省内多个大中城市的销售体系，拥有配送车65辆，销售人员260多名。随着市场份额的不断提高，公司近年来一直保持较好发展势头。2017年公司销售额4400万元，2018年公司销售额突破5000万元，2019年公司销售额5436万元。

随着企业的不断发展壮大，现公司拥有多家代理销售公司，主要立足西安辐射全国销售。2009年公司获得了“食品生产许可证”；2011年8月被陕西省企业质量管理中心授予“产品质量重点推荐单位”；2012年5月获得中共兴平市委、兴平市人民政府颁发的“新增规模企业奖”；2012年10月获得咸阳市农业产业化办公室颁发的“重点龙头企业奖”；2013年8月获得陕西省工商行政管理局颁发“陕西省先进私营企业”光彩之星奖；2014年3月获得陕西省产业经济发展促进中心颁发“消费者信得过行业先进单位”；2014年4月获得中共咸阳市委、咸阳市人民政府授予“农产品销售状元”奖，同年获得“咸阳市蔬菜销售大户”奖，2014年5月通过ISO 9001认证，2015年3月获得咸阳市人民政府授予“咸阳市特色产品”2015年12月被陕西质量强省工作推进委员会认定，特授兴平市秦怡辣椒制品有限公司生产的秦一牌干辣椒为“陕西省名牌产品”（辣椒行业里面唯一一个获得陕西名牌的企业）、同年被咸阳市科学技术协会评为咸阳市先进农村科普“带头人”奖，2018年3月被陕西省农业厅、省委农工办、省发展改革委、省财政厅、省地税局、省工商管理局、省质量技术监督局、省扶贫办、省食品药品监督局、省国税局、省金融办、西安海关、陕西出入境检验检疫局、人民银行西安分行、陕西证监局、农业发展银行陕西分行、农业银行陕西分行、省农村信用社联社联合认定为“陕西省农业产业化重点龙头企业”证书。

秦一辣椒制品有限公司的壮大发展，使兴平辣椒的种植达到了规模化，辣椒制品的深加工业达到标准化，保护了兴平辣椒的地域品牌，促进了农副产品的销售，同时每天可带动周边农村留守劳动力就业320多人，人均每月可增收1500多元，有力地促进了农民收入增长、农村家庭的和谐与社会的稳定发展。

（供稿人：兴平市秦一辣椒制品有限公司）

（四）陕西亚虎食品有限公司（兴平雅虎大蒜专业合作社）

陕西省兴平市雅虎大蒜专业合作社是兴平市第一家注册的农民专业合作社，2007年9月20日注册，注册资本3000万元（2013年增资）；营业执照、组织机构代码证、税务登记证、QS 认证、银行开户许可证，做到“五证”齐全。已取得土地所有权证（兴国用〔2013〕第 0003 号）。为了方便与韩国公司的业务往来，合作社下属成立了“咸阳雅虎调味食品有限公司”，运作良好，经济效益显著。合作社组织机构健全，制度机制完善，成员职责明确，诚信经营，管理规范。合作社所依托的西北农林科技大学园艺学院拥有全套成熟的技术，工艺规范、质量控制标准及产品检验标准，合作社成员操作技能经过评定，软、硬件条件基本具备。

陕西省兴平市雅虎大蒜专业合作社与农户利益联结紧密，共流转土地 500 余亩，成员收入高于兴平市同行业非成员、非加工农户收入的 25% 以上。合作社经过 7 年的发展，实力不断增强。2008 年、2009 年被咸阳市农业局评为咸阳市级示范合作社“先进单位”，2010 年获得无公害基地和无公害产品双认证。2010 年 3 月被陕西省农业厅授予首批省级农民专业合作社“百强示范社”。2011 年 11 月 18 日被农业部办公厅、发展改革委办公厅等 12 个单位评为首批“农民专业合作社示范社”。近期又成功申报了全国农产品加工合作社示范社的荣誉。2020 年荣获全国农民合作社 500 强第 40 名。

陕西亚虎食品有限公司专业从事大蒜、辣椒等系列农产品深加工业务，公司地处我国著名的“地理标志”认定大蒜、辣椒原产地——陕西省兴平市，主要产品包括各种盐渍蔬菜、调味酱、调味品的生产和销售，是国内众多知名调味品企业的一级供应商。

公司前身为 1993 年成立的兴平市雅虎酱菜厂，二十多年来始终专注于地道兴平大蒜、辣椒等农产品相关调味品的研发，致力于生产独具特色的高品质大蒜、辣椒制品。公司依托国家“地理标志”认定的辣椒、大蒜原产地，经过多年的发展，现已建设有千亩标准化种植基地，并获得无公害基地和产品 QS 认证（全国食品生产许可证，编号：SC11661048101561），年自产、收购的大蒜、辣椒可达 2 万吨，主导产品“亚虎”牌腌渍蒜米、腌渍辣椒畅销全国各地，是国内知名调味品企业的一级供应商，精选腌渍蒜米出口韩国、泰国等东南亚国家，是陕西省首家出口该类产品的企业。公司 2015～2018 年连续四年被陕西省农业厅评为省级农业产业化重点龙头企业，2017 年 2 月 14 日在陕西股权交易中心授牌“成长板挂牌企业”。公司联营的雅虎大蒜专业合作社于 2008 年获得国家农业部“全国百强示范合作社”认定及表彰。

公司生产厂区占地面积 15000 多平方米，拥有 5 个生产车间，2 个分选车间，2 个腌制车间，多台大型自动化生产设备，产品检测设备齐全，并配备有 2000 吨大蒜、辣椒等农产品冷藏保鲜库。2018 年建成约 1500 平方米的调味酱生产车间，购进自动灌装生产设备，2018 年 11 月公司正式投产亚虎调味酱，产品涵盖辣椒、大蒜、荞头三个系列，豆豉辣酱、辣酱、辣子蒜、油泼辣椒、辣椒面、糖醋蒜仁、糖醋荞头、烧烤调味粉、辣椒段、辣椒丝、腌制蒜米等 10 多个品种，30 多种规格，日产可达 20 万瓶。

2019 年正式上线辣蒜系列产品，目前调味酱产量达 8000 万元，企业营销过程中，主打低价好品质产品，一年时间快速进入陕西、成都、广州等连锁超市以及餐饮渠道。2019 年 8 月开始进入“90 后”市场，独特的原创酱湖辣酱 IP 定位，快速进入高校食堂超市等，获得“90 后”的喜爱，截至 2020 年 8 月在线上销售达 800 万元，开设的京东店铺，新冠肺炎疫情期间辣椒面排行至第五名，99%好评率。

（供稿人：兴平亚虎食品有限公司）

（五）兴平市金鹏绿色辣蒜专业合作社

兴平市金鹏绿色辣蒜专业合作社成立于2014年，地址位于兴平市桑镇西桥村，是全国基层农业科技示范基地，咸阳市市级示范社。是目前兴平地区“兴平辣椒”地理标志证明商标唯一授权使用企业。

合作社创建辣椒无公害标准化种植示范基地1000亩，主要以辣椒的育苗、种植及加工销售为一体。年产干椒500吨，育苗600万株。合作社基础设施完善，智能温室、防虫网室、种植加工机械化等生产设备齐全。引领椒农科学标准化种植，提出“工厂化穴盘育苗、高垄覆膜栽培、移栽机械化、病虫害绿色防控、水肥一体化、分期采摘烘干”等技术，极大地提高了辣椒种植效益。辐射带动周边永流村、东桥村、小田村、梁村等8村780人种植辣椒5000余亩，起到了示范带动作用，推动了兴平辣椒产业的发展。

该合作社长期对“兴平线辣椒”进行复壮筛选提纯，使当地辣椒产量大幅提高，达到每亩产干椒500余斤。特别是合作社进行“中医农业”辣椒的试验示范，基本实现农残“双零”。极大地增加了辣椒销售的附加值，使合作社和群众增加了收益。合作社生产的“西桥红”牌辣椒面、辣椒丝、辣椒段、油泼辣子、香辣酱等产品因品质优良、口感地道、信誉良好受到市场的广泛欢迎，产品已远销兰州、银川、青海、山东、江苏等地。

合作社共扶持16户贫困户种植辣椒，已成为当地群众脱贫致富的靠山。

（供稿人：兴平市金鹏绿色辣蒜专业合作社）

（六）陕西小田家农业专业合作社

陕西小田家农业专业合作社成立于2016年4月，位于陕西省兴平市赵村镇小田村，由陕西丰兆农业发展有限公司法人田超选担任合作社法人兼理事长，理事田育科、田宏卫，监事田超社，聘请田育科为合作社社长，目前共有职工152人，其中管理人员5人，社员140人，财务人员2人，技术人员2人，其他3人。合作社流转土地千余亩，投入资金3000余万元，建设宽敞明亮的办公楼260平方米，厂房3424平方米，大棚区5964平方米，晾晒场1730平方米，冷库776立方米，烘干房252平方米，购买大型农用拖拉机、播种机、育苗机、栽苗机、豁垄机、覆膜机和明管滴灌系统铺设设备等农用现代化机具若干台，补陕西短板引进先进的全自动化辣椒和压榨菜籽油加工设备车间及两条生产线，投入生产的产品有“小田家”压榨菜籽油和辣椒系列（丝、段、面、油泼辣子等）。

公司自成立之初起，就积极与西北农林科技大学、马嵬驿民俗文化体验园、陕西野森林食品有限公司、白鹿原·白鹿仓景区、“京东西安莲湖馆”“陕西西安馆”进行合作。2019年4月同西安航天基地中加农业科技发展有限公司合作，签署联合育种协议。自此陕西小田家农业专业合作社、西北农业科技大学园艺学院和西安航天基地中加农业科技发展有限公司强强联手，在种质研发领域研发适合关中土壤的辣椒新品种并计划将培育的辣椒新品种送上太空。陕西小田家农业专业合作社结合小田村当地自然生态条件，以保护自然生态环境为理念，聘请了杨凌农学院赵尊练教授指导，对土地进行休养，主要加强土壤的有机物质含量，改善土壤的表层结构，利用深井灌溉、放淤等综合治理，使土壤、水质得以有效改良。采用休耕、轮作等种植结构性调整措施修复农业生态环境，将绿色、健康农业作为基石，大力发展可持续循环农业，从小做起，加强农民科学种植知识普及，为建设社会主义新型农村做铺垫。合作社所处的兴平市赵村镇，是全市辣蒜生产的核心区，也是陕西省农业综合开发项目区，有着便利的科技优势、销售优势和地理优势。公司发展目标是实现育种商业化，走育、繁、推一体化道路。

（供稿人：陕西小田家农业专业合作社）

（七）陇县合赢辣椒粮食种植专业合作社

陇县合赢粮食种植专业合作社，位于东风镇上凉泉村，于2014年4月注册成立，法人代表支广会，注册资金85万元，入社会员6户。自合作社成立以来，秉持“诚信服务、绿色发展、示范带动、合作共赢”的经营发展理念，以辣椒种植、加工、销售为主导，结合辣椒产品开发、包装，流转土地面积670亩，种植辣椒560亩，年产鲜辣椒840吨，产值达252万元，拥有高效节能全自动烤房8座，辣椒加工设备4套，解决当地富余劳动力就业150人，其中贫困户35户41人，户均增收1.2万元，示范带动效能显著。2016年被评为“市级优秀合作经营组织”，2017年被县扶贫办授予“扶贫双百产业基地”。

自合作社成立以来，在陕西省辛辣体系岗位专家、教授指导下，与西北农林科技大学、市农科院、宝鸡市农技中心精诚合作，示范种植辣椒新品种宝椒13、宝椒27、陕早红等5个品种，年推广种植面积1300亩以上，是宝鸡市农技中心和市农科院辣椒种植示范基地；注重新技术的推广应用，以化肥农药减量增效为中心，狠抓选用良种、培育壮苗、科学施肥、标准化管理、化学除草、合理灌溉、实时采收八大关键技术，做到四个统一“统一规范，统一标准，统一管理，统一技术”，推动辣椒栽培专业化、规模化、标准化；主打产品地域生态优势，注册了“支合赢”辣椒品牌1个；延长产业链条，开发了辣椒面、辣椒丝、辣椒干、辣椒油、辣椒酱等新产品；建立质量追溯系统，严把生产管理环节，降低农药化肥残留量，确保消费者舌尖上的安全；采取“企业+合作社+农户”的管理模式，发展订单农业，降低种植风险，维护农民收益；邀请专家教授开展辣椒生产、销售技术培训，更新了广大群众的产销理念，提高了从业人员的技术素养，为辣椒产业快速健康发展，提供了人才保障。

2020年，合作社在陇县东风镇上凉泉村，推广种植线辣椒杂交新品种“宝椒10号”“宝椒27”450亩，落实“八大技术”，推行“四个统一”，全村辣椒亩产鲜椒1600千克以上，产值216万元。并按保底价1.6元收售鲜辣椒280吨，有效解决了周边群众的辣椒销售难题，户均增收3400元。实践了“诚信服务、绿色发展、示范带动、合作共赢”的发展理念，为增加当地农民收入，助力脱贫攻坚做出了应有的贡献。

（供稿人：陇县农业技术推广服务中心；余陇辉）

三、甘肃省特色蔬菜龙头企业

（一）甘肃亚盛实业（集团）股份有限公司

甘肃省亚盛实业（集团）股份有限公司成立于2011年9月，注册资金8000万元，是甘肃亚盛好食邦食品集团有限公司全资子公司，生产经营地址：金塔县金鑫工业园区。公司主要经营范围：辣椒育种、育苗、初加工、精深加工。主要产品有：辣椒干、辣椒粉、辣椒碎、辣椒颗粒、辣椒酱，炒制辣椒酱，干粉调味料、盐渍椒及国家规定的农副产品经营。公司占地120亩，现拥有资产近2亿元。公司农业发展中心，建成现代化温室大棚20座，双列式拱棚13座，占地200亩的育苗基地。流转土地2000亩，作为种植技术推广和高效农业示范推广基地，已基本形成了集辣椒育苗、选种、种植、收购、加工、科研、销售于一体的科技型企业。先后被县市省授予“农业产业化重点龙头企业”，2014年被推荐为“酒泉市辣椒加工工程技术研究中心”，2015年通过省级高新技术企业认定和省级技术中心认定。已通过ISO 9001体系认证和ISO 22000食品安全管理体系认证、QS认证、绿色食品认证。2016年被评为“甘肃省质量诚信A级企业”。公司生产的亚盛好食邦辣椒粉、辣椒酱荣获第十八届绿色食品博览会金奖，辣椒酱荣获2017年甘肃农业博览会金奖。

公司先后获得实用新型和发明专利27项。现已具备年处理辣椒干10000吨，辣椒粉5000吨、辣椒酱10000吨、炒制辣椒酱500吨、炒制调味料300吨的生产能力。公司以辣椒产业发展为己任，以“公司+基地+农户”的经营模式，提供产前、产中、产后的服务方案，以发展优质辣椒种植基地50000亩，辐射周边国营农场，本县和周边县市各乡镇农户。引进优质杂交品种，改变传统的种植方式，以“品种多样化、种植标准化、加工精深化、品质优良化”凸显特色，实现“共享、共赢、共荣”的企业经营理念。2020年6月，亚盛集团向甘肃兴农辣椒产业开发有限公司增资扩股7000万元，增资后该公司注册资本由8000万元变更为1.5亿元，以增强公司市场竞争力，提高经济效益，推动辣椒产业高质量发展。

（供稿人：甘肃省农业科学院蔬菜研究所；张玉鑫）

（二）甘肃德源农业科技发展有限公司

甘肃德源农业科技发展有限公司成立于2013年4月，注册资金1000万元，位于永昌县水源镇循环农业示范园区，占地面积56000平方米。公司主要从事红辣椒的种苗培育、基地种植、收购销售、加工储存等相关业务，所产红辣椒已通过中国绿色食品发展中心审核，认定为绿色食品A级产品，产品远销四川、山东、北京等省份，与多家公司成为长期战略合作伙伴，形成了一定的品牌效应。公司现有员工 30 人，其中经验丰富的种植专业技术人员 15 人。2017 年公司被评为“甘肃省农业产业化重点龙头企业”，下设永昌县德圆蔬菜种植农民专业合作社 2016 年被评为“国家级农民专业合作社”示范社。

公司始终以调整产业结构，带领农民致富为发展方向。为促使红辣椒产业向品牌化发展，公司采取统一供种、统一管理、统一标准、统一检测、统一收购、统一销售的“六统一”方式，切实加强红辣椒产前、产中、产后的生产管理。根据“公司 + 基地 + 合作社 + 农户”的经营模式，大力推进红辣椒的种植规模。严格落实技术指导和质量检测，确保公司所产辣椒 100% 符合绿色食品生产要求。

近年来，公司积极引进辣椒育苗移栽技术，推广优质辣椒品种，提高辣椒的亩产量和品质。积极打造辣椒品牌，形成红色产业链，既鼓了椒农的腰包，也带动了富余劳动力增收致富。2020 年，公司积极推进高标准、规模化育苗中心建设，修建全钢架日光温室大棚 28 座，有力地推进了辣椒产业化发展，推动了当地农业结构的调整，促进了农民增收致富，为完善当地及周边乡镇辣椒种植、购销体系建设，形成统一的生产性服务平台打造了坚实的基础。

公司按照“公司 + 基地 + 农户”互惠互利，相互发展的模式，今年在永昌、武威、景泰、张掖共落实订单种植面积 35000 亩；在水源、双城、六坝等地以土地入股和土地流转的方式自建红辣椒种植基地 5000 亩，亩产可达 6000 斤左右，亩收入可达 5000 ~ 6000 元，起到了很好的示范作用。切实解决了当地企业带动农户能力弱，辣椒产业化经营水平低等问题，为农民增收、农业增效起到了市场带动作用。

（供稿人：甘肃省农业科学院蔬菜研究所；张玉鑫）

（三）永昌县永吉源农牧综合发展有限公司

永吉源农牧综合发展有限公司成立于 2015 年 5 月 22 日，注册资本 1000 万元，是集农副产品收购、种植、恒温贮藏、冷藏、加工、销售、配送；农作物种子生产、加工、包装、零售为一体的现代新型农业经营主体。位于永昌县水源镇宋家沟村永清公路 17 公里处，占地面积 6.6 万平方米，建筑面积 2.4 万平方米，目前固定储存洋葱量可达 5 万吨，年流转储存 30 万吨。公司固定用工 25 人，季节性用工 800 人，检验化验人员 1 人。公司于 2018 年 6 月被认定为金昌市农业产业化重点龙头企业，公司于 2019 年 11 月被认定为甘肃省农业产业化重点龙头企业，种植基地于 2019 年 8 月被认定为粤港澳大湾区“菜篮子”生产基地，同时完成出口洋葱种植基地的备案，并取得报关单位注册登记证书。

永吉源万吨果蔬冷链物流项目是 2016 年通过“兰洽会”签约成为“甘肃省重点招商引资项目”之一。总投资 5200 万元，已建立恒温库 4 座，占地面积约 11000 平方米，高 9.5 米，容积约 10 万立方米；修建 4 座加工分拣车间，占地面积约 6500 平方米；建设办公楼 4 层，总面积约 1800 平方米；建设员工宿舍及食堂，总面积约 950 平方米；安装制冷设备 4 套，蔬菜储存货架 3 万个，叉车 3 台以及厂区内外绿化工程。公司已以“企业 +

合作社＋基地”的模式流转土地3500亩，全部用于洋葱的种植。主要流转周边农户土地，保证每户3万元基本收入，同时增加就业岗位800余个，工资支付达500万元，年收购蔬菜达2万吨，保证了周边1000余户农户增收，构建产、供、销一体化产业链，实现企业增效农民增收的双赢目标。

自“十三五”规划以来，公司始终本着“创新、协调、绿色、开放、共享”的发展理念；坚持“产出高效、产品安全、资源节约、环境友好”的运营宗旨；秉承“合作共赢、可持续发展”的发展方向；坚守“为农、务农、兴农”的服务宗旨；对农业“产前领域、产中领域、产后领域”三大领域的提升，建立农产品产地批发市场，完善冷链物流体系建设，从而实现农业现代化的发展目标。

（供稿人：甘肃省农业科学院蔬菜研究所；张玉鑫）

（四）民乐县洪水大蒜种植专业合作社

民乐县洪水大蒜种植专业合作社成立于2011年4月，法人代表吴得迁，共有成员15人，注册资金860万元。合作社位于民乐县洪水镇吴庄村，现有办公室50平方米，主要经营范围有民乐紫皮大蒜种植、收购及紫皮大蒜产品销售。

自合作社成立以来，充分利用民乐紫皮大蒜生产地域优势和环境优势，技术上依托农业科技部门，邀请民乐县农业技术推广中心进行生产技术指导，与山东瑞方食品工业有限公司合作，对大蒜进行加工销售。2011年合作社申请通过了5万亩民乐紫皮大蒜无公害产地认定复查换证和5.5万吨蒜头、1.75万吨蒜薹无公害产品认证复查换证。2012年精心设计制作了大蒜包装箱，注册了“民乐宝”商标，为打造“民乐紫皮大蒜”知名品牌创造了条件。合作社建成了紫皮大蒜种植基地1500亩，建立了标准化生产技术示范点，年收获大蒜2000多吨，开发了“民乐宝”糖醋蒜薹，年产值达1280万元。

（供稿人：甘肃省农业科学院蔬菜研究所；张玉鑫）

（五）金塔县玉春农产品种植专业合作社

金塔县玉春农产品种植专业合作社成立于2010年1月，注册资本240万元，固定资产706万元。主要经营温室大棚葡萄、沙葱、大田洋葱等。注册了“绿禾源”牌洋葱，被农业部认证为“无公害农产品”、甘肃省农牧厅产地认证600公顷，产品销往北京、山东、江苏等省份，部分转销到日本、韩国等周边国家。合作社技术协会会员发展到128户，生产经营辐射带动周边农户1200多户，种植面积10000亩。合作社年产销各类农产品万吨以上，销售额5000万元以上，销售利润200万元以上。2014年，合作社被甘肃省农牧厅认定为“省级农民专业合作社示范社”、技术协会被酒泉市科学技术协会评为科普工作“先进集体”。

（供稿人：甘肃省农业科学院蔬菜研究所；张玉鑫）

四、新疆维吾尔自治区特色蔬菜龙头企业

（一）新疆中亚食品研发中心（有限公司）

新疆中亚食品研发中心（有限公司）成立于2005年8月5日，是配套哈萨克斯坦新康有限公司在国内成立的一家外向型、科研型、生产型的专业化农产品加工企业，注册资金2000万元，国内外员工391人，法定代表人戚晨晨。企业立足新疆农副产品资源优势和地缘优势，与国内外科研院校开展广泛的产学研合作，已形成特色番茄制品、特色辣椒制品、特色纯果酱、特色蔬菜罐头四大类近百余种规格产品，是新疆发展农产品精深加工在中亚国家形成产品优势的重点企业。其“新康”品牌目前已是中国驰名商标，哈萨克斯坦共和国知名品牌，在哈萨克斯坦市场平均占有率已达30%，公司开发的各类加工产品畅销中亚各国。

企业通过QS、ISO 9000、HACCP、清真食品等多项认证，是国家引智示范单位、自治区高新技术企业、自治区工程技术中心、科技兴贸出口创新基地、博士后工作站。取得专利26项，经济效益以每年近20%的速度增长，是国家级国际科技合作示范基地、国家地方联合共建工程实验室、国家引智成果示范单位、全国农产品加工示范企业和全国商务系统先进集体。

2015年，企业全年生产、销售量突破5700万罐，终端销售较同期增长了9.6%，哈萨克斯坦人均消费3罐。同时，企业新增投资3000万元，立足吉木萨尔5800亩原料基地，完成新增年产果蔬罐藏产品6000万罐的四期建设项目，并可使农产品从田间到终端产品的周转时间由原来近30小时缩减到9小时，有效保证了产品质量，降低了生产运营成本，补充了产品规格、种类，并促使企业规模上到一个新的台阶。

新鲜、健康是企业的经营理念，成为中亚地区一流的食品加工企业是企业的长远目标。销售收入和带动国内原材料出口均过亿美元。企业总生产能力已达16000吨。企业在吉木萨尔拥有原料种植基地5800亩，主要进行番茄、辣椒、黄瓜的种植，在乌鲁木齐南山拥有原料种植基地300亩，主要进行小浆果的示范种植。

（供稿人：新疆中亚食品研发中心有限公司）

（二）新疆隆平高科红安种业有限责任公司

新疆隆平高科红安种业有限责任公司成立于2005年5月17日，注册资本1亿元，是一家集制干辣椒种子良种研发和繁育推广以及加工辣椒相关产品于一体的公司，如辣椒颗粒、辣椒粉、辣椒红色素精深加工为一体的辣椒制品加工、贸易型企业，是新疆农业产业化龙头企业。

公司严格按照现代企业管理要求，建立现代企业管理模式，引进具有同行业先进水平的加工设备，不断创新工艺。在新疆南北疆8个县市、11个团场建立了20万亩辣椒原料

基地，3000 余亩良种繁育示范基地，使企业稳居国内辣椒行业前列。

新疆隆平高科红安种业有限责任公司技术力量雄厚，拥有一支具有高素质辣椒种子研发、产品深加工的人才管理团队。现有员工 320 人，其中具有高级职称 6 人，中级职称 28 人，初级职称 75 人。近几年，公司积极调整战略规划，与全国几家大型蔬菜研究所紧密合作，努力创造一种“知识 + 资本”的良性发展模式，为公司的发展奠定强有力的技术支撑。

经过科研人员多年努力，公司现已研发出红龙 13 号、红龙 17 号、红龙 23 号、红龙 16 号、红龙 18 号、红龙 25 号、天椒红冠等优质辣椒品种，受到广大种植户的欢迎，独占了新疆辣椒杂交种子的市场，并逐步向国内甘肃、内蒙古、河南、河北等市场扩展。

新疆隆平高科红安种业有限责任公司始终秉承“创新、品质、特色、服务”的宗旨，始终抓牢质量根本，推进从农田到供货的全程质量控制。旗下各生产加工子公司先后通过了出口企业备案登记、ISO 9001、ISO 22000、犹太认证、BRC 食品安全全球认证，连续多年通过了美国“味好美”等国际知名企业的供应商资格审核。

新疆隆平高科红安种业有限责任公司所生产的辣椒红色素、辣椒精、甜椒粉、辣椒粉、辣椒丝等产品，由于品质稳定，农残含量低，色泽鲜艳，口感好等特点广受国际客商欢迎，远销美国、西班牙、日本、韩国、阿联酋、印度、印度尼西亚等 20 多个国家和地区。在面向国际市场的同时，先后在河北、山东、陕西、湖南、四川、贵州等省份建立了多种合作营销方式的销售网络，拓展国内市场。

2015 年 3 月，晨光生物公司、隆平红安公司联合国内 20 余家辣椒产业龙头企业和重点科研院所，共同发起成立了“中国辣椒产业技术创新战略联盟”，公司被选为联盟理事长单位。这标志着全国范围内的辣椒产业大联合、大发展的格局已初步形成，也标志着公司为实现“立足新疆、面向全国、放眼全球”的发展战略迈出了坚实的一步。

新疆隆平高科红安种业有限责任公司拥有 6 家下属子公司，分别为：新疆天椒红安农业科技有限责任公司、新疆隆平红安生物科技有限责任公司、新疆隆平高科弘安色素有限公司、新疆隆平高科红安才吾勒辣椒有限责任公司、新疆隆平高科屯丰辣椒制品有限责任公司、新疆隆平高科红安和静辣椒有限责任公司。

（供稿人：新疆隆平高科红安种业有限责任公司）

（三）新疆晨光天然色素有限公司

新疆晨光天然色素有限公司于 2006 年 4 月 28 日在巴州开发区工商局登记成立。法定代表人卢庆国，公司经营范围包括辣椒红油树脂、色素副产品、辣椒及辣椒制品的生产等。公司位于库尔勒市经技术开发区内，是由河北晨光天然色素有限公司、新疆隆平高科红安种业有限公司和新疆生产建设兵团农二师第 22 团三方合资筹建的企业。注册资金 1000 万元，占地 113.47 亩。

新疆晨光天然色素有限公司是一家专业生产天然色素的高新技术企业，主要产品有辣椒红色素、叶黄素、辣椒精、甘蓝红色素、甜菜红色素、紫草红色素等多种天然色素。公司现有员工50人，其中：具有中等以上专业学历23人，专业技术人员12人，人员结构合理，技术力量雄厚，工艺先进，管理严谨规范。公司总投资5000万元。2006年投资1500万元完成一期工程，年耗辣椒20000吨，生产辣椒红色素700吨，副产品10000吨，销售收入可达15000万元，利税2600万元。2008年完成全部投资，每年可加工辣椒50000吨，生产辣椒红色素1500吨实现销售额3亿元，利税5000万元。为自治区农业产业化重点龙头企业。

新疆晨光天然色素有限公司拥有高素质的技术人才队伍、先进的检测仪器和完善的质量检测体系，科研、管理依托河北晨光天然色素有限公司，河北晨光天然色素有限公司拥有先进的工艺技术，严谨的科学管理，精细的质检体系和开拓高效的员工队伍为新疆晨光的发展提供保障。由公司控股的焉耆晨曦椒业有限公司，于2006年成立，注册资本1000万元，占地面积178亩，是建设在焉耆县的红辣椒加工生产的龙头企业、农业部农产品加工企业技术创新机构。拥有年加工39000吨干椒的生产线。

主要产品有辣椒红天然色素原料、辣椒酱、辣椒油、火锅底料、果脯、果酱、白瓜子等。巴州地区得天独厚的优质辣椒资源，为公司提供了充足的原料，同时也进一步完善新疆地区的辣椒培育、收购、加工，延伸了当地辣椒产业链条，带动新疆区域的农产品深加工，为加速西部辣椒制品产业化，促使农民增收做出积极贡献。

新疆晨光天然色素有限公司在国家产业政策指导下，坚持“为国家做贡献，为社会创财富，为员工谋利益”的经营理念；坚持“在创新中求发展，在进步中求振兴，在完善中做优、做强”的发展理念；坚持“技术环节步步领先，产品质量安全可靠，管理层层科学高效”的创新理念。新疆晨光公司立志引导中国辣椒产业潮流，创造公司美好明天。

（供稿人：新疆晨光天然色素有限公司）

（四）Synthite（馨赛德）新疆生物科技有限公司

Synthite（馨赛德）新疆生物科技有限公司于2014年10月在巴州成立，法定代表人阿巨·雅各布。公司致力于从植物中提取香精香料，是最早进入油树脂行业的公司之一。Synthite公司自1972年在印度Kerala成立，在香料油树脂方面建立了全球市场的基准。

随着消费者对饮食和健康相关性的认识，对天然色素的消费趋势日益增强。天然色素可以从蔬菜、香料、香味料和矿产品中得到。公司的天然色素是从经过精心挑选的植物源中得到。Synthite提供的天然色素广泛应用于食品、化妆品、药品等领域。

超临界流体提取物SCF Synthite有一流的超临界提取生产线，通过排除有机溶残和高温处理等工艺确保产品绿色、环保。超临界提取产品可广泛应用于优质食品、香薰香料和香水。许多香草在提供健康和诸如降低微生物损坏，增强香味，抗氧化性等特殊功能方面得到广泛应用。胶囊是一种生物成分保存的新概念，能够减少香味的释放，延长保存期，便于使用。它有一层对空气的渗透性薄膜，能够减少氧气的进入，降低了被氧化的程度。Synthite提供多种胶囊和喷雾的精油和油树脂，其包装均通过精心挑选。公司已经过四十年的发展，正加速国际化的进程。

公司的天然制品包括：香料提取物、精油、天然色素、有机认证的提取物、FAIR-TRADE 认证的提取物、超临界提取物、饮料调味品、健康成分、香草提取物（香草豆/提取物）、喷雾/胶囊制品、颗粒状制品、香草提取物、花浸提物、干果提取物、树脂制品、绿色香料提取物、烘焙及油炸香料提取物。

（供稿人：Synthite（馨赛德）新疆生物科技有限公司）

（五）沙湾县国华食品有限责任公司

沙湾县国华食品有限责任公司地处新疆沙湾县安集海镇，成立于 2006 年 4 月，占地面积 12000 平方米，总投资 500 万元。公司依托安集海镇丰富的辣椒资源，主要加工、销售辣椒制品及其他酱菜制品，由石河子农科院提供技术支持。安集海镇享有“中国辣椒之乡”的美誉，自然资源丰富，灌溉条件好，所生产的辣椒维生素 C、辣椒红色素含量高，色泽鲜嫩，非常适合工业化加工。国华食品有限责任公司将于近期扩大企业规模，投入资金新建一条辣椒红色素提取生产线，进一步提高辣椒制品附加值。

沙湾县国华食品有限责任公司于 2005 年在安集海镇工贸区投资 290 万元建立辣椒酱加工、酱菜腌制等蔬菜深加工生产线，2005 年已成功试生产，已申办了卫生许可证和各类经营生产手续，2006 年生产辣椒酱 500 吨，经济效益和社会效益显著。2007 年投资 500 万元新上一条 1000 吨辣椒酱、500 吨豇豆角酱菜腌制生产线。

该产品为纯天然的绿色食品，无污染。在加工过程中，水资源达到饮用水标准，原料为安集海镇无公害辣椒，其生产工艺主要是清洗—发酵—灭菌—灌装，不产生废气、废渣，并且清洗用过的水可直接用于农田灌溉，其生产对生态环境无任何影响。项目技术依托石河子大学食品工程学院。项目建设由石河子大学专家教授直接参与项目的建设工作，技术力量强。

国华食品项目的实施将带动沙湾县安集海镇辣椒产业的发展，提高辣椒的附加值，使种植户平均每亩增收 50 元以上。如果再与其他蔬菜实行连种，每亩还可以增加 50～100 元，并能提供 100 个就业岗位，为项目区农民带来良好的经济效益和社会效益。2007 年沙湾县国华食品有限责任公司实现产值 960 万元、销售收入 740 万元、利税总额 210 万元。

（供稿人：沙湾县国华食品有限责任公司）

（六）沙湾县富裕丰登种植农民专业合作社联合社

沙湾县富裕丰登种植农民专业合作社联合社成立于 2016 年 11 月 17 日，注册地位于新疆塔城地区沙湾县金沟河镇东戈壁村 6 巷 30 号，法定代表人严世增，本联合社注册资本 2000 万元，成员 9 名。合作社经营范围包括蔬菜、水果种植、加工、销售；坚果加工、销售；棉花、玉米、油料、花卉种植、销售；动物、植物肥料的生产、加工、销售；农业观光旅游服务；牲畜、家禽养殖、销售；水产养殖、销售；林木、苗木的种植；农产品

(粮食除外)销售；农业机械服务；园林绿化服务；组织采购成员所需的农业生产资料；提供成员所需的有机基质、花土、育苗基质的生产、加工、销售；组织开展成员所需的技术培训、咨询服务。

该联合社有沙湾县鑫穗丰种植农民专业合作社、东湾镇丰硕种植专业合作社、壮农农业专业合作社、金沙柳种植农民专业合作社、雄峰养殖专业合作社、慧丰源农业农民专业合作社、鑫秋种植农民专业合作社和博涵种植农民专业合作社联合成立，其中鑫穗丰种植农民专业合作社出资1200万元，占比60%。

(供稿人：沙湾县富裕丰登种植农民专业合作社联合社)

(七)新疆西尔丹食品有限公司

新疆西尔丹食品有限公司，成立于2001年，法定代表人程华，是以辣椒深加工为主的酱类食品生产企业，公司经营范围包括调味料(半固态)、罐头(畜禽水产罐头、果蔬罐头)等，公司使用品牌名称“西尔丹”，主要产品有雪莲辣椒丝、红花辣椒丁等数十余种。目前建成年产1500万瓶酱类食品生产线，年产值可达1亿元。

新疆西尔丹食品有限公司是以新疆辣椒独特资源的研发、生产、加工及销售为主营方向的现代化食品加工企业，是自治区民营科技企业、农业产业化重点龙头企业。公司产品已在国内各个省市和中亚国家占有较大的市场份额，得到了消费者的认可。公司取得ISO 9001质量管理体系认证、HACCP食品安全管理体系认证、出口食品生产企业备案证。企业与中国农科院农产品加工研究所、农业部规划设计研究院、中国食品发酵工业研究院、乌鲁木齐市蔬菜研究所、新疆大学食品工程系、新疆农业大学食品科学院等科研院所建立了良好的技术协作基础，为提高产品技术含量及附加值、延伸辣椒深加工产业链奠定了坚实的理论基础。企业自主研发产品达20余种，80%获得国家专利。企业的辣椒酱生产标准被新疆维吾尔自治区质监局批准为地方标准，经国家标准委授权炒制法辣椒酱国家标准由西尔丹负责制修定。炒制法辣椒酱加工技术通过了自治区科技成果鉴定，并荣获自治区科技进步三等奖。

(供稿人：新疆西尔丹食品有限公司)

五、青海省特色蔬菜龙头企业

• 青海仙红辣椒开发集团有限公司

青海仙红辣椒开发集团有限公司创建于1999年，于2000年8月24日在循化县市场和安全生产监督管理局登记成立，法定代表人韩维鹏。生产的主要产品有系列辣椒产品、辣面、花椒面、核桃产品等农产品。产品畅销青海、甘肃、宁夏、西藏、北京、广州、上海等省份。2016年获得马来西亚国际清真食品“HaLai”认证后，部分产品销往马来西亚、沙特等国家和地区。

2018 年，国家级农业产业化龙头企业青海仙红辣椒公司牵头，与 4 个专业合作社、1 个线辣椒协会、1 个公司、2 个家庭牧场、11 个线辣椒种植大户组建成循化仙红线辣椒产业化联合体。目前，联合体线辣椒种植面积达 735 公顷，销售产值约 15539.2 万元。

公司采取“公司 + 基地 + 农户”的产业化发展模式，与黄河沿岸的种植农户链接成利益共同体，在技术上统一进行指导，统一供应种子、农膜、配方肥料，签订合同统一收购，优先收购联合体成员种植的优质原料。

每年公司收购生产线辣椒 4365 吨，农闲时节公司吸纳线辣椒种植户来公司务工，从事线辣椒产品加工和产品的售后服务工作。在稳定种植收入的同时，参与到企业的生产经营中，额外增加了工资性收入，保证了椒农利益。

（供稿人：河北农业大学；赵帮宏、宗义湘、乔立娟、马毓敏）

六、宁夏回族自治区特色蔬菜龙头企业

• 彭阳县红河辣椒专业合作社

2009 年扈志武成立了彭阳县红河辣椒专业合作社，通过了十年的发展，“红河辣椒专业合作社”在供销社大力扶持下，在推动辣椒产业经营中实现了助农增收，富民兴社。合作社有资产 16 万元，管理技术人员 5 名，入社农民 309 户，带动 2520 户农民种植辣椒，发展小拱棚 3000 栋，日光温棚 312 栋，种植面积从不足 500 亩发展到了 10000 亩，成为彭阳三大支柱产业之一。“红河辣椒”先后被自治区农业厅和农业部认定为“无公害”辣椒生产基地和“无公害产品”。经营范围为辣椒种植与销售，依法为成员提供种植所需的生产资料的购买，开展技术培训、技术交流及咨询服务。

合作社走“支部 + 合作社”的路子，把发展辣椒种植作为村党支部搞好农村工作的抓手，帮助农民脱贫致富。合作社一班人依托村支部，组织农民扩大生产规模，推动辣椒生产品牌化发展。他们在彭阳供销社的帮助下，为农户提供产前、产中、产后全方位服务。制定了“四统一”的管理办法，即“统一供种、统一技术、统一规程、统一销售”，积极引进优良品种，推广先进技术，加强田间管理，提高产品质量。

为把“红河辣椒”打入市场，合作社采用线上线下结合，与县供销社农副产品信息网站链接，每年在辣椒成熟季节大量发布辣椒销售信息，让辣椒等蔬菜抢得商机。全乡 80% 的种植户借助网络做“买卖”，网上交易额达到 60%，为“红河辣椒”走出大山，进入大市场开了网上交易的好头。合作社还组织销售人员和贩运大户上银川、下西安、去兰州、到内蒙古等批发市场，为打出“红河辣椒”品牌，合作社专门印制了有“红河辣椒专业合作社”字样的专用包装袋，并根据市场需求情况和客商要求，组织合作社技术人员深入田间地头，指导农民根据辣椒成熟情况和品种、需求量分批采摘，统一安排下发包装袋到农户，按标准进行打包，统一装车，统一销售。这样既方便了客商，也避免了农户无计划采摘而造成积压，霉烂损失，赢得了客商和农户的赞扬。

（供稿人：河北农业大学；赵帮宏、宗义湘、乔立娟、马毓敏）

七、山西省特色蔬菜龙头企业

（一）泽州县双丰农业开发有限公司

泽州县双丰农业开发有限公司，是一家以三色农业（即以苗木花卉为主的彩色农业，以巴公大葱和果树种植为主的绿色农业，以养殖业为主的白色农业）综合开发为主要经营内容的民营股份制企业。泽州县双丰农业开发有限公司于2004年3月5日在泽州县工商行政管理局登记成立，法定代表人崔二虎，公司经营范围包括经济林果、农产品种植；初级农产品销售；苗木花卉培育等，注册资本1080万元。公司现有资产总额3700万元。公司位于泽州县巴公镇，地理位置优越，交通便利，电力、通信等基础设施完备。公司现有职工223人，其中大专以上学历技术人员13人，同时聘请中科院物理研究所、山西省农科院蔬菜研究所、市县蔬菜办公室、山西农大等单位的专家常年提供技术指导。公司下设5个分公司，即双丰种植分公司、巴公苗木花卉培育中心、双丰冻干制品加工分公司、双丰养猪育种分公司、双丰建材分公司，现已初步形成“猪—沼—果（蔬）”为一体的良性生态循环模式。

双丰种植分公司该公司以种植巴公大葱和各种名优水果为主，是公司绿色农业的主要组成部分。巴公大葱是山西省四大著名特产之一，有着悠久的种植历史。20世纪80年代后期，巴公大葱一度受煤炭经济的影响种植面积锐减。从2000年开始，双丰农业开发有限公司为了保护这一传统品种，公司专门设立了双丰园大葱专业合作社，重新开发巴公大葱，通过选育传统的优良品种、合理种植方式，还延长产业链条，积极开发大葱深加工项目，投资1200万元，新上了大葱低温冻干脱水生产线，并严格按照无公害食品生产的规程进行种植和操作，使巴公大葱的种植面积扩大到5000多亩，并建立了相应的营销网络，加速了巴公大葱种植业的发展。“巴公大葱”先后被山西名牌农产品评选认定委员会认定为“山西名牌农产品”，被山西省工商行政管理局授予“著名商标”，2005年获得山西省农业厅颁发的无公害产地认证，2006年获得农业部“无公害农产品”认证证书。

（供稿人：河北农业大学；赵帮宏、宗义湘、乔立娟、吴璐瑶）

（二）河津市连绿韭菜种植专业合作社

河津市连绿韭菜种植专业合作社成立于2013年8月2日，注册地位于河津市阳村乡连伯村，法定代表人郭学泽。河津市连绿韭菜种植专业合作社的经营范围是种植韭菜。在山西省，相近经营范围的公司总注册资本为2453万元，主要资本集中在100万～1000万元规模的企业中，共12家。

河津市连绿韭菜种植专业合作社，位于运城市河津市阳村乡连伯村，成立之初社员为

5户，现已登记注册58户，社员出资总额700万元，带动河津市阳村乡600多户农民。合作社主要经营连伯韭菜，社员种植面积1000亩，带动农户种植面积1.5万亩。合作社产品在2013年12月30日进行了中华人民共和国农业部地理标志登记认证，2016年注册了“耿连韭菜”商标，产品销售到太原、北京、天津、陕西、辽宁、内蒙古等省份。

自合作社成立以来，以成员为主要服务对象，依法为成员提供韭菜种植生产资料的购买，产品的销售、加工、运输、贮藏以及与韭菜生产经营有关的技术、信息等服务，并严格要求社员遵守各项规章制度，积极参加本社各项业务活动，按照本社规定的质量标准和生产技术规定从事生产，履行与本社签订的业务合同，发扬互助协作精神，谋求共同发展。

合作社聘请河津市某技术研究所、河津市农委高级农艺师等技术员，对社员进行无公害生产技术、奈玛根结线虫治韭蛆、含腐殖酸韭菜专用肥、硒肥喷施等专项培训20余次，现场指导成员进行韭菜种植10余次，逐步按照AGI2013－03－1265质量控制技术，规范连伯韭菜地理标志及耿连韭菜商标无公害生产技术。

合作社组织成员销售韭菜2000吨，为成员采购供应相关生产资料100吨；为社员提供市场供求信息200余条。合作社计划与中国绿色农业配供保障示范工程委员会合作，2017年生产绿色韭菜2000亩，进一步为15000余亩连伯韭菜做好示范带头作用。2015年，合作社实现总收入700万元，盈余350万元，其中可分配盈余向社员返还300万元，占可分配盈余的85%，社员人均收入比当地农民人均纯收入高30%。近几年，合作社参加了山西省绿色农畜产品直供联盟成立大会，受到各大超市及酒店的青睐，并签订了部分供货合同。

（供稿人：河北农业大学；赵帮宏、宗义湘、乔立娟、吴璐瑶）

（三）南林交龙王池莲藕种植专业合作社

南林交龙王池莲藕种植专业合作社是市级、省级、国家级示范社，成立于2008年3月7日，注册地位于曲沃县北董乡南林交村村委会院内，法定代表人魏明忠，经营范围包括果蔬种植、销售；食品生产。曲沃县南林交龙王池莲藕种植专业合作社，现有会员109人，中级职称的科技型农民50人，总资产900万元，年利润700万元。合作社300亩莲藕基地每年产量达到450万千克，精包装的莲藕比只卖原材料年增收1500万元，合作社里的146户农民人均年收入增加20%以上。

2012年，南林交龙王池莲藕种植合作社在国家工商总局注册了“南林交”商标。“南林交”牌莲藕2011年通过了无公害产地、产品认证；2012年取得了农业部地理标识认证，是曲沃县首个取得地理标识认证的产品；2013年荣获第三届中国（山西）特色农产品交易博览会畅销产品奖，被评为山西省名牌农产品；2014年荣获第十二届中国国际农产品交易会参展产品金奖。为了更好地促进合作社的发展，南林交龙王池莲藕种植合作社同当地5家农民专业合作社组建了联合社，走规模化、品牌化发展的路子，合作社成员覆盖全县24个村，蔬菜面积发展到4万余亩。“南林交”品牌的知名度越来越高，合作社产品供不应求，60%以上实现了订单销售，尤其是2016年与韩国签订了1000吨蔬菜出口订单，实现了曲沃县农产品首次出口。曲沃县南林交龙王池莲藕种植专业合作社于2014年被评为国家级示范社，2009年、2012年两次被评为省级示范社，2010年被评为临汾市窗口示范社。

（供稿人：河北农业大学；赵帮宏、宗义湘、乔立娟、吴璐瑶）

（四）山西老传统红辣椒制品有限公司

山西老传统红辣椒制品有限公司坐落于山西省吕梁市方山县马坊镇，是一家主要从事辣椒种植、产品研发、加工、销售为一体的辣椒加工企业，公司成立于2015年7月，占地面积10余亩，现有员工50余人，年生产辣椒酱3000余吨。

该公司制作的老传统辣椒酱特色鲜明，纯手工炒制，不添加任何防腐剂，在工艺上，巧妙地将老陈醋与辣椒酱完美融合，形成了辣中带酸、酸里透辣的独特风味；在技艺上，公司在山西生命科学研究院聘请专家，进一步加大辣椒的深层次加工和研发，提高产品科技含量，形成初加工到深加工、低技术含量到高科技产品含量的可持续循环。公司始终坚持“新、奇、特、鲜”的开发思路，把“以质取胜”确立为首要战略意识，把产品和服务做精做细，以工匠精神保证质量、效用和信誉。公司本着造福村民、提高农民生活水平、摆脱贫困的初衷，公司在成立之初即和10户贫困户签订辣椒种植协议，其中有28名员工是本村和邻村贫困户，帮扶贫困户30户左右，提供了70余人的就业岗位。

公司本着让消费者吃得放心、用得安全的宗旨，为消费者提供溯源全程。公司着力打造老传统辣椒酱的“安全”“健康”理念，按照市场结构，转变经济增长方式，结合具有现实意义的市场营销理念，以高标准的质量检测，使产品质量得以立足与保障。公司上下戮力同心，坚持经济与文化共进、品质和效益挂钩，借鉴同行业经验不断拓宽服务领域，凭借着得天独厚的优势，最终把老传统红辣椒制品有限公司创建成为一家“科技、人才、产品、经济效益”一流的调味品生产企业。

（供稿人：河北农业大学；赵帮宏、宗义湘、乔立娟、吴璐瑶）

第三章　黄淮海片区

一、山东省特色蔬菜龙头企业

（一）山东省万兴食品有限公司

姜蒜种植业一直是莱芜地区的支柱产业之一，当地从事姜蒜种植的农户众多，长期以来，莱芜姜蒜产业一直面临着生产效益低，销售门路窄的问题，优质的姜蒜产品并未能给农户们带来良好的经济收益。

2001年8月，山东省万兴食品有限公司成立，致力于促进莱芜姜蒜产业发展，引领带动乡村经济，经过多年的发展，已经成为一家集农产品研发、种植、收购、储存、加工和销售于一体的农业产业化国家重点龙头企业。国际销售市场已发展到美国、欧盟、日韩、中东等近百个国家和地区，年销售收入16亿元，出口创汇2.2亿美元。

公司建设了两大农产品产业园区。一是建设320亩的现代化脱水产业园区。引进国际一流的美国艾尔格莱整装脱水生产线，选用瑞士布勒色选机、德国金探等设备。开发蒜片、蒜粉、姜粉，根据产业发展需求新上脱水青红椒、胡萝卜、番茄等。同时新上复合调味料、液态调味酱等综合性调味品项目。脱水产品年出口达到12000多吨，形成国际领先、全球资源调配的一流调味品现代农业产业园区。二是建设230亩的腌制产业园。立足日本寿司系列、国内传统糖蒜、开发黄瓜、萝卜开胃菜系列深加工，打造多品种、多风味的国际化专业料理生产商。

主打品牌“姜老大”2008年被评为奥运生姜专供产品之后，又先后被评为2014年山东品牌产品、2016年山东省十大企业知名品牌产品、2019年济南市十佳最受欢迎的品牌农产品等荣誉称号。2018年在全国农业产业化国家重点龙头企业500强排名中，公司排名第276位。

在地方党委、政府的帮助下，万兴公司通过鼓励农户成立合作社等方式，发展标准生产。万兴公司按照“市场+企业+合作社+农民”的发展模式，公司充分发挥国家龙头企业带动作用，由企业牵头成立了莱芜生姜加工协会，推动合作村镇成立了“蓝鸽姜蒜产业合作社”“姜源姜蒜专业种植合作社”“好收成农业病虫害防治专业合作社”等农业生产、服务机构10余家。

公司通过与合作社签订协议，在基地管理上实行“五统一”，即统一规划标准、统一技术规程、统一种植管理、统一投入品供应、统一病虫害防治管理模式，在基地内严格按照良好农业操作规范要求，大力实施标准化生产，同时，与合作社签订“定品种、定面积、定品质、定最低收购价”的合同，对达到公司收购标准的产品，公司以高于市场平均收购价10%的价格进行收购，仅此一项，年可为当地农户增收近3000万余元。

（供稿人：莱芜区农业农村局；徐冠新）

（二）山东伟丽种苗有限公司

山东伟丽种苗有限公司成立于2009年，是集蔬菜育苗生产运营、育种育苗科研、技术示范培训及鲜果流通于一体的具有完备农业产业链的现代农业科技公司。目前伟丽种苗拥有21座标准高、配套齐全能周年育苗的节能型专用日光育苗温室和6栋现代连栋智能温室，育苗面积达6.9万平方米，年生产种苗1亿株左右，产品销售全国28个省份。近年来伟丽种苗坚持新发展理念和“高、精、尖”的工作思路，整合资源、集中投入，加快改善生产条件、强化科技创新、转变增长方式，推进集约化、规模化、标准化、专业化生产，成为国内生产能力最强的瓜菜嫁接苗繁育示范和推广园区。

2019年，随着章丘大葱四季种植模式日渐成熟，为补齐章丘大葱四季种植短板，伟丽种苗作为农业龙头企业，联合济南市章丘区农业农村局积极探索了章丘大葱与高官甜瓜换茬轮作的甜葱栽培模式。甜葱模式就是利用作物特性，于10月至次年2月的甜瓜歇茬空档期，在瓜棚内种植大葱，弥补春节前后重要的大葱市场空档。甜葱模式下，大葱辛辣成分有助于杀灭土传病虫害，加速甜瓜种植土壤生态恢复，有效破除了甜瓜土壤连作障碍。与甜瓜共同成长的大葱，充分利用了甜瓜大棚及各类设施，降低了栽培设施成本，且品质口感均好于留存的秋葱和外地葱，实现了章丘大葱的错季栽培，增加了农民收入。甜葱模式成为章丘大葱四季种植的一种成功模式，该模式下大葱种植户收益可观。2020年，为了在全区推广甜葱模式，伟丽种苗联合四季大葱意向种植户成立了甜葱产业发展联合体，伟丽种苗作为专业种苗繁育公司为广大四季葱种植户提供优质葱苗和葱苗移栽服务，加快了章丘大葱四季生产规模化、产业化的步伐。

为拓宽章丘四季大葱销路，伟丽公司积极通过整合线下大型商超、线上电商（平台品牌电商、微商、直播电商等形式），拓宽了大葱销售渠道。线下，伟丽种苗与上市公司家家悦集团股份有限公司合作开展产地直采，实现了从苗床到大田再到餐桌的直线流通，即保证了质量溯源、又增加了大葱产地出货价格；与京东及直播带货等线上渠道品牌电商深度合作，通过严控产品分级与保鲜供应，实现大葱的供应管理，解决了电商销售的选品、质量控制和供应问题，大大拓展了线上产品销售量；与山东电商运营的头部翘楚“韩都衣舍”签订了“章丘大葱”旗舰店代运营协议，通过章丘大葱商标与地理标志授权，在天猫开设章丘大葱旗舰店，走地标农产品的高端化销售，章丘大葱从此开始在天猫平台有了正宗正统的旗舰店。

面临新的市场与营销形势，伟丽种苗以科研先行科技自立为主要抓手，顺应市场需求，创新营销方式，不断推出和发展新技术、新模式，为带动农民增收致富发挥了重要作用。

（供稿人：济南市章丘区农业农村局；胡延萍、张会玲、周克华）

（三）青州市金山大姜专业合作社

金山大姜专业合作社成立于2013年3月，注册资金360万元，理事长史明芳，现有社员96户，位于青州市东夏镇史铺村，交通便利，环境优美。入社大姜面积1000多亩。合作社建立核心示范区360亩，2020年产鲜姜2000吨，产值1000多万元。2020年5月合作社加入潍坊市生姜产业技术创新联盟，合作社以提高社员收入为目标，打造品牌为核心，以推广新技术、新产品为手段，实现了金山大姜高质量发展，会员收入稳定增长。

合作社致力于新技术推广应用。为引进新品种、掌握新技术，连续3年承担济南市第二农业科学院（原莱芜市农业科学院）生姜新品种、新技术试验、示范任务。2018年4月，邀请原莱芜市农科院专家来合作社举办了大姜高产高效生产培训班，现场授课，培训大姜种植大户500余人，发放技术资料2000余份。针对大姜连作障碍，合作社与中国农业科学院农业资源与农业区划研究所、植物保护所合作开展了土壤消毒技术的研究，建立生姜土壤修复试验基地50亩。2014年8月，合作社成立了土壤修复技术团队，在中国农科院专家指导下，从病原菌源头抓起，对重大土传病害“发生重，防治难”问题，建立了完整的土壤熏蒸社会化服务体系，为合作社会员提供土壤熏蒸社会化服务，年作业规模400亩，每亩节约成本200多元，改善了土壤，取得了明显的经济效益和社会效益，该成果获得全国农牧渔业丰收奖暨农业技术推广成果奖一等奖。

合作社致力于高质量发展和大姜品牌建设。为提升生姜生产水平，合作社争取生姜水肥一体化项目资金50万元，自筹资金50万元，推广水肥一体化面积1000亩，每亩节本增效1500元。为保障大姜质量安全，合作社对大姜质量安全有关政策、法律、法规、标准、大姜贮藏技术进行宣传力度，广造舆论，并要求成员严格按照《大姜栽培技术规范》和《无公害大姜栽培技术指导意见》等规定进行生产。针对生姜生产过程中存在的问题，合作社通过邀请专家授课、召开现场观摩会等多种形式，从选种、土壤消毒、整地施肥、育苗、定植、病虫害防治和采收等多方面进行全程系统指导。同时，大力推广生物有机肥、微生物菌肥等新产品，大姜产量有了大幅度提高，品质得到很大改善，上级主管部门多次对合作社成员鲜姜质量监测，合格率均100%。

科学的管理，新技术的推广，使金山大姜合作社得到长足发展，2014年，金山大姜通过农产品产地认证和无公害产品认证，并注册了“炑旺”牌商标。合作社将以高质量贯穿于生产、采收、贮藏全过程，为消费者提供更加安全、放心的优质农产品。

（供稿人：青州市农业农村局；郭军庭）

（四）济宁京信联合社

济宁京信联合社成立于2014年10月，注册资金834万元，总部设在金乡县化雨镇淳集开发区，由国家级示范合作社——金乡县京信种植专业合作社发起，联合周边经营较好的各类合作社整合组建成。

2015年，金乡县获批全省首批新型农村合作金融试点县。同年6月，京信被金融监管部门授予了信用互助资格，通过社员之间互助资金的方式，为急需调整种植结构、扩大种植规模和发展高效养殖业的社员提供资金支持。截至目前，参与社员310户，无一笔风险损失。

济宁京信联合社下辖19家农民合作社、1家农产品进出口贸易公司、2家农业发展公司、20万吨肥料生产线1条、2万吨仓储物流基地1处、标准化种植基地200亩、1家为农服务中心、2家电商公司、2家物流仓储服务公司、1家农业科学研究院、1家种业有限公司、1家再生资源有限公司、1家生物科技有限公司、1家食用菌专业合作社，进一步拓展了业务范围及服务规模。在全县11个镇街设立为农服务中心13处，在400余行政村设立村级农民助理员，村级服务网点268个，社员农户达到26000余户，服务范围遍及金乡县各镇街。现有员工150名，社员农户2.6万余户。经营业务主要有：植保农技服务、土地托管、统防统治、农资供应、生活用品供应、农村合作金融、农村电商、植保飞防、特色种植、保险业务、冷藏加工、肥料生产、良种繁育等。

济宁京信农产品专业合作社联合社因地制宜发展综合合作，充分发挥联合优势，开展全产业链和全程综合服务，按照“联合社+合作社+公司+基地+农户”“联合社+合作社+村两委”的发展模式，为社员农户提供从种到收“一站式”服务，有效解决小农户在“耕、种、防、管、收、售”等环节成本高、效率低的问题，近三年服务群众数量分别为7.2万人次、8.05万人次、8.22万人次，有效打通为农服务“最后一公里”。

联合社下辖的为农服务公司现有农技人员10人、植保无人机50架、大型气雾机5台、旋耕机械10台、测土仪6台、智能配肥机2台。通过将下辖的所有合作社在农业生产过程中产生的服务环节任务统一分配给自有为农服务公司和服务中心。服务公司开展农资联合采购、统一配送、植保飞防、直供直销等业务，由网络服务员按出厂价向村民配送农资，使农户节省种植成本30～60元/亩，累计为农户直供化肥5.5万吨、生活用品840吨、价值1260余万元农药等生产生活资料，为农户节省资金665余万元。同时，服务公司免费为社员农户提供测土配方业务及病虫害绿色防治等技术，通过提高化肥、农药使用率，促进农户增产增收，可为每户成员每年节省30元肥料/亩。服务公司植保飞防年作业量达10万亩，价格比市场价格低20%，可为农户节约成本430余万元。

（供稿人：济宁京信联合社）

（五）兰陵县金亿发食品有限公司

兰陵县金亿发食品有限公司成立于2012年6月，位于素有“天下第一蒜”之称的中国大蒜之乡——山东兰陵，公司位于山东省临沂市兰陵县芦柞镇振兴东路1号，是一家集冷藏、收购、加工、销售于一体的现代化企业，有着优越的区位优势和劳动力优势。

公司现有员工200人，技术人员18人，是集大蒜出口和各种蔬菜加工于一体的综合性商贸平台。企业注册资金1000万元，投资总金额6000万元，公司总面积20000多平方米，每年出口大蒜35000吨，保鲜蒜3000吨，连体大蒜2000吨，牛蒡2000吨，年销售收入3亿元。

兰陵县金亿发食品有限公司于2014年5月荣获佳农公司战略合作伙伴；2015年被评为山东省临沂市重点龙头企业。2017年12月被评为山东省省级农业标准化生产基地（编号：SDNY13－05－019）；2017年3月被中共兰陵县委评为新型农业先进单位；2017年6月被评为中国蔬菜流通协会副会长单位；2018年3月被临沂市促贸会评为优秀会员企业；2018年12月被评为临沂市市级农业“新六产”示范主体单位；2019年2月被中共芦柞镇委员会、芦柞镇人民政府评为经济社会发展功勋企业、党建工作先进单位；2020年被评为省级重点龙头企业。

公司积极探索“龙头企业＋合作社＋基地农户”的现代化农业产业化联合体经营模式，创新利益，链接机制。通过产业化订单，农资团购，科技培训，品牌共享等多元化的利益链接方式，促进一二三产业化深度融合，带动农民增收，农业增效。

龙头企业推进优势资源整合，塑造绿色大蒜优势品牌，通过龙头企业与农民合作社、基地农户合作，让各类新型农业经营主体发挥各自优势，分工协作，促进基地农户经营、合作经营、企业经营协同发展，加快推进农业供给侧结构性改革，通过构建上下游相互衔接配套的全产业链，形成生产、加工、流通等较为完整的产业链条，促进农业提质增效。

公司建有全新高标准保鲜冷库，并配有先进的实验室，能够进行食品各项检测，满足国内外市场的需求。公司有健全的卫生质量管理体系，并制定了一整套完善、科学、合理的质量管理体系文件，运用国际标准化ISO 22000体系管理。公司与山东佳农国际有限公司，莱芜泰丰食品有限公司，山东万兴食品有限公司，江苏农爱田生物科技有限公司等大型大蒜出口企业保持长期战略合作。主要销往印度尼西亚、新加坡等东南亚地区，销量一直居同行业的领先水平，订单稳定，资金回笼稳定高效。

公司在鲁南大蒜购销中心设有3处收购办事处，在大蒜市场上是兰陵县每日大蒜价格的风向标，起带动和主导作用，是兰陵县物价局价格检测中心之一。公司大蒜交易在全国市场占有率12%左右，占兰陵县大蒜的30%以上。

（供稿人：兰陵县金亿发食品有限公司）

（六）中椒英潮辣业发展有限公司

中椒英潮辣业发展有限公司始建于1992年，占地400亩，坐落于中国辣椒城，是山东省规模最大的集辣椒种植、收购、加工、贮藏、销售、出口为一体的外向型企业。公司现有总资产7.8亿元，注册资金7000万元人民币，职工人数450人，其中各类专业技术人员75人。公司自创建以来已建立10.5万亩无公害辣椒种植基地及2000亩有机辣椒种植基地，为农民增收3300多万元，直接安置就业人员350余人，并间接提供1000多个就业岗位。从源头上保证了辣椒原料的天然、绿色、无污染，为产品的绿色安全保驾护航。

经过20年的风雨兼程，中椒英潮始终秉持“产业报国、造福百姓”的企业宗旨、“发展一项产业、带动一方经济”的企业使命，以辣椒制品为核心形成了“研发、育种、种植、精深加工、仓储、物流、销售、服务”八位一体的全产业链，成为了中国辣椒全产业链的领航者。主营辣椒种植、收购及辣椒制品的生产、销售，主要产品为辣椒干系列制品、辣椒酱系列制品、辣椒红色素系列制品、快速消费品系列“四大系列”产品，其中6个产品获得绿色食品认证，6个产品获得有机食品认证，1个产品名获得无公害农产品认证，“武城辣椒”被农业部认定为农产品地理标志产品。公司先后获得“农业产业化国家重点龙头企业”“全国绿色食品示范企业”“山东省高新技术企业”“全国农产品加工业示范企业”“山东省扶贫重点龙头企业”等荣誉称号。公司技术中心被认定为山东省企业技术中心及山东省辣椒生物工程研究中心。

中椒英潮凭借辣椒全产业链的优势，已与多家国际、国内500强食品企业建立了长期稳定的合作关系。产品不仅畅销国内，也获得国际市场的认可与青睐，远销美国、法国、墨西哥、韩国、日本等20多个国家和地区。

中椒英潮坚持走“公司+农户（合作社）+基地”的产业化经营的路子，积极在农村建立辣椒生产基地，现已发展辣椒基地10.58万亩（其中一体化辣椒种植示范基地830.844亩，紧密型辣椒基地105000亩），公司基地年干辣椒产量可达3万余吨，带动农户2万余户，订单合同履约率为100%，带动农户户均增收1000元，实现了公司与农户的双赢。

公司选择在老城镇辣椒生产重点行政村安排建立了辣椒种植科技一体化示范基地，签订农村土地承包合同，由公司自己组织人员采用“五统一”模式进行种植管理，加快对优质辣椒品种的繁育工作，提高优质辣椒栽植技术。该基地获得了有机食品产地认证。

统一品种布局。中椒英潮根据市场需求做出全年优质辣椒需求计划，结合土质、气候、不同品种生长期等情况，安排不同区域种植品种。

统一专业防治。公司成立防治队，统一提供高效低毒低残留的农药。

统一农资供应。公司会同农技部门组织对基地的土质进行检测，根据土质情况安排合适的肥料，按照低于市价的价格向社员提供。

统一机耕机收。公司牵头组织农机服务队，统一翻耕、统一收割，购置烘干设备，解决了辣椒种植大户晾晒难的问题。

统一品牌销售。基地所产粮食由公司统一收购，通过公司精深加工后统一品牌进行销售。

公司在武城镇、老城镇、广运街道办事处、郝王庄镇、李家户镇5个辣椒主产区建设了10.5万亩紧密型辣椒种植基地，签订辣椒种植回收合同，为农户提供辣椒良种、管理技术等服务。该基地获得了无公害农产品产地认证。

签订合同、保护价回收：公司为农户提供辣椒良种、管理技术、上门收购等服务；公司收购高于市价，与农户签订最低保护价收购合同，一级合格去把鲜椒最低保护价 0.8 元/斤，一级合格去把干椒最低保护价 3.0 元/斤，其他等级以质论价。

乡镇政府作为组织担保方，负责落实面积，维护收购秩序，完成收购计划。县担保公司作为资金担保方，负责担保农户的最低收益标准，解除农户的后顾之忧。公司支付一定的担保风险金，并在指定银行提供质押资金。

为更好地促进辣椒生产，使种植辣椒的农户在遭受火灾、雹灾、风灾、冻灾、涝灾和旱灾等自然灾害所致辣椒损失时，能够及时得到经济补偿，公司统一给种植辣椒农户入辣椒农业保险，发生以上灾害农户每亩地可以得到500元的赔偿。

公司编写了《辣椒种植栽培技术操作规程》，建立了基地追踪管理档案和农残控制体系，从播种育苗、配方施肥、大田移栽、田间管理、收拔晾晒、病虫草害综合防治等方面对基地种植进行全程管理。

针对武城辣椒产业发展的实际情况，辣椒种植大户越来越多、种植面积越来越大，却无法形成规范化管理的情况，中椒英潮辣业发展有限公司积极组织和培育种粮大户及家庭农场，为实现规模化生产，集约化经营，联合武城县多家辣椒精深加工企业和辣椒种植专业合作社，组建了武城县辣椒产业联合体，走“公司＋农户（合作社）＋基地”的产业化经营的路子，在农村建立辣椒生产基地，以合作社为主体流转社员土地，引入科学高效的产业化规模种植，通过精深加工提升辣椒产品附加值，开展流动销售、电商销售等现代销售模式，带领农户提升土地收益，增收致富。

武城县辣椒产业联合体以中椒英潮公司为核心，结合拉长核心企业上下游产业链，目前已吸收辣椒精深加工 3 家，分别为山东辣贝尔天然食品有限公司（省级农业产业化重点龙头企业）、山东多元户户食品有限公司（省级农业产业化重点龙头企业）、馨赛德（山东）生物科技有限公司，负责辣椒精深加工；吸收辣椒育种研发企业 1 家，为德州英潮红种业有限公司，负责辣椒优质新品种繁育。

种植专业合作社 3 家、家庭农场 1 家，分别为武城县农乐蔬菜专业合作社（农民专业合作社国家级示范社）、武城县润农辣椒种植专业合作社、德州市润瀛农作物种植专业合作社联合社、武城县英田家庭农场，负责辣椒种植及基地管理。

社会化专业服务组织 3 家，分别为武城县润农农机专业合作社、武城县辣椒制品研发检测服务中心、德州市辣椒协会，负责为辣椒种植基地提供全程机械化服务、为辣椒精深加工提供检测、新产品研发服务、辣椒种植及加工技术推广培训等。

组建辣椒价格指数团队 1 支，负责中国武城英潮辣椒价格指数的设立、运行、维护工作，为辣椒产业发展提供市场行情分析和数据支持。

组建电商团队 1 支，入驻杭州电商梦想小镇，负责辣椒相关产品的网络宣传和线上销售。

发展思路就是以辣椒精深加工为基础，通过向前端延伸带动农户建立辣椒标准化种植基地，后端连接市场服务与销售，推进原料生产、加工物流、市场销售服务一二三产业融合，提升产品附加值和企业自身竞争能力，不断创新农民在融合发展中的利益共享机制和实现机制，提高项目区农民的收入，形成“区域化布局、规模化种植、标准化生产、品牌化经营、社会化服务”的辣椒全产业联合发展大格局。

自中椒英潮公司推行辣椒产业联合发展模式以来，产业内各主体按照章程各司其职，共同发展，有效推进了生产基地建设。目前，武城及周边县市优质辣椒种植面积达15万亩，比联合体成立前提高了25%。通过集中采购农资和统一社会化服务，实现了辣椒生产和服务规模的提高，辣椒生产成本普遍下降15%～20%，加入联合体的农户户均增收2000～2500元，效益提高30%以上。同时，龙头企业通过为种植大户垫付种肥、为农民合作社垫付农机服务资金、帮助家庭农场获得抵押贷款等，缓解了成员的资金困难，形成了资金联结机制。2017年，中椒英潮公司为武城县英田家庭农场担保获得贷款200万元。武城县润农农机专业合作社曾面临订单减少、难以经营的困境，在加入联合体后，获得了生产技术、市场信息的指导服务，并与龙头企业和种植专业合作社签订了高于市场价5%的农机服务订单，迅速盘活了资金，购置了辣椒种植环节机械化设备，进一步提高了生产效率。2019年，武城县辣椒产业联合体被认定为“山东省农业产业化示范联合体”和“山东省农业新六产示范主体”。

（供稿人：中椒英潮辣业发展有限公司）

（七）禹城市清香园蔬菜种植专业合作社

禹城市清香园蔬菜种植专业合作社，于2012年8月1日注册，注册资金200万元。合作社创建了禹城市清香园无公害蔬菜种植标准园，占地30亩，主要种植无公害韭菜。2015年11月，该园区注册商标为“邻里乐”。2016年4月，该园区经山东省农业厅认定为“山东省无公害农产品产地”。2016年10月，经农业部农产品质量安全中心认定该园区种植的韭菜为无公害蔬菜。园区通过选用优良品种、推广绿色防控、开展臭氧功能水防增双效技术防治韭蛆试验等技术推广研究，减少了农药用量，提升了产品品质，保障了产品安全，增产增效显著。合作社生产的无公害韭菜产品，礼盒装韭菜春节前后卖到15元/斤，深受广大群众的欢迎。2019年，园区继续开展新品种试验，4月引进平丰7号、平丰8号、平丰四季翠绿、平丰绿宝4个韭菜新品种，在园区开展了新品种试验，加快韭菜新品种的推广速度，促进韭菜品种的更新换代。

（供稿人：禹城市清香园蔬菜种植专业合作社）

二、河南省特色蔬菜龙头企业

（一）河南省北科种业有限公司

河南省北科种业有限公司是一家集辣椒科研、生产、繁育、销售于一体的现代种子企业，公司创建于1990年，注册资金500万元，经过20年来的发展，目前公司拥有占地面积50亩，标准化厂房和常温仓库8000平方米，新建恒温库2500平方米，引进现代化种子加工生产线2条，公司十分注重新品种研发和推广，每年投入大批资金，聘有中高级职称人员16人，建设有2600亩的良种繁育基地，有400亩辣椒新品种生产试验田，并与国内外多家知名种业建立了紧密的协作关系，互相交流，共谋发展。公司以“品行天下、质创未来”为发展宗旨，以“打造中国朝天椒第一品牌”为发展目标，本着“以科技为先导，以诚信为根本，视质量为生命，靠创新求发展”的信誉理念，其生产的“北科”牌辣椒种子以较高的质量，良好的信誉赢得了广大经营用户的信赖，产品远销山东、安徽、河北、江苏、吉林、辽宁、新疆等十几个省份。

企业在自身取得长足发展的同时，亦得到了社会的认同、政府的肯定，公司先后荣获“河南省著名商标”“河南省最受农民欢迎的十大品牌”“质量信得过企业”“河南省优质品牌”“商丘市知名品牌”“河南省重合同守信用企业”“河南省3·15质量诚信双保障单位”，企业荣获ISO 9001：2000国际质量管理体系认证证书、国家新品种培育方法专利证书、商丘农业博览会金奖和柘城县辣椒育种企业创新奖。

公司采取“公司+农户+基地”的方式，成立了柘城县北科三樱椒发展专业合作社，发展入社社员256户，为入社会员免费发放《朝天椒栽培技术手册》，免费举办种椒技术培训班，义务提供椒田管理技术指导。对三樱椒良种繁育基地种植户实行统一供应原种、统一供应肥料农药、统一按高出市场价10%收购干椒，大大提升了专业合作社的辐射带动能力，使合作社社员每亩增收400多元，以显著的助农惠农工作成效，北科合作社成为全省农民专业合作社的一面先进旗帜，被评为“国家农民专业示范社”“河南省农民专业示范社”，市、县两级“优秀农民专业合作组织”。

公司在发展壮大的同时，在精准扶贫工作上也取得了一定的成绩，在牛城乡草帽王村流转农民土地500多亩用作辣椒新品种生产试验田，为50位贫困劳动力提供了就业门路，每人每年收入8000元。下一步，公司准备在草帽王村附近再流转2000亩地扩大试验田，吸纳更多的劳动力就近就业，增加村民收入。

（供稿人：河南省北科种业有限公司）

（二）柘城县传奇种业有限公司

柘城县传奇种业有限公司是一家集科研、生产、经营、推广为一体的种业公司，技术力量雄厚，公司有高级农艺师3人，农艺师5人，高级经济师1人，农技师3人。

柘城县传奇种业拥有200多亩实验示范基地，1.5万亩种子生产基地，先进的种子检验设备，一流的种子加工生产线，国内最先进的种子低温烘干机械，专业的种子生产技术人员，现代化的标准仓储设施。为全国农民生产出高质量朝天椒种子提供了有力保证。

河南省柘城县传奇种业有限公司拥有“传奇”“天地红”“吨椒”“椒帅”“吨研”“吨椒传奇”“金椒传奇”等自主品牌，开发出了适宜全国不同区域种植的几十个品种。品种主要销往河南、河北、山东、山西、陕西、天津、安徽、吉林、辽宁、新疆、内蒙古等省份。在全国朝天椒种子行业中具有较高的知名度，是目前国内最具有影响力的朝天椒种子生产厂家之一。

（供稿人：柘城县传奇种业有限公司）

（三）嵩县丰敬种植养殖专业合作社

嵩县丰敬种植养殖专业合作社位于洛阳市嵩县库区乡板闸店村，距乡政府2千米。合作社于2018年12月24日成立。合作社共有社员5人，注册资金100万元。合作社成立后，严格按照民办、民管、民益的原则，合作社以种植、加工、销售、技术合作作为服务宗旨，实行规范化办社，科学化管理，以“合作社＋农户”的发展模式经营。

合作社成立初期，从板闸店村流土地转620亩，用于辣椒种植。于2020年1月，在板闸店村挑选80亩优质肥沃的地块进行育苗，省农科院的同志对合作社的工作给予大力支持，从选种到育苗到栽植，都工作在一线。特别是对于优良品种的筛选，省农科院的同志们和合作社成员一同到柘城选购优良品种，有大艳红、艳椒、朝天椒等品种。

在合作社的影响下，周边古路壕、翟河、常店、张岭、吴村、南屯、柏坡、席岭、安岭等十几个村庄发展辣椒种植3000多亩，带动贫困户100多户，使他们通过种植辣椒走上脱贫致富路，为嵩县的脱贫攻坚工作做出了一定贡献。为了保证鲜辣椒能及时烘干存放，降低阴雨天气辣椒霉变损失，乡政府帮助合作社投资60多万元建成每天加工鲜辣椒10吨的炕房一个，为辣椒的生产提供了有力的保障，减少了合作社和种植户损失，提高了经济效益。2019年合作社鲜辣椒共卖出500多吨，产值250万元；干辣椒50吨，产值100万元。

（供稿人：嵩县丰敬种植养殖专业合作社）

（四）河南红运高辣食品有限公司

河南红运高辣食品有限公司前身为太康红运来辣椒种植专业合作社，成立于2009年9月，白富强担任公司总经理。2017年9月在太康县县委、县政府、龙曲镇党委政府的大力支持下成立了河南红运高辣食品有限公司，即太康县辣椒产业化扶贫基地，基地占地80亩，建设标准化生产车间20000多平方米，主要经营辣椒、大蒜等蔬菜类种植推广及深加工。

公司以红运高辣品种试验田为依托，优选韩国、东南亚及中国各大种业公司46个辣椒新品种进行大田试种、推广。每年8月1日对各种植基地及种植开放、供大家参观、交流、选种。真正实现引进、试种、参观、选种一条龙服务，让种植户不出家门即可领略到适合河南省种植的世界各地辣椒新品种。

公司与各大种植基地、种植户签订鲜椒保底回收合同，最大限度地保障种植户利益。2020年计划在全省境内：周口市（太康县、淮阳县、扶沟县、项城市）、开封市（杞县、通许、尉寺）、商丘市（柘城县、睢县、宁陵县、民权县）、驻马店（新蔡县等）、三门峡市等推广50多万亩“红运高辣”系列辣椒种植基地。其中太康县全县推广种植可达10万亩以上，并与3000多户种植户签订回收合同。可带动2000多户贫困户脱贫致富，“红运高辣”系列可让全省辣椒种植户增收上亿元（每亩增收1000元以上）。

公司主要以加工湖南剁椒、福建辣椒酱、四川泡椒等为主，并与湖南坛坛香食品公司、成都盈棚泡菜建立长期合作关系。公司拥有6条剁椒流水线、2条鲜椒加工流水线、真空包装机6台，现公司日加工鲜椒30多万斤，年加工3.6万吨鲜椒，年营业额可达到1.6亿元，常年用工300多人；让农民每斤辣椒多卖0.4元左右，每亩增收千元以上。公司自有品牌“红运高辣”剁椒系列、泡椒系列已全面上市，现已在大中原区开始销售。2019年可实现营业额3000多万元，利润600多万元。

公司主要经营烘干辣椒、大蒜、豆角、胡萝卜等，主要是用来做脱水蔬菜加工、出口及各种调料包等，常年与江苏振亚、顶能等食品公司合作，供应“红运高辣”系列脱水蔬菜，给康师傅、统一、白象等食品公司做调料包，并自主出口到俄罗斯等国家。公司现拥有两条20米燃气烘干流水线，1条26米空气能烘干流水线，2座烘干房。6月大蒜、8月辣椒、10月胡萝卜等，全年预计加工鲜椒9000多吨，大蒜1.5万吨，胡萝卜1.2万吨，年营业额可达6000多万元，全年用工200多人。

公司干椒收购业务以色选干辣椒，炒制干辣椒、辣椒粉加工等为主，生产“红运高辣”系列各种干辣椒制品及复合调味料，主要是供应方便食品、调味品、火锅底料等国内大型食品公司，可长年用工130多人，年加工销售3000多吨干椒制品，年营业额在5000万元以上，利润在500万元左右。

公司四大业务全年营业额近2亿元，利润在2千万元左右，可带动全省辣椒等蔬菜种植50多万亩，在种植、采摘环节可带动农村务工人员上万人。公司加工环节可带动龙曲镇600户贫困户务工脱贫致富。

2019年10月6日，公司投资新建的大型污水处理厂项目已经开工建设，总投资800多万元，日处理污水600余吨，可彻底解决蔬菜生产加工中的污水排放问题。因农产品在收购、加工、存储过程中需冷藏、保鲜。已向太康县农业农村局申请建设长36米、宽20米、高8.5米、占地面积720平方米、容量6120立方米，冷藏保鲜库1座。

（供稿人：河南红运高辣食品有限公司）

（五）扶沟县遍地红辣业有限公司

扶沟县遍地红辣业有限公司地处全国蔬菜生产重点县——扶沟县汴岗镇于营经济开发区888号，成立于2011年12月，注册资金3000万元，现有员工56人，系周口市农业产业化重点龙头企业，是周口市精准扶贫基地，扶沟县产业扶贫基地。

近年来，公司以“助农民增收，为政府分忧”为宗旨，走辣椒产加销一体化道路，专业化发展辣椒产业。建设有固定的辣椒生产基地50000亩，生产加工车间10000平方米，拥有国内先进全自动网带辣椒烘干设备3套，500立方米的保鲜库2座。年加工鲜辣椒8000吨、干辣椒2500吨，公司生产的“天御红”牌辣椒段、剁椒、辣椒碎等系列产品，销售到国内10多家大型食品公司，年销售收入近亿元。“天御红”成为业内驰名商标。2015年公司基地获得无公害产地认证和无公害产品认证。

扶沟县遍地红辣椒专业合作社以“扶沟辣椒”区域品牌为依托、以“助农民增收，为政府分忧”为宗旨，走辣椒产加销一体化道路，专业化发展辣椒产业。建设有固定的辣椒生产基地50000亩，生产加工车间10000平方米，拥有国内先进全自动网带辣椒烘干设备3套，500立方米的保鲜库2座。年加工鲜辣椒8000吨、干辣椒2500吨，公司生产的“天御红”牌炕椒、辣椒丝、辣椒段、剁椒、辣椒碎等系列产品，销售到国内10多家大型食品公司，年销售收入近亿元。“天御红”辣椒被评为河南知名品牌。

（供稿人：扶沟县遍地红辣业有限公司）

（六）内黄县苏红尖椒专业合作社

内黄县苏红尖椒专业合作社成立于1995年9月，基地位于内黄县六村乡干口村，总面积500亩，注册资金120万元。合作社现在社员42人，辐射带动周边1300余农户发展尖椒种植。

自合作社创建以来，在各级农业主管部门的帮助和关怀下，紧紧围绕“科技兴农产业致富，生态文明”的发展目标，利用六村乡当地自然气候优势，采取“合作社＋基地＋农户”的生产经营模式，由合作社建立标准化种植示范基地，组建技术服务队伍，开展集约化管理经营：一是为农户提供尖椒产业技术培训、优质种苗和农资供给；二是农户以土地入股加入合作社开展联合经营，由合作社统一供种育苗，统一栽培技术，统一病虫防治，统一农资管理，统一收购加工，统一对外销售；三是与合作社签订合作服务协议，由合作社帮助建立标准化尖椒种植基地，提供标准化尖椒管理服务。

目前合作社拥有550亩高标准无公害生态种植育苗基地一个，1500吨大型冷库1座，配备有大型烘干机、智能色选机、输送机、自动切把机等大型科技智能设备。

自合作社建立以来，直接提供了40余个就业岗位，同时每年向社会提供劳动岗位2000余个，解决了基地附近闲置劳动力就业。合作社在解决劳动力就业的同时，让农户学到了尖椒种植先进技术，带动了基地周边尖椒种植技术的提升发展，2018年底，带动六村乡发展尖椒种植5.5万亩，辐射带动全县种植尖椒面积30余万亩。2018年，种植尖椒比传统农作物（玉米）每亩增收5000余元，经济效益显著。

合作社与安阳市农科院合作在尖椒种植基地推广滴水灌溉技术，最大限度地利用地下水，最大限度地保持水肥不流失，节约了水资源，实现了尖椒种植的可持续发展。与安阳全丰植保飞防公司合作，推广尖椒种植飞防模式，传统农药每亩需要喷施药液30～40升，而无人机飞防作业每亩地喷施专用农药，节省水资源，减少农药使用量。通过“一喷三防”，有效减少了尖椒种植的病虫害，实现了尖椒种植产量与质量的双提升。

注册商标“沙区红”入选河南省知名农业品牌，2020年公司种植的尖椒通过农业部农产品质量安全中心“绿色食品认证”，合作社目前已经建成涵盖育种、种植、销售、加工、冷储、电子商务等全方位的农产品购销平台，将内黄辣椒从农村的田间地头送向中国乃至全世界的餐厅餐桌。

（供稿人：内黄县苏红尖椒专业合作社）

（七）河南辣德鲜食品有限公司

2015 年，韩锦友在柘城县创办工厂，生产鲜椒发酵产品，经过 5 余年的发展，“辣德鲜”已成为脍炙人口的鲜椒发酵调味品品牌。辣德鲜食品有限公司位于炎帝朱襄氏故里柘城，占地总面积 13000 平方米，是一家以辣椒为产业的辣椒精深加工现代化企业，主要经营“辣德鲜”牌鲜切椒系列的自主研发辣椒酱制品。其制品主要原料鲜椒，是以采摘本地三樱椒经过秘制腌制、储存、发酵，将现代技术与传统手工制作工艺相结合，形成了风味独特、品质上乘，深得广大消费者青睐。为了实现让世界尝到柘城鲜椒味的梦想，2021 年 4 月公司成功获得出口食品企业资质，现已获得多批出口订单。

柘城是中国辣椒之都，柘城辣椒的优良品质与地域、气候等密切相关，辣度适中，香味浓郁。目前市场上销售的辣椒酱大多是干椒酱，消费者不能品尝到柘城辣椒的原汁原味，“辣德鲜”鲜切椒弥补了这一缺陷。2016 年 9 月，在新疆和硕县举办的第十一届全国辣椒产业大会上，辣德鲜参加了辣椒食品评选，取得了第一名的佳绩。2017 年 9 月被柘城县人民政府评为“优秀辣椒企业”的称号；2018 年 1 月被中国消费质量安全万里行评为“推荐品牌”；2018 年 5 月被评为“商丘风味名吃”；2018 年 12 月因关爱环卫工人，关心城市发展，被河南省建设文化协会授予“河南省爱心企业”；坚持每年向慈善总会捐赠辣椒酱；2020 年，在疫情期间，公司向奋战在疫情防控一线的工作人员捐赠了价值 28 万元的辣椒酱和 1 万元现金。

辣椒产业是柘城扶贫的支柱产业，公司先后与 1000 多农户签订协议，采用订单种植辣椒 6000 多亩，一是为周边农户提供 80 名就业岗位，从事辣椒收购、腌制、存储等职位；二是免费提供技术服务，帮助椒农增产增收，每亩可增收 2000 元，走“公司 + 基地 + 农户 + 市场”的农业产业化发展道路，确保辣椒无公害种植，确保高于市场回收价，每年收购本地鲜椒达 3000 多吨，使贫困户实现了稳定脱贫，2020 年 4 月，公司被评为“商丘市扶贫龙头企业”。

辣德鲜食品有限公司，在县委、县政府的大力支持和关怀下会更加积极奋进，坚持“追求卓越，强农兴农、扶贫济困”的经营理念，执行标准化、现代化、人性化的科学管理模式，“以质量求生存，以创新求发展”为企业宗旨，助力脱贫攻坚，为柘城的发展做出积极的贡献。

（供稿人：河南辣德鲜食品有限公司）

（八）柘城县山里红商贸有限公司

柘城县辣椒协会副会长、致富带头人郑海华，2015 年开始从事辣椒行业，创办了柘城县山里红辣椒商贸有限公司，主要经营种子繁育、订单种植、土地托管、辣椒贸易、辣椒制品加工等业务，是一家综合型现代化农业科技服务企业。

在县委、县政府和辣椒产业办公室的大力扶持下，经过几年的发展，如今公司拥有山里红辣椒商贸有限公司；柘天椒农业科技开发有限公司；山里红种植农民专业合作社；河南省山里红食品有限公司共4个公司。合作育种专家3人，建有现代化辣椒烘干线6条，冷库1座，辣椒育苗基地1500亩，具有年加工鲜辣椒5000吨，冷藏干椒1500吨，销售干椒1万多吨的能力。2018年实现年交易辣椒5000吨，交易额突破6000万元。

2017年县委政府出台了优惠政策，对种植辣椒给予100～300元补贴，由政府替农户购买农业保险，种植辣椒有了保障。在此基础上，公司成立了柘城县山里红种植农民专业合作社，注册资金达到3000万元，发展农户种植辣椒1万余亩，帮助2000多户贫困户通过种椒实现稳定脱贫，每亩收入达到5000元，与社员采取基本工资加分红的模式。2018年山里红合作社在柘城县成立了第一家农民专业合作社联合社。目前有35家农民专业合作社加入了联合社。京东金融为每家合作社提供30万元的资金支持。

2018年11月，公司在中原股权交易中心挂牌上市，资本市场助力公司快速发展。与重庆聚土网、京东金融成功对接，在柘城发展6万亩辣椒订单种植。

（供稿人：柘城县山里红商贸有限公司）

（九）河南漯河南街村调味品厂

南街村调味品厂是南街村集团支柱企业，是河南省重点保护企业。公司现有员工600多名，其中工程技术人员175名，现有固定资产2000万元，占地面积4万余平方米，年产值达2.5亿元，外设有河南叶县、湖北云梦、安徽定远三个分厂，是一个集产、供、销为一体的综合性现代化企业。公司生产的系列调味品品种齐全、规格多样，有复合调料系列、鸡精系列、纯天然调料系列、香辣酱系列、火锅系列、纯粉系列、浓缩鸡汁系列、肉粉系列、猪肉香膏系列、家常菜系列等多种风味不同、口味各异的系列产品。产品自投放市场以来，以强劲的态势迅猛占领26个省份的400多个县市，现拥有合同户900多家。公司于2000年6月顺利通过ISO 9002国际质量体系认证，并于2003年3月顺利通过ISO 9001：2000版国际质量体系转换和认证。公司于2000年加入中国调味品协会，成为会员单位。公司的辣椒原材料采购主要以临颍县香辣天樱椒为主。

南街村系列调味品风味不同，口味各异，食用方便，广泛用于宾馆、餐厅、饭店、家庭，是煨汤、火锅、烧烤、卤制、凉拌、热炒的理想佐料，也是旅游度假的必备品。

（供稿人：河南漯河南街村调味品厂）

第四章　华东片区

一、江西省特色蔬菜龙头企业

（一）江西信明科技发展有限公司

江西信明科技发展有限公司注册资本1500万元，是信丰县一家以农产品品牌化运营的民营企业，公司通过了无公害产品及ISO 9001：2008质量管理体系认证。公司的产品主要有信丰脐橙、赣南脐橙糕、信丰萝卜、信丰红瓜子、银杏茶、草菇、脆笋等100多个品种。公司先后获得国家科技部认定的“星创天地”“全国食品工业优秀龙头企业”“江西省小型微型企业创业创新示范基地”“江西省电子商务示范企业”“江西省专精特新中小企业”“农业产业化经营省级龙头企业”“赣州市电子商务示范基地”“赣州市众创空间”“信丰县公共信息和创业服务平台”“信丰县就业技能培训定点机构”等荣誉称号，“信明”商标于1998年注册后被认定为江西省著名商标。公司拥有各项专利226项。信明电商产业园于2016年11月13日荣登央视的新闻联播，于2017年1月12日荣登央视的焦点访谈，2018年11月11日荣登央视的新闻直播间。公司的服务内容包括信息咨询、法律咨询、创业培训、技术培训、人才交流、电子商务运营、仓储、物流等各类公共服务。企业采用“企业＋基地＋农民合作社＋农户＋商超”的产、供、销一条龙模式，不断夯实产业链基础建设，并通过传统销售渠道和电子商务模式使企业产品稳步走向全国市场。

通过“信明”牌战略实施，发展了自己的商业模式：“绿色有机农产品＋移动互联网＋资本上市”。公司董事长黄军赣同志长期致力于农副产品开发利用，经过18年的努力，打造了以江西省著名商标“信明”牌银杏茶、红瓜子、萝卜干、脐橙、草菇、脆笋、水产、肉制品八大系列100多个品种的地方特色产品，“人信物丰”“陡水渔家”“赣菜诱惑”“太余府”等品牌基本覆盖了赣南动植物资源和麦饭石、稀土等矿物资源的利用，制定标准和规则，走品牌运营之路，是赣南数一数二的农产品供应商，也是赣南最多QS农产品品种供应基地。

2015年，公司响应国家“大众创业，万众创新”的号召，在县委、县政府和有关部门的关心支持下，按照“企业主体、政府推动、市场运作、合作共赢”的原则，依托公司省级“双创示范基地”“电子商务示范企业”、市级“公共信息和创业服务平台”和公司“电商创业孵化园”基础条件和资源，依照龙头企业带动农业产业化发展的思路，筹建了以地方农副产品推广为主业的“信明科技创业园”。在信息咨询、创业培训、事务代理、仓储物流、基础网络、办公环境、后勤等方面给入驻的电商孵化创业企业提供了完善的保障和服务。努力打造江西最大的农产品电商产业园、江西最大最靓的特色农产品地方馆、最多地理标志的县域地方馆（全市 14 个，信丰 3 个）、最多 QS 农产品食品工业供应基地。

公司在信丰县工业园城北大道建设用地 60 亩，投资总额为 1.2 亿元，销售模式为线下实体加线上电商，加工产品品种为脐橙、萝卜、红瓜子等 100 多类农副产品。依据信丰的脐橙产业优势，为服务好信丰广大果农及入驻孵化园电商企业在网上销售推广脐橙，公司投资 1200 多万元，配套新建了一条年处理 3 万吨的脐橙分选生产加工车间。在脐橙采购、运输、分选分级、仓储物流、快递、包装等方面为电商企业提供“一站式”服务。

（供稿人：江西省信丰县农业农村局；袁青云）

（二）信丰县农伯乐蔬菜专业合作社

信丰县农伯乐蔬菜专业蔬菜合作社于 2008 年 7 月 16 日创办在信丰县古陂镇，是以基地联农户、基地带生产的专门从事各类无公害蔬菜、有机蔬菜的生产、加工和销售的现代化合作组织。理事长赖焕华于 1980 年 9 月出生，2012 年 7 月加入中国共产党。自 2004 年 7 月从华南农业大学毕业后，一直从事蔬菜种植、营销工作，2006 年来到信丰以后，便扎根古陂，带领当地菜农矢志发展蔬菜生产，带动当地农户共同致富，被菜农们亲切地称为“农民头”，县委刘勇书记在调研时称赞他“把菜种到农民心坎上去了”。农业部专家多次调研时评价“这才是真正最有生命力的合作社”。

合作社成立以来，一直致力于国内外优良蔬菜品种的引进，先进生产技术的应用推广。先后引进试种成功的有荷兰瑞克斯旺辣椒、以色列番茄、韩国萝卜、荷兰西葫芦、日本甘蓝等品种系列。合作社还根据当地气候特点，成功试验出“春黄瓜—夏玉米—秋甘蓝”“春花椰菜—夏黄瓜—秋萝卜”“春萝卜—夏甘薯—秋甘蓝”等露地一年三茬高效轮作模式；“冬春番茄—夏秋甜瓜”简易大棚设施一年两茬高效模式；瑞克斯旺辣椒一年一茬高效长茬栽培模式，使合作社农户亩效益达到 1 万 ~4 万元/亩的效益。

现代农业的发展离不开掌握先进生产技术的人才和高素质的农业劳动者。信丰县农伯乐蔬菜专业合作社重视员工队伍的建设，拥有一支高水平的管理团队。合作社现有员工 50 人，其中，大中专以上学历 10 人，农艺师以上技术职称人员 3 人。基地创办以来不但解决了周边农民工就业问题，并且对工人持续的进行农业技术培训，提高其科学素养和技术能力。基地还通过在周边乡村举办讲座等形式，积极推广农业生产新技术，使受益农户达 5000 多人次。

信丰县农伯乐蔬菜专业合作社服务宗旨是：以伯乐的眼光指导农业生产，让农民伯伯乐起来！合作社积极通过推广“合作社+基地+农户”的模式带动周边农村经济。2008年启动“合作社+基地+农户”模式以来，已发展信丰县古陂镇枫树村、天光村、古陂村、太平村、阳光村、墩高村、大桥镇青光村、大桥村、中塅村、竹村村，嘉定镇庄高村、洞高村，大阿镇东风村、谷山村，大塘埠镇新龙村及安远县牛犬山、孔田及天心610农户，发展蔬菜面积达3500多亩。合作社通过“合作社+基地+农户”带动了周边乡镇12个百亩以上的大棚蔬菜基地，模式不但实现了种植模式多样化和蔬菜生产的产业化，而且通过示范作用推动了当地蔬菜产业的发展，取得了良好的社会效益。

为更好地服务农户的蔬菜种植，合作社已建立300亩现代设施蔬菜品种示范基地及工厂化育苗基地。现在基地已认定为粤港澳菜篮子供应基地，相关的无公害产品认证工作也在积极推进。合作社力争在3年内，通过推广“合作社+基地+农户”的模式，培训2000户以上专业的蔬菜种植户，带动农户无公害蔬菜种植面积8000亩以上。

展望未来，在各级领导的支持下，合作社将继续大力发展“合作社+基地+农户”的模式，进一步扩大基地的规模，培养更多的蔬菜专业化农户、推广更优的蔬菜品种、建设更多现代设施农业系统、提高无公害蔬菜的生产技术，达到当地蔬菜产业的规模化、规范化、良种化、设施化、绿色食品化。

（供稿人：江西省信丰县农业农村局；袁青云）

（三）瑞昌市兴隆蔬菜茭白专业合作社

瑞昌市兴隆蔬菜茭白专业合作社成立于2012年6月，由杜兴龙等人注资820万元成立，办公地点位于范镇良田村原小学；已流转了土地面积2000多亩，主要位于范镇良田村、东山村、桂林办事处光明村；固定资产前期已投入了600多万元，建设了产品分拣中心、检测中心、大田移动喷灌系统、冷链物流设施等；现有管理人员8人（其中专业技术人员6名），长期工作人员50人。

2019年，合作社的茭白总产量达到了9000多吨，产值超过2000万元，当年实现了800万元的净利润，平均每亩净收益达到了4000元。

茭白的生产属于劳动密集型，种植、采收、包装、销售等各个环节都需要大量的人力，高峰期临时员工600多人，促进了当地的农民就业。2019年员工工资总支出500多万元，常年务工的员工平均工资达到了3万元以上，增加了农民的收入。

合作社通过“毅恒兴隆”商标的统一包装，产品销往了武汉、上海、合肥、深圳等大城市，建立健全了合作社的销售网络，2019年产品做到了零库存、无积压，货款全部收回，为2020年的生产奠定了基础。

（供稿人：瑞昌市农业农村局；余国庆）

（四）致纯食品股份有限公司

2012年，广昌乡贤陈荣华积极响应广昌县“双返双创”号召，回乡创办致纯食品股份有限公司。公司位于广昌县工业园区，占地面积120亩，总投资2亿元，其中固定资产

11943.14 万元。2017 年 6 月莲子汁生产线投产，2018 年 6 月引进 980 毫升莲子汁、年产 16000 吨荷叶茶生产线全线投产。2019 年公司实现销售收入人民币 8706 万元，生产莲子汁 4000 万瓶、荷叶茶饮料 2000 万瓶，其他产品 15 万吨。产品目前已进驻华润万家、上海每日优鲜、北京果蔬好、冠超市、喜客多等线下连锁商超和线上大型电商平台。2019 年莲爽产品成功打入欧洲市场。

企业始终贯彻科技强企、质量兴企的办企思想，已通过 ISO 9001 国际质量管理体系认证、ISO 22000 食品安全管理体系认证和 HACCP 危险分析与关键控制点体系认证。公司拥有专业的实验室，长期从事莲产品的研究，与南昌大学合作成立了“中国白莲食品研发中心”。公司已申报国家专利 26 项，其中发明专利 3 项，实用新型 20 项，外观设计 3 项。莲子汁研发项目成果获省科技进步一等奖。“莲爽”荷叶茶饮料项目荣获“第二届全国农村创业创新项目创意大赛总决赛”成长组三等奖，是江西农业创新组唯一大奖。2018 年“莲爽”莲子汁成为江西航空指定饮品，在首届“中国农民丰收节”成为节庆长桌宴唯一饮品，“莲爽”莲子汁获得第十六届中国国际农产品交易会产品金奖，第十四届江西生态鄱阳湖绿色农产品（上海）展销会金奖，抚州市旅游商品创意大赛金奖等殊荣。2016 年被评为省级农业产业化龙头企业，2018 年被评为工业旅游示范基地，是国内首屈一指的专业莲食品研发生产的旅游观光型企业。

近几年来，公司通过采取“企业 + 基地 + 合作社 + 农户”的模式在盱江镇、头陂镇、塘坊镇、甘竹镇等地建立了广昌白莲优质原料生产基地 6000 亩，探索多种有效的扶贫途径和形式，帮助贫困村、贫困户拓宽致富门路，加快致富进程。

（供稿人：江西省广昌县白莲科学研究所；杨良波）

二、浙江省特色蔬菜龙头企业

（一）浙江备得福食品有限公司

浙江备得福食品有限公司始建于 1992 年，是一家专业从事以榨菜为主的腌制蔬菜小包装生产加工企业。厂区占地面积 50 多亩，建筑面积 3 万多平方米，腌制区占地面积 150 多亩。现有职工 400 多人，拥有 8 条智能化全自动灌装生产流水线，常年加工榨菜为主的新鲜蔬菜近 10 万吨，市场覆盖全国各地，年销售额 2.2 亿元，是全国农产品加工示范企业，浙江省骨干农业龙头企业，浙江省商标品牌示范企业，“备得福”商标为中国驰名商标。

（供稿人：浙江备得福食品有限公司）

（二）嘉兴市圣荷生态农业有限公司

公司经嘉兴市工商行政管理局批准，于 2018 年成立，性质为股份制公司，现已注册资金公司 500 万元。公司地处嘉兴市秀洲区王江泾镇北部，这里生态秀美，藕田资源非常丰富，是国家认证的中国田藕之乡。公司有雄厚的技术人员力量，现拥有员工35人，其中具有专业技术人员5人，专业营销人员5人，养殖基地为秀洲区王江泾镇双塔村，与兄弟公司淮安圣荷生态农业有限公司藕田种植面积共计5000多亩。

企业着重致力于农业产业化经营，以科技为支撑，以基地为纽带，通过不断的生产实践经验，使公司在许多品种和领域达到了技术突破，公司自身也创造了良好的经济效益和社会效益。与此同时，公司在实行“公司+基地+藕农”的产业化经营，市场化运作经营过程中，辐射带动了周边的许多藕农就业；带动莲藕种植户100余户，养殖面积达6000余亩，使藕农增产增效。对藕农提供种植技术，虾苗、饲料、产品运销服务，加强与农种植技术培训，调整种植结构模式。

公司借助江南水乡生态农业得天独厚的地理优势，为广大消费者奉献上原生态的水产品，我们的宗旨是贯彻“绿色、生态、健康、环保”理念，加强质量安全管理，发展生态循环农业，参与公益事业，用品质服务与真诚来换取大家的信任与支持，实现社会效益和经济效益的最大化。

（供稿人：嘉兴市圣荷生态农业有限公司）

（三）桐乡市董家茭白专业合作社简介

桐乡市董家茭白专业合作社组建于2003年6月，现有社员163名，其中团体社员2个，为桐乡市供销总社和龙翔供销合作社、农民社员161人，合作社常年联结茭农2800余户，联结基地面积13500亩。合作社先后被评为省级示范农民专业合作社、浙江省百强农民专业合作社、浙江省农业科技企业等称号。“董家茭白”先后荣获绿色食品、浙江名牌产品、浙江省著名商标等称号，并获国家地理标志产品保护。合作社现有3000平方米的茭白交易市场，配备8000吨容量的保鲜库。2010年5月，董家茭白成功进入上海世博会，2015年12月起成为互联网大会产品定点供应产品，董家茭白的知名度和市场占有率不断提高，销售额由2006年的1602.4万元提高到2019年的3799.5万元，社员入社交易率达90%以上，合作社龙头带动作用日趋突出，基地发展后劲进一步增强。

近年来，合作社为社员提供生产技术、产品营销和经营管理等方面的服务，并成为浙江省农业重大技术协同推广计划项目、“一品一策”专项等项目示范基地。合作社长期与省水生蔬菜协会、浙江大学、浙江省农科院、中国计量大学等科研院校和农技推广部门合作，先后开展了茭白种质资源圃建设、龙茭2号的选育、叶面肥施用、锈病综合防治、苔管育苗、大棚双膜覆盖、茭鳖共生模式等先进适用技术的示范推广。同时，积极探索合作社运行机制创新，实施“五统一”管理服务，努力提高茭白产品质量，即统一开展技术培训，提高标准化生产水平；统一农资配送，加强农产品质量安全源头监管；统一生产档案记录，实行农产品质量追溯制度；统一检验检测、保障农产品供应安全；统一包装销售，提高农民持续增收能力。

（供稿人：桐乡市董家茭白专业合作社）

（四）浙江省缙云县五羊湾果蔬专业合作社

缙云县五羊湾果蔬专业合作社成立于2008年11月，注册资金50万元，是一家集产前、产中、产后服务为一体的专业合作社。2010年注册“五羊湾”商标，2019年成为出品欧盟的茭白备案基地。现有社员106人，茭白种植面积4500亩，年销售额0.9亿元。合作社先后被评为“丽水市规范化合作社”“浙江省示范性合作社”“全国农民专业合作社示范社”。

针对单季茭白种苗种性退化问题，合作社开展单季茭“美人茭”种苗提纯复壮工作，从福建、湖南、贵州等地引进单季茭种苗，进行品种对比试验，从中筛选出适栽品种，并采取独立留种田留种育苗的方式，提高种苗质量，使缙云单季茭重新呈现上市早、孕茭率高、上市整齐度高和品质优等特点，产出的茭白价格提高了1.2元/千克，茭民增收显著。2015年，合作社申请的“一种单季茭白一年两收模式增产方法”已获得国家发明专利。同时该合作还有“增加单季茭种苗出苗量的方法”“提高单季茭白再生茭抽生数量的方法”两项专利在申报中。单季茭一茬双收模式运用该三项技术后，茭白田亩产量增加400余千克，亩产值增加1400余元。

合作社为拓宽销售渠道，线上线下齐发力。一方面，积极与全国各地客商对接，建立稳固的产销关系，将茭白销往广州、虎门、泉州、长沙、南昌、成都、合肥、武汉、上海、南京、济南、西安、北京等省外大中城市。除传统农贸市场批发销售外，合作社还与宁波、杭州等农超进行对接，建立直销基地，基地产品直接进超市。另一方面，合作社通过邮乐购、淘宝网等网络平台，实现缙云茭白线上销售。2019年，合作社茭白年销量超2万吨，销售额近1亿元。在占领国内市场的同时，合作社积极开拓海外市场。合作社的茭白基地通过海关一系列严格的审核，成为“出口食品原料种植场”，该基地所产的茭白外销至西班牙、意大利、美国等国家，成功开拓了缙云茭白海外市场。

合作社紧紧围绕“绿色、优质、高效”的要求，坚决杜绝高毒、高残留农药在茭白田上的应用，同时应用杀虫灯、性诱剂、生物农药等绿色防控技术有效实现农药减量，保障了茭白质量安全。同时，合作社为茭农提供产前、产中、产后一条龙服务，引导他们科学种植、规范管理、合理施肥。合作社注册了“五羊湾”商标，加入“丽水山耕”区域公共品牌，并通过统一打包销售的模式，形成规模化，“合作社+基地+农户”的产业化发展模式，实现标准化生产、品牌化销售，进一步推动农业增收，农民致富。

缙云县五羊湾果蔬专业合作社率先开始域外发展，在福建省闽清县种植单季茭白基地500亩，茭白基地第一年茭白产值就高达400多万元，加上销售茭白薹管种苗的收益，当年合作社就实现300余万元的盈利。因效益显著，缙云县其他茭农纷纷效仿前往全国各地发展茭白基地。经过几年的发展，缙云茭农在福建、广东、贵州、云南、四川等省份发展茭白基地5.2万亩，实现产值4.3亿元，缙云茭白产业逐步走向全国。合作社每年组织1000余名茭白采收熟练工到外省新发展的茭白基地采收茭白，增加农民收益。

在新一轮的浙川结对帮扶活动中，缙云县与南江县建立了扶贫协作结对关系。合作社与南江县相关乡镇签订茭白产业发展合作协议，合作社连续三年派出2名技术骨干成员到南江县驻村蹲点指导，南江茭白试种成功，成为东西扶贫协作第一个出产的项目。南江县莲池村贫困户刘昌国试种了第一年种植茭白2.1亩，净收入1.5万元，这比种植水稻高了近十多倍。2020年，南江县茭白种植面积已超2000亩，连片的茭白成为了当地一道亮丽的风景，合作社在东西部扶贫协作工作中贡献自己的“茭白力量”，带领南江的茭农共同走上致富之路。

（供稿人：浙江省缙云县农业农村局；马雅敏）

（五）台州市黄岩官岙茭白专业合作社

台州市黄岩官岙茭白专业合作社成立于2008年9月，现有社员102人，业务范围包括茭白种植、销售，该社被评为2012年度优秀农民专业合作社。该社双季茭白生产基地位于黄岩区北洋镇官岙村，面积500多亩，毗邻“饮用水水源一级保护区”长潭水库，自然环境优越，雨水充沛，温光资源丰富，非常适合茭白生长。该基地田间道路、水利设施配套完善，距甬台温高速公路仅13千米，82省道穿基地而过，交通运输十分便利。

合作社注册有“北洋清水”牌茭白商标，基地内主栽“龙茭2号”“浙茭8号”等名优茭白品种，依照黄岩区双季茭白安全生产模式实行标准化、规模化生产，生产过程中严禁使用高毒高残留农药及明令禁用的药剂，基地和产品进行无公害生产基地和农产品双认证，正在申报绿色认证，并纳入农产品质量安全追溯体系管理，茭白质量安全实现全程可追溯，实行标识上市。因基地产品茭白肉质洁白，光滑细嫩，味道鲜美，多次在浙江省农产品展示会上获金奖，2017年被认证为台州市著名商标。茭白基地被授予浙江省茭白“一品一策”示范基地和浙江省高品质绿色科技示范基地。

合作社采用“基地+农户+合作社+直销窗口”的经营模式，实现了产、供、销一条龙服务。茭白收后及时分拣冷藏保鲜，合作社现自有冷库2个，容量425立方米，另外租冷库的茭白年冷藏量在500~1000吨。产品采用分级包装，包装规格有袋装和箱装，主销合肥、武汉、广州、上海、温州等国内中大型城市，基本实现全年供应。2019年实现销售量3500吨，经营服务总收入940.53万元，纯收益85.52万元，并辐射带动周边农户700多户，经济效益和社会效益显著。

（供稿人：台州市黄岩官岙茭白专业合作社）

三、福建省特色蔬菜龙头企业

（一）福建文鑫莲业有限责任公司

福建文鑫莲业有限责任公司创办于1993年，是一家以莲业为核心，集“科、产、供、销、娱”（科研开发、基地种植、生产加工、原料供应、国内外贸易、旅游开发）于一体的综合集约型省级重点龙头企业，注册资本8960万元，占地面积50亩，厂区规划建设

45117 平方米。主要生产和销售干莲子、莲副产品和以莲产品为原料的深加工产品，如以莲子为主的干果、坚果类，食用菌、婴童食品、休闲食品、功能性营养品与药材、方便食品、淀粉制品等。依托建莲丰富而独特的资源优势，开发了“建莲”品牌系列产品。

多年来，作为建宁县龙头企业，按照坚持强龙头、创品牌、带农户创新生产组织方式的思路，公司始终坚持走“龙头企业 + 农户 + 科研 + 基地”的产业化发展道路。公司在建宁县建有 1 万亩建莲生产基地（有机建莲基地 89.13 亩、绿色建莲生产基地 1250 亩）；公司取得大源村坪上梯田莲海 300 亩基地土地使用权，开创了特色“田管家”助莲农扶贫模式，农户不仅可获得相对稳定的流转收入，还可以通过入股分红、返包莲田种植优先安排务工等方式增加工资性、财产性收入。该模式已带动 30 余户农户增收，其中贫困户 2 户 10 人。

公司优化产品结构，增强创新能力：联合福建农林大学高校科研机构，成立新品研发部，推出 5 大系列产品；与中国食品发酵工业研究院（科技特派员）充分发挥与科研院所在“产、学、研、用”方面的优势互补，围绕莲子及莲系列产品深加工的新技术、新产品的开发；与福建省中医药集团共同打造建莲中药饮片；与中国邮政建宁公司签订战略合作协议，借助中国邮政品牌、为建莲拓宽销路、提升知名度创造新的契机；加入建宁县供销合作社，成为联合社成员社。同时，加强品牌建设，提升生产能力：与榕基公司优势互补，打造线上平台；新增藕粉加工生产线、莲子生产流水线各一条；研究开发新增产品有莲子面、风吹荷叶饼、莲藕绣球菌、藕的心情、莲子益生菌固体饮料、荷叶奶酥饼干等，新增生产线及新增产品的原料 100% 来自当地莲子种植户，能直接带动莲子种植基地 0.5 万亩，直接带动农户 1000 多户，年增收 500 多万元，两条生产线将直接安排贫困户就业人口 100 多人，可带动莲子基地建设、原材料、包装业、运输业等第三产业的发展，全面推进莲一二三产业融合发展，助力脱贫攻坚助推乡村振兴。

公司产品远销东南亚、日本、美国等国家和地区，在河南、江苏、上海、湖北、湖南、江西、浙江、福建、广东等省份，沃尔玛山姆店，跨国连锁超市均有销售，年销售额近亿元。同时，公司也与国内外众多大型药品、功能性营养食品、食品生产企业，大型连锁商超、药超保持长期合作关系。

公司始终坚持“至专、至真、至信、至新、至未来（SQSIF）”的核心理念，为消费者提供高品质健康的产品（有机食品、绿色食品、功能性营养食品、道地药材等），实现“中国最大莲业运营商”的愿景，并致力于弘扬“中国莲文化”，同时建立一个可持续发展的健康企业。

经过多年来的不断努力，公司产品通过了 ISO 22000、有机食品和绿色食品等认证并先后被评为国家扶贫龙头企业、国家创新型试点企业、全国绿色食品示范企业、福建省农业产业化重点龙头企业、省守合同重信用企业、福建省用户满意企业、金砖国家领导人厦门会晤食材供应企业、福建省名牌产品、福建省科技小巨人领军企业、福建省级企业技术中心、博士后科研工作站等一系列荣誉资质。

（供稿人：福建文鑫莲业有限责任公司；冯银英）

（二）福建省聚源融汇实业有限公司

福建省聚源融汇实业有限公司成立于2015年，通过5年的发展，现已初步形成集“福九味”“明八味”之品种建莲、多花黄精为种植主品种，上述两主品种深度研发加工，营销矩阵新零售平台于一体的农业类、中医药食同源健康类产业化公司。公司下属福建省聚源融汇实业有限公司、福建半亩方塘投资发展有限公司、福建省道恒农业发展有限公司3个子公司，形成一二三产布局相结合的大闭环。公司现有员工120人，已建成建莲生态种植基地2000多亩，其中具有建莲有机种植基地300多亩，采用“公司+合作社+农户+基地”模式与建宁县4个乡镇建立了合作关系。公司现有年产1.2万吨饮料生产线一条，具有每小时可生产黄精荷叶茶、建莲餐奶14000瓶等即时高附加值工业品的能力。此外，具有20吨仓储、冷冻及相关物流配送能力。公司产品包括：一级至特级建莲产品、精制建莲、莲子酸奶块等“岚莲华”品牌建莲、黄精相关产品共近15种。

公司始终坚持以打造福建省乃至中国药食同源标杆企业为目标，遵循“坚持、优质、传承、创新”的原则，努力做到“三个坚持”（坚持材料道地、优质，坚持生态种植，坚持科学发展），以道地、优质、健康的产品品质打动人，热情周到、细致的销售服务吸引人，努力建立并培育和谐、持续的集销售服务与食疗养生普及于一体的人文关系。

公司贯彻“振兴乡村”“精准扶贫”战略，在建宁县相关主管部门受托下运行“县级进村入户服务中心”，以推动解决道地、优质本地农产品上行问题。公司响应新时代要求，坚持线上运行（聚源融汇小程序）与线下运行（大客户直接合作模式与传统KA模式）相结合的运营模式，精准定制化的营销定位模式，以点带面、稳步推广的市场模式，目前建莲初加工高级产品已经销往北京、广东、江苏、浙江，出口东南亚地区，建莲、黄精饮料拟在福州、泉州、三明、厦门地区开展销售。目前公司已完成与新华都等一线超市达成合作意向并部分完成上架，下一步拟开展与大型知名电商“京东直营”的商务合作。

（供稿人：福建省聚源融汇实业有限公司；徐文峰）

四、安徽省特色蔬菜龙头企业

（一）铜陵白姜发展有限责任公司

2012年11月安徽铜陵白姜发展有限责任公司成立，公司按照产业导向、科技驱动、三产融合的思路，坚持科技创新，围绕白姜生产的专业化、规模化、标准化和产业化，发展成为了一家集白姜种苗培育、种植、研发、白姜及其他农产品收购、加工、销售，流通于一体的综合性省农业产业化重点龙头企业。

自公司创建以来，积极与中科院、江南大学、安徽省农科院等科研院所和高校开展产学研合作及课题攻关，共有30多位教授、博士生导师与公司开展合作，先后获得了三十多项发明和实用新型专利。在白姜产品研发、高效种植、精深加工、设备工艺改进以及产业链延伸等方面均取得了一系列创新性科研成果。公司相继获得了国家级高新技术企业、安徽省级农业产业化龙头企业、安徽省“158”行动重点农业企业、安徽省长三角绿色农产品供应基地、国家级农业科技园区科技创新企业、国家农业综合开发现代农业园区试点项目、全国青少年儿童食品安全科技创新实验示范基地等荣誉。公司产品荣获绿色食品认证、安徽省高新技术产品、中国国际农产品交易会金奖产品、中国安徽（合肥）农业产业化交易会金奖产品、合福高铁沿线十大旅游商品等称号。

公司在铜陵市义安区天门镇铜陵白姜核心产区建有3000亩白姜种植基地，在铜陵国家级农业循环园建有占地50亩，年深加工1000吨铜陵白姜的现代化加工园区，加工生产“盛度”牌蜂蜜白姜、酱姜、姜汤、洗发水、漱口水、洗手液、沐浴露、面膜、香薰精油等系列产品，2020年公司铜陵白姜制品产值5000余万元。

近年来，公司主动扛起社会责任，助力打赢脱贫攻坚战，帮助贫困村、贫困户脱贫，公司积极发挥龙头企业的带动作用，通过“龙头企业+合作社+农户”白姜产业扶贫新模式，把龙头企业与贫困村、贫困户紧密联系起来，积极带动当地群众脱贫致富，先后在枞阳县白梅乡东山村等地设立铜陵白姜种植扶贫基地。吸纳13户贫困户入股，每户贫困户年分红500元，10余户参与白姜生产的贫困户，年务工收入达1万元，村集体经济增收5万元，一举脱贫摘帽。随着公司规模的扩大与市场需求量的增长，还将在贫困地区扩大白姜种植基地。

随着国内最先进白姜深加工流水线正式投产，公司已经与多家大型食品贸易商、食品交易平台、连锁餐饮机构、大型商超连锁企业签署了战略合作协议。下一步，公司将进一步加大研发力度，充分发挥特色产业龙头企业的研发能力，深度延伸产业链，将产业链向高端保健品和生物医药产品延伸，计划在未来的10年内实现产值过百亿，努力打造国家级农业产业化龙头企业，成为世界级农产品加工标杆企业。

（供稿人：铜陵市农业科学研究所；花桂玲）

（二）安徽岳西县原生态果菜专业合作社

岳西茭白产业的快速发展，新型经营主体发挥了关键作用。全县已有各类茭白新型经营主体65家，其中龙头企业5家、合作社25家、家庭农场22家。岳西县原生态果菜专业合作社便是其中的优秀代表。

该社坐落在岳西县主簿镇余畈村，成立于2007年9月，是《中华人民共和国农民专业合作社法》颁布实施之后岳西县成立的第一家农民合作组织，其主要业务是为成员提供茭白等农产品生产指导、产品收购、贮藏、销售及市场信息服务。现有成员212人，出资总额110万元，总资产250万元，其中固定资产180万元。拥有办公用房150平方米，加工厂房及储存车间400平方米，冷藏保鲜库340立方米，保鲜池900立方米，办公设施、章程、规章制度齐全。该社2012年被评为安徽省农民合作社示范社，2014年被评为国家农民专业合作社示范社。合作社法人代表王艳华先后获得岳西县“双培双带”“农业产业结构带头人”“安庆市劳模”“全国共青团农村青年致富带头人”等称号。

合作社按照“六个统一”模式，即统一种苗、统一生产标准、统一配肥施药、统一生产技术、统一产品质量标准、统一收购销售，建有茭白基地1278亩，其中茭田套养甲鱼基地200亩。在合肥建设农副产品配送中心和直销店5家。建有农家乐1家。产品远销安徽的合肥市、芜湖市，江苏的南京市、苏州市，浙江的杭州市，江西的南昌市、九江市，湖北的武汉市、黄石市及其他二线城市，在外建立稳定市场12个。2019年营业额1480万元，盈利80余万元，可分配盈余向成员返还39万元，15%成员户实现亩产值达万元，人均纯收入超万元。

合作社有建档立卡贫困户62户，合作社因户制宜、对“症”施策，采取免除贫困户入社基本股金、适当扶持生产资料、免费提供种苗、定时技术指导、盈利100%返还等措施积极带动贫困社员脱贫。近几年来，每年给贫困户发放复合肥30吨、发放结对救助金和慰问金6000元、免费提供优质种苗12万株。目前，这些贫困户已全部实现脱贫，人均年增收3000元以上。

合作社还通过技术服务、订单收购、安排劳务用工等形式带动400多户贫困户发展茭白生产，实现脱贫。

（供稿人：岳西县特色农业服务中心，储海峰）

（三）安徽谷瑞农业科技开发公司

安徽谷瑞农业科技开发有限公司成立于1999年3月，是一家集蔬菜、水稻生产研发、推广、加工销售为一体的市级农业产业化龙头企业。建成无公害蔬菜基地8000亩，绿色水稻基地10000亩，有机水稻基地1500亩。谷瑞农业以科技创新为支撑，大力发展生态循环农业。始终秉承以良种、品质、美味、品牌为发展宗旨。

谷瑞公司在发展蔬菜、水稻过程中，针对舒城特色蔬菜舒城黄姜，希望通过自己的努力，让更多的人认识黄姜，品尝到美味的黄姜制品。

2016年，丁思年在全县范围走访，寻找最合适种植舒城黄姜的区域。最后选定在干汊河镇种植黄姜300亩，干汊河镇位于杭埠河两岸，独特的沙土，天然的山水，优良的气候，再加上当地群众种植经验丰富，使这里的黄姜具备了其他地区所不能比拟的质地。此地出产的生姜属姜中极品，被称为“黄姜之乡”。

舒城黄姜以色淡黄，质脆嫩，味香辣，营养价值高、食药同源而享誉海内外。谷瑞公司针对黄姜的特性，做成了嫩姜、调味姜和腌制姜三个类型的产品，由于公司拥有自己的舒城黄姜基地300亩，生产管理和产品的品质得到保证，年产舒城黄姜900吨，畅销安徽省及长三角地区。

在实体经营一路向好的情况下，2019年，由当地政府扶持，也发展起电商销售，通过线上线下一同经营，销路更畅通，吸引了更多的客户群体，也让更多的人品尝到美味的舒城黄姜。

在六安市2019年农民丰收节上由安徽谷瑞农业科技开发有限公司生产的舒城黄姜获

得“最香辣黄姜”称号。

（供稿人：舒城县农业科学研究所；葛自兵、阮琪琪）

五、江苏省特色蔬菜龙头企业

（一）江苏荷仙食品集团有限公司

江苏荷仙食品集团有限公司创建于1993年10月，先后通过了HACCP、ISO 22000、ISO 9001、ISO 14001、美国FDA注册（FCE16247）等认证，莲藕出口产品生产线均取得了中国CIQ颁发的备案证书。先后获得农业产业化国家重点龙头企业、国家蔬菜加工技术研发分中心及成果转化示范基地、全国主食加工示范企业、江苏省出口农产品示范基地、江苏省农业龙头企业“五个一”示范创建先进企业、江苏省农产品加工业20强企业、江苏省省级农产品质量安全追溯管理示范单位。

江苏荷仙集团是一家以生态农业为主导，以科技创新为依托，以绿色农产品加工为主的大型食品加工企业，与多家蔬菜合作社、莲藕种植大户、流通市场营销户等成立了农业产业化联合体。目前集团拥有扬州天禾食品有限公司、扬州市富田食品有限公司等十多家子公司及数十家合作公司，拥有莲藕生产基地12万亩，年销售额11亿元，利税1.1亿元，出口创汇6654万美元，年带动农户41500户。集团公司产品主要有保鲜莲藕、水煮莲藕、冷冻莲藕、常温调理食品、冷冻调理食品、莲藕方便食品、速溶藕粉、莲藕汁、荷叶茶及荷叶黄酮等共计十大类。公司产品主要销往日本、韩国、东南亚、欧美等国家和地区以及北京、上海、重庆、南京、沈阳等国内大中型城市，是国内大多数食品企业、火锅连锁企业和电商平台的莲藕产品供货商，是享誉中外的莲藕食品生产加工领军企业。

（供稿人：江苏荷仙食品集团有限公司）

（二）江苏黎明食品集团有限公司

江苏黎明食品集团有限公司成立于2002年，是集农副产品收购加工、出口贸易、科技创新、电子商务、信息物流、境外投资等于一体的农业产业化国家级重点龙头企业。公司主营保鲜大蒜、黑蒜、蒜粉、蒜片、腌制蒜米、复水蒜粒等系列蒜产品，产品远销欧洲、东南亚、北美、南美等60多个国家和地区。近年来，公司陆续在印度尼西亚、泰国、越南、新加坡、巴基斯坦、斯里兰卡等国家和地区投资成立海外分公司，企业年自营出口创汇连续多年超亿美元，连续多年位居江苏省同类农产品出口榜首。

公司坚持以市场为导向，以带动农民共同致富为己任，不断扩大出口创汇规模，强化品牌标准化建设，推动产业转型升级。公司基地位于国家级出口农产品质量安全示范区、国家级外贸转型升级专业型示范基地和国家级农业产业化示范基地中心区、邳州市全国绿色食品原料大蒜标准化生产基地内，作为邳州本土发展壮大的民营企业，从成立之初就与当地蒜农建立了鱼水相连的利益联结体。公司依托邳州市60万亩的大蒜种植优势，采用

"公司+基地+农户"的经营机制，在互惠互利的基础上签订种植协议，进行"五统一"管理（即统一品种、统一生产资料、统一技术规程、统一监督管理、统一收购），坚持通过发展企业把资源优势转变为发展优势、生态优势和富民优势。以做强第一产业，建设高标准的农产品出口示范基地为抓手，全力推动大蒜一二三产业融会贯通发展。公司高度重视产品质量和农户的利益联结，通过海关备案的出口大蒜种植基地已由2013年的5万亩、2014年的5.86万亩、2015年的6.68万亩，已全部实现GAP良好农业规范认证，从种植源头上严格把控产品的原料质量。

保鲜大蒜的出口贸易是企业发展的生命线，公司不断通过质量溯源、品牌推广、市场开拓等各种举措，着力打造产品质量优、品牌效应强、产业带动能力强的保鲜大蒜拳头产品。企业发展离不开科技进步，农产品企业更是如此。近年来，公司把创新作为企业发展的重要引擎，持续加大科技研发投入，用工业化的理念发展农业。年度科技研发投入占销售收入的3%以上，先后通过和江苏徐淮地区徐州农业科学研究所、山东农业大学、天津科技大学、浙江科技大学等高校强化产学研合作，不断引进高科技人才，全面听取相关专家教授的意见，高起点、高定位、高标准建设精深加工新项目，延伸大蒜产业链，新建蒜片、蒜粉、蒜粒、盐渍蒜米、黑蒜、复水蒜粒、黑蒜酱等精深加工产品生产线多条，部分产品实现批量出口到欧洲希腊、美国等国家。深加工产品的产业化生产和销售打破了传统单一的保鲜大蒜产品出口结构模式，推动了大蒜产业向价值链高端持续攀升。既规避了原料大蒜在市场行情不景气时期的风险，保障了蒜农收益和种植积极性，又深挖了大蒜的商业价值，创造更大的产业效益。

深耕大蒜产业，实现"创业发展，带富一方"，黎明人正始终秉承着"工匠精神"，立足大蒜产业，以全球化发展为视觉，以创新发展为动力，以出口贸易为引领，以全产业链发展为链条，以联农惠农为己任，加快实施"多元化、品牌化、国际化"发展战略，真正发挥品牌在国内外市场的效益价值，向着"百年企业，百年品牌"的目标前进。

（供稿人：江苏黎明食品集团有限公司，江苏徐淮地区徐州农业科学研究所；韩洪庚、樊继德、杨峰等）

第五章　中南片区

一、广西壮族自治区特色蔬菜龙头企业

（一）广西嘉宝食品集团有限公司

广西嘉宝食品集团有限公司创建于2002年10月，前身为贺州嘉宝食品有限公司，地处贺州市自治区级工业开发区——旺高工业区内。企业占地400多亩，建筑面积40000多平方米，现有员工400多人。经过近20年的滚动发展，现已成为配套现代化罐头食品加工、速冻食品加工、进出口贸易业务以及农产品原料种植基地的现代化综合集团企业。企业以自主创新为动力，以科技投入和资金投入为依托，以质量安全为基础，以运用现代化高科技农业种植、生产、加工等技术设备为突破口，以实现经济效益、社会效益、生态效益的和谐统一为目标，建设绿色、有机农产品的生产基地及生态观光旅游休闲中心，力求打造“高产、优质、科技、环保、安全、生态”的全产业链现代化农业企业。

企业拥有完整的规章制度、雄厚的技术力量、健全的质量管理与控制体系，已先后通过HACCP、ISO 9001、2000认证和美国FDA注册、英国BRC认证以及Kosher认证体系，连续三年被中国农业银行广西壮族自治区分行评定为“AAA信用等级企业”和贺州市“纳税大户”，2007年被广西农行确定为“自治区重点支持百家中小企业”，2011年被国家农业部评为“农业产业化重点龙头企业”。

企业一贯重视马蹄系列产品的做大做强，与广西农科院、广西大学、贺州学院等科研院校携手合作，进行马蹄系列产品的研发生产，并拥有马蹄相关多项发明专利。企业积极发展现代农业种植，在企业的带动下，全市形成了从事马蹄加工为主的产业链。企业产品主要销往美国、日本、韩国等欧美、东南亚等多个国家和地区。企业罐装食品业务主要以马蹄系列罐头为主打，同时搭配荔枝、玉米笋、甜玉米、地瓜罐头等品种，罐头现已连续6年产量保持在同行处于领先地位。速冻食品业务主要有速冻马蹄、荔枝、芒果、菠萝、毛豆、芋头、玉米、玉米笋、青豆等品种。我国果蔬罐头行业运行目前发展形势良好，随着果蔬罐头速冻行业运行需求市场的不断扩大，企业将会迎来一个新的发展机遇。公司艰辛创业，实现了“企业兴、农民富”，为发展现代化农业构建了平台。嘉宝人信心百倍，

以崭新的“三农”理念，壮大企业，带动农村经济的发展，增加农民收入，为国家多创外汇，为推动新农村建设再创辉煌。

（供稿人：广西嘉宝食品集团有限公司）

（二）荔浦罐头食品有限公司

荔浦罐头食品有限公司成立于1998年9月，2001年获得了自营进出口权，是一家以生产果蔬罐头和速冻果蔬为主的生产经营型专业出口企业，中国罐头工业协会会员，国家高新技术企业，自治区级农业产业化重点龙头企业，自治区级农业龙头企业，桂林市工业发展重点企业，荔浦市重点企业。公司2008年迁入马岭长水岭工业园区，厂区占地面积6.2万平方米，建筑面积2万多平方米，总投资7920万元，公司现有年产18000吨果蔬罐头生产车间一个；年产20000吨速冻果蔬生产车间一个；年产10000吨鲜切果蔬生产车间一个；拥有20000立方米高、中、低温冷库。

公司产品90%以上出口。仅马蹄产品一项，直接支持荔浦市及周边县农业生产，带动全市及周边县种植马蹄近15万亩。经过深加工后的清水马蹄罐头和速冻马蹄产品主要出口美国、加拿大、日本和欧洲等国家和地区，具有较高的顾客满意度和知名度。

产品采用“桂香源牌”注册商标，其系列产品自投放市场以来，深受消费者青睐，产品供不应求。2009年“桂香源牌”清水马蹄罐头荣获广西名牌产品称号，2010年“桂香源”注册商标荣获广西著名商标称号。公司连年获得荔浦市各类奖励，2017年获得重点企业重大项目投资奖、工业绿色转型创建奖、企业上市挂牌融资奖、优秀企业家奖等。2017年依法诚信纳税，被评为2017年纳税信用A级纳税人、2017年出口退（免）税企业分类管理评定为一类，并在全国信用信息共享平台公布。2018年获得国家高新技术企业、自治区级农业产业化重点龙头企业称号。2019年1月获得自治区级农业龙头企业称号。

公司在实施《出口食品生产企业卫生要求》和《出口罐头加工企业注册卫生规范》的基础上，依据国际食品法典委员会《危害分析与关键控制点HACCP体系及其应用准则》，结合本公司的实际情况，制订了HACCP计划，通过了7HACCP认证；通过美国FDA注册和反恐登记；通过Kosher、BRC认证等。

（供稿人：荔浦罐头食品有限公司）

（三）桂林爱明生态农业开发有限公司

爱明公司成立于2008年7月，是广西农村投资集团控股企业，公司位于荔浦市金鸡坪工业园，占地约14万平方米，是自治区农业产业化重点龙头企业，也是广西第一家混合所有制经济企业，现有员工280多人。公司立足生态效益、经济效益、社会效益并重的原则，走“公司+协会+基地+农户”的产业模式，集原生态农产品、休闲食品研发开发、生产制造、市场营销为一体，专注于现代化农业开发与高新技术深加工、多领域开拓，将现代高科技技术不断融入产品中。

爱明共有四条生产线：全粉生产线、罐头生产线、冲调生产线和速冻生产线。爱明公司坚持走质量效益型发展道路，技术力量雄厚，有健全的质量管理与控制体系，已先后通过 QS、HACCP、ISO 22000、美国 FDA 注册、欧洲 IFS 认证、Kosher 认证体系。公司生产的荔浦马蹄系列产品入选《2015 年度全国名特优新农产品目录》。公司坚持走绿色环保、质量效益型发展道路，恪守业规，勤勉敬业，力求打造广西乃至全国的农产品深加工品牌企业。

经过多年的发展，爱明公司获得了 8 个专利证书，其中，发明专利 4 个，实用新型专利 4 个；同时也取得了诸多荣誉，2008 ~ 2016 年，均荣获桂林市顾客协会授予的“诚信单位”和“行业十佳诚信单位”；2012 年，荣获荔浦县“衣架、食品、特色农产品交易会”二等奖；2013 年，马蹄取得无公害农产品产地认证；2014 年，获得出口食品原料种植检验检疫备案证明；“爱明”商标获广西著名商标；紫甘薯粉被评为广西名牌产品；荣获桂林特色农业特产奖；2016 年，马蹄和荔浦芋获得农业部农产品质量中心“无公害产品证书”爱明荔浦马蹄产品被农业部优质农产品开发服务中心入选《2015 年度全国名特优新农产品目录》；2017 年，公司生产的荔浦马蹄产品数次被农业部优质农产品开发服务中心入选《2017 年度全国名特优新农产品目录》；2017 年 8 月，爱明紫薯全粉、爱明清水马蹄分别被评为广西名牌产品；2018 年 10 月，爱明芋头粉、爱明速冻马蹄分别被评为广西名牌产品；2019 年，马蹄和荔浦芋取得绿色食品认证。

（供稿人：桂林爱明生态农业开发有限公司）

（四）柳州市酒泉水生蔬菜种养合作社

柳州市酒泉水生蔬菜种养合作社成立于 2012 年，成立当时只有 12 个合作社成员，涉及莲藕种植 150 亩，发展到 2020 年该合作社已拥有社员 1000 多人，涉及莲藕种植面积达 4850 亩。每年可产出莲藕近 1 万吨。以 2019 年莲藕价格为 7000 元/吨计算，该合作社年产值达 7000 万元。

合作社主要从事莲藕生产销售等业务，社员严格按照合作社章程进行莲藕生产，统一品种、统一用肥、统一用药、统一技术，统一销售。合作社成员分工明确，并有专业从事生产技术指导人员，专业从事莲藕销售人员，同时建立一个大型莲藕清洗、收购交易场，专业从事莲藕交易，该合作社真诚经营，获得柳江区优秀合作社称号，是柳江区合作社的标兵。

（供稿人：柳州市酒泉水生蔬菜种养合作社）

（五）广西贵港市覃塘区荷韵旅游投资有限公司

2014 年，荷美覃塘莲藕产业（核心）示范区开始创建，并于当年成功举办了第一届荷美覃塘荷花节，覃塘莲藕获得国家农产品地理标志认证。2016 年开始，由广西贵港市覃塘区荷韵旅游投资有限公司负责示范区项目开发建设及经营管理。公司有员工 54 人，连片种植莲藕 3000 多亩，主要种植有覃塘莲藕、太空籽莲、花莲及其他水生植物等 350

多个品种，其中，有13个花莲品种分别获得全国荷花展一等奖、二等奖，累计投资2亿多元，年产值1600多万元。通过7年来的发展，荷美覃塘已成为贵港乃至广西种植藕莲、籽莲和花莲的一个品牌——“中国荷城，‘藕’像覃塘”。

近年来，身为贵港市最大的藕莲、籽莲和花莲种植基地，公司采取“企业+合作社+农民”的组织管理模式，在覃塘区各乡镇大力推广种植莲藕，把企业与小农户联合起来，积极带动覃塘区当地群众种植莲藕脱贫致富，把核心区逐步扩展到拓展区和辐射区，在覃塘街道、大岭乡、蒙公镇、樟木镇、东龙镇等种植莲藕超过10000亩，并逐年增加，成为推进农村经济产业化发展的典范。

公司秉持“科普为先、服务为重”理念，极力打造示范区的产品销售和管理的同时，积极对周边乡镇及扶贫对象，在种苗和技术上的扶持、合作和资源共享，并通过企业的微信公众号、媒体及政府平台进行品牌的推广和宣传；积极打造公司的荷系列产品：香水莲茶、藕粉、藕糖、莲子、荷叶茶、莲芯茶、荷花粉等，产品具有富硒、纯生态种植等本土特色，同时利用资源优势，打造荷花莲藕特色菜肴：酿莲藕、焖炒莲藕、筒骨莲藕汤、炒莲子、莲藕饼等，深受广大顾客的好评。

在企业产品营销中，公司建立了电商销售渠道，在淘宝网上开立了线上网络旗舰店——荷美覃塘园区，在形成完善全国线上经销商网络基础上，线下有公司固定的实体商店，通过线上线下和直播带货双渠道强势发展。

围绕“生态农业、休闲养生、文化传承”的建设要求，公司开拓和挖掘旅游资源，建成以荷花为主要自主景点，集花卉、荷花精品园、民宿等配套娱乐设施的休闲养生和荷文化旅游、观光，将荷美覃塘莲藕产业（核心）示范区致力于打造成集现代农业和休闲旅游为一体的新型农旅结合观光景区，打造荷美覃塘的特色。

荷美覃塘莲藕产业（核心）示范区已连续成功举办了七届荷花节，举办了“乐游广西”、第32届全国荷花展覃塘分会场、“广西中小学突发事件应急演练观摩会”以及第四届“5.23广西全民艺术普及日”主会场等活动，年接待游客量达70万人次以上。2015年被农业部评为全国休闲农业与乡村旅游示范点；2017年获得五星级广西现代特色农业（核心）示范区及全国“一村一品”；2018年被评为国家AAAA级旅游景区，同年被认定为自治区“金绣球”农家乐示范点，获得首批广西中医药健康旅游示范基地、广西生态旅游示范区和广西水利风景区，龙凤村被评为首批全国乡村旅游重点村和“中国美丽乡村”。

（供稿人：广西壮族自治区农业科学院生物技术研究所；蒋慧萍、黄祺河）

二、湖北省特色蔬菜龙头企业

（一）湖北凤头食品有限公司

湖北凤头食品有限公司成立于1999年，注册资本620万元，总资产2313万元，主要从事生姜系列产品设施生产、标准化种植，研发和营销，现拥有凤头姜、糖姜片、速溶姜汤、大头菜、松花皮蛋等多元化系列产品。公司占地面积15341平方米，现代化的食品生产加工车间6100平方米，先进的加工设备30余台（套），年加工能力5000吨。公司现有职工86人，大专及以上文化11人，食品专业技术人员8人。

多年来，作为湖北省农业产业化重点龙头企业，公司始终把开发和发展特色资源放在首位，从生产原料质量着手，狠抓特色蔬菜基地建设，先后在全县建立了大棚生姜标准化种植基地200亩，露地生姜标准化种植基地2000多亩，每年带动全县1.5万余户农民每年从事3万多亩生姜种植。在搞好基地建设的同时，狠抓农特产品加工和销售，2012年生产凤头姜、速溶姜汤等主营产品1900余吨，实现销售收入3765万元，利润641万元。加工技术方面在秉承传统工艺的同时，还十分注重新产品、新技术的研发和自主创新，2006年5月公司与湖北民院共同研发的凤头姜低酸低盐发酵技术获得了“湖北省科技进步二等奖”。2008年获得“湖北省科技型中小企业创新奖”，与有关高等院校合作，研发鲜嫩姜保鲜技术，开发生姜系列保健食品、调味品。

在短短几年的发展中，公司先后被国家、省、州有关职能部门评为“绿色食品先进企业”“湖北省农业企业五百强”“重合同守信用企业”“信用等级AA+企业”等。1998年凤头姜率先通过国家绿色食品发展中心认证，获得全国绿色食品“第一姜”称号，其系列产品先后荣获“地方特色产品”“湖北省名牌产品”“湖北市场消费者最满意产品”等称号。2004年10月公司顺利通过ISO 9001：2000国际质量管理体系认证，2005年9月通过食品质量安全QS认证，5个产品获准使用QS标志。2006年9月“凤头”商标认定为“湖北省著名商标”。2012年2月来凤凤头姜获得“湖北首届名优蔬菜金奖”称号。公司管理先进、队伍专业。公司逐步发展壮大成为武陵山区重要的农产品加企业。

财政专项资金严格按有关规定管理；项目工程质量由有资质的监理单位进行全程监管；固定资产由建设单位造册登记，形成完整的档案；技术管理，按技术设计方案，逐项进行评估验收；产销管理，成立以经纪人为主的专业销售队伍、农民专业合作社等销售组织开展产品推介促销活动，扩大市场销售份额；劳动安全管理，健全劳动保护，安全生产，保障监管机制。

（供稿人：来凤县农业技术推广中心；覃竹山、唐纯）

（二）五峰杰成魔芋食品有限责任公司

2003年9月9日，余文杰正式创办杰成魔芋食品厂，经过十余载的发展，杰成从成立之初的小厂经营发展成为拥有占地12000余平方米，集生产、科研、住宿、配套设施于一体的新型园林式厂房、员工近百人的专业从事魔芋制品及魔芋即食食品科研开发、生产销售等多元化经营的民营企业。公司是宜昌市农业产业化重点龙头企业，也是国家高新技术企业。不仅在五峰当地成为家喻户晓的老牌民营企业，更在北京、天津、江苏、福建、山东等地赢得广阔的市场和良好的业界口碑。

近年来，公司不断调整产业发展模式，采取“企业+合作社+基地+农户”的战略合作方针，以企业带动农户，形成发展产业链、经济共同体，以企业增效带动农户增收。公司拥有高产魔芋种植示范基地2300余亩，带动农户400多户。农民种植一亩魔芋，可增收3000~6000元不等，大大激发了农民种植魔芋的积极性，也带动了湾潭、傅家堰、采花、五峰镇等地魔芋产业发展。

多年来，公司逐步形成了以魔芋精粉、魔芋灰粉及魔芋凝胶产品为主的产品格局，其中魔芋飞粉产量及销售额占全国市场80%以上，魔芋凝胶类产品魔芋丝结长期热销，口感脆弹，所含的魔芋葡甘聚糖是一种高分子可溶性膳食纤维，几乎不含热量，是一种天然的健康食品，市场供不应求。配套产品主要包括魔芋天然胶、魔芋生物碱提取混合物。目前公司拥有自主品牌杰成贝贝、杰成方圆、杰成森森、杰成小芋等。

（供稿人：五峰蔬菜产业发展局；易礼美）

（三）襄阳孔明菜食品有限公司

襄阳孔明菜食品有限公司成立于2003年8月，胡事成首先通过在他开办的美联超市推出大头菜原菜制成的罐装礼盒来开起了他的大头菜事业。该公司是一个花园式的现代食品企业，占地35亩，总资产1000余万元，集科研、生产、销售于一体，现在员工120余人，其中大中专以上学历的40余人，中高级职称的工程师、技术人员12人，主要生产麻辣、微辣、鲜香等多口味、多规格的“孔明菜”系列产品。先后承担了市场科技攻关项目“低盐无防腐剂方便大头菜生产技术研究与开发”、国家级星火计划项目“年产1万吨大头共精加工生产技术产业化开发”、国省科技攻关项目“襄阳大头菜产业化关键生产技术研究与开发”。

近年来，襄阳市努力发展以龙头企业为依托，推动传统农业向“种、养+”相结合转变，来实现企业增效、农民增收的新农业思路。例如，张家集镇以现代农业示范区为基点，引进大量农业企业、专业合作社和家庭农场，通过“企业+银行+农户”“公司+合作社+基地+农户”“农产品品牌+基地模式”等方式，为现代农业发展搭建了载体。身为襄阳本土企业的襄阳孔明菜食品有限公司在积极配合政府政策的同时，近年来坚持，对农户实行包种子、包配料、包技术、包价格、包回收的“五包订单”政策，建立企业质量检测中心，配置专业仪器和专业检测人员，以确保产品质量。

在企业产品营销中，始终在探索自己的道路。2009年，襄阳孔明菜食品有限公司牵头组建了襄阳大头菜协会，推动了襄阳孔明菜的生产经营从零散式向集约化、品牌化发展。2018年6月，襄阳孔明菜食品有限公司注册资金增加到1000万元，从过去单一的生产厂家转变成产、供、销一体化生产经营的企业。公司设立了“襄阳孔明菜技术研发中心”，建立了新品种试验和培育基地，研制高品质、高产量适宜襄阳种植的芥菜品种，与农户的生产订单也从襄州、襄城、枣阳、宜城、老河口等区域向十堰、荆州、宜昌、武汉、北京、上海等地延伸。2019年又新建腌制池50个，预计总产值将增加3倍。

如今，“孔明菜”已覆盖全市各商超、批发市场、酒店宾馆等，在配餐公司的运营下已成为火车配餐、飞机配餐、体检配餐、美团配餐等健康食品。2018年，该公司仅特殊销售渠道实现2000万元收入。“襄阳孔明菜的销售订单从新疆、湖南、广东、上海等20多个省份的连锁超市延伸到学校、部队、景点、火车、飞机等基层网点。打造全国大头菜产业第一品牌的目标正在逐步实现。”

近年来，襄阳孔明菜食品有限公司不断加大开拓国内外市场力度。一方面，加大科技研发力度，先后投入资金800万元，研制、开发出麻辣味、微辣味、鲜香味、虾米味等系列“孔明菜”，远销广东、上海、北京等省份；另一方面，拓展海内外市场，被武汉东方航空公司作为配餐专用菜，远销加拿大及东南亚等国家和地区。

（供稿人：十堰市农业科学院；常堃、陈丽潇）

三、湖南省特色蔬菜龙头企业

（一）永顺县湘西万源生态农业发展有限责任公司

湘西万源生态农业发展有限责任公司成立于2016年2月，注册资金4999万元。企业地址位于湘西自治州永顺县经济开发区芙蓉镇产业园内，公司主要从事富硒绿色无公害蔬菜生产、中药材种植、传统家禽（湘西黄牛、湘西黑猪等本地品种）养殖、水产养殖农业技术开发和应用等业务。公司现有技术人才12名，管理和销售及后勤人员30人。公司和湖南农业大学农学院、动物科学院、食品科学技术学院，湖南省农科院及吉首大学食品学院教授和专家有较为密切的联系，种植业和养殖业技术支撑有强力的专家团队。

公司通过自建繁殖育苗基地，提供湘西本地黑猪幼崽、本地土鸡和蔬菜苗，联系2060名精准扶贫户开展养殖和种植劳动，公司建立加工、冷链和物流基地，发展会员制客户，为湘西地区消费者提供优质肉类和绿色环保安全蔬菜（食品），从而带动精准扶贫户脱贫和解决目标客户人群食品安全问题。

公司采用“公司+合作社+基地+农户”的合作模式，土地流转到公司，公司再免费转给合作社。合作社按照公司的技术标准、生产要求、组织计划等，安排社员组织生产。公司根据不同品种，并参照市场行情，按照“保底价，上不封顶（价格高于保底价，按市场行情收购）”的收购政策对产品进行收购。

种植基地和养殖基地位于永顺县松柏镇、芙蓉镇、高坪乡、小溪镇、毛坝乡、列夕乡和西岐乡等乡镇，流转蔬菜基地6000亩，流转林地等养殖基地4510亩，其中4000亩林地用于8万只本地土鸡放养，510亩土地用于养殖湘西黑猪6万头。公司新建年产3万吨的有机肥生产线一条，自建达到国家环保标准的内部屠宰场1座，年屠宰能力6000吨。

土地流转合同签署1300亩，已种植600亩，完成2个养鸡场的基础设施和鸡舍建设，猪场选址已完成。

（供稿人：湘西万源生态农业发展有限责任公司）

（二）永顺县农顺蔬菜专业合作社

永顺农顺蔬菜专业合作社成立于2014年12月，注册资金240万元。合作社位于永顺县“鱼米之乡”——松柏镇坝溶村，距县城68千米、张家界70千米、吉首75千米，周边有高海拔羊峰山和松柏水库等得天独厚的资源优势。现有管理和技术人员10名，入社社员860多人。理事长徐生国，先后获得“富民之星”“创业之星”“移民之友”等殊荣。

农顺蔬菜专业合作社推行“经销商＋合作组织＋基地＋农户”管理模式，采取“三统一”（即统一品种育苗、统一技术指导、统一包装销售）服务方式，常年以生产辣椒、西红柿、茄子、白菜、南瓜、冬瓜等时令和反季节蔬菜为主，每年种植蔬菜3800余亩（含110亩基地），社员实现年均收入3.5万元以上，合作社产值1500多万元，该社生产的蔬菜三个品种被审核为中国绿色食品A级产品。同时，辐射带动周边芙蓉、高坪、石堤、万坪等乡镇3万多亩蔬菜产业健康发展，有力带动了当地250多户移民和180多户精准扶贫户脱贫致富。

合作社坚持以蔬菜安全绿色为标准，以“服务至上、诚信合作、互利共赢”为目标，努力探索发展订单农业，进一步完善生产、加工、销售全产业链条，拓宽电商销售渠道，把基地建设成集观光、采摘为一体的绿色蔬菜采摘园。

（供稿人：永顺农顺蔬菜专业合作社）

（三）湘西自治州喜农食品有限公司

湘西自治州喜农食品有限公司成立于2015年，注册资金9300万元，公司位于泸溪县兴隆场镇，占地面积30亩，从业人员49人，拥有6栋厂房，内设办公室、化验室、样品室、职工食堂、多媒体会议室等。冷藏库10个、共1000吨冷库贮存量，腌渍池20个、共2100吨地下储存量。四条流水工艺线，已开发腌制辣酱、剁椒、干椒、泡椒、姜辣椒、姜丝、姜米等十多个产品。年加工鲜椒3800吨以上，与江苏、浙江等省份客户签有定销售合同，并出口到东南亚市场。

主要从事辣椒生产、加工、销售一体化服务。下辖泸溪县喜农辣椒农民专业合作社，入社社员1675户，其中贫困户391户，1464人。建有大棚育苗基地面积226亩，有核心辣椒年种植基地面积8236亩，辐射带动周边地区年种植辣椒面积达6万余亩。泸溪玻璃椒荣获国家农业部、省农业厅授予的“无公害生产基地”“泸溪玻璃椒”无公害许可证书，中国绿色食品发展中心颁发的“绿色食品”证书，并通过国家标准委员会第六批泸溪县无公害、标准化基地、验收合格。国家商标局注册了“苗滋佳”、“巴斗山”两个品牌。先后获得“食品生产许可证（QS）”、中国中部农博会“金奖”、武陵山片区（湘西片区）首届生态有机富硒农产品博览会“银奖”、泸溪县“特色农产品包装上市奖”、“优质省级初创企业”、“湘西自治州农业产业化龙头企业”、“湘西州农民合作社示范社”、湘西州工商局授予“文明经营户”等荣誉称号。

（供稿人：泸溪县农业农村局；陈怀民、罗荣卿）

（四）湖南插旗菜业有限公司

湖南插旗菜业有限公司成立于2005年5月，注册资金1200万元，位于华容县插旗镇工业园，是国家地理标识认证产品——“华容芥菜”的源产地。10多年来一直专业专注“华容芥菜”产业，是一家集“基地生产—精深加工—市场流通—产品研发”于一体的农业产业化省级龙头企业。现有在册员工760人，现代化蔬菜加工生产线4条，集中腌制池556个共65000立方米（全国之最）。

公司历经13年发展，发展成为了现代农业一二三产业高度融合的省级华容芥菜农业产业化示范联合体，现有一处占地150亩，年加工酱腌菜8万吨的现代化加工厂区，两处自建千亩种植示范基地，60000亩蔬菜订单基地，订单农户12000户。三个农业专业合作社，产品优势明显、品牌效应不断放大；企业实力强劲、财务综合指标连年增长；紧密合作农户、强力拉动地方经济发展；科技创新驱动、引领国际国内先进水平。

公司先后获得插旗牌商标为“中国驰名商标”“全国主食加工业示范企业”“全国农产品加工业发展联盟理事单位”“湖南省农业产业化龙头企业”“湖南省湘菜食材品牌企业”“湖南省质量信用AAA级企业”“省级科学技术奖二等奖”“省‘千企帮千村’突出贡献企业”插旗牌“酱腌菜”荣获湖南省名牌产品、红油豆角和芝麻芥菜分别获第九届和第二十一届全国农业博览会金奖等多项荣誉。

公司产品生产原料全部来自于基地绿色无公害蔬菜，其中90%为“华容芥菜”。公司拥有“插旗”“华容道”“丽明”“伊甸园”四大商标系列品牌，其中“插旗”为中国驰名商标，共计生产有餐饮、休闲、出口、代加工四大产品系列60余个产品品种。产品国内销售遍布20多个省份80余个城市，国外销售遍及日本、德国、美国、澳大利亚、韩国等10多个国家和地区。公司与康师傅建立了产品代加工和原料直供等方面的战略合作关系。

近年来，以农业产业化龙头企业身份，先后主动承担了省、市、县三个产业扶贫项目：2018年省重点产业扶贫项目，重点帮扶插旗镇七村一社区建档立卡贫困户115户，280人。2018年度市“百企帮百村”产业扶贫项目，主要对口平江县浯口镇田湖村实施“一对一”产业帮扶。作为2017年县产业扶贫项目，重点帮扶插旗镇建档立卡贫困户47户，117人，有80%帮扶农户实现了脱贫，获得了市产业扶贫优秀民营企业和省千企帮千村突出贡献企业光荣称号。

公司2019年底总资产2.8亿元，固定资产1.6亿元，主营业务收入2.7亿元，其中出口创汇8000万元，利润2330.53万元。

（供稿人：湖南插旗菜业有限公司）

（五）花垣县天乐福农业科技有限责任公司

花垣县天乐福农业科技有限责任公司成立于2010年11月25日。主要生产经营武陵山区的野生蔬菜，是一个以珍稀品种开发保护，繁育推广、技术服务，产品研发、美食传播为一体的农业企业。公司现有员工 303 人，是一支诚信、敬业、理论基础扎实、实践经验丰富、专业技术过硬的团队。

公司秉承“以人为本、以诚为信、以质为上、以效为盈”的精神，造就湘西苗疆新型农业特色产业，履行为百姓餐桌提供系列“绿色有机”安全食品的使命，致力于发展湘西苗疆野生蔬菜系列产品，传播苗族饮食文化，着力打造具有原生态和民族特色的“苗汉子”野生蔬菜品牌。

公司繁育种植的湘西红香椿，被誉为“餐桌珍宝”，苗乡传承的弄弄葱，香气四溢，回味无穷，苗家用之做“百岁汤”无与伦比；苗疆野生的金银果，制作凉菜，香脆可口，营养价值丰富，“苗疆人参”便由此得名；还有冬虫草，体形晶莹剔透，生长习性与冬虫夏草颇为相似，苗家常做煲汤之用，有“苗域冬虫夏草”之美誉。野生蔬菜不仅味道独特，营养丰富，而且是良草益药，对调理人体各种机能有很好作用。

公司本着自然、独特、民族、古朴的指导思想，将湘西苗疆得天独厚的三个生态自然带（微生物发酵带、土壤富硒带、天然亚麻酸带）的野生蔬菜与苗族千年传承美食工艺，精工创新，与世人共同分享大自然恩赐于苗疆的珍品美味。

（供稿人：花垣县天乐福农业科技有限责任公司）

（六）凤凰县皇玮蔬菜种植专业合作社

凤凰皇玮蔬菜种植专业合作社成立于 2012 年 12 月，主要从事高山蔬菜种植、技术推广、加工、冷链、物流、种苗选育。合作社位于凤凰县腊尔山镇夺西村，占地 10 亩，注册资本 150 万元，总资产 120 万元。现年种植高山蔬菜面积 1000 亩，主要品种有荷兰豆、淀粉红薯、长豆角、生姜等，现有员工 15 人，其中专业技术人员 3 人。2015 年实现销售收入 150 万元、利润 40 万元；2016 年实现销售收入 300 万元，利润 60 万元；2017 年 1 ~ 9 月企业实现销售收入 240 万元，利润 37 万元。2019 年实现销售收入 300 万元，利润 50 万元。

根据《中共凤凰县委凤凰县人民政府关于加快推进现代农业产业发展的实施意见》文件精神，合作社创建了腊尔山台地农业蔬菜产业示范园，产业园始建于 2015 年 1 月，建设地点在腊尔山镇苏马河村、的贺村、板拉、追高来 4 个村，建设面积 1000 亩，园区函盖苏马河村、大塘、板拉、追高来 4 个村，涉及 1500 余人，现有会员 110 户，带动农户增收 150 户，合作社主要种植生姜、辣椒、南非豆、菜薹等，年产蔬菜 1800 吨，除保障本地供应，还远销铜仁、吉信、怀化等周边城市，实现年产值 250 余万元，入社社员年人均增收到 1800 元以上。

（供稿人：凤凰皇玮蔬菜种植专业合作社）

第六章　西南片区

一、四川省特色蔬菜龙头企业

（一）成都萱源农产品有限公司

成都萱源农产品有限公司始创于2006年，是一家主要以大蒜种植、收储、批发、冷藏、加工为一体的专业化进出口流通企业。经过10余年的发展，该公司已成为占地面积14674平方米、建筑面积8000平方米、拥有员工320名、年出口额超过600万美元的省级重点龙头企业。建有蔬菜粗、精加工及包装车间各1座，拥有彭州市最大的万吨冷藏保鲜库，建筑面积4167平方米，库容量达到12000吨，年冷藏蔬菜瓜果近10万吨。公司还建有可用于大蒜深加工的加工厂及其配套厂房，面积为1317.66平方米，配套安装加工处理、包装、储存等相应流水线设备，达到加工生产的各方面技术规范要求，保证了大蒜加工产品的质量。公司还自建了农残检测实验室，购买全套的精密检测仪器，聘请专业检测技术人员每天对收储的蔬菜进行智能化的定期检测，形成了科学有效的检测体系，确保了所售蔬菜食品的安全。

企业蔬菜产业基地经彭州市政府申请，通过国家地理标志产品认证。公司产品销售立足彭州，引领成都市白家、彭州濛阳农产品国际交易中心，销售网络遍布新疆、上海、北京、甘肃等12个省份，主要产品大蒜、蒜薹、生姜等出口日本、韩国、泰国等国家和地区。2019年企业资产总额4372万元，销售收入4142万元，净利润18万元。

公司采取合作制、合同制、股份制等形式与基地农户建立紧密利益连接共同体，实施“公司+农户”的产业化经营模式，确保公司优质大蒜、蔬菜可控可追溯。采取“科学推动+效益驱动”方式，保障“定单种植户”利益。订单农业是公司与农户实现利益联结的主要方式。公司通过合同、契约等形式与广大农户开展订单生产、发展订单农业。公司通过合约确定农户为原料生产户，以较快速度建立了生产基地，保障了加工原料供给，推进了公司的快速发展。企业在生产过程中采取统一供种、统一技术、统一培训、统一收购、统一服务的“五统一”方式，形成了“公司+农户+订单”的生产模式。公司推出“保底价收购”“优价+高价收购”“免费运输出产地蔬菜”等优惠措施，通过此举在市场低迷时保护农民利益，从而实现加工原料的稳定供给，确保公司稳定发展。

2017 年公司响应政府号召，以龙头企业的身份带动阿坝州黑水县产业脱贫，且取得显著成效，农民增收明显。公司与黑水县农业畜牧和水务局合作发展大蒜产业，共同将黑水大蒜推向市场，创优品牌，开拓市场，提高产品附加值和市场竞争力，将黑水紫皮大蒜做成黑水拳头性产业。2017 年已在黑水县双溜索乡完成种源基地建设，辐射面积近千亩。2018 年公司将和黑水县政府以及乡民们一起为黑水县农业产业化的发展添砖加瓦。在彭州市九尺镇建有出口大蒜、蔬菜种植核心出口基地，2010 年该基地经验收合格，被选为全国绿色食品原料标准化生产基地。

公司从发展农业产业化至今，已直接带动种植农户 3000 多户，14500 余人，间接带动彭州及周边市、县 3800 余户，18000 余人。

（供稿人：彭州市农业农村局；李金刚）

（二）海底捞连锁餐饮企业

1994 年创建海底捞品牌，历经 26 年发展，目前海底捞已成为一家国际知名连锁餐饮企业。回顾过去的 20 多年，海底捞的发展从四川省简阳市的一家火锅店起步，并一步步走出简阳、走出四川，从而走向全国甚至国际市场。

1999 年海底捞进驻西安，并在西安市开设第一家门店，这也意味着海底捞首次走出四川，开拓省外市场；此后，海底捞又先后进入郑州、北京、上海等城市，将四川火锅饮食文化带向全国；在不断开设火锅门店的同时，海底捞希望将美味送到顾客家里，于是在 2010 年推出了自营火锅外送服务“Hi 捞送”。海底捞是中国首家推出外卖业务的火锅餐厅。

2012 年海底捞走出国门，首家门店落地新加坡，正式开启全球化发展道路，此后进驻美国、韩国等国家，向海外华人及当地消费者传递中国的美食及火锅文化。2018 年，海底捞国际控股有限公司在香港联合交易所有限公司正式挂牌上市，并进入快速发展阶段。

（供稿人：简阳市农技推广中心蔬菜站；吴凯）

（三）吉香居食品股份有限公司

吉香居食品股份有限公司成立于 2000 年 12 月，是专业研究、生产高档泡菜、调味品系列的现代化科技型食品加工企业。公司位于中国泡菜之乡——四川眉山，占地 350 亩，注册资金 6508 万元，拥有员工 1500 名左右，是国家级农业产业化重点龙头企业。公司拥有国内唯一的“四川省泡菜工程技术研究中心”（省级），是《中国泡菜行业标准》的唯一起草单位，并建有“国家泡菜加工技术研究中心”“博士后创新实践基地”，公司研发能力处于国际领先。

要保障产品品质，就要从源头做起。蔬菜基地作为蔬菜深加工第一车间，公司实施“公司 + 基地 + 合作社（农户）”的运作模式，大力推广“订单农户，合作种植”的产业服务链。开展了“绿色食品蔬菜基地”“有机食品蔬菜基地”建设，确保蔬菜原料优质可靠，真正实现绿色食品绿色原料造。公司已发展绿色蔬菜种植基地5.1万余亩，为加工生产提供了最好的原料保障。公司拥有国内最先进的自动化泡菜加工生产线8条，调味品生产线3条，年加工蔬菜达15万吨，主要产品是泡菜、调味品两大系列，共96个品种。

泡菜产业是四川省农业产业发展的重点，是带动“三农”发展的阳光产业，解决了大批菜农和专业合作社产业致富脱贫问题。农民通过种植出售蔬菜，获得稳定收入，同时又可通过企业提供的工作岗位就业，获取更多的收入。企业、农民之间形成良性循环，结成利益共同体。

2011年7月，吉香居公司与韩国希杰第一制糖株式会社签订经营合作协议，成立合资公司强强合作、优势互补。9年来，吉香居借力合资乘势发展，凭借扎实的市场网络基础、安全可靠的质量保障、不断创新的研发实力、健康美味的品牌口碑、规范的管理，吉香居产品逆势而上，收获了一批中小企业释放出来的市场容量，2020年上半年以来产品一直处于供不应求的局面。

吉香居泡菜是用多种新鲜蔬菜经过生物发酵、调味、杀菌等工序制成的中国传统特色发酵食品。内销、外销产品加工环节和品质均符合欧盟出口标准。吉香居泡菜在传统发酵工艺上经过改良，引入生物直投式菌种发酵，并采用科技加工手法，自动化的加工设备使产品质量稳定、安全、口感脆爽、滋味香美，堪为泡菜中精品。

吉香居公司发展近20年，建立了完善的销售网络系统，在全国各大中城市均有销售，公司与国内外732家商超大卖场、经销商签订了经销合同，销售网络健全、销售渠道稳定畅通，为预期销售目标的实现打下了坚实的基础。除了传统的线下销售渠道，吉香居也有天猫官方旗舰店、天猫超市、淘宝企业C店、京东商城和京东自营店、零售通等线上电商交易平台，打破了传统销售模式，通过网络将吉香居产品销往全国各个角落，将吉香居品牌推向世界各地。

（供稿人：吉香居食品股份有限公司；李欢）

（四）四川李记酱菜调味品有限公司

1991年，李国斌董事长在眉山市东坡区修文镇创办李记酱菜调味品有限公司的前身——眉山川菜调味品厂，开始泡菜和调料的生产、销售。为适应业务快速发展需要，1996年企业搬迁至眉山市东坡区松江镇，更名为“四川李记酱菜调味品有限公司”，从此开启了弘扬传统泡菜文化、发展现代泡菜产业之路，使公司快速成长为国家级农业产业化重点龙头企业。

李记公司主要生产和销售四川泡菜、川菜调料，代表产品是“李记乐宝”“李记枭雄”牌酸菜鱼佐料、酸菜鱼全料、鱼酸菜、酸菜等，是国内做酸菜鱼调料最大的泡菜生产企业。经过30年发展，“李记乐宝”已成为中国驰名商标，“李记乐宝”牌酸菜已是川菜——酸菜鱼必不可少的调料。目前李记公司已成为在北京、湖南、贵州、四川、美国拥有7个子公司、6个分厂的集团化企业，总建筑面积约1000亩，员工近2000人，年销售额超过10亿元。

为保障优质原料的可靠供应，李记公司大力发展蔬菜基地和蔬菜种植户，通过建立各种利益联结机制，采取“公司+基地+农户”等产业化运作模式，先后在东坡区、青神县、仁寿县、彭山县建立蔬菜种植基地20多个，通过“订单”联结农户4.6万户，年种植青菜、榨菜、萝卜、辣椒等蔬菜4.9万余亩，年产优质蔬菜原料15万吨，助农增收上千万元。其中，一批自建厂之初就一直与公司合作的种植户，已成为稳定提供优质菜源的基础供应商。

（供稿人：四川李记酱菜调味品有限公司；詹军）

（五）四川省味聚特食品有限公司

四川省味聚特食品有限公司创建于2003年，是专业生产四川特色小菜、辣酱等调味品的现代化食品企业。自投产以来，依靠科学严谨的管理和一流的企业战略，在短短三年时间里，迅速完成了从无到有，从零到行业航母的惊人跨越！经过味聚特人十多年的不懈拼搏和刻苦奋斗，“味聚特”已成为四川特色小菜的代表，被誉为“小菜行业的奔驰”。

味聚特公司位于“中国泡菜之乡”四川省眉山市，花园式的生态工业园占地318亩，2019年实现销售收入2.3亿元，创造税收近3000万元。公司作为国家级、省级农业产业化重点龙头企业、眉山泡菜企业代表之一，在推动泡菜产业发展上，一是建立示范基地，以标准化、绿色无污染等要求进行生态种植，以基地建设引导带动合作农户进行标准化生产，推动农业发展；二是以点带面，发展蔬菜种植户，选取眉山市东坡区、丹棱县、洪雅县等周边区县适宜种植地，发展农户种植泡菜企业所需原料，带动农户增收。

作为农业企业，公司实施“公司+专合组织+农户”模式发展种植基地，推动蔬菜合同保护价收购制度。当蔬菜市场价格低于保护价时，按保护价收购；当市场价格高于保护价时，则随行就市收购，以减少农户的市场风险，达到增产能增收、减产也能保收的目的，保护了农户合法利益，实现企业与农户、业主双赢。2019年，公司带动农户近万户，种植蔬菜约2.5万亩，有力地带动了农户增收致富，提高了农户的种植积极性。

“味聚特”是高档四川特色小菜的代表，主要生产瓶装炒制小菜、学生美味小菜、香辣爽口小菜、红油美味小菜、特色辣酱、佳肴鱼佐料等系列特色小菜，公司建立并通过了ISO 9001、ISO 22000、ISO 14001及HACCP等各项先进管理体系认证。目前，公司产品畅销于永辉、大润发、家乐福、易初莲花、物美、苏果、红旗等上万家国际国内卖场、超市，并出口到美国、欧盟、日本、韩国、澳大利亚、新加坡等几十个国家和地区。从2014年起陆续在天猫、京东、拼多多等平台开设了网络旗舰店，并积极参与中国泡菜国际展销会等各类大型展销会。

（供稿人：四川味聚特食品有限公司；刘瑞）

（六）四川省川南酿造有限公司

四川省川南酿造有限公司始创于1986年，是中国最早的四川泡菜和川菜调味品生产企业之一。公司经过30多年的发展，已成为拥有8条现代化生产线、65项专利和科技成果的科技型泡菜、调味品生产企业，公司现有员工650余人，是四川泡菜、调味品行业界公认的优秀企业代表之一。2019年公司实现销售收入4.2亿元，税收3602万元。

公司作为省级农业产业化重点龙头企业、眉山泡菜企业代表之一，高度重视蔬菜原料的质量安全，一是通过建立公司自有蔬菜示范基地，带动合作农户进行标准化绿色生产。2013年5月，公司与东坡区崇礼镇大定桥村签订《土地承包经营流转合同》，流转土地419.2亩建设公司自有示范基地，合同期限为十年。公司将此土地交由眉山市东坡区宏扬蔬菜专业合作社合作管理，以标准化、绿色无污染等要求进行生态种植。同时，基地用工优先考虑土地所属村民，示范带动当地及周边农户增收致富。二是在东坡区及乐山市、峨眉山市、雅安市等周边市区，通过"公司+专合组织+农户"等模式，发展农户种植公司所需的蔬菜原料，带动农民增收、企业增效。同时，公司推行订单生产制度，与种植户直接签订蔬菜购销合同，以销定产，稳定生产规模减少市场风险；推行保护价收购制度，在蔬菜市场价低于保护价时按保护价收购，高于保护价时则按市场价收购，切实保障种植户的经济利益，实现企业与种植户双赢。

（供稿人：四川省川南酿造有限公司；刘瑞）

二、重庆市特色蔬菜龙头企业

（一）重庆市涪陵榨菜集团股份有限公司

重庆市涪陵榨菜集团股份有限公司前身是1988年4月30日经原四川省涪陵市人民政府批准成立的四川省涪陵榨菜集团公司，经济性质为独立核算的国营企业，2008年3月31日整体变更为重庆市涪陵榨菜集团股份有限公司；是一家以榨菜为根本，立足于佐餐开味菜领域快速发展的农业产业化企业集团。经过30多年的快速发展，现有注册资本7.89亿元。依托涪陵榨菜原产地域优势，公司年生产榨菜、泡菜能力达20万吨，拥有中国榨菜加工技术研发专业中心，市级博士后科研工作站；是中国农产品深加工50强、农业产业化国家重点龙头企业、全国轻工业先进集体、金砖国家领导人厦门会晤食材供应企业。2019年，公司实现营业收入19.90亿元，净利润6.05亿元。公司于2010年11月23日在深圳证券交易所挂牌上市。

公司专业生产经营"乌江"牌榨菜系列产品，现有10个榨菜生产厂、4座榨菜原料加工贮藏基地，有榨菜生产线13条、榨菜酱油生产线1条、海带丝生产线1条、榨菜乳化辅料生产线2条，已形成年产12万吨榨菜、5000吨榨菜酱油、5000吨海带丝、10000吨榨菜乳化辅料生产能力和13.5万立方米的榨菜原料加工贮藏能力。

公司及旗下的“乌江”牌知名度较高，榨菜产品覆盖全国，在中国品牌500强排347名，品牌价值100.98亿元（第十届中国品牌价值500强榜单），曾多次荣获国内外荣誉。“乌江”系列榨菜产品，先后通过了原产地标记注册、ISO 9001：2008国际质量管理体系认证、HACCP和QS认证、美国“FDA认证”。同时，常年建立了15万亩以上的榨菜优质原料生产基地，并拥有1500多家忠实的一级经销商，销售网络覆盖全国300个地市级市场和1000多个县级市场，产品远销欧盟、美国、日本等12个国家和地区，畅销沃尔玛、家乐福、大润发等全球知名连锁卖场、全国各大超市、便利店、农贸市场等零售终端。

（供稿人：四川省涪陵榨菜集团公司）

（二）重庆市涪陵辣妹子集团有限公司

重庆市涪陵辣妹子集团有限公司创始于1995年，1998年7月31日组建成为企业集团。注册资金3268万元，资产总额3亿元。主要从事农业科技与农产品加工技术开发，榨菜、泡菜、调味品、佐餐食品、蔬菜制品的生产与销售。

公司是国家标准《榨菜》（GH/T 1011）、《方便榨菜》（GH/T 1012）的修订单位之一，国家级非物质文化遗产保护单位、国家农业产业化重点龙头企业，全国农产品加工业示范企业，国家星火计划示范企业，重庆市农业产业化30强龙头企业，重庆市农业综合开发重点龙头企业，重庆市技术创新示范企业，重庆市园林式示范单位。企业通过了国家食品安全市场准入“SC”以及ISO 9001质量管理体系、ISO 22000食品安全管理体系、绿色食品认证、国家安全生产标准化认证。

“辣妹子”牌榨菜，荣获“中国名牌产品”“中国驰名商标”等称号。辣妹子系列产品销往全国30多个省份，并远销美国、韩国、日本、加拿大、澳大利亚，也是全国各大航空公司指定的优质食品。

（供稿人：重庆市涪陵辣妹子集团有限公司）

（三）重庆市鱼泉榨菜（集团）有限公司

重庆市鱼泉榨菜（集团）有限公司是农业产业化国家重点龙头企业，重庆市万州区重点工业企业。公司集农业开发、产品研发、精深加工、国内外营销售于一体，生产榨菜、萝卜、雪菜、竹笋、魔芋、调味品等系列产品，拥有员工800余名，占地400余亩，总资产3.72亿元。公司先后荣获“全国五一劳动奖状”“全国模范职工之家”“全国双爱双评先进企业工会”“重庆市优秀民营企业”“重庆市出口知名品牌”“全国工人先锋号”和“重庆市两新组织党建工作先进示范组织”等多项荣誉。

公司先后通过了ISO 9001、ISO 2002质量管理体系、ISO 22000食品安全管理体系认证。鱼泉系列产品，不仅畅销全国各地，而且还销往世界多个国家和地区。

（供稿人：重庆市鱼泉榨菜（集团）有限公司）

（四）重庆市涪陵区洪丽食品有限责任公司

重庆市洪丽食品有限责任公司成立于2004年，是集农、工、贸于一体，专业生产榨菜、酱菜、泡菜、八宝菜等食品的综合性企业，位于重庆市涪陵区南沱镇现代农业园区，企业占地面积30余亩，总资产1.36亿元。现有职工135人，其中，高级职称8人，中级职称12人，初级职称和技工26人。2010年5月首家通过了涪陵榨菜有机产品认证，是市、区农业产业化重点龙头企业和涪陵区农业产业化10强龙头企业、重庆市农业产业化30强龙头企业。公司持续通过了ISO 9001：2008质量管理体系认证。“餐餐想”榨菜，荣获“国际农产品交易会金奖”，其商标获评“重庆市著名商标”和“中国驰名商标”。

（供稿人：重庆市涪陵区洪丽食品有限责任公司）

三、贵州省特色蔬菜龙头企业

（一）贵阳南明老干妈风味食品有限责任公司

1996年，陶华碧在贵阳龙洞堡创办工厂生产风味豆豉产品，通过20余年的发展，“老干妈”已经成为海内外华人中脍炙人口的辣椒调味品品牌。老干妈公司已拥有分布在贵州省内的三个生产厂区，总面积达750亩，员工近5000人，年销售额超过50亿元。老干妈主要生产风味豆豉、油辣椒、鲜牛肉末、水豆豉、风味腐乳等20余个系列产品，是国内生产及销售量最大的辣椒制品生产企业。2020年即便受到疫情与中美贸易战等不利因素冲击，老干妈仍然一天24小时生产，每天生产260万瓶辣椒酱，订单排到两个月后。

近年来，身为贵州本土企业的“老干妈”，按照坚持强龙头、创品牌、带农户创新生产组织方式的思路，通过“龙头企业+合作社+农户”的组织形式，把大市场与小农户紧密联系起来，积极带动贵州当地群众脱贫致富，先后在绥阳、麻江、长顺、普安、毕节、丹寨等地设立原材料基地。随着老干妈企业规模的扩张与辣椒需求量的增长，还在河南、河北、山东、内蒙古等省份设立原材料基地，企业采购遍及全国，成为推进农村经济产业化发展的典范。

在企业产品营销中，老干妈的营销机制被称作“逆营销”，即陶华碧创立老干妈后也一直坚持她的三个原则“不上市，不宣传，不借贷”，以“不欠账、不赊账”的现销模式控制财务风险，同时在经营中既不进行产品与企业广告，也不与媒体合作。宣传老干妈的成功之处，一是“味道即王道”，其销量冠军老干妈风味豆豉热销多年，尚未有哪家产品能与之抗衡；二是价格稳定，老干妈还保持着自身价格的稳定性，单瓶一直维持在10元以内，占据了市场上最有利的价格区间；三是低价不低质，保证口味的独特与稳定，创造极致的客户体验，基于老干妈产品的众多菜品成为一些餐厅的主打菜肴。

在形成完善的全国线下经销商网络基础上，随着线上渠道的强势发展，老干妈顺应时代潮流终于上线，于2008年在京东和天猫开立了网络旗舰店，2018年9月，老干妈走上纽约时装周的伸展台，还上了微博热搜；2019 年 9 月，以老干妈为主题的魔性拧瓶舞在各大社交平台传开，广告中陶华碧的形象也变成了年轻女性。在管理方面，老干妈也开始“数据化”，2019 年老干妈通过大数据全球运营中心平台，实时监控各生产单元生产动态量、产品总体销量、电商销售、全国原料采购监控等情况，及时调整产品结构和市场布局。一系列的创新机制表明，老干妈面临新的市场与营销形势，已经做好了准备。

（供稿人：河北农业大学，贵州省农业科学院辣椒研究所；乔立娟、白立伟、胡明文）

（二）贵州遵义贵三红食品有限公司

贵州贵三红食品有限公司于 1998 年创建在中国辣椒之都遵义，为国家级龙头企业，贵三红是一家以辣椒产业为基础，致力于开胃佐餐菜领域快速发展的农业产业化企业。依托遵义辣椒生态原产地优势，经过 20 年的快速发展，年生产能力已超 10 万余吨，是贵州农业产业化重点龙头企业。2017 年 8 月，投资近 2 亿元的贵三红新产业园区正式投产，终端消费类新品牌“辣三娘”开胃佐餐伴侣系列产品同时正式发布。

贵三红辣椒是国家生态原产地保护产品，公司采取“公司 + 农户 + 合作社 + 基地”的模式，发展订单式种植，在贵州省 20 多个区县建立起 20 多万亩生态辣椒原料基地，带动 10 多万农户增收致富，每年可收购生态辣椒原料 10 万余吨。

贵三红拥有国内目前规模最大的单体辣椒发酵区，共有酵池 358 口，可一次储存鲜椒 2 万吨。此外，配置国内最领先的自动化无尘灌装系统，发酵后的辣椒，经过精挑细选、二次清洗后，通过自动化流水线传送到无尘灌装车间，保证辣椒品质完好和产品的绝对安全。

公司销售网络覆盖全国，通过对渠道的精耕细作，已建立起多层次、长短渠道相结合的销售网络，公司产品畅销全国各大卖场、超市、便利店、农贸市场等零售终端，并已成为各大酒店必选的佐餐菜品。

（供稿人：贵州省农业科学院辣椒研究所；白立伟、胡明文）

（三）麻江县明洋食品有限公司

麻江县明洋食品有限公司于 2016 年 5 月 23 日在麻江县市场监督管理局注册成立，为国家级龙头企业，位于名贵药材驰名全国的贵州省黔东南苗族侗族自治州麻江县龙山镇共和村，公司主要生产红酸汤、山区糟辣椒、酸汤火锅底料等酸辣食品。经过近 5 年的发展，公司生产的“玉梦”酸汤早已远近飘香，通过 120 多家代理商，远销全国 28 个省份。公司 16 条生产线，年生产能力 1.8 万吨，是目前全国规模最大、储量最多的酸汤发酵和生产加工基地。

2017 年，明洋公司在麻江订单种植辣椒 1.3 万亩，每斤保底价 1.3 元，辐射带动黔东南州及周边种植辣椒、西红柿和生姜等原料 4 万余亩，惠及农户约 3.5 万户。

公司酸汤系列产品原料就是辣椒、西红柿和生姜，经过多道工序，天然发酵而成。其中，酸汤系列食品的年产值达4000余万元。

（供稿人：贵州省农业科学院辣椒研究所；白立伟、胡明文）

（四）贵州乡下妹食品有限公司

贵州乡下妹食品有限公司成立于1994年，为省级龙头企业，主要从事辣椒制品的研发、生产及销售。

现有固定资产1.2亿元，占地约60亩，建有标准厂房3万余平方米，现有员工数百人，生产厂房布局合理，流程清晰，设备自动化程度达80%以上，年设计生产能力1万余吨，设计年产值2亿元。

公司先后开发了香辣系列、拌饭拌面系列、辣椒面（粉）系列、发酵豆制品系列、酸汤火锅底料系列五大系列上百个单品，这些产品目前已覆盖全国，并出口远销到欧美等海外市场，在各地市场具有一定的主导地位。

（供稿人：贵州省农业科学院辣椒研究所；白立伟、胡明文）

（五）贵州老干爹食品有限公司

回顾“老干爹”公司走过的历程，从20世纪80年代初的流花饭店到贵阳南明流花食品厂，及至今日“贵州老干爹食品有限公司”，如今的“老干爹”公司，已发展为具有一定生产规模、技术实力和优美环境的现代企业。公司坐落在贵阳国家高新技术产业开发区新添园区内，为省级龙头企业。公司现有占地14800平方米的花园式厂区，员工百余人，管理层80%为大专及以上文化程度。公司以“在竞争中求发展，在发展中求诚信”为经营理念，经过不懈的努力，美誉度及知名度不断提高，现已成为贵州省较大的辣椒企业之一。

“老干爹”公司还积极响应国家调整农业产业结构、增加农民收入的政策，2001年1月在贵阳市乌当区百宜乡建设12000亩绿色辣椒生产基地，对比国家A级绿色食品标准，保护价收购优质辣椒，带动12126人致富奔小康。

公司生产的辣椒系列产品，有风味豆豉、辣三丁、香辣脆、辣子鸡、香辣鱼、油辣椒、红油腐乳、鲜糟辣椒、水豆豉、鲜肉豆豉、牛肉豆豉、鸡腿菇、俊仁酱、珍珠鱼、爽口脆、精品辣椒、辣椒粉、辣椒油、姜油、蒜油等20余个品种。产品销往全国，并出口至东南亚、美国、日本等国家和地区，市场份额逐年扩大。

（供稿人：贵州省农业科学院辣椒研究所；白立伟、胡明文）

（六）贵州一代食品有限公司

贵州一代食品有限公司是清镇市政府为调整农业产业化结构而招商引资的中外合资省级龙头企业，是一家集农副产品、特色蔬菜种植、科研、加工生产、销售为一体的农产品加工企业。

公司现有员工215人，其中中高级职称10人，大专以上学历16人。2012年实现销售收入6641多万元，上缴税金310万元，2013年实现销售收入6957多万元，上缴税金330多万元。预计2014年销售收入8000万元，上缴税金350万元。争取三年内年销售收入10000万元。

公司投资2000多万元建设的占地50多亩的新厂区于2006年9月全面投入使用，同时投入使用的还有在全国处于领先地位的全自动巴氏连续杀菌生产线一条、全自动魔芋精粉生产线1条、全自动高速斩拌机1台、全自动真空包装封口机12台等几十台（套）生产设备。在新厂区内建有标准的现代化实验室和微生物检测室、不锈钢腌泡池185个。

（供稿人：贵州省农业科学院辣椒研究所；白立伟、胡明文）

（七）贵州旭阳食品（集团）有限公司

贵州旭阳食品有限公司始建于2000年，为省级龙头企业。2007年9月1日正式挂牌，成立辣椒食品加工企业集团，即贵州旭阳食品（集团）有限公司集团公司占地面积69522平方米，总建筑面积62080平方米，其中厂区用地49086平方米，生活区用地12994平方米，拥有固定资产3000万元。公司拥有一套完整、优质、先进的辣椒加工设备生产线。

公司产品主要有油辣椒、泡椒、剁椒、豆瓣酱、火爆胡椒面、辣椒酱、豆豉辣椒七大系列数十个品种。集团公司本着“诚实守信、质量第一、用户至上、服务第一”的经营宗旨，建立了遍布全国的营销服务网络，构建了一个庞大的辣椒产业化经营体系。2016年实现营业销售收入3亿元，实现税金1800万元，年加工量17640吨，带动全县1200户农户从事辣椒专业种植，年户均增收1470元。

（供稿人：贵州省农业科学院辣椒研究所；白立伟、胡明文）

（八）贵州播州红食品有限公司

2017年1月，重庆火锅产业集团牵头两地知名火锅品牌和遵义播州区政府，共同注资成立了贵州播州红食品有限公司，在贵州遵义播州区乐意农业园区规划土地400多亩，专注生产辣椒等系列产品，基地全面建成后将在2018年8月投产，针对火锅底料以及川菜、家用调味品、辣椒原料，将会形成六大类产品，分别为“火锅底料、牛油、植物油、辣椒调味品、糍粑辣椒酱、辣椒效素”，其中，5万吨火锅底料、5万吨牛油、3万吨植物油、3万吨糍粑辣椒、4万吨辣椒调味品、1650吨辣椒酵素提取等20多万吨辣椒关联产品。公司的目标是通过播州红的绿色产品加工体系为中国辣椒关联品牌提供一系列优质产品和增值服务，公司将以不同的方式经营我们的企业，如代加工、播州红自有品牌、播州红专卖店等。目前，贵州播州红食品公司已成为重庆市政府打造千亿级火锅食材加工产业集群，指定食材供应基地。

（供稿人：贵州省农业科学院辣椒研究所；白立伟、胡明文）

（九）六盘水美味园食品有限公司

六盘水美味园食品有限公司成立于2009年5月，位于中国凉都六盘水水月园区。现有员工60人，其中科技人员10人。占地30亩，厂房12500平方米。至2016年，公司总资产6000万元，建成占地面积30余亩，年产辣椒粉和剁椒片糟辣椒制品生产能力1万吨以上的生产车间，传承古夜郎风味，采用先进的工艺生产流程，安装自动化设备，2016年销售收入7000万元。

公司把“公司+基地+农户”的农业产业化经营方式，2013～2016年先后与南开、月照、都格、独山、大河、左家营、化乐镇、旧营乡8个乡5000多农户签订种植收购合同（协议），形成了种植基地2万余亩，直接帮扶贫困农户2000余户，7000贫困人口因辣椒种植受益，农户辣椒每户平均年销售收入达8000元以上。

公司产品有剁辣椒、糟辣椒、辣椒粉、香酥椒、豆瓣酱5个系列，40余种品种及规格。产品远销广东、福建、云南、四川、浙江、香港、北京等16个省份。出口韩国、澳大利亚、新加坡、西班牙、南非等10多个国家和地区。

（供稿人：贵州省农业科学院辣椒研究所；白立伟、胡明文）

（十）大方县吴记老字号食品有限公司

大方县吴记老字号食品有限公司成立于2013年的贵州大方吴记老字号食品有限责任公司，由一家小作坊成长为年产400吨产品的综合性食品生产、开发、销售省级龙头企业。公司在大方县开设厂房5000多平方米，拥有员工100余人，管理、技术人员20余人，总投资2000万元，公司主营佐餐调味食品、烘干食品、即食食品、珍味食品等。2017年，公司新建成两条100万千克辣椒加工生产线，公司生产规模达到1500吨/年，产品销量、销售额将达到3786万元/年。

为确保产品质量，公司与大方县羊场镇、理化乡等地合作社联手，建立有机无公害原材料种植基地1000亩，其中辣椒种植基地500亩、小麦种植基地200亩、黄豆种植基地300亩。种植合作社签约农户1500多户，参与农户年均增收上万元。并带动和辐射涉及种植土地8600多亩，带动周边农户共同富裕。

2013年，公司以大方皱椒为原料，结合百年祖传工艺生产的系列产品，辣度适中、色泽饱满、香味怡人，可以说是皱椒与传统工艺的完美结合。吴世焕说，目前已经形成了极具地方特色的糍粑辣椒、豆豉素辣椒、五香辣椒面、豆豉粑、麦酱等10余个产品，远销至省内外及香港、澳门等地。2013年，吴记老字号顺应时代发展，在天猫开设旗舰店。

（供稿人：贵州省农业科学院辣椒研究所；白立伟、胡明文）

（十一）贵州大方天椒食品发展有限公司

贵州大方天椒食品发展有限公司，位于贵州省毕节市大方县响水白族彝族仡佬族乡，公司始建于1997年5月，其前身为大方县响凌食品加工厂，2004年底改制重组后，主要以经营大方皱椒的基地建设，生产加工，收购销售为一体的“公司+合作社+农户+基地”型的对外贸易经营企业。公司占地面积5550平方米，建筑面积3480平方米（其中厂房3300平方米），资产总额1890万元（其中固定资产1361万元。流动资产443万元，无形资产86万元）；下设辣椒专业合作社（独立核算）一个，有辣椒烘干生产线2条、计1300平方米，冷库3300立方米，周转棚1300平方米。公司有各类员工41人（其中，管理人员11人、专业技术人员15人、残疾人员15人）。

近年来，公司以大方皱椒为主要原料生产的“天椒”牌辣椒系列产品，科技含量高，包装精美，以无污染食品而驰名，畅销国内外，深受广大消费者的青睐。除有相关小型辅料基地外，常年建有辣椒生产基地6000亩左右，带动周边农户1780户（其中精准扶贫对象217户，残疾人员家庭66户），年均助农增收1500万元，解决就业人员120人以上。每年除加工销售油辣椒系列产品800~1000吨外，还生产、销售辣椒干900~1000吨，并兼营本地质优量大的芸豆、天麻、杜仲、竹荪、马铃薯、大蒜等农副土特产品的收购、销售及加工、出口等业务。

（供稿人：贵州省农业科学院辣椒研究所；白立伟、胡明文）

（十二）贵州益沁园农业开发有限公司

贵州益沁园农业开发有限公司，成立于2012年2月27日，是一家集农副产品种植、加工、销售于一体的民营企业。企业计划总投资约1.5亿元，生产厂区计划占地面积53442.7平方米，总建筑面积83602.8平方米，其中一期占地面积约13440.7平方米，建筑面积19602.8平方米，现已投产。

公司建成投产后年产销泡椒、剁椒18000余吨、番茄酱1000吨、大头菜2000余吨，资源整合产品销售3000余吨。实现年销售额4亿76万元，税前利润9300余万元，实现税收5000余万元。总就业人员800余人，其中，管理人员45人、生产工人150人、基地种植人员280人、销售人员120人、临时用工200余人，基地种植面积覆盖瓮安县各乡镇，带动农户1000余户，促进农民增收5300余万元。

公司于2013年10月成功注册“瓮之味”商标，并与贵州大学生命科学院、黔南职业技术学院、四川高福记生物科技有限公司等多家院校与企业达成战略合作伙伴，为益沁园的发展提供了良好的基础后勤保障。

（供稿人：贵州省农业科学院辣椒研究所；白立伟、胡明文）

（十三）贵州昌哥食品有限公司

贵州昌哥食品有限公司于2014年10月20日在龙里县注册成立，公司注册资金3000万元，公司位于龙里县经济开发区食品工业园，占地百余亩，累计投入2.16亿元，建设数万平方米的标准化厂房和引进先进的生产设备。为保证产品的安全可靠、健康卫生，公司在传承贵州传统辣椒制品制作工艺的基础上，采用标准化的生产流程和严苛的管理体系，立志“创全国辣制品行业第一品牌”。

公司现在主要生产的产品有昌哥辣椒面系列、昌哥调味品系列、昌哥休闲辣椒系列。我公司已取得 ISO 9001：2015 质量管理体系认证及 ISO 22000—2006 管理体系认证证书，全面在生产过程及流通过程保证产品品质，确保食品安全，同时“昌哥”系列商标已在国家工商行政管理总局商标局注册成功。

（供稿人：贵州省农业科学院辣椒研究所；白立伟、胡明文）

（十四）贵州长顺八妹农副产品开发有限公司

贵州长顺八妹农副产品开发有限公司成立于 2014 年 6 月，注册资金 5000 万元，是一家集种植、生产、加工及销售为一体化的综合性特色农副产品深加工和专业从事贵州地道食品资源开发的省级龙头企业。企业现有职工 50 人，其中，管理人员 9 人，工程技术人员 8 人，大专以上文化程度 21 人，有高、中级职称的 8 人，初级职称 5 人，员工素质较好，人才结构合理。

公司生产线 6 条（食用油生产线 2 条、酸辣椒、洋芋片、米花果、大米生产线各 1 条、正在扩建 1500 吨中小学营养餐优质菜籽油加工生产线和新建农副产品废弃物资源综合利用生产线 1 条），拟开发各类农副产品综合加工生产线 1 条，正在配套建设传统农家体验园 1 个。公司目前拥有 1000 吨菜籽油储备建库规模和 3000 吨的生产能力，自建基地 2160 亩，在长顺发展订单种植中小学营养餐优质油菜基地 22160 亩，开发酸辣椒、米花、土豆及五谷杂粮系列民族特色风味产品，部分产品已推向周边省市。正在进行 1500 吨优质菜籽油加工生产线和成品储备油罐项目建设，扩大本地经济作物茶籽、桐子、小米、高粱、红米等种植面积达 1260 亩，带动农户 1556。公司已和多个乡镇签订了种植及保护价收购协议，从质量上全面满足生产材料的源头供应。

公司主要产品有菜籽油系列和特色民族食品系列两大类型，主营业务菜籽油、花生油、茶籽油、酸辣椒、土豆片、米花果等特色农副产品加工销售。同时从事餐饮配送、农家特色食品、原生态五谷系列产品的研究利用及开发。“熊八妹”菜籽油获得黔南州“十大优质特色粮油产品”和“贵州好粮油”并作为“中国好粮油”推荐入库目录。公司产品已销往全国各省，正在进行出口贸易市场开发，并且公司还与省内部分中小学及餐饮配送中心、机关团体、企事业单位达成长期的粮油购销合作协议。

（供稿人：贵州省农业科学院辣椒研究所；白立伟、胡明文）

（十五）贵州省马大姐食品股份有限公司

贵州省马大姐食品股份有限公司是黔西南州一家专业从事清真食品生产、销售经营的省级龙头企业，总资产 5100 多万元，公司位于兴仁县陆关工业园。现有职工 108 人，其中，博士学位有 3 人、硕士学位 8 人、本科 15 人、专科 21 人。

公司采取“企业 + 基地 + 农户 + 合作社 + 线上线下”的经营模式，产品有清真调味品系列、清真土特产系列、山珍系列、原料系列、清真粗粮系列五大系列及其他农副产品。营销方面公司不断充实销售团队，按照线上、线下同步进行销售的思路，成立了国内市场一部、二部、三部及国际市场部、电子商务部五个销售部门。目前，公司产品已入驻淘宝、微信、建行、工行、阿里巴巴及贵州云等电商平台，成为第一家在贵州云电子商务平台拿下订单的商家，同时也是兴仁唯一一家进入工商银行e平台的企业。

（供稿人：贵州省农业科学院辣椒研究所；白立伟、胡明文）

（十六）贵州企泰农牧投资发展有限公司

贵州企泰农牧投资发展有限公司成立于2013年10月，注册资金5000万元，是一家集农产品种植、科研、开发、加工、销售于一体的现代科技型省级龙头企业，主要产品为特色优质辣椒的种植和加工。

公司下设行政部、财务部、发展部、生产部、技术部、销售部六个专业团队，共有固定员工63人，临时用工达350余人。采用“公司+合作社+农户”的方式，公司负责收购加工、销售和技术指导，由合作社负责组织管理，农户直接种植。2018年公司年加工鲜椒的产能可达10万吨，上述加工厂均实现通电、通水、通公路，且设施、配套设备、绿化等一应俱全。

2018年与县内7个重点乡镇的合作社及村级集体经济体合作，打造示范种植基地1.5万亩，其中带动建档立卡贫困户近3000户。力图以打造示范点的形式推动产业发展，助推脱贫攻坚进程。

公司主要种植明椒9号加工型中早熟杂交F1代朝天椒品种，其香味浓郁，经检测其辣椒素总量3.785克/千克，辣度390、斯克维尔指数达58555，一般亩产红鲜椒2000～2500千克。加工的产品全部以订单形式销往青岛、武汉和国外等地，广泛用于医药、高端食品添加剂及化工原料。

（供稿人：贵州省农业科学院辣椒研究所；白立伟、胡明文）

（十七）贵州卓豪农业科技股份有限公司

公司成立于2010年10月，位于贵州省遵义市播州区龙泉食品工业园区，是一家从事农作物种子选育、生产、农药、化肥、农膜、农用机械销售的化农资综合服务省级龙头企业。

公司现有员工93人，人才结构合理，技术力量强，内部管理科学、规范、有序，服务体系完善，公司自己组建成立的贵州卓信农科学研究所，与多家知名科研院所合作，育成了多个深受农民喜爱，增产幅度较大的水稻、玉米、油菜及蔬菜品种，公司销售品种及农资产品，在贵州种及农资届占有较大的市场份额，在贵州农资界有较高的知名度。

公司在遵义县龙泉食品工园建有2万余平方米的办公楼、仓库、生产车间，建有种子精选、包装加工，大米加工生产线，公司在海南、修文、黔南、遵义拥有育种试验地200余亩，在岑巩采取公司加合作社模式常年建有水稻制种基地5千余亩。公司牵头成立的遵义卓豪农技服务合作社，在各级植保站指导下，在全省各地实施农作物病虫害统防统治工作，2011年防治面积1千亩。2012年防治面积达2万余亩，取得了良好的社会效益和经济效益。

（供稿人：贵州省农业科学院辣椒研究所；白立伟、胡明文）

四、云南省特色蔬菜龙头企业

（一）云南省文山彝品香食品有限公司

文山彝品香食品有限公司于2008年6月成立，注册资金400万元。公司位于砚山县工业园区承接产业加工示范区内，占地21653平方米，累计投入资金4800余万元，主要从事以辣椒、生姜等农产品精深加工和销售。公司严格按HACCP和QS标准配套安装了酱腌菜标准化生产线一条、剁椒系列产品生产线一条，可实现年腌制加工小米辣、韩国朝天椒15000吨，生姜3000吨，1500吨盐渍剁椒。2018年资产总额2550万元，其中固定资产总额956万元，2018年销售收入总额1520万元，资产负债率66%。

2009年，获得文山州非公有制经济先进企业表彰；同年，取得年度文山州价格诚信单位。2010年获云南省成长型中小企业称号，中华人民共和国农业部评为“2010年度全国粮食生产大户”；同年，公司法定代表被云南省民族事务委员会、云南省科技厅评为云南省首届少数民族农民科技致富带头人；2012年，获得省级农业产业化重点龙头企业称号；2012年获得文山州十大扶贫明星企业称号。

公司现有职工103人，大专及以上学历21人，其中，大专学历9人、本科学历10人、硕士研究生学历2人。公司人员现有高级职称4人、中级职称1人。2018年公司所实施的2490亩原料生产基地已全部实施针对品种形成自有的标准化流程15套，其中种植技术流程4套、病虫害防治标准化流程4套、采收运输管理标准3套、辣椒加工标准化流程4套，涵盖干椒类、泡椒类两大类共计4个品种。各种生产标准化的建立为基地原料产出提供了有力保障。2019年销售本地辣椒（干椒）4800吨，单价8900元/吨，合计4272万元，泡红椒2100吨，单价3200元/吨，合计672万元，泡小米椒1050吨，单价7200元/吨，合计756万元，泡朝天椒1600吨，单价8300元/吨，合计1328万元，销售收入合计7028万元。

在公司多年努力的基础上与香港李锦记、贺福记，坛坛香调味品有限公司等企业建立了长期稳定的合作伙伴关系，年均签订合同的收购量为4500吨，文山彝品香食品有限公司具备强有力的市场销售支撑，为项目形成“产供销”格局提供了不可或缺的重要条件。

（供稿人：砚山县农技推广服务中心，昆明综合试验站；陈丽、罗金超、王跃云、黄娅娇、李慧萍、桂敏、杜磊、张芮豪、胡华冉、龙洪进）

（二）会泽岭鲜农业科技有限公司

会泽岭鲜农业科技有限公司是在会泽县委、县政府产业带动扶贫的号召下，由会泽大井人郑玉福大学毕业后在外创业成功后，2019年返回家乡创办的集辣椒品种引进、订单种植、技术跟踪服务、收购、加工、销售于一体的综合性公司。公司自2019年创办以来，在县委、县政府，农业局的引导推动下，2019年取得了非常理想的效果。2020年，在全县发展种植面积超过5000亩，种植户超过1500户，有效带动建档立卡贫困户种植增收脱贫，起到了辣椒产业助力精准脱贫的良好效果。同时，公司在宝云街道、以礼街道、古城街道、钟屏街道、老厂乡异地搬迁点设立了辣椒加工车间，针对异地搬迁户没有就业场所，就业岗位的实际困难情况，为实现搬得出，稳得住，有稳定工作和收入的目标，在异地搬迁集中安置点，使用建档立卡搬迁户就近加工辣椒，在实现种植户增加种植收入的同时，让搬迁户有了就业岗位，有了收入。实现了种植户、搬迁户、公司三赢的产业发展目标。

公司辣椒生产高峰期间，使用异地搬迁工人每天超过800人。2020年，公司生产加工的产品有鲜椒，主要销往北京、上海、杭州等地；泡椒主要销往四川、湖南等地；剁椒主要销往四川、贵州等地；辣椒段主要销往贵州、湖南等地。

2021年，公司计划发展辣椒种植面积达到一万亩以上，使用异地搬迁建档立卡户加工辣椒每天达到1200人，将继续种植不同加工型辣椒的品种以及开发不同辣椒加工产品，积极推进会泽县辣椒产业的发展。

（供稿人：会泽县经济作物推广站，昆明综合试验站；王绍礼、卯升亮、王明荣、马茜、周琼芬、桂敏、杜磊、张芮豪、胡华冉、龙洪进）

（三）广南县广云农业科技有限公司

广南县广云农业科技有限公司于2019年10月8日成立，注册资金280万元。公司位于广南县莲城镇北宁社区桃源路96号。公司成立后，积极筹备并实施“广南县珠琳镇2020年阿卡黑村辣椒产业扶贫项目”，共租赁土地1100多亩。项目总投资1568.98万元。公司新建960平方米优质辣椒加工厂，并建设冷库400平方米，辣椒烘干机一套。2020年生产鲜辣椒150万千克，干辣椒37.5万千克，实现销售收入1500万元，利润500万元。产品主要销往全国市场。目前，该基地产品质量高于市场平均水平，产品卖相和内在品质均明显占有市场竞争优势，各大销售商争相抢购。产品进入市场可以获得高于同类产品每千克0.2元以上的卖价。

公司在组织今年辣椒产品产销工作的同时，现正在积极向县农业农村和科学技术局、珠琳镇党委政府相关部门汇报沟通，推进土地规划调整、流转租赁、技术合作等方面的工作，以推进明年的辣椒生产发展。

（供稿人：广南县农技推广服务中心，昆明综合试验站；顾占红、刘文祥、陈德刚、陆毅、桂敏、杜磊、张芮豪、胡华冉、龙洪进）

（四）云南满地金食品开发有限公司

云南满地金食品开发有限公司位于曲靖市富源县墨红镇吉克村委会，占地面积4660平方米。公司于2013年6月成功注册，注册资本100万元，现有总资产8000万元，其中固定资产4200万元；有管理人员25人，专业技术人员18人。具有先进流水生产线8条，年加工20000吨辣椒产品，主要产品有泡红椒、剁椒片、小米椒、辣椒面等。

公司是一家以辣椒为主导，其他农副产品生产加工为配套，集种植、收购、生产、初深加工、销售为一体的企业，有辣椒初加工生产线厂房1幢3000平方米，办公楼1幢900平方米，冷库10组5000立方米，年冷藏保鲜5000吨；辣椒精深加工全自动化生产线1幢2000平方米，年生产剁椒片100万瓶。从注册成立至今，公司与省内外多家食品加工企业建立辣椒系列产品供应合作关系，形成从种到收，到运输加工，到半成品及成品销售的产业链条，采取“公司+合作社+基地+农户+科技推广”的经营模式。

公司被中共曲靖市委曲靖市人民政府授予曲靖市2018年脱贫攻进扶贫明星企业；每年教师节公司都要捐资5万余元奖励教学先进工作者。2018年9月被墨红人民政府授予捐资助学先进企业。2019年8月被云南省工业和信息化厅认定为云南省省级成长型中小企业。2019年产品获得绿色食品认证。2018年发展种植辣椒9800亩，辣椒种植示范基地500亩，实现销售收入2800万元。2019年投资300万元建成一条全自动化生产线，年产100万瓶剁椒片，实现销售收入3500万元。2020年1月启动的辣椒深加工标准化厂房建设项目，总投资2000万元，已投入1200万元，已完成主体工程建设，2021年1月正式投入使用，2020年实现销售收入6500万元。

（供稿人：富源县经济作物推广站，昆明综合试验站；施令祥、张本祥、肖支富、何芳、桂敏、杜磊、张芮豪、胡华冉、龙洪进）

（五）云南龙云大有实业有限公司

云南龙云大有实业有限公司成立于2004年4月，注册资金9882万元，法定代表人刘绍龙。公司现有管理及生产技术人员190人，近两年固定用工人数1500多人，季节性带动就业人数达3000多人。公司位于祥云县祥城镇八里路农产品加工园区，下辖云南祥云圣龙农业庄园有限公司、祥云大有林牧有限公司，是集农产品种植、生猪养殖、野生食用菌收购加工、农产品精深加工、销售，三产融合发展于一体的农业产业化经营国家重点龙头企业、国家高新技术企业。公司先后通过了HACCP食品安全管理体系认证、ISO 9001：2015质量管理体系认证和ISO 22000：2005食品安全管理体系认证、HALAL认证、有机食品认证和BRC全球食品安全标准认证。种植基地通过了全球良好农业规范（GAP）认证、绿色食品认证。被国家质量监督检验检疫总局评为“出入境检验检疫信用管理AA级企业”，2017年公司检测中心被认定为“省级企业技术中心”，同年公司被国务院扶贫办评为全国“万企帮万村”精准扶贫行动先进民营企业。2018年获得“云南省劳动关系和谐企业”称号。

从2013年开始，公司通过土地流转建有高原特色蔬菜核心种植示范基地7000亩，发展带动订单基地2万多亩，带动农产品种植农户2.5万户，年收购蔬菜产品15万吨。年销售蔬菜产品10万吨以上，2019年实现工业总产值7.28亿元。

公司自有标准化加工厂房5万多平方米，冷链容积25万立方米，农产品加工生产线

17条。能生产出180多个规格的产品和种类，产品主要以野生食用菌、脱水蔬菜、新鲜蔬菜、即食食品为主。公司产品主要销往欧洲、美国、日本、韩国等17个国家和地区。公司种植加工的高原特色蔬菜产品销往北京、天津、上海、内蒙古、西安、武汉等国内省市，并在北京、内蒙古、西安等地建立了龙云大有蔬菜专销区。

（供稿人：祥云县园艺工作站，大理州农科院经济作物研究所；李洪坤、单玉富、朱会仙、董朝祥、张亚春）

（六）祥云泰兴农业科技开发有限责任公司

祥云泰兴农业科技开发有限责任公司成立于2012年2月，注册资本金2100万元，法定代表人朱红青，现有管理及生产人员352人，季节性工人1000多人。公司位于祥云县刘厂镇，拥有标准化蔬菜种植示范基地3108亩，发展订单基地1万多亩，主要种植生产黄白、上海青、生菜、松花、西兰花、油麦菜等30多个蔬菜品种，年产蔬菜3万多吨，是一家集高原特色蔬菜种植、包装、销售、生产配套服务、电子商务和庄园经济发展于一体的农业产业化省级重点龙头企业。

公司目前共获得实用新型专利18项，获受理发明专利1项。大白菜、瓢儿菜等7个品种获得“绿色食品”认证。注册了“七彩泰兴”商标，产品大白菜获得了“云南名牌”称号，大白菜和瓢儿菜同时被认定为“云南名牌农产品”。公司全力打造高原特色农产品品牌，获得“质量走廊”省级示范创建单位。产品主要销往省内大理、楚雄、丽江、迪庆等地州，2018年年产蔬菜3万多吨，实现销售收入7705万元，其中电商销售1233万元；2019年年产蔬菜3.68万多吨，实现销售收入8094万元。公司计划在通过五年的努力，力争实现示范基地5000亩以上，带动农民发展订单基地2万亩以上，实现年综合收入3亿元以上，带动农民增收2亿元以上。

多年来，在各级党委政府的帮助支持下，公司在基地建设、生产管理、技术服务、助力脱贫、带动增收等方面取得了较好的成效，先后获得“农业部蔬菜标准园”“全国农村创业创新园区”“科技部星创天地”“高新技术企业”“云南省农业产业化省级重点龙头企业”“云南省科技型中小企业”“云南省科技示范园”“云南省省级成长型中小企业”“云南省创新型试点企业”“云南省巾帼创新业示范基地”“云南省双创优秀企业”“大理青年就业创业见习基地”“大理州扶贫明星企业”等认定和荣誉。

（供稿人：大理州农科院经济作物研究所；张亚春、李树锋、邓浪）

（七）弥渡县老土罐绿色食品有限责任公司

弥渡县老土罐绿色食品有限责任公司成立于2008年7月，注册资金4000万元，法定代表人任洪斌，是一家主要生产酸腌菜，主营各类方便面食品风味包、小米辣、泡红椒、泡黄姜等系列产品的企业。公司位于弥渡县新街镇北沟箐，占地面积196亩，现拥有员工100余人。是省、州级农产品产业化经营重点龙头企业，被认定为科技型中小企业、农产品深加工科技型企业、高新技术企业、科技示范园等。

公司年转化新鲜青菜30万吨，深加工青菜10万吨，年销售产品量达3万余吨。产业上游是1万余户从事绿色蔬菜种植产业合作社、种植大户以及包装物流企业，下游是各大方便食品生产加工企业、餐饮企业、休闲零食企业和批发零售终端市场，百余类发酵蔬菜、酱腌菜、调味品等产品直供百姓餐桌。2019年，公司总资产达25266万元，营业收入12607万元，净利润671万元，缴纳税金222万元。

公司种植基地规模达20000多亩，带动农户20000多户种植蔬菜，其中订单农户18000户，户均增收2600多元。年转化新鲜芥菜30万吨，深加工芥菜10万吨，车间厂房及附属设施70000多平方米，生产发酵池1184个，包装生产线3条，公司技术力量雄厚，引进了国内先进的全自动包装机、真空包装机、巴氏杀菌线等设备。

公司加大产学研研发力度，联合高校、科研院所研发力量，根据新老客户需求开发系列新产品，例如针对海底捞、老乡鸡、大斌家等国内大型餐饮连锁企业，研发了小龙虾泡椒包、泡椒木耳、泡椒笋尖、泡雪菜等产品，辅助餐企的中央厨房并丰富其外卖产品；针对方便面、方便米饭、自热火锅等企业，研发了萝卜条、莴笋包、干木耳、红油笋丝等方便即食型产品；针对良品铺子、三只松鼠等休闲零食企业和终端市场开发了真空包装的糯玉米、紫土豆、各类拌饭酱等产品。产品种类12个，产品加工线2条，日处理原材料260吨，生产产品105吨，正常年份年加工原料30000吨左右，仓储设备1座，2400平方米。

公司生产的“老土罐”“天天乡”牌酸腌菜、泡红椒等产品深受消费者的青睐，享誉全省并远销北京、上海、浙江、四川、广东等省份。公司目前已建立起面向全国的销售网络，成为康师傅、白象、今麦郎、李锦记等国内大型企业的指定供货商。

（供稿人：弥渡县农业技术推广中心；赵锦涛、李寿昌）

（八）宾川县云福农副产品加工有限责任公司

宾川县云福农副产品加工有限责任公司成立于1999年1月，法定代表人曾靖宇。公司资产总额2.1956亿元，现有员工650多人，其中，管理人员68人、技术人员12人、固定工人570多人、年临时用工量达204600人次以上。公司主要产业为果品种植、农产品加工，是宾川县内集优质果蔬种植，加工、销售为一体的规模大、档次高、带动强、辐射广的综合性实体企业；是宾川县首家被认定的云南省农业产业化重点龙头企业，获得了农产品加工运销大户、省级重点龙头企业、先进民营企业、守合同重信用企业、优秀专业技术协会、十大领军企业、云南省著名商标、云南省名牌农产品等众多荣誉称号。

公司年收购生产加工鲜大蒜10000吨，鲜葱头12000吨，鲜葱叶1500吨，鲜水果2000吨，年销售葱、蒜制品3000吨，鲜蒜、鲜葱头2000吨，鲜葡萄、鲜石榴2000吨。公司总营业收入18183万元。其中特色蔬菜（葱蒜脱水、油炸、鲜蒜）产品4000吨、营业收入16994万元，占总营业收入的93.5%。

加工外销的“云福”牌葱蒜系列产品主要有葱酥、蒜酥、蒜粒、葱干、葱叶，水果有柑橘、葡萄、石榴等。公司有脱水产品加工生产线1条，主要生产葱干、葱叶；有油炸产品加工生产线 1 条，主要生产葱酥、蒜酥、蒜粒。公司日处理原材料 280 吨、生产产品 35 吨。正常年份年加工 25000 吨、生产产品 3000 吨。公司有仓储设备 1 座，容积 4340 立方米。

公司先后通过了全国食品安全生产许可证（QS 认证）、ISO 9001、2008 质量管理体系认证、HACCP 体系认证证书、ISO 22000、2005 食品安全管理体系认证，同时获得云南省著名商标、云南省名牌农产品、云南省食品安全示范企业、云南省科技型中小企业、省外贸贡献百强企业、大理州高原特色农业十大领军企业、大理州知名商标、就业扶贫车间、高原特色现代化农业发展先进单位、扶贫明星企业、葡萄种植金牌科技示范户、守合同重信用企业及最佳合作伙伴等众多荣誉称号。

（供稿人：宾川县园艺站，大理州农科院经济作物研究所；袁子雄、张润、闫超、董新玉）

（九）大理品宏高原农业科技开发有限公司

大理品宏高原农业科技开发有限公司成立于 2008 年，注册资金 830 万元，法定代表人王建新，公司正式员工 46 人，每年临时性用工约 18000 人。主营农特产品的生产、加工和购销，主要产品有黑蒜和蒜汁、鲜蒜、生姜、小葱等，是大理州黑蒜加工重点企业。先后获得省级重点龙头企业、省级农产品加工重点企业、云南省 A 级信用企业等荣誉称号。

2019 年公司共收购大蒜原料 10000 吨，其中，独蒜 5000 吨、瓣蒜 5000 吨；收购来源为洱海流域外的大蒜种植区，主要是鹤庆、丽江等地；收购价格分别为独蒜 11 元/千克、瓣蒜 4 元/千克。

2019 年加工独蒜 1000 吨，黑蒜成品 500 吨，每吨售价 20 万元，产值 10000 万元；收储独头蒜 4000 吨，商品独头蒜成品 3200 吨，每吨售价 1.8 万元，销售收入 5760 万元；收储瓣蒜 5000 吨，商品瓣蒜成品 4000 吨，每吨售价 0.9 万元，销售收入 3600 万元；全年产值 1.93 亿元，营业收入 1.3 亿元。

2019 年，公司在洱源县实施 400 亩生姜种植示范，计划拓展生姜、小葱等作物的生产、加工业务。

公司拥有大蒜加工生产线设备 18 套，其中黑蒜加工设备 10 套、蒜汁加工设备 8 套，大蒜年处理能力 5000 吨，产品生产能力 2500 吨，2019 年公司年处理量 1000 吨，生产产品 500 吨，受原料来源不足影响，较上年产能减少一半。

公司仓储设备齐全，有大蒜晒场，占地 56 亩；有库房，占地 30 亩；冷库容量 6000 立方米，能实现冷储大蒜 18000 吨。

公司注册黑蒜品牌“蒜动力”，产品销售以黑蒜和商品鲜蒜销售为主，省内主要销往各地州城市，省外主要销往广州、成都、重庆、武汉、沈阳等地。

（供稿人：洱源县园艺工作站；李学军、李桂灵、郭津荔、金竹玲）

（十）大理五丰高原农业有限公司

大理五丰高原农业有限公司于2017年1月20日成立，注册资金700万元，法定代表人郑明昆，现有员工人数25人，公司现办公地址位于大理白族自治州鹤庆县金墩乡积德村委会新仓粮库。经营范围：蔬菜种植加工、进出口贸易，国家限定经营或禁止进出口的除外；主营辣椒、荷兰豆、甜豆和野生菌生产、加工、购销，主要产品有泡椒、豆类、野生菌、干椒和干菌，是目前鹤庆县唯一的综合性农业实体企业，先后获得县级农业龙头企业和州级农业龙头企业称号。

公司现有三块高原农业产业种植示范基地，其中云鹤镇秀邑基地350亩，金墩乡孝廉基地268亩，金墩乡温水龙潭有机基地80亩，种植蔬菜种类有辣椒（羊角椒、云南干椒、朝天椒、太子椒、小米椒等）、荷兰豆、甜豆等，平均亩产量1.5吨，亩产值4000～6000元。种植示范基地按照GAP建设要求进行管理，农药、化肥使用管理完善，土地、环境、水质检测合格，建立了一套完整的食品安全可追溯体系，实现“从田间到餐桌”全程无缝隙、无盲区监管。

自公司成立以来，一直致力于建设自己的原料生产基地，通过土地流转、租赁等方式，并以“公司+农技协会+基地+合作社+农户”的经营模式，辐射、带动周边农民开展规范化种植，原料生产基地规模稳步上升，公司走上可持续发展的良性轨道，同时为周边农民增收提供了一条切实可行的渠道，原料生产、收购业务已覆盖鹤庆县七个乡镇。截至2018年，原料生产基地规模发展到2000多亩，共加工生产新鲜辣椒1200吨、豌豆400吨、野生菌30吨，生产总值达到1600万元，出口金额达到110万美元，通过土地流转和发展、推广种植，带动老百姓2000多户，其中建档立卡贫困户300户，种植面积达到2000多亩，带动农户户均增收1500元以上，解决农村剩余劳动力5000人次以上，公司与合作社签订种植收购合同，改变农户传统种植观念，以订单农业保底价回收的经营模式，为老百姓提供强有力的种植保障，免除后顾之忧。2019年种植辣椒5000亩，荷兰豆500亩，带动农户4000户，建档立卡贫困户400户，户均增收2500元，辣椒产量达到7000吨、豌豆500吨、野生菌加工生产100吨。实现生产总值21600万元，出口140万美元。公司以市场为导向引进蔬菜品种，以统一育苗，统一发放，统一管理，上门进行技术指导，降低农户投入和风险的管理模式运作，为老百姓排忧解难，帮扶支持农户发展，扎扎实实把产业做大做强，实现了企业与农户双丰收，当年获得县级扶贫明星企业称号。

大理五丰高原农业有限公司建立了集基地与推广种植、生产、出口等国内外销售于一体的农业产品经营平台。公司占地面积30亩，新建3000平方米一层钢结构厂房1座、3000立方米冷库1座、300立方米冻库1座，建设完成生产线5条，日处理鲜椒20吨、泡椒4吨、豆类2吨、野生菌2吨、烘干蔬菜1.5吨，正常年份年加工辣椒2000吨、豆类1000吨、野生菌200吨。2019年12月公司进行二期、三期农产品深加工项目投资，总投资金额2500万元，建设内容为超细粉加工车间、粉剂包装车间、压片糖果生产车间，以及配套原料库，建成后年产能力1000吨，建成投产三年内到达年产值1亿元。

（供稿人：鹤庆县农业技术推广中心，大理州农科院经济作物研究所；段江华、杨银珍、高映菊、陈国发）

五、西藏自治区特色蔬菜龙头企业

（一）朗县郎敦辣椒专业合作社

朗县朗敦辣椒专业合作社位于西藏林芝市朗县洞嘎镇，于2010年6月成立，总投资262.92万元，占地面积2357平方米。合作社以“公司+基地+农户”为基本模式的产业化格局已基本形成，主要生产辣椒面、辣椒酱、核桃等产品。合作社的创办不仅为从前自给自足、自产自销的群众提供了销售渠道，增加了现金收入，还为洞嘎镇周边群众和贫困户提供了就业机会，增加了收入。合作社已申请注册了“朗墩”品牌系列商标，“朗敦”品牌在区内外已经有了一定的知名度，产品多次进入林芝市广交会、山南物资交流会、林芝市投资贸易洽谈会，广受消费者喜欢。

朗敦辣椒专业合作社市场前景很好，通过电商或实体店销往内地、拉萨、山南和林芝本地，销售量逐年增加。2019年朗敦辣椒专业合作社的销售额达到300多万元。

近年来，在国家利好政策的扶持下，朗敦辣椒专业合作社不断发展壮大，在增收创收的同时，还带领周边贫困户脱贫致富。2016年，朗县扶贫办投入275万元，为洞嘎镇聂村建设了60座高效节能温室大棚，分配给聂村建档立卡贫困户经营。合作社结对帮扶了10户贫困户，在产业扶贫上起到了良好的示范作用，合作社每年9月、10月安排车辆到各村收购干辣椒、花椒、干核桃、藏冬桃等原材料，拓展了辣椒销路，增加了群众现金收入，并为16名家庭困难待业青年提供了就业岗位。

（供稿人：河北农业大学；赵帮宏、宗义湘、乔立娟、王妍、马凤）

（二）劲朗食品加工有限公司

西藏劲朗食品有限公司于2019年8月13日成立，公司经营范围包括：农副产品（不含粮食和种子）的收购、深加工和销售，预包装食品（不含奶粉和饮品）、散装食品的制作和销售。

2019年，朗县引进劲朗食品加工有限公司，改变以前辣椒销售难、产品工业化程度低、产品附加值低的短板。该企业基本能够完全消化全县鲜辣椒产量，解决了种植户销路问题；还研发出了辣椒佐料、辣椒酱、火锅底料、豆瓣酱等特色产品，丰富朗县辣椒产品种类，加大对接开拓辣椒区内外销售市场，努力实现朗县辣椒走向全国的目标。

林芝市朗县按照“企业+合作社+种植户”的模式，发展辣椒种植，并通过加工生产辣椒粉、辣椒酱等，丰富辣椒产品种类，助力群众脱贫增收。2017年农牧民人均纯收入17911.42元，较2016年末增长32.2%，其中，现金收入12717.77元，较2016年末增长33.8%。截至2020年，全县辣椒种植面积已达8000余亩，实现产量6000吨，产值2400万元，带动1570户群众实现户均增收1.22万元，使朗县辣椒成为当地群众的“致富椒”，当地辣椒产业步入了发展“快车道”。

（供稿人：河北农业大学；赵帮宏、宗义湘、乔立娟、王妍、马凤）

第七章　华南片区

一、海南省特色蔬菜龙头企业（合作社）

● 海南源之味农业发展有限公司

海南源之味农业发展有限公司成立于2018年，公司主要经营范围为农业种植，农产品、预包装食品、农副产品、土特产销售；农产品、食品加工及销售，农业信息咨询，农业技术领域内的技术开发、技术服务、技术咨询、技术转让，货物进出口贸易，农家乐经营。公司专注于海南农特特产、农产品加工，主要产品有新椰城牌黄辣酱、新椰城牌黄灯笼辣椒酱、新椰城牌野山椒鲜辣酱。工厂坐落于海南省琼海市中原镇九曲江产业园内，拥有种植基地1000多亩，厂房占地面积20亩，配套建设1万平方米标准化食品加工厂房，企业从业人员55人，月产量300吨。公司拥有先进的生产设备及现代化流水线生产工艺，依托海南热带特色资源的优势，立志打造海南专业的特色农产品生产加工企业。

海南源之味农业发展有限公司从事专业生产加工多年，拥有完整、科学的质量管理体系。产品质量稳定可靠，供货能力强，秉着质量为主的理念来生产调味品产品，以诚信经营的态度来回应客户。海南源之味农业发展有限公司一直致力于黄灯笼辣椒酱、椰浆、黑胡椒、金椰果的生产，以先进的生产技术和设备，具有完善的质量保证体系。优质的黄灯笼辣椒酱、椰浆、黑胡椒、金椰果精湛的技术，科学管理，满足了客户的需要，成为顾客心中最信赖的黄灯笼辣椒酱、椰浆、黑胡椒、金椰果厂家。黄灯笼辣椒酱作为海南特产，具有海南特色，是海南人民不可或缺的佐餐佳品。源之味从源头把关质量，采用天然发酵工艺，保留了黄灯笼原有的营养成分及自然风味，较其他市场的黄灯笼辣椒酱而言，新椰城牌黄辣酱独特之处在于“辣”“鲜”“健康”。

公司自成立以来一直将基地建设作为辣椒产业发展的头等大事，根据客户需求制定生产标准和产品标准，以合同方式定向发展标准化的辣椒基地。基地以“六统、一分、一集中”的集约化管理模式，公司遵循“从田间地头保证辣椒制品品质、统一规划、统一管理、统一育苗、统一技术服务、统一农资供应、统一采摘收购、‘公司＋合作社＋家庭农场＋基地’”指导方针，进行优良品种的选育、扩繁及基地推广，在海口、定安、琼海等地建立起1000多亩绿色无公害辣椒种植基地。经过多年的发展，海南源之味农业发展有限公司已经成为中国调味品协会会员单位。

（供稿人：河北农业大学；赵帮宏、宗义湘、乔立娟、王妍、马凤）

二、广东省特色蔬菜龙头企业（合作社）

（一）深圳市农产品集团股份有限公司

深圳市农产品集团股份有限公司成立于1989年，是一家以投资、开发、建设、经营和管理农产品批发市场为核心业务，以现代标准化农业规模生产种植、冷链物流、食品仓储、城市厨房配送、食品供应链服务为两翼，总资产超过190亿元的大型现代化农产品流通全产业链企业集团，也是全国农产品流通行业第一家上市国有控股大型股份制企业，旗下全资、控股企业43家，主要参股企业20家。

深农集团积极倡导并持续践行“绿色交易”，在指导生产、促进流通、保障消费全过程中追求绿色、高效、安全，并坚持市场与客户、员工及社会的和谐共生。深农集团一直引领中国农产品流通领域的发展与进步，率先开创农批市场网络化经营模式，在深圳、北京、上海等24个大中城市经营管理了35家综合批发市场和网上交易市场，2019年，集团旗下批发市场农副产品年度总交易量超过3225万吨，年度总交易额超过1910亿元，约占全国规模以上批发市场交易总额的10%。依托辐射全国的实体市场与电商平台产业版图，发挥线上线下网络优势和规模效应，构建行业内具有重要影响力的多品种、多层次、多模式的农产品绿色交易新体系，持续树立行业领头羊地位。

深农集团与社会需求相融，与时代发展并进，抢抓“粤港澳大湾区”“先行示范区”双区驱动机遇，坚持可持续、高质量发展要求，不断深化企业综合改革，深耕农批市场主业、深耕重点区域，创新体制机制、创新商业模式，聚焦规范化、标准化、精细化、信息化建设，着力塑造农产品全产业链大品牌，奋力打造先行示范食品企业标杆。

（供稿人：河北农业大学；赵帮宏、宗义湘、乔立娟、马毓敏）

（二）望家欢农产品集团有限公司

望家欢农产品集团有限公司始创于1995年，是一家全国性、集团型的农产品物流企业，业务集农产品种植、物流配送、净菜加工、餐饮管理、电子商务、中央大厨房六大经营范围于一体的大型农产品集团公司。

经过20多年的发展，集团由小到大，由弱到强，物流配送服务网络已遍布全国各大城市。公司以珠江三角洲为中心，在深圳、广州、北京、天津、上海、东莞、武汉、郑州、无锡、杭州、重庆、沈阳等全国范围内设立有百余家分子公司，形成了庞大营销网络和现代农业物流的营运体系。集团现有员工8000多人，每天为消费者提供约1000万千克的水果、蔬菜、鲜肉、蛋禽、粮油等新鲜优质的农副产品。现已成为全国“粮袋子”“菜篮子”工程的领头羊，为千家万户供应优质、健康的农产品，发挥着农产品平价供给、安全供给的重要作用。

望家欢农产品集团建设有行业领先的配送中心，配有大型的冷冻库、保鲜库、宽敞明亮的无尘配送车间，整齐有序的原料仓库，数百台多功能冷藏车、送货车、应急车服务于千家万户。

（供稿人：河北农业大学；赵帮宏、宗义湘、乔立娟、马毓敏）

（三）广州江南果菜批发市场有限责任公司

广州江南果菜批发市场有限责任公司是由原广州石井江南农副产品市场和广州越秀蔬菜批发市场于2002年7月1日合并组建而成的。公司位于107国道广州增槎路广清公路槎头路段。

江南果菜批发市场占地面积20万平方米，场内有420个固定档位、2.6万平方米水叶菜交易棚和北运菜加工场、300吨蔬果冷藏库、5万平方米停车场，以及招待所、酒楼、便利店、运输队、装卸队等。实行24小时服务，为广大业户提供一个良好的经营环境。

为了让消费者吃上“放心菜”，江南市场开设了花都、高要、新丰“无公害蔬菜一条街”和“海南省瓜菜批发中心”。全国20多个省、市的蔬菜都来市场进行交易，经营的蔬菜品种200多个，每日蔬菜成交量450万～500万千克，占广州市蔬菜上市量的80%左右，除供应广州市及珠江三角洲外，还辐射全国，部分货源出口东南亚及日本等国家和地区。

公司计划在三年内投资2亿多元对江南市场进行全面改造升级，建成面积达25万平方米，具有传统交易、现场拍卖和网上交易相结合的功能全、规模大、档次高的蔬菜批发市场，成为全国的蔬菜集散中心、价格形成中心、信息处理中心之一，并向现代化物流中心发展。

（供稿人：河北农业大学；赵帮宏、宗义湘、乔立娟、马毓敏）